高等学校经济管理类主干课程教材

◀ 市场营销系列 ▶

零售管理

汪旭晖　编著

中国人民大学出版社

·北 京·

前 言

零售，是一个历经变革的古老行业，一个与我们生活息息相关的行业，一个深深嵌入经济社会方方面面的行业。从远古的以物易物，到集市的风靡，再到近代以来的历次零售革命，零售已经逐渐成为人类商业文明中的一颗璀璨明珠。随着数字经济快速发展、人工智能加速进化、元宇宙火爆来袭，零售业正开始经历一场全新的革命，边界漂移、跨界融合、业态变异、数据驱动、链路联动、体验升级、场景无限……都将成为未来零售的重要特征和趋势。我们有幸成为这场新零售革命的见证者、参与者、贡献者和推动者。细细品味零售的变迁，我们可以深刻地感受到今天的零售已经远远超越了人们传统的认知。因此，新时代零售管理的目标、任务和内容都应该与时俱进地调整。

作为与消费者联系最为直接、最为紧密的行业之一，作为连接生产和消费的最重要桥梁和纽带，零售业始终肩负着更好满足人们日益增长的美好生活需要的重大使命，在扩内需、促消费、稳增长、惠民生以及引导农业、制造业转型升级方面发挥着不可替代的重要作用。在大数据、云计算、物联网、区块链、人工智能等新技术的加持下，零售业不断进行着革命性重塑和颠覆性创新，与新技术融合的新概念、新业态、新模式井喷式涌现，很多新型商业模式甚至开始向其他产业复制转移，加速了其他产业的创新变革步伐，零售业的示范性、引领性更加突出，这也使零售业对国民经济与社会发展的贡献变得更加显著。而新时代的零售管理就是为了更好地实现零售业的使命，最大限度地发挥零售业的作用，在数字技术的助力下，对全部零售要素进行有效优化和管理的过程。

在世界百年未有之大变局加速演变、国际形势严峻动荡的复杂背景下，在我国全面建设社会主义现代化国家、全面推进中华民族伟大复兴的关键时期，提高零售管理质量直接关乎人们对美好生活需要的满足、关乎经济高质量发展，对加快构建以国内大循环为主体、国内国际双循环相互促进的新发展格局进而推进中国式现代化建设具有重要战略意义。

零售管理是融合应用经济学、工商管理、管理科学与工程、新闻传播学、心理学、社会学、公共管理等多个学科的复杂应用型学科。本书借鉴国内外有关零售管理理论的新近研究成果，立足世界零售发展前沿和中国零售实践，探寻数字经济新时代零售发展变革的新特征、新逻辑、新趋势，全面解析中国式零售道路的新理论与新实践。

在深入学习贯彻党的二十大精神的基础上，全书积极推进习近平新时代中国特色社会主义思想进教材、进课堂、进头脑，坚持为党育人、为国育才，打造培根铸魂、启智增慧、适应时代要求的精品教材。本教材力求实现兼容并蓄与匠心独运、全球视野与中国特色、固本求真与推陈出新、理论创新与实践探索的有机结合，体现科学性和系统性，突出零售管理的时代性和实用性，旨在为读者提供更多有益的参考。

一、兼容并蓄与匠心独运

零售管理体系交叉融合了经济学、管理学、市场营销学、心理学、行为科学等多个学科，因此本书兼容并蓄、博采众长，适时引入相关学科的基础知识，运用多学科的视角来解释零售现象，丰富读者视野，培养系统思维。例如，借助经济学理论来说明零售定价管理问题，运用心理学知识来阐释服务购买行为，基于新闻传播视角来建构商品促销策略等。同时，全书匠心独运、构思精巧、整体贯通，关注零售问题，聚焦零售热点，开展零售研究，独具零售特色。各个章节通过制定学习目标、融入思政元素、构思引导案例、设计课堂讨论、探究未来趋势、设置课后思考，达到学思结合、悟用并进，学以致用、行以致远，寓德于教、润物无声的教学目标，实现“教学最优化”的理想。

二、全球视野与中国特色

全书注重培养读者的全球视野，与国际接轨，与世界对话，以世界的视角审视商业，以发展的态度看待中国，认识全球化给中国零售业带来的冲击与机遇，增强忧患意识，坚持底线思维。激励零售业实现自我净化、自我完善、自我革新、自我提高，在新一轮科技革命中守正创新，实现弯道超车。同时，本书具有鲜明的中国特色，坚定历史自信、文化自信，强调扎根中国大地、立足中国实践、讲好中国故事、总结中国经验、彰显中国特色。书中深度挖掘零售管理课程中所蕴含的思政元素，将习近平总书记关于扩大内需、高水平对外开放、构建新发展格局、网络强国、数字中国、中国式现代化等重要论述恰当地融入教材。全书运用中国零售管理实践的优秀本土案例，展现中华优秀传统文化中“诚信经营”“救世济民”“兼善天下”等零售思想，传播当代中国零售企业的新探索、新创举、新成就、新经验，以期提供更多更好的中国智慧、中国方案、中国力量，增强中华文明的传播力、影响力，推动中华文化更好地走向世界。

三、固本存真与推陈出新

全书力求固本存真、科学严谨、实事求是，主张观点言之有理、论之有据、持之有故，实现教学言之有物、言之有序、言之有情，注重体系结构完整，逻辑清晰严密，概念界定准确，强调各章节的整体性和关联性。同时，本书坚持古为今用、推陈出新，对零售领域的新发展趋势进行了前瞻性思考。例如，从新环境、新时空、新旅程、新格局等角度洞见零售未来；从商品管理、环境设计、服务管理、零售物流等方面诠释消费升级；从社交零售、全渠道零售等趋势探析零售转型；从零售平台的现代治理、新业态新模式的法律规制等视角思考零售政策，以期培养学生形成系统思维、战略思维、创新思维、法治思维。

四、理论创新与实践探索

全书具有理论与实践相结合的特点，注重对读者的启发性。不断提出真正解决问题的新理念、新思路、新办法，彰显道路自信、理论自信、制度自信、文化自信。在数字经济时代背景下，探讨零售概念、零售本质、零售管理的新变化，分析经典零售业态变迁理论的局限性，探索中国特色的零售道路，培养辩证思维。同时，本书借助理论联系实践的“零售视角”“小贴士”“延伸阅读”等专栏，激发学生创新潜能，培养创新思维。

在本书的撰写过程中，辽宁工程技术大学的吴正祥博士以及我指导的博士生曹学义、仲妍、陈佳琪、李晶、王佳淏等在繁重的工作和学业之余，放弃难得的休闲时光，积极参与资料收集、案例遴选、部分章节内容的撰写、文字校对等工作，不遗余力地为本书贡献自己的真知灼见，我在此对他们的辛勤付出表示感谢。本书的出版得益于中国人民大学出版社的大力支持，在此一并表示由衷的感谢。另外，本书借鉴了不少业内优秀的文献和资料，对于这些优秀的作者也表示诚挚的谢意。鉴于作者水平有限，书中不当之处在所难免，恳请有识之士不吝赐教。希望同行特别是使用本书的教师和广大同学提出批评建议，以便再版时得以修订和提高。

汪旭晖

目 录

第1章

走进零售世界

学习目标

1. 理解零售的含义及重要性。
2. 分析数字经济时代零售的新变化。
3. 了解零售业态的分类，分析零售业态变迁经典理论的局限性。
4. 梳理零售革命的演进历程，了解中国零售业发展的独特性。
5. 运用所学知识分析零售业的现状及未来发展趋势。

素养提升

“四个自信”；商联天下；价值共创；义利观；高水平对外开放，双循环新发展格局；敢于担当，积极作为；治国有常，利民为本；忧患意识，底线思维；自我认知，返躬内省；自信自强，守正创新；网络强国，数字中国；中国式现代化。

引导案例

华润万家：拥抱数字时代，坚守零售本质

华润万家创立于1984年，是中央直属的国有控股企业、世界500强企业——华润集团旗下优秀的零售连锁企业。华润万家肩负着“引领消费升级 共创美好生活”的使命，致力于成为高效的全渠道零售商。近年来，数字化零售飞速发展，华润万家积极进行数智化转型，取得了显著成效。

（一）连锁超市起步

1984年1月，华润万家的第一家超市在中国香港开业，这是华润万家零售业务的开端。华润超市以大卖场和标超业态为主，迅速占领了香港市场。1992年华润超市开始大规模扩张，并在深圳开设第一家内地分店——爱华店。从1997年开始，中国百货业进入

全面收缩阶段，以连锁超市为主的连锁经营形式展示了巨大的生命力。华润万家抓住了良好的时机，不仅将超市业务继续拓展，还全面收购了万佳百货，见证了中国零售业从百货店到连锁超市的变革。

（二）多业态布局

21 世纪初，中国零售业进入飞速发展时期。华润万家进一步加快开店速度，同时在业态上开始创新，进入成长腾飞期。2003 年华润万家并购江苏零售连锁龙头企业苏果超市，从而确立了其在华东市场的领先地位。2004 年，首家高端精品超市 Ole 开业。2007 年创新业态 Vango24 小时便利店开业，满足了都市青年对便利的需求。2009 年，华润万家发布购物中心品牌欢乐颂，形成了集逛街、吃饭、采购于一体的新型购物模式。截至 2013 年，华润万家旗下拥有大卖场、购物中心、高端超市、便利店、生鲜超市等多种超市业态品牌，和中艺、华润堂、酒窖、Vivo Plus 等非超市业态品牌一起，成为中国零售企业旗下多业态品牌聚集于一个商业体的典范。

（三）"小业态"发力

2015 年华润万家实行积极扩张小业态门店的策略，全年新开小业态门店 300 余家。华润万家对旗下小业态门店 Vango24 小时便利店进行全新的升级。同年推出乐购 Express 品牌的概念店，设置"电商中转站"并在卖场前区预留"电商自提柜"，为线上线下的一站式体验提供了最佳场所。

（四）数字化赋能

随着市场需求不断变化，华润万家积极加快数智化转型。尤其在"十三五"期间，华润万家聚焦顾客体验，开展了一系列数智化转型探索，打造消费者喜爱的全渠道零售商。围绕"万家＋互联网"的转型战略，华润万家大力拓展线上渠道。2015 年 6 月 19 日，华润万家的电商平台 e 万家正式宣布上线。自此，华润万家加速建设自有线上渠道"华润万家 APP"，并于 2018 年 4 月开始与京东到家、美团外卖、饿了么等第三方线上渠道展开合作，大力推进到家业务，完善全渠道场景，为商圈消费者提供更便捷、丰富的服务。与此同时，华润万家扩大新技术在零售场景中的应用，尤其在消费者到店、购物、结算、服务等环节，通过消费者需求驱动来应用新科技。例如：通过自动收银机、刷脸支付、扫码购、电子价签、多媒体显示屏、电子收银小票和发票、到家服务等零售业成熟技术的支持，打造门店智能化升级。华润万家在转型中始终坚守零售本质，以转变思想驱动创新发展，以技术创新助力转型升级。

2021 年华润万家全国自营门店实现销售额近 800 亿元，自营门店总数超过 3 300 家。未来，华润万家将全面布局"十四五"数智化建设，以"打造一套连接消费者、商品、服务的零售数智化平台，助力华润万家成为消费者喜爱的全渠道零售商"为目标，谋新求变，打好"十四五"开局之战。

资料来源：高颜值＋高科技，这家企业凭实力颠覆传统超市印象！.（2022-10-11）. https://mp.weixin.qq.com/s/aokRc71tw-fp0oFFMzUb-A.

思考：华润万家所坚守的"零售本质"是什么？除了案例中提到的零售业态，你还知道哪些零售业态？数字赋能的未来零售业会是什么样的？

第1节　重新认识零售

一、什么是零售

(一) 零售概念的重新定义

零售（retailing）的概念由来已久。在夏商或更早的远古时代，我们的祖先便开始了物物交换。商朝伊始，商人和商业活动逐渐增加；到了秦朝货币被统一、价值被量化，便有了在固定场所从事商业活动的坐商；随后东晋又出现了原始的集市；唐朝中后期，商业发展繁荣，坊市制与宵禁制开始被打破，市与坊的界限逐渐模糊，卖家模型逐渐形成，零售的缩影日渐清晰。时代变迁，新旧更替，从最早的以物易物，到百货商店的诞生，超级市场、便利店、专卖店和专业店的兴起，再到如今电商、拼团、微商的火爆，社交零售和各类创新模式层出不穷，零售业正呈现出全新的发展面貌。

传统意义上，零售是指零售商将商品或服务直接出售给最终消费者，供其个人非商业性使用过程中所涉及的一切活动。然而，数字经济时代的"零售"，突破了传统零售的内涵，实现了对传统零售的创新变革，所以数字经济时代的"零售"既是零售，也非零售，代表着先进的生产力，是数字革命的新产物。因此，在数字经济时代背景下，零售是指以新消费为中心的数据驱动的泛零售形态，其中新消费的理念包括品质生活、互动体验、个性定制、便捷高效、绿色健康。未来的零售将是数字经济驱动的新商业生态，其发展趋势是构建"全渠道＋新物流＋新金融＋新科技＋场景＋社交"的生态圈。由此，未来的零售企业将成为一个以移动互联网为核心的商业生态系统。

零售视角 1－1

零售概念的新思考

互联网时代，人们的生活方式发生了一次次的转变，从刷微博，到刷朋友圈，再到近几年随着短视频的兴起，人们开始刷短视频。短视频创立初期以社交功能为主，人们可以借助短视频随时随地记录生活、分享所见所感。随着短视频产业的纵深发展，短视频产业实现了泛知识传播、政务宣传、产品推广营销等多功能拓展，增强了自身的媒介属性，凭借多元化功能逐渐进入全民参与的发展阶段！

那么，刷微博、刷朋友圈、刷短视频这类活动属于零售的范畴吗？

延伸阅读 1－1

什么是零售

零售是一系列的商业活动，通过向消费者出售供个人或家庭使用的产品和服务来增加价值。人们通常认为零售只是在商店里售出商品，但事实上零售也包括提供服务，如住宿、体检、理发或者外卖比萨饼等。

——迈克尔·利维，巴顿·A. 韦茨，杜鲁弗·格雷瓦尔（《零售管理》）

零售包括在将商品或服务直接销售给最终消费者，供其个人非商业性使用这一过程中所涉及的一切活动。任何组织（不管是制造商、批发商还是零售商）向最后顾客的销售活动都是零售活动。

——菲利普·科特勒，凯文·莱恩·凯勒（《营销管理精要》）

（二）零售本质的再认识

传统意义上的零售本质是指零售商通过向消费者个人或家庭出售有形产品和无形服务（或者二者相结合），以满足购买者和消费者购物、社交、娱乐等方面的需要，进而持续地为利益相关者，特别是购买者和消费者创造价值（李飞，2018），可以划分为产品思维和用户思维两个维度。然而，在数字经济时代，产品思维和用户思维出现“失灵”，当下零售业的变革已成为连接“人”和“货”的“场”的创新。由此，零售的本质是把“人”（消费者）和“货”（商品）连接在一起的“场”，而“场”的本质是信息流、资金流和物流的万千组合（刘润，2018）。

零售视角1-2　交易结构的更替

（三）零售管理的新变化

零售管理是管理的一个分支，它是指零售企业针对自己的组织进行各种资源的协调利用，以达到企业的零售目标，是一个动态的管理过程。零售管理的主体是零售商，零售商是以零售活动为基本职能的独立中间商，是介于生产商、批发商和消费者之间，以盈利为目的从事零售活动的经济组织。零售管理的主要任务包括零售战略管理、零售商品管理、零售商店的环境设计、零售服务管理、零售物流与供应链管理、零售平台治理以及零售政策等内容。

数字经济时代，零售管理就是为了更好地实现零售业的使命，最大限度地发挥零售业的作用和贡献，在数字技术的助力下，对全部零售要素进行有效优化和管理的过程。零售管理逐渐回归到以提升消费者购物体验为最终目的，激发管理理念产生以下变革：以顾客为中心取代以自我为中心、以商品为中心；个性化、差异化取代标准化；企业快速反应机制取代流程化；扁平化取代层级制；特色化取代集中统一的品类管理；价值促销取代价格促销；全渠道零售取代单一的线下与线上零售；智能化取代人工；联合、合作、整合取代各自为战等。同时，大型零售企业的管理活动越来越强调社会责任，涵盖助力解决传统制造业的产品升级迭代，为小企业营造生存发展的良好生态环境，以及为中国经济转型升级做出贡献等诸多方面。总之，零售管理质量的提高，将为助力人们迈向美好生活，助力经济高质量发展，助力中国式现代化建设，助力中华民族伟大复兴，助力世界更加美好做出更大的贡献。

延伸阅读 1-2

零售管理与企业社会责任

“海淀国企 放心品质”是北京超市发连锁股份有限公司（以下简称“超市发”）一直

秉承的品牌宗旨。为更好地贯彻党和国家的精准扶贫精神，超市发作为国有企业，在努力把服务和商品做得更有温度的同时，一直积极响应政府的号召，积极开展各项扶贫对接工作，将企业的社会责任放在经营首位。多年来超市发积极寻求与老区、贫困地区、受灾地区的农副产品合作，帮助其销售爱心土豆、爱心鱼、爱心芹菜、爱心脐橙等商品，积极帮菜农销售滞销蔬菜，进行农超对接、基地直采，并且致力于提升农户内在动力，达到长效扶贫，最终实现了价值共创。

“从社会责任来看，扶贫不只是企业的事情，而是真正地为社会和谐温暖做出应有贡献。”超市发原党委书记、原董事长李燕川带领超市发以实际行动支持困难地区经济发展，打造“有温度的零售商”。在新冠疫情期间，超市发始终坚持“稳市场，保供应”，体现了国有企业的责任与担当。超市发于 2020 年获得了“全国抗击新冠肺炎疫情先进集体”“2020 中国商业企业社会责任典范”等奖项。

资料来源：汪旭晖，曹学义. 传承温度 创新共赢：超市发的“精准扶贫”之路.（2022-01-19）. 中国管理案例共享中心.

二、零售有多重要

（一）零售业与经济增长

1. 世界 500 强中的零售企业

据 2021 年《财富》杂志世界 500 强排行榜统计，共有 53 家零售企业入围世界 500 强，营业收入合计 40 518.08 亿美元，占 500 强总营收的 12.78%，彰显了零售业强劲的发展韧性和潜力。其中，零售前 10 强分别是沃尔玛（1）、亚马逊（3）、开市客（27）、沃博联（36）、克罗格（40）、家得宝（41）、京东（59）、阿里巴巴（63）、华润（69）、塔吉特（78），共创造营收 19 230.73 亿美元。由此可见，零售业已逐渐成为全球经济发展的支柱产业，成为促进国民经济循环发展的重要支撑因素。

零售视角1-3　2021 年《财富》世界500 强中的零售企业

零售视角1-4　中国零售业发展迅速

2. 美国新经济时代繁荣的源泉

20 世纪 90 年代，美国经济呈现持续稳定增长的态势，美国 GDP 实际平均增长率为 3.88%。就业方面，美国非农就业人数平均每月增长 236 000 人，失业率由 1992 年的 7.3% 降至 1997 年的 4.7%，整个美国的经济呈现低通胀与高增长并存的局势，长期困扰美国经济的赤字和就业问题得到缓解。

20 世纪 90 年代是美国自 20 世纪 70 年代大滞胀以来的经济高涨期，由此美国进入经济增长的又一个“黄金时期”。究其原因，人们一般认为美国经济的飞速发展是新经济的产物，主要来自新技术创新和高新技术产业的推动，特别是以计算机网络技术为核心的信息技术（IT）的飞速发展。事实上，这一时期的经济增长并不是依靠所谓的“新经济”，而是传统产业尤其是零售业，在其中发挥了重要作用。网络经济等新经济反而产生了一些泡沫，对经济发展造成了一定的伤害。

3. 零售业与 GDP

（1）社会消费品零售总额与 GDP

社会消费品零售总额是国民经济各行业直接销售给城乡居民和社会集团的消费品总额，是研究零售市场变动情况、反映经济景气程度的重要指标，也是表现国内消费需求最直接的数据。而零售业对国内生产总值（GDP）的贡献程度可以通过所实现的社会消费品零售总额占国内生产总值的比重来衡量。这一比重越大，说明零售业对国内生产总值的贡献越大。

从国内数据来看，2001—2021 年中国社会消费品零售总额占国内生产总值的比重总体呈现上升趋势，到 2021 年这一比重在 40% 左右，彰显出零售业在国内经济发展中的重要地位，如表 1－1 所示。

表 1－1 中国社会消费品零售总额与 GDP 发展情况（2001—2021 年）

时间	GDP（亿元）	社会消费品零售总额（亿元）	GDP 增长率	社会消费品零售总额增速	社会消费品零售总额占 GDP 比重
2001	110 863.1	42 240.4	8.3%	9.9%	38.1%
2002	121 717.4	47 124.6	9.1%	11.6%	38.7%
2003	137 422.0	51 303.9	10.0%	8.9%	37.3%
2004	161 840.2	58 004.1	10.1%	13.1%	35.8%
2005	187 318.9	66 491.7	11.4%	14.6%	35.5%
2006	219 438.5	76 827.2	12.7%	15.5%	35.0%
2007	270 092.3	90 638.4	14.2%	18.0%	33.6%
2008	319 244.6	110 994.6	9.7%	22.5%	34.8%
2009	348 517.7	128 331.3	9.4%	15.6%	36.8%
2010	412 119.3	152 083.1	10.6%	18.5%	36.9%
2011	487 940.2	179 803.8	9.6%	18.2%	36.9%
2012	538 580.0	205 517.3	7.9%	14.3%	38.2%
2013	592 963.2	232 252.6	7.8%	13.0%	39.2%
2014	643 563.1	259 487.3	7.4%	11.7%	40.3%
2015	688 858.2	286 587.8	7.0%	10.4%	41.6%
2016	746 395.1	315 806.2	6.8%	10.2%	42.3%
2017	832 035.9	347 326.7	6.9%	10.0%	41.7%
2018	919 281.1	377 783.1	6.7%	8.8%	41.1%
2019	986 515.2	408 017.2	6.0%	8.0%	41.4%
2020	1 013 567.0	391 980.6	2.2%	−3.9%	38.7%
2021	1 143 669.7	440 823.2	8.1%	12.5%	38.5%

资料来源：国家统计局，中经数据.

从国际数据来看，2020 年中国、美国、韩国和日本的社会消费品零售总额占 GDP 的比重分别为 38.7%、29.93%、24.58% 和 27.19%，体现出零售业在各国经济发展中的重要地位，如表 1－1 和表 1－2 所示。

表 1－2　社会消费品零售总额（占 GDP 比重）的国际比较（2020 年）

国家	社会消费品零售总额（亿元）	GDP（亿元）	人口（亿）	人均 GDP（元）	人均社会消费品零售总额（元）	社会消费品零售总额占 GDP 的比重
美国	408 019	1 363 296	3.30	413 770	123 585	29.93%
韩国	28 512	115 989	0.52	224 007	55 065	24.58%
日本	92 326	339 539	1.26	268 992	73 143	27.19%

资料来源：美日韩社零启示录（一）各国社零与 GDP 数据．（2021–10–01）．https://xueqiu.com/3431824332/199302520.

（2）零售业增加值与 GDP

零售业增加值包括由零售业直接拉动效应（零售业对本行业增加值的拉动）和其他行业间接拉动效应（其他行业对零售业增加值的拉动）两部分构成。《2021 年零售业对我国经济社会的影响评估报告》显示，“十三五”期间，中国零售业稳步增长，零售业增加值年均名义增速为 3.4%。根据国家统计局公布的 2018 年中国 153 个行业的投入产出表，零售业增加值占批发和零售业增加值的 43.24%，据此比例，2020 年零售业增加值约为 41 379 亿元，对 GDP 的完全拉动效应为 20 433.6 亿元，约占 GDP 的比重为 4.08%，在 44 个行业中位列第 8。由此可见，零售业的发展对国家经济社会具有重要影响，如表 1－3 所示。

表 1－3　中国零售业增加值与 GDP 发展情况（2016—2020 年）

年份	零售业增加值（亿元）	名义增速（%）	GDP（亿元）	零售业增加值占 GDP 比重（%）
2016	38 057	8.9	746 395.1	5.10
2017	41 894	10.1	832 035.9	5.04
2018	38 446	–8.2	919 281.1	4.18
2019	41 364	7.6	986 515.2	4.19
2020	41 379	0.04	1 013 567.0	4.08

资料来源：2021 年零售业对我国经济社会的影响评估报告．（2021–11–02）．https://mp.weixin.qq.com/s/nemhjqpQYrLcEKtMKGV6rQ.

（二）零售业与三次产业

从宏观来讲，零售业在整个社会资源配置、结构调整中都起着不可替代的作用。尤其是数字技术赋能的零售业转型升级，为构建优质高效的服务业新体系，推动现代服务业同先进制造业、现代农业深度融合发挥了重要作用。也就是说，零售业的发展与三次产业的发展紧密相关，表 1－4 是 2001—2021 年中国三次产业增加值与零售业（社会消费品零售总额）的发展情况。根据表 1－4，用统计分析软件 SPSS 计算社会消费品零售总额与三次产业增加值的皮尔逊相关系数，如表 1－5 所示。

表 1－4　中国三次产业增加值与社会消费品零售总额（2001—2021 年）

年份	第一产业增加值（亿元）	第一产业增加值指数（上年 =100）	第二产业增加值（亿元）	第二产业增加值指数（上年 =100）	第三产业增加值（亿元）	第三产业增加值指数（上年 =100）	社会消费品零售总额（亿元）	社会消费品零售总额指数（上年 =100）
2001	15 502.5	102.6	49 659.4	108.5	45 701.2	110.3	42 240.4	110.08
2002	16 190.2	102.7	54 104.1	109.9	51 423.1	110.5	47 124.6	108.82
2003	16 970.2	102.4	62 695.8	112.7	57 756.0	109.5	51 303.9	109.08
2004	20 904.3	106.1	74 285.0	111.1	66 650.9	110.1	58 004.1	113.30
2005	21 806.7	105.1	88 082.2	112.1	77 430.0	112.4	66 491.7	112.90
2006	23 317.0	104.8	104 359.2	113.5	91 762.2	114.1	76 827.2	113.74
2007	27 674.1	103.5	126 630.5	115.1	115 787.7	116.1	90 638.4	116.75
2008	32 464.1	105.2	149 952.9	109.8	136 827.5	110.5	110 994.6	121.61
2009	33 583.8	104.0	160 168.8	110.3	154 765.1	109.6	128 331.3	115.54
2010	38 430.8	104.3	191 626.5	112.7	182 061.9	109.7	152 083.1	118.33
2011	44 781.5	104.2	227 035.1	110.7	216 123.6	109.5	179 803.8	117.15
2012	49 084.6	104.5	244 639.1	108.4	244 856.2	108.0	205 517.3	114.35
2013	53 028.1	103.8	261 951.6	108.0	277 983.5	108.3	232 252.6	113.08
2014	55 626.3	104.1	277 282.8	107.2	310 654.0	108.3	259 487.3	111.96
2015	57 774.6	103.9	281 338.9	105.9	349 744.7	108.8	286 587.8	110.68
2016	60 139.2	103.3	295 427.8	106.0	390 828.1	108.1	315 806.2	110.43
2017	62 099.5	104.0	331 580.5	105.9	438 355.9	108.3	347 326.7	110.20
2018	64 745.2	103.5	364 835.2	105.8	489 700.8	108.0	377 783.1	109.00
2019	70 473.6	103.1	380 670.6	104.9	535 371.0	107.2	408 017.2	108.00
2020	78 030.9	103.1	383 562.4	102.5	551 973.7	101.9	391 980.6	96.10
2021	83 085.5	107.1	450 904.5	108.2	609 679.7	108.2	440 823.2	112.46

资料来源：国家统计局，中经数据.

表 1－5　社会消费品零售总额与三次产业增加值的相关系数（2001—2021 年）

	第一产业	第二产业	第三产业	社会消费品零售总额
第一产业	1	0.995***	0.983***	0.987***
第二产业	0.995***	1	0.985***	0.990***
第三产业	0.983***	0.985***	1	0.996***
社会消费品零售总额	0.987***	0.990***	0.996***	1

注：*** 表示在显著水平为 0.001 的情况下显著相关（双尾）。

1. 零售业与其他服务业

由表 1－4 可知，2001 年以来，中国社会消费品零售总额指数（上年 =100）的平均水平为 112.07，略高于第三产业增加值指数（上年 = 100）的平均水平 109.4，零售业作为服务业（第三产业）的重要组成部分，带动了第三产业的快速发展。社会消费品零售总额与第三产业的相关系数为 0.996（如表 1－5 所示）。《2021 年零售业对我国经济社会的影响评估报告》显示，租赁和商务服务业，金融业，交通运输、仓储和邮政业以及房地产四个服务行业是对零售业劳动者报酬拉动最大的前四个行业，说明零售业对第三产业的推动作用明显高于其他产业。

在产业融合的大背景下，零售业打破了原有服务业的经营界限，通过与服务业内部其他行业的交叉融合，形成新的行业间竞争和协同关系，产生了兼具多种功能融合的零售企业，跨界融合也成为零售业未来发展的重要方向。

2. 零售业与制造业

由表 1－4 可知，2001—2021 年，中国社会消费品零售总额指数（上年＝100）的平均水平高于第二产业增加值指数（上年＝100）的平均水平 109.0。社会消费品零售总额与第二产业的相关系数为 0.990（见表 1－5），说明零售业对第二产业具有显著推动作用，且作用效果高于第一产业，但低于第三产业。

零售业和制造业具有天然的协同和共生关系。现代零售业的发展对于促进制造业结构优化，推动制造业升级发展具有重要意义。在当前以消费者需求为导向的产销模式下，制造业从研发到营销，再延伸至售后服务，运营的各个环节与零售业密切相关，制造业和零售业日趋融合。同时，随着经济水平的提高、居民收入的增长及“互联网＋”等信息技术水平的不断提升，居民对于工业品的消费呈现出个性化、品质化、高端化等趋势，“大规模定制”“柔性化生产”等新型“互联网＋制造”模式发展起来，如图 1－1 所示。

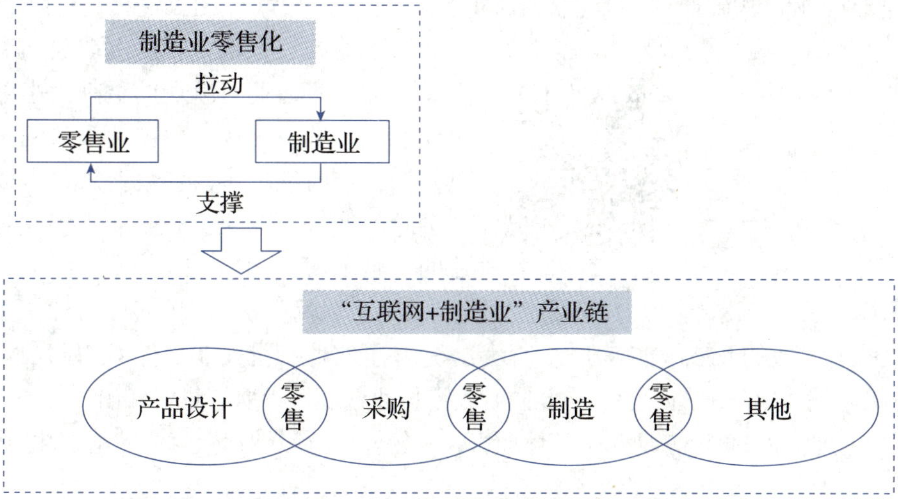

图 1－1　以现代零售业推动制造业转型升级的路径

3. 零售业与农业

由表 1－4 可知，2001 年以来，中国社会消费品零售总额指数（上年＝100）的平均水平明显高于第一产业增加值增长指数（上年＝100）的平均水平 104.1。社会消费品零售总额与第一产业的相关系数为 0.987，见表 1－5，说明零售业对第一产业的经济增长具有显著推动作用，但其作用效果低于第二产业和第三产业。

零售业直接作用于农产品消费环节，且能够通过传递农产品市场供求关系和价格变动信息，实现“连接供需、连接城乡，引导生产、引导消费”的功能，打造现代农业零售体系，推动现代农业产业价值链的构建，提升农产品消费品质。同时，互联网成为促进农产品供给与需求有效对接的新型服务平台，促进农业生产由生产导向转为消费导向，推进了农业生产、流通、销售方式变革和农业发展方式转变，如图 1－2 所示。

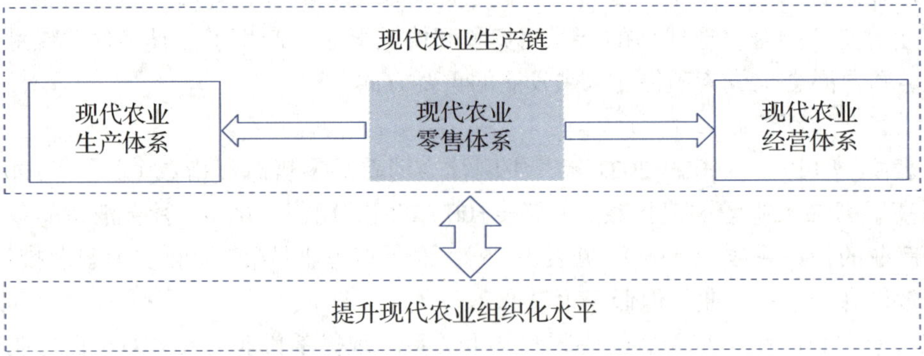

图 1－2　以现代零售业推动农业转型升级的路径

（三）零售业与社会就业

1. 零售业吸纳就业情况

零售业是中国吸纳就业最多的行业之一。作为商品流通的终端环节，零售业是国民经济的先导产业和基础产业，是消费拉动经济增长的着力点，也是吸纳就业的蓄水池。就业水平的高低在很大程度上取决于零售业的发展水平。零售业对就业的贡献大小可以用零售业就业人数占全社会总就业人数的比例来衡量，即一定时期内零售业就业人数占该时期全社会总就业人数的比例越大，零售业对社会就业的贡献也就越大。

零售视角1-5　农超对接

据测算显示，2018 年和 2019 年零售业分别吸纳全职就业 6 210 万人和 6 150 万人，均约占全国总就业人数的 8.2%（如表 1－6 所示），是除了农业和批发业之外（在国民经济 44 个行业中）吸纳就业第三多的行业。与此同时，零售业还通过消费、投资和出口等方式间接拉动其他行业就业，如表 1－7 所示。整体而言，零售业广泛吸纳社会就业的基础性作用显著。

表 1－6　2018—2020 年零售业吸纳全职就业人数及行业平均报酬

年份	零售业对本行业就业的拉动（万人）	其他行业对零售业就业的拉动（万人）	零售业总就业（万人）	零售业占全国总就业的比重（%）	行业平均劳动报酬（全职）(元)
2018	2 270.0	3 940.4	6 210.0	8.2	35 050
2019	2 541.4	3 608.7	6 150.0	8.2	37 924
2020	2 298.8	3 462.6	5 761.0	7.7	41 972

资料来源：国家信息中心：2021 年零售业对我国经济社会的影响评估报告.（2021-11-03）. https://mp.weixin.qq.com/s/EfiuYARSua7f0ZrG97JvjA.

表 1－7　零售业对就业的间接拉动效应

单位：万人

年份	零售业消费拉动的其他行业就业	零售业投资拉动的其他行业就业	零售业出口拉动的其他行业就业	零售业对就业的间接拉动效应
2018	178.6	64.8	134.9	378.3
2019	216.3	67.1	140.1	423.5
2020	195.1	69.2	118.6	383.0

资料来源：国家信息中心：2021 年零售业对我国经济社会的影响评估报告.（2021–11–03）. https://mp.weixin.qq.com/s/EfiuYARSua7f0ZrG97JvjA.

2. 零售业催生的就业机会

零售视角 1－6　新职业并生，大量新型岗位涌现

零售业的迅猛发展，催生了对零售人才的旺盛需求，特别是高级零售人才。随着电子商务的兴起，新业态不断发展，催生出众多新型岗位，新零售人才缺口逐渐显现。根据互联网招聘类网站的公开数据，不少企业已经开设了新零售相关岗位，覆盖了新零售运营、物流专员、产品经理、业务总监等各个方向的大小职位，总体需求旺盛，具体如表 1－8 所示。

表 1－8　新零售相关职位

职位等级	职位名称
初级职位	新零售销售；新零售运营；新零售市场专员；设计相关；新零售物流；新零售客服；新零售项目专员；新零售门店专员；新零售文职；新零售招聘；新零售数据分析；新零售产品专员
中级职位	技术工程师；新零售产品经理；新零售运营经理；新零售店长；新零售渠道管理
高级职位	新零售业务总监；新零售项目主管；新零售市场监管

资料来源：CBNData X 淘宝大学：2018 新零售人才发展白皮书.（2018–06–26）. https://mp.weixin.qq.com/s/2H5ZOnKll732TA7S4D8xnQ.

（四）零售业与城市发展

零售视角 1－7　善商好贾的洛阳城

零售业是一个城市最基本的要素，也是最基本的城市功能。一个城市的发展很大程度上取决于零售业的发展。从各国城市发展与零售业关系的历史来看，城市发展的过程基本上也就是批零系数（同一时期批发销售额与零售销售额的比值）不断扩大的过程。由此，零售业依赖于城市的发展，而城市的发展也要以零售业为条件。城市化过程是零售业发展与变革的直接推动力量，而零售业发展与变革的过程也反过来构成城市化过程的基本内容。因此，城市的发展与零售业的发展之间具有互为因果的关系。

（五）零售业与国民福利

国民福利包括国民收入、生活质量、工作兴趣、消费者闲暇和消费者爱好的满足等

方面。零售业虽然不能与所有的福利内容直接相关，但是与国民收入、消费者闲暇和消费者爱好的满足这三个方面具有直接的相关性。在国民收入方面，零售业对劳动力具有较强的吸纳能力，可以为更多的人提供就业机会，并且电商发展能够显著提升农户收入（秦芳等，2022），也就意味着国民福利的增加；在消费者闲暇方面，随着零售业的发展，许多家务劳动变成了零售业的经营内容，从而大大减少了消费者的家务劳动时间，相应地也就增加了消费者的闲暇；在消费者爱好的满足方面，零售业主要以迎合消费者需要的销售方式来满足他们的爱好，进而增加国民福利。

零售业已成为我国国民经济的支柱性和先导性产业，在拉动内需、促进消费等方面发挥着重要作用（汪旭晖和赵博，2021）。现代零售业将商品价值从生产端传递到消费端，发挥着衔接生产和消费的作用，零售模式的创新可以有效地扩大消费的规模，进而促进消费升级，如图 1－3 所示。

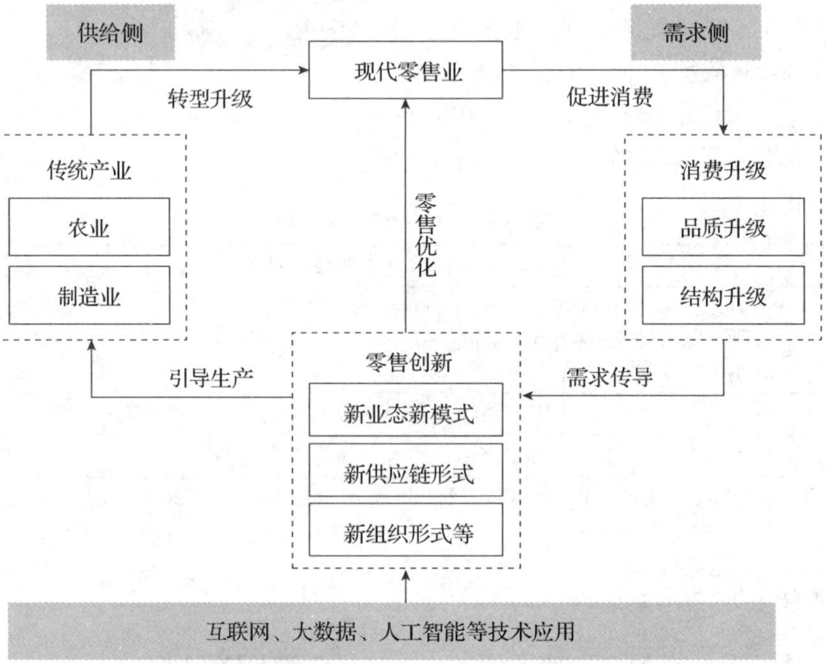

图 1－3　发展现代零售业促进消费升级的路径

延伸阅读 1－3

中国古代的重商主义思想

在中国古代，最早体现重商主义思想的典籍是《易经》。《易经 · 乾卦》指出：“首出庶物，万国咸宁”。

古代商周之时，人们就已经十分重视商业。周文王时期遇到大旱，人们就懂得用商业政策来解决困难。《告四方游旅》中指出：“四方游旅……津济道宿，所至如归。币租轻，乃作母以行其子，易资贵贱，以均游旅，使无滞。无粥熟，无室市，权内外以立均。”当时为求市邑繁荣，并令县鄙商旅迁居城市，规定“能来三室者，与之一室之禄”。

《周礼》将“六曰商贾，阜通货贿”与三农生九谷、百工饬化八材并列。另外，还设置一系列管理商贾的官吏，如质人主管各种货物的供求；廛人监督商业纳税事务；胥师取缔商人之作伪；贾师主管物价评议；等等。在春秋战国的典籍中，我们也经常发现鼓励商贾的思想。《诗经·卫风·氓》曾这样说：“氓之蚩蚩，抱布贸丝”，反映了民间经营商业是被鼓励的行为。《吕氏春秋·月令》：“是月也，易关市，来商旅，纳货贿，以便民事。”

资料来源：周淑珍．春秋战国时期重商主义思想浅析．吉林工商学院学报，2010，26（6）：21–23.

（六）零售业与强国话语权

零售业是中国商贸流通业的重要组成部分，是中国经济发展的基础性行业，在夯实消费基础、提高零售市场发展效率、加快布局“以国内大循环为主体、国内国际双循环相互促进”的新发展格局过程中处于关键地位（依绍华，2021）。在国内大循环方面，零售业逐渐营造出一个低成本、高效率的物流环境，促使三大产业高度融合发展，为增加行业竞争力、打造区域优势奠定坚实基础。在国际循环方面，零售业不断更新零售品类与构建国际物流格局，更好地满足了外贸方式、出口结构等需求的不断变化。同时，中国积极打造进博会等国际交流平台，创建了具有中国特色的“买全球”“卖全球”国际一流贸易基地，汇聚了全球创新技术和先进产品，有利于完善国内制造业的生产供应链，更好地满足国内各类企业对国外商品与服务的需求，进一步提升产业核心竞争力；并且国际交流平台有效整合了各国市场需求，有利于增强国际间贸易互信，强化国际分工合作和国际贸易，推动全球价值链、产业链发展，助推国际贸易实现包容性增长，不断提升我国在国际贸易中的话语权。中国零售业正在“以商联天下”，外贸的出口和实物贸易量持续居全球第一，在经济全球化中牢固地确立了贸易大国地位。

事实上，党的十八大以来，中国零售业发生了翻天覆地的变化，其行业格局正在以前所未有的速度被颠覆、被重塑，新的技术、业态和商业模式层出叠现。零售行业正上演着程度最为激烈的市场竞争，同时也孕育着众多锐意求变、数字化能力居时代前沿的领先企业，为加快建设网络强国、数字中国注入新的活力。据统计，2021 年中国社会消费品零售总额为 440 823.2 亿元，比 1978 年增长了 283 倍，超过美国社会消费品零售总额，由此中国成为全球最大的零售市场。此外，截至 2021 年底，中国已经连续九年成为全球最大的网络零售市场，进一步提升了中国在全球市场中的国际地位。

三、数字经济时代零售有哪些新变化

数字经济时代，以数字化、智能化为支撑的信息基础设施不断完善，促进了新型生产要素的产生与原有生产要素的重构，市场整体环境处于转换的特殊时期，零售业正在迎来新的转型时机，呈现出新的变化（汪旭晖，2020）。

（一）行业属性变化：从劳动密集型向资本密集型与技术密集型转变

传统零售业在经历新一轮的变革之前，一直被视为劳动密集型行业，运营中需要大批劳务人员从事销售、服务等工作。随着数字技术的发展和社会消费升级的驱动，零售商业模式和业务不断创新，零售产业的要素布局随之发生变化，劳动要素水平降低、资本构成逐渐升高、机器设备使用率提升，由此零售业开始向资本密集型和技术密集型转变。当下，零售企业竞争的实质是技术之争。随着5G的发展，零售业将会迎来新的发展机遇，应高度关注新技术、新设备、新材料、新工艺，真正将劳动密集型传统零售业转型为以科技为导向的智慧型行业。

（二）市场结构变化：从完全竞争向垄断竞争或寡头垄断转变

传统零售市场是完全竞争市场，行业的市场集中度较低，进入和退出障碍较小。但是，随着中国市场经济的开放程度和市场化进程的日益深化，传统的零售市场已经不再是完全竞争的市场，尤其是大型综合超市、家电专业店以及平台电商企业的加入，导致市场集中度非常高，已经形成长期的垄断竞争或寡头垄断。就单个零售企业而言，中国零售百强中前三强的销售规模占零售百强的比重整体呈上升趋势，截至2021年底这一比重达到75.99%。从整体零售发展而言，企业前十强占零售百强的销售规模比重逐年升高，由2011年的48.89%增长至2021年的86.12%。且零售百强销售规模占社会消费品零售总额的比重同样呈逐年递增趋势，由2011年的11.12%增长至2021年的27.47%。由此可见，零售业呈现出垄断竞争和寡头垄断的趋势。

零售视角1-8　2011年至2021年中国零售前十强销售规模及销售占比

（三）渠道范围变化：从单渠道向多渠道发展，最终向全渠道转变

传统单渠道零售只通过一条渠道将产品和服务传递给消费者，渠道范围较为单一，严重限制了潜在消费者的规模和多样性。随着移动互联网的普及，零售企业的顾客、竞争对手和合作伙伴都发生了巨大变化，这就要求零售企业必须进行变革，因此，零售渠道过渡到多渠道甚至全渠道的范围。全渠道不仅包括全部商品所有权转移的渠道，也包括全部的信息渠道、生产渠道、资金渠道和物流渠道等，涉及线上、线下渠道的交叉和高度融合，并利用高效的技术和手段，把零售价值链上的信息流、资金流、物流重新高效组合。

（四）驱动要素变化：从技术驱动向大数据驱动转变

信息技术的广泛应用对实体零售企业及传统电商企业提高效率、降低成本发挥了重要作用。然而，传统技术可供零售商分析的数据维度十分受限。因此，以大数据为代表的技术更迭成为零售商业模式创新的驱动要素。以大数据贯穿零售全链路，能够运用高级的计算机算法刻画消费者画像，挖掘消费者意愿，从而实现更高层次的消费场景。因此，掌握大数据技术的零售企业在数字经济时代的零售变革中更具竞争优势。

（五）创新范围变化：从城市向农村再向跨境转变

随着城市的零售业发展和跨业态融合趋势增强，城市的零售业最先呈现出创新发展

的态势。在电子商务进农村的政策引导下，一些零售企业逐渐向农村发展，借助电商平台的资源优势统筹城乡布局。而随着跨境电商的快速发展，新的创新模式开始向境外扩展，从而大大拓宽了零售创新的范围。

（六）内涵边界变化：跨界融合成为未来零售业发展的重要趋势

传统电商将打破原有的业态边界，向线下拓展，形成细分跨界混搭、多业态融合的商业形态，通过全方位、多角度的跨界合作，实现零售商业模式创新，以满足消费者的各种需求。例如，以阿里巴巴、京东为代表的电商巨头推出了阿里健康医疗、京东好房节等跨界业务。因此，数字经济时代的零售跨界趋势将更加明显。

第 2 节　零售业态纵览

一、什么是零售业态

（一）零售业态的定义

零售业态（retail formats）是指为满足某一特定目标顾客需求，对全部零售营销要素进行组合而形成的店铺营业形态。对零售业态的界定与命名依据主要包括：①零售企业经营商品的品种与结构；②零售企业的规模与区位；③商品的销售方式；④零售企业的组织与管理模式（宋丕丞，2020）。

（二）零售业态的分类

1. 国际上零售业态的一般分类

对于零售业态的分类，目前的国际惯例是主要依据零售商店的选址、规模、目标顾客、商品结构、店堂设施、经营方式、营业时间、服务功能、价格策略等确定。美国把零售店区分为百货店、超级市场、折扣店、一般商品店、服装专卖店、仓库俱乐部、药店、便利店、杂货店等九类；日本对零售业态的分类与美国基本相同，但增加了自动售货机、邮购以及无店铺销售形式。

2. 中国零售业态的统计分类

20 世纪末，中国零售业经过长期积聚，开始迎来快速发展时期。2000 年国家首次制定并颁布了《零售业态分类》国家标准，此后在 2004 年和 2021 年先后进行了两次修订和补充。

GB/T 18106-2021 零售业态分类国家标准于 2021 年 3 月 9 日发布，并于 2021 年 10 月 1 日起正式实施。此标准由中华人民共和国商务部提出，根据有无固定营业场所，零售业态可分为有店铺零售业态和无店铺零售业态。其中有店铺零售业态包括便利店、超市、折扣店、仓储会员店、百货店、购物中心、专业店、品牌专卖店、集合店和无人值守商店等10种，如表1－9所示。无店铺零售业态包括网络零售、电视/广播零售、邮寄零售、无人售货设备零售、直销、电话零售和流动货摊零售7种，如表1－10所示。

表1－9　有店铺零售业态分类和基本特点

序号	业态		基本特点				
			选址	商圈与目标顾客	规模	商品（经营）结构	服务功能
1	便利店（convenience store）	社区型便利店	位于社区周边	主要顾客为社区内常住人员，客流稳定	门店面积一般在50～199平方米，货架组数在15～25组	以日常生活用品、饮料、烟酒、应急性商品以及部分生鲜商品为主，根据社区档次的不同，商品结构有所不同	营业时间通常16小时以上，可提供线上订货及多种便民服务。有些便利店提供送货上门或顾客自提服务
		客流配套型便利店	位于火车站、公交站、地铁站等公共交通枢纽以及景点、商业中心等人流较为密集的区域周边	顾客群体以上班族和出游人群为主	门店面积一般在50～120平方米；货架组数在15～25组	以饮料、香烟、即食品、休闲食品、报纸杂志为主，位于旅游景点的店铺销售旅游纪念品	以提供即食品服务（早餐、盒饭）、手机充电、ATM取款、上网等服务为主
		商务型便利店	位于写字楼集中的区域及周边	顾客群体以收入较高的商务人士为主	门店面积一般在20～80平方米；货架组数在10～20组之间；设置就餐简易设施	以鲜食盒饭、即食品、现冲饮料、新鲜水果、功能性饮料、蜜饯糖果、时尚小商品为主	以提供早、中、晚即食品，以及信用卡还款、上网等服务为主。有些提供线上订货服务
		加油站型便利店	加油站内	顾客群体以司乘人员为主	门店面积一般在10～120平方米；货架组数不等	以食品、饮料、香烟、应急商品、汽车养护用品为主	提供ATM取款等金融服务，以及洗车等汽车相关服务
2	超市（supermarket）	按营业面积大小分类					
		大型超市	市、区商业中心或城乡接合部、交通要道及大型居住区	辐射半径2千米以上，目标顾客以居民、被动顾客为主	6000平方米及以上	各类生活用品、包装食品及生鲜食品，满足顾客一站式购物需求，注重自有品牌开发	通常设不低于营业面积40%的停车场，营业时间12小时或以上，可提供线上订货服务
		中型超市	市、区商业中心，居住区	辐射半径2千米左右，以商业区目标顾客、社区便民消费为主	2 000～5 999平方米之间	日常生活用品、包装食品及生鲜食品，单品数少于大型超市	营业时间12小时或以上，可提供线上订货服务

续表

序号	业态		基本特点				
			选址	商圈与目标顾客	规模	商品（经营）结构	服务功能
2	超市（supermarket）	小型超市	市、区商业中心，居住区	辐射半径 1 千米左右，社区便民消费为主	200 ～ 1 999 平方米之间	包装食品及生鲜食品为主，提供日常生活必需品	营业时间 12 小时或以上，通常提供便民服务，可提供线上订货服务
		按生鲜食品营业面积占比分类					
		生鲜超市	社区周边，大型购物中心的配套业态	辐射半径 2 千米左右，以商业区目标顾客、周边居民为主	一般在 200 ～ 6 000 平方米之间	生鲜食品、包装食品为主，配置必需的非食品商品，总经营品种在 0.7 万～ 1.5 万左右	营业时间 12 小时或以上，提供生鲜食品简单处理、加工服务，可提供线上订货服务
		综合超市	市、区商业中心，居住区	辐射半径 5 千米左右，以商业区目标顾客、周边居民为主	一般在 2 000 ～ 10 000 平方米之间	非食品类商品单品数量较多，经营品种齐全，在 1.5 万～ 3 万左右。满足顾客日常生活用品一次购齐	营业时间 12 小时或以上。可提供线上订货服务
3	折扣店（discount store）		居民区、交通要道等租金相对便宜的地区	辐射半径 2 千米左右，目标顾客主要为商圈内居民	营业面积一般在 300 ～ 500 平方米之间	商品平均价格低于市场平均水平，自有品牌占有较大的比例	用工精简，提供有限服务。有些可提供线上订货服务
4	仓储会员店（warehouse club）		城乡接合部的交通要道	辐射半径 5 千米以上，目标顾客以中小零售店、餐饮店、集团购买和流动顾客为主	营业面积一般在 5 000 平方米以上	以大众化衣、食、日用品为主，自有品牌占相当部分，商品种类通常在 0.4 万～ 1.2 万种左右，实行低价、批量销售	设相当于经营面积的停车场。有些可提供线上订货服务
5	百货店（department store）		市、区级商业中心，历史形成的商业集聚地	以追求时尚和品质的顾客为主	营业面积一般在 10 000 ～ 50 000 平方米	商品种类齐全，以服饰、鞋类、箱包、化妆品、家庭用品、家用电器为主	注重服务，逐步增设餐饮、娱乐、休闲等服务项目和设施
6	购物中心（shopping center；shopping mall）	都市型购物中心	城市的核心商圈或中心商务区，街区型或封闭型建筑结构	商圈可覆盖地区甚至超出所在城市，满足顾客购物、餐饮、商务、社交、休闲娱乐等多种需求	不包含停车场的建筑面积通常在 50 000 平方米以上	购物、餐饮、休闲和服务功能齐备，时尚、休闲、商务、社交特色较为突出	提供停车位、导购咨询、个性化休息区、手机充电、免费无线上网、ATM 取款等多种便利措施

续表

序号	业态		基本特点				
			选址	商圈与目标顾客	规模	商品（经营）结构	服务功能
6	购物中心（shopping center；shopping mall）	区域型购物中心	位于城市新区或城乡接合部的商业中心或社区集聚区，紧邻交通主干道或城市交通节点，以封闭的独立建筑体为主	辐射半径约在5千米以上，满足不同收入水平顾客的一站式消费需求	不包含停车场的建筑面积通常在50 000平方米以上	购物、餐饮、休闲和服务功能齐备，所提供的产品和服务种类丰富	提供停车位，通常还提供导购咨询服务、个性化休息区、手机充电、免费无线上网、免费针线包、ATM取款等便利措施
		社区型购物中心	位于居民聚居区的中心或周边，交通便利。以封闭的独立建筑体为主	辐射半径均在3千米以内，以满足周边居民日常生活所需为主	不包含停车场的建筑面积通常为10 000 ～ 50 000平方米	以家庭生活、休闲、娱乐为主，配备必要的餐饮和休闲娱乐设施，服务功能齐全	提供停车位，通常还提供休息区、手机充电、免费无线上网、免费针线包、ATM取款等便利措施
		奥特莱斯型购物中心	在交通便利或远离市中心的交通主干道旁，或开设在旅游景区附近，建筑形态为街区型或封闭型	辐射所在城市或周边城市群，目标顾客为品牌拥护者	不包含停车场的建筑面积通常在50 000平方米以上	以品牌生产商或经销商开设的零售店为主体，以销售打折商品为特色	提供停车位
7	专业店（specialized store）		在交通便利或远离市中心的交通主干道旁，或者市、区级商业中心以及百货店、购物中心内	以有目的的选购某类商品的流动顾客为主	根据商品特点而定	以销售某类商品为主，体现专业性、深度性，品种丰富，选择余地大	现场售卖人员可提供专业建议。无人值守专业店由消费者自助完成购物
8	品牌专卖店（brand exclusive shop）		市、区级商业中心、专业街以及百货店、购物中心内	以中高档消费者和追求时尚的年轻人为主	根据商品特点而定	以销售某一品牌系列商品为主，销售量少、质优、高毛利	注重品牌声誉，从业人员专业知识丰富，提供专业服务。无人值守专卖店，由消费者自助完成购物
9	集合店（selection shop）		市、区级商业中心、专业街以及百货店、购物中心内	品牌特定消费者	面积通常在300～1 500平方米之间	汇集多个品牌及多个品类的商品，产品间有较强的关联性	注重品牌声誉，从业人员专业知识丰富，提供专业服务
10	无人值守商店（unmanned store）		位于大卖场周边，社区、办公楼周边，购物中心内等可以补充其他业态销售的区域	周边客群，追求快捷、方便	经营面积一般在10～25平方米之间	以饮料、休闲食品、应急性商品为主，根据区域不同，商品结构有所不同	可24小时营业

资料来源：全国标准信息公共服务平台（https://std.samr.gov.cn）.

表 1－10　无店铺零售业态分类和基本特点

序号	业态	基本特点			
		目标顾客	商品（经营）结构	商品售卖方式	服务功能
1	网络零售（online retail）	追求便捷、省时、省力	根据目标顾客设定产品结构	在线交易	送货到指定地点或指定自提点
2	电视 / 广播零售（television/broadcast shopping）	以电视观众、收音机听众为主	商品具有某种特点，与市场上同类商品相比，有一定差异性	以电视、广播向消费者推介商品，通过电话订购	送货到指定地点
3	邮寄零售（mail order）	商品目录或报纸、杂志的阅读者	商品适宜储存和运输	以商品目录、报纸、杂志向消费者进行商品宣传，消费者事先打款，通过邮购或快递配送货物	邮寄或快递到指定地点
4	无人售货设备零售（unmanned equipment retail）	以交通节点、商业区等流动顾客和固定区域（如办公区、生活区）顾客为主	以饮料、预包装食品和简单生活洗化用品为主，商品单品数通常在 30 种以内	消费者通过自动售货机、无人货架、智能货柜等设备自助购买	自助服务
5	直销（direct selling）	根据不同的产品特性，目标顾客不同	商品以某一类或多品类为主，系列化	销售人员直接与消费者接触，销售其产品	送货到指定地点或自提
6	电话零售（tele-shopping）	根据不同的产品特点，目标顾客不同	商品单一，以某类品种为主	通过电话完成销售	送货到指定地点
7	流动货摊零售（retail sale via mobile stalls）	随机顾客	商品单价较低，满足即时性、冲动性购物需求	面对面销售	立即获得商品

资料来源：全国标准信息公共服务平台（https://std.samr.gov.cn）.

二、走近缤纷世界中多样化的业态

（一）单体零售业态

1. 百货店

百货店（department store）是零售活动中最早固化下来的一种大型业态模式，距今已逾百年的历史。百货店是指经营包括服装、家电、日用品等众多种类商品的大型零售商店。它是在一个大建筑物内，根据不同商品部门设销售区，满足顾客对时尚商品多样化选择需求的零售业态。其特征一般包括：经营的商品品类多样；商品的质量与价格水平普遍高于小规模零售商；多存在于一个封闭建筑物内，其选址多倾向于城市的中心区域。百货店在长期发展过程中不断受到新型业态的挑战，

延伸阅读1-4　百货店的发展与困境

进行升级与转型。

2. 超市

超级市场（supermarket，简称超市）是继百货店后出现的另一大型零售业态。超市实行自助服务和集中式一次性付款的销售方式，以销售包装食品、生鲜食品和日常生活用品为主，满足消费者日常生活必需品需求，普遍实行连锁经营方式。超市于20世纪30年代初最先出现在美国东部地区，五六十年代在世界范围内得到快速发展。

超市的主要特征包括：①购物环境轻松自由，以开架销售的方式为消费者提供自行挑选商品的机会；②店铺的空间利用率高，商品多以高密度的方式陈列于标准货架；③价格优势显著，批量进货以及少量的销售人员等低成本运营方式使超市能够以低廉的价格销售商品；④便利性增强，统一的结账收银管理为消费者带来便利。超市在随后的发展中不断采用新的零售技术，如电子收银与自动化库存管理等，不断降低其运营成本。因此，超市这一业态类型至今仍在零售市场保持较高活力。典型的超市零售商包括美国的沃尔玛、法国的家乐福等。

零售视角1-9　超市与集市

3. 专业店与品牌专卖店

专业店（specialized store）也称为品类店、专业商店，一般是指经营某一大类的商品，导购员具有丰富的专业知识并提供适当的售后服务，满足顾客对某大类商品选择需求的零售业态。专业店的特点包括：①以某品类商品销售为主，注重品类的深度与商品品种的丰富性；②专业店属于相对低成本的零售渠道，商品零售价普遍较低；③一般需配备一定数量的专业导购员工，具备相关商品领域的专业知识，能够为消费者提供耐心的咨询服务。同时，专业店也具有一定灵活性，如销售方式可以采用开架销售，也可以采用分品牌的柜台销售。一些专业店经营效益良好，逐渐扩大规模，吸纳更多的品牌与商品品种，成为某品类商品销售的主要渠道，具有了某种渠道垄断的特征，被称为“品类杀手”（category killer）。当今许多知名的专业店均在各自品类领域扮演着“品类杀手”角色，例如玩具反斗城、宜家、百安居等。

品牌专卖店（brand exclusive shop）也称为品牌专营店，是一种排他性的专属零售渠道，只服务于一个品牌的商品，主要销售自有品牌商品，如皮尔卡丹专卖店仅卖皮尔卡丹服饰。有些专卖店即使属于一个品牌（或厂商），也可能分别销售不同子品牌的商品，呈现明显的渠道聚焦性。专卖店的特点包括：①单品牌渠道占用空间有限，存在形式多样，如临街店、店中店等；②店铺布局注重品牌展示，强调与商品主题相关的陈列设计，不追求过高的内部空间使用率；③专卖店多以连锁方式经营，各店铺保持高度相似的设计与规范的管理；④专卖店一般呈现为高档次终端，配备专业的品牌销售人员，可以提供深度服务；⑤专卖店属于高利润率终端，商品的零售价一般偏高。

专业店与品牌专卖店有许多相同之处。具体包括：①专而全：经营某一类商品，并把这类商品的品种、规格、花色搜集齐全。②新而特：仅限于某一类或几类商品的经营，掌握最新市场流行趋势，进而选择新颖而独特的商品。③规模化：成功的专业店、品牌专卖店注重规模化发展，有时可以垄断某一地区。④专业店和品牌专卖店选址在繁华商业区、商店街或百货店、购物中心内，要求从业人员有丰富的专业知识。

专业店与品牌专卖店的区别之处主要包括：①专业店归属于独立的商业经营单位，经营目的是获取利润；品牌专卖店是由厂商或与厂商有密切联系的公司创办，经营目的不仅是获取利润，更重要的是推广自己的产品；②专业店专门经营某一类商品，汇集许多品牌和款式，满足顾客对多品牌款式的需求；品牌专卖店专门经营某一个品牌，常汇集同一品牌的一类或几类商品，满足顾客对品牌的偏好。

4. 便利店

便利店（convenience store）是一种以自选销售为主，销售小容量应急性的食品、日常生活用品和提供商品性服务，以满足顾客便利性需求为主要目的的零售业态。从整体上来看，便利店是超市发展到相对成熟的阶段后，从超市中分化出来的一种零售业态。便利店的特点包括：①店铺面积小，常在 100 ～ 200 平方米，内部空间利用率极高，商品呈高密度陈列；②服务范围小，一般在消费者步行 15 分钟以内为宜；③选址灵活，一般布局在人口密度或流量较高的区域，如居民区、车站、医院、学校、加油站等；④营业时间一般较长，许多便利店营业时间超过 12 小时，甚至 24 小时营业；⑤商品零售价相比一般零售店偏高。

零售视角1–10　便利店的生存条件

5. 集合店

集合店（selection shop）也称品牌集合店，是在一家门店内，汇集多个品牌的产品，货品种类可涵盖服装、鞋、包、首饰、手表等多个品种，不同风格及设计理念的各个品牌被同一店面“召集”在一起，融合为一个备受关注的品牌集合店。具有来自不同企业的品牌汇集的品牌集合店，能满足不同顾客的多元化需求，是当前新零售下最热门的商业模式之一。

集合店的主要优势在于：①多元互补：多品牌互补，能够满足顾客更多的消费需求。②商品系统化：商品与商品之间有着极强的关联与搭配，实现了系统化、互相融合、优势互补。③消费主题明确，节省顾客选货时间。④产品线丰富，延长顾客逗留时间。⑤经营成本下降，单店利润提高：为顾客提供更方便的一站式购物，平均客流是单品牌店铺的两倍甚至更多。⑥既实现共享客流，又突出品牌个性化。集合店在共享客流、相互促进的同时，将多种品牌放在一起方便顾客比较，更能突出各个品牌的个性。

6. 网络零售

网络零售（online retail）通常是指建立在第三方提供的电子商务平台上的、由商家通过互联网将商品或服务信息传达给特定的用户，用户通过在线交易，采取一定的付款和送货方式，最终完成交易的一种电子商务形式。2000 年以后，以亚马逊、eBay 等为代表的企业将网络零售业务规模逐级推高，并被欧洲国家、日本、中国等的新兴零售企业采用，获得了快速的发展，逐渐改称为“网上商城”。

网络零售的特点有：①基于 Web 网页制作并发布商品信息，商品陈列与展示空间远大于任何传统零售业态，理论上为无限大；②通过计算机网络传递商品销售信息，超越了传统地域限制，具备极高的效率优势；③消费者可以在网络上搜寻大量关于目标商品的信息与反馈，进行跨平台比较；④网络零售商可以直接同上游的厂商建立联系，并借助第三方物流进行配送，具有明显的价格优势；⑤网络零售为消费者创造了轻松便利的购物环境，实现了“足不出户”的购物模式。

7. 电视 / 广播零售

电视 / 广播零售（television/broadcast shopping）虽然借用的媒介不同，但其销售方式基本类似，均通过某种高效的信息传递途径向消费者传达商品信息，方便消费者购买。电视 / 广播零售的特点有：①借助传统传播媒介与消费者沟通，在大部分国家或地区受众基数较大；②销售信息的传递更为丰富，涉及声音、图像，并可以使用影音对商品的诸多效果进行展示，这是早期现场销售难以实现的；③相比投资实体店，这些销售方式的成本较容易控制，企业也便于根据销售情况及时调整销售费用；④结算与发货方式可采用多种灵活的形式。

8. 邮寄零售

邮寄零售（mail order）最早于 1876 年出现在美国。19 世纪后期美国农业发展迅速，农场工人生活逐渐得到改善，收入不断增加，他们希望买到各种各样的商品。但美国农村商业不发达，零售商店不多，经营的商品种类有限，且价格昂贵，满足不了农村居民的要求。于是，邮寄零售便应运而生。

邮寄零售的优点包括：①创办投资和经营费用低，不需要固定装置或商品陈列，不需要好的地段，不用维持商店营业时间，也不需要个人推销员；②可以面对广大的地区营业；③由于能降低费用，邮购商品的价格低，这可以说是邮寄零售的最大优点；④具有购物的舒适性，给消费者以购货的便利，特别是方便了那些行动不便的消费群体购物。邮寄零售也有缺点：①消费者购买前无法检查商品；②有些消费者喜欢提问和接受个人服务，邮寄零售无法满足；③通过邮寄购买的商品范围有限；④常常延迟交货。

零售视角1-11　中国邮寄零售的发展

9. 无人售货设备零售

无人售货设备零售（unmanned equipment retail）又称为自动售货亭，起源于 20 世纪 60 年代，由美国的 Mars 家族发明。20 世纪 80 年代，在美国、日本和整个欧洲，自动售货机的应用领域已经扩展至小食品、冷热饮料、快餐、游戏、香烟、公交、地铁、邮票、报纸、电话磁卡以及个人卫生用品等很多方面。我国无人售货设备零售的起步较晚，直至 1993 年才在广州、上海出现，随后快速发展起来。现阶段，无人售货设备零售已经在很多方面服务了我们的生活。例如：在火车站、地铁站、飞机场等交通枢纽实现“即买即走”，货机上的智能感应系统以及商品上的智能标签会自动检测到顾客选购的商品并扣款，为旅客提供更便捷的购物体验。

（二）复合式零售组织

复合式零售组织是指由多种业态集聚而成的、具备复合销售模式的一种零售形态，或者称为复合型零售业态。

1. 购物中心

国际购物中心协会认为购物中心（shopping mall/shopping center）是指作为一个独立的地产进行设计、开发、拥有和管理的零售和其他商业设施的组合体。购物中心的特征一般包括：①占地面积大，拥有充足的商业空间，可容纳大量消费者，属于大型商业业态；②交通便利，并提供大量低价或免费的停车位，适宜家庭消费出行；③包含多种零售与服务功能，如高档百货、精品超市、品牌专卖店，以及餐饮与诸多娱乐功能；④内部商业空间的使用不追求高密度，而是以营造符合其定位的某种主题氛围为主，关注顾客全流程的消费体验。

购物中心是一种综合性渠道，兼具宽度渠道与深度渠道的优势，同时兼具多种休闲娱乐服务功能，是社会消费升级的必然趋势。近些年，中国各大中城市都兴起了购物中心建设热潮，已建成购物中心的经营业绩也普遍好于其他零售业态，较好地适应了我国居民消费升级的需求。

2. 商业街

商业街（business street/commercial street），又称商店街，是指由众多商店、餐饮店、服务店共同组成，按一定结构比例规律排列的商业繁华街道，是紧密地聚集于一定地区所形成的商业聚集体，并发挥商业聚集所产生的吸引顾客的“相乘效应”。从商业街的定义来看，商业街具有如下特点：①以零售为主，零售店铺是商业街内店铺的主要组成部分；②功能复合，商业街内聚集着餐饮、娱乐、文化等多种产业的店铺；③店铺协同，商业街上的店铺之间有能力互补、相互促进的协同关系；④空间跨越，商业街通常跨越一段空间距离，少则占据街道的一段，多则整条街乃至整个街区。

早期的商业街多为露天街道的形式，临街为 1 ～ 3 层的店铺（当前多为 2 ～ 3 层），可以是单一街道，也可以是多街道交叉，能够为顾客提供充足的消费选择及舒适的休闲空间。现代商业街形式更为多样化，出现了半封闭商业街与全封闭商业街、空中商业街与地下商业街。从商业组合的规模与程度看，商业街的容纳量比组合体与集聚区要小，业态与功能的搭配较为灵活松散，因此不同的商业街会呈现出风格迥异的特征，这也是商业街的特色所在。

（三）零售新物种

在消费变革、渠道变革和技术变革的催生下，许多零售“新物种”相继涌现。例如，亚马逊打造了 Amazon Go“不排队、不结账”的无人门店；阿里巴巴投资的盒马鲜生是供应链重构、品类重构、服务重构后诞生的“零售 + 餐饮”的跨界融合。

1. 无人门店：亚马逊的零售“黑科技”

2016 年 12 月 5 日，亚马逊对 Amazon Go 概念店进行了宣传片展示。视频中，顾客刷手机 APP 进入超市后拿到商品即可离开，无须排队，无须结账，让很多人惊呼这就是未来超市。事实上，这是亚马逊在拓展新零售业务，而且还计划在全球开 2 000 家大型线下新型超市。Amazon Go 似乎用实际行动为新零售业态做了一个范本。

2. 餐超跨界：盒马鲜生

相比其他零售“新物种”而言，2016 年初盒马鲜生刚出现就备受推崇。盒马鲜生俨然是自带光环，首家门店一天就有几十万元的销售额，线上线下售卖超过 1 万单，客单价高达 70 元，综合坪效达到 5 万元 /(坪 · 年)，是传统超市的 45 倍。那么，盒马鲜生的新零售模式到底新在哪里？对行业又会有哪些颠覆？

首先，打造 OAO（online and offline）消费闭环。消费者到店消费时，需要安装 APP，然后再注册成为会员，通过支付宝完成付款，不仅可以增强消费过程的流畅性，还能够借助大数据深耕会员价值，增加用户黏性，打造消费闭环。其次，极致的购物体验。店里售卖 103 个国家的超过 3 000 多种商品，还有来自世界各地的鲜活海鲜，如俄罗斯红毛蟹、波士顿龙虾、澳洲帝王蟹等。再次，以店做仓提升效率。门店布局新颖，集“前置仓 + 线下体验 + 线上展示”于一体，实现店仓一体化，提升配送效率，增强顾客的信任感。然后，D2D（door to door）的门对门配送服务。通过电子价签等新技术手段，保证线上与线下同品同价，通过门店自动化物流设备保证门店分拣效率，进而保证了配送效率。最后，“超市 + 餐饮”的跨界融合。优化了客流及用户体验，餐饮的高毛利率也可改善零售的盈利结构。

零售视角1-12　盒马鲜生：构建新零售智慧样板

3. 线下的天猫：淘宝便利店

便利店不是新零售的“风口”，而是新零售的入口。在新零售的布局上，很多零售企业都把宝押在了便利店上，借助互联网的技术，利用大数据的赋能，深挖顾客价值，实现业绩提升。淘宝便利店致力于打造 1 小时送达圈，采用“加盟 + 管控供应链”的模式，通过 1 688 旗下的零售通做供应链，淘宝的点点送做运力平台，将最优质的好货供给线下 20 万家小店，抹去中间商环节，将利润率压到最低。目前淘宝便利店已覆盖杭州、上海、宁波等地，客单价在 50 元左右。

三、零售业态变迁理论：经典与局限

（一）零售业态变迁的经典理论

纵观世界零售业态的变化，本部分尝试用相关理论对零售业的变迁与革新进行解释，并尝试分析传统理论的局限性。

1. 零售轮理论

美国哈佛商学院的麦克奈尔（M. P. McNair）于 1958 年提出了著名的零售轮理论（wheel of retailing）。零售轮理论的主要观点是：零售经营活动总是围绕“成本、价格、毛利”这条主线向前延伸，新旧零售业态的变革和交替具有周期性，这种周期性好似车轮旋转。当一些新的零售业态进入市场时，总以低档定位、低毛利率、低价格吸引消费者，从而与成熟的零售业态进行竞争。在获得成功后，新的零售业态会引来众多效仿者，从而形成新业态之间的低价格竞争；进而各新业态被迫开展非价格竞争，如改善店铺环境、增加服务等，这必然会增加经营成本，导致价格水平逐渐趋于旧有业态，新业态最终进入高档定位、高毛利率、高价格的发展轨道。在下一轮竞争中，又会出现新的业态采用低价策略，于是轮子重新转动而进入下一轮循环，如图 1－4 所示。该理论对百货店、超市、专业店、折扣店等业态的发展有较好的解释，对新时期零售业态的创新也有一定的解释力。

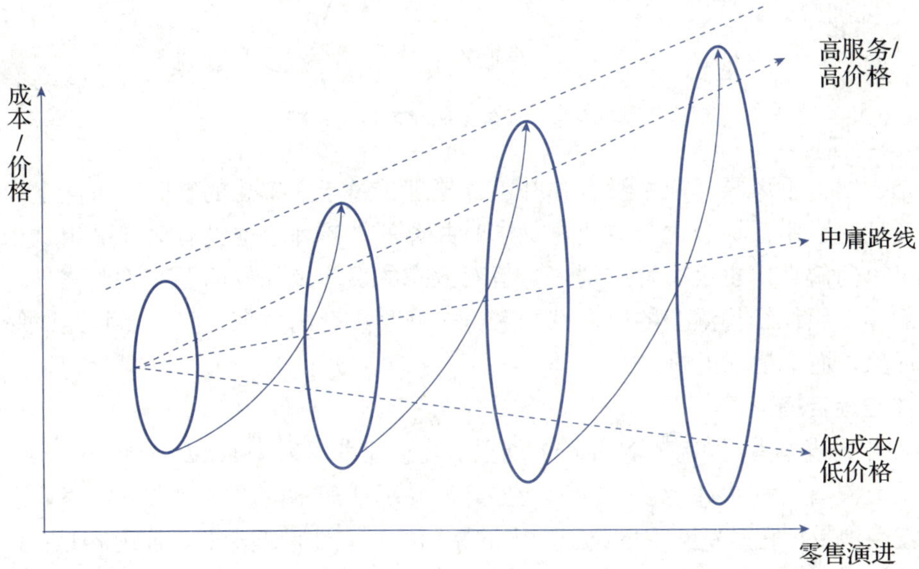

图 1－4　零售轮理论示意图

事实上，零售轮理论没有解释零售业态产生的市场条件，把成本和价格当做决定零售组织演变的唯一变量，显然是把复杂的经济现象过于简单化了，而且零售轮理论也不能解释所有零售业态的变迁过程。例如，发展中国家的超级市场和其他现代化商店、美国的郊外购物中心、日本的便利店等都是面向中高收入阶层，以高价格进入市场，并不符合零售轮理论中创新型零售业态都是以低价格开始进入市场的条件。

2. 零售手风琴理论

霍兰德（S. C. Hollander）于 1966 年发展了零售手风琴理论（retail accordion）。手风琴理论描述了零售组织结构演变的过程，这一理论认为零售业态的演变是零售网点提供的商品组合由宽变窄，再逐渐由窄变宽，就像手风琴一宽一窄交替更迭不断升级，显示出轮回的规律性，导致业态变化，如图 1－5 所示。在一定时期内，经营商品范围较广的综合商店较流行，在一段时间后，综合商店向专业商店转化，而后又回归至综合商店。手风琴理论说明商品组合的变化比价格更能说明业态的演化，而百货店、专业超市、商业街、折扣店、专业店、购物中心等业态与商业组合确实呈现了明显的宽度与深度的交替变化，都符合该理论。

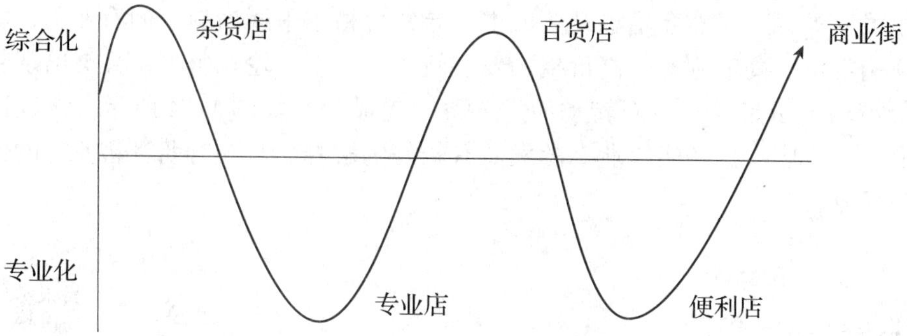

图 1－5　零售手风琴理论示意图

但是，零售手风琴理论并没有弥补零售轮理论过于简单化的缺陷。事实上，在零售业态的变迁过程中，综合化与专业化是同时并存的。该理论也没有对商品组合为什么增加或减少进行解释，也没有考虑到消费者对业态的反应及偏好问题。除此之外，它所给出的影响零售组织结构演变的决定性因素——商品组合的宽窄，只是零售组织结构演变的一种现象，而不是真正的原因。

3. 真空地带理论

1966 年丹麦学者尼尔森（Nielsen）创立了真空地带理论（vacuum hypothesis）。该理论假设消费者具有多样化和多变性的消费偏好，并称新产生的、未被现有零售业态满足的偏好为真空地带，它是新型零售业态产生的原因。真空地带理论的具体内容是：绝大多数消费者偏好于中档价格和中档服务，这使低价格-低服务的零售商和高价格-高服务的零售商向中价格-中服务靠拢，最终导致高价格-高服务的零售商与低价格-低服务组合的零售商消失，从而产生两个方向的真空地带即空白部分，而新进入者正是以这个真空地带为目标，从而产生的新业态，或出现低价店，或出现高价店，如图 1－6 所示。

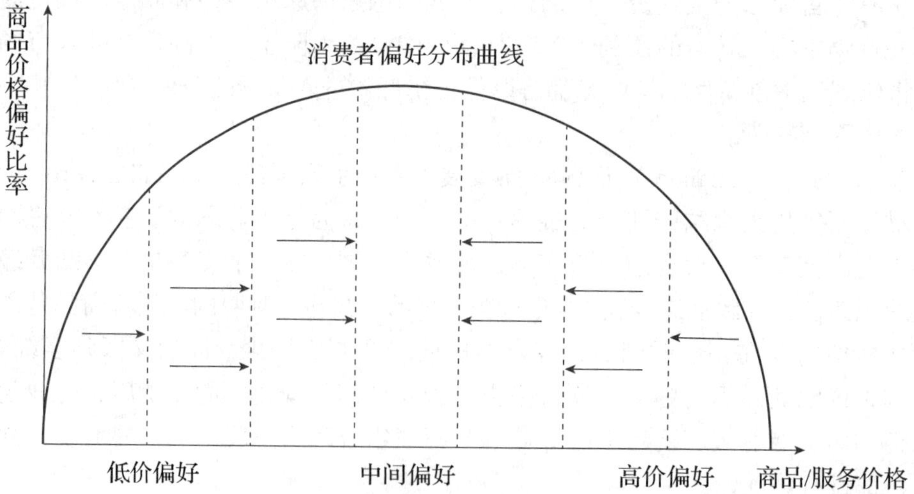

图 1－6　真空地带理论示意图

真空地带理论是以消费者偏好分布曲线的存在为前提，而在实际生活中，是否真的存在这样的偏好分布曲线，是很难确定的。运用真空地带理论难以解释日本便利店及美国无店铺零售业的发展。最为重要的是，真空地带理论着眼点单一且缺乏说服力，不能成为促使零售业发展的动力。

4. 零售生命周期理论

1976 年戴维森、贝茨和巴斯（Davidson，Bates and Bass，1976）共同提出了零售生命周期理论（retail life cycle)，用于解释零售业态发展与变迁的过程。该理论认为，零售生命周期包括导入、成长、成熟和衰退四个阶段，如图 1－7 所示。

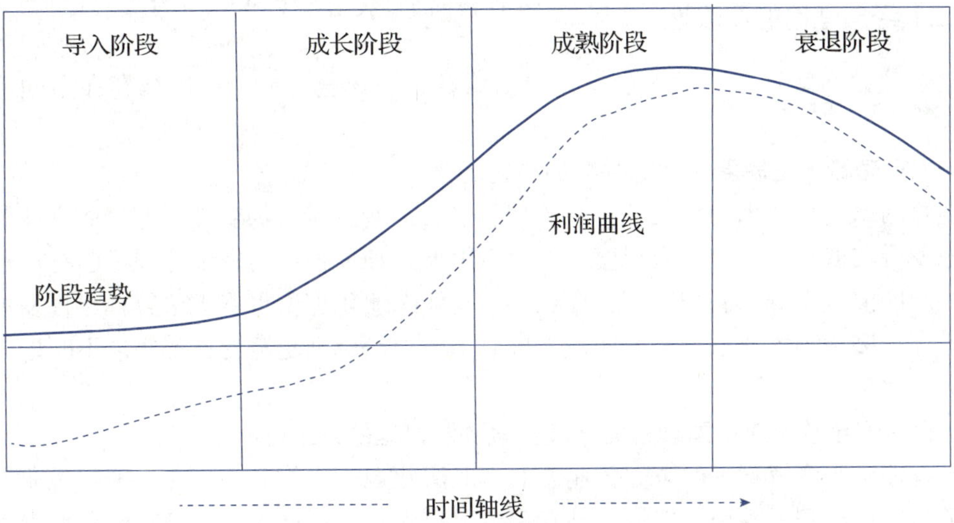

图 1－7　零售生命周期理论示意图

（1）导入阶段

新的零售模式刚刚出现，行业中的竞争者较少，有显著的差异化趋势。但在该阶段消费者对新模式认知不够，潜在消费转化为现实消费的比率不高。因此，该阶段渠道宽度与品种深度不足，零售的销售与利润情况一般不理想，需要通过营销方式深化消费者的认知。

（2）成长阶段

经过导入阶段的铺垫，新的模式被一些零售企业模仿，消费者对其认知有所增加，潜在消费逐渐转化为现实消费。采用新模式的零售企业在此阶段面临的竞争尚不激烈，新业态在市场中的占比上升，可以获得较高的营业收入与利润。

（3）成熟阶段

此阶段行业内的竞争者趋于饱和，消费者的认知与选择更为理性，潜在消费已完全转化为现实消费。各零售商进入了激烈竞争阶段，但利润水平趋于平缓，一些具备资源或技术优势的零售商在此阶段转型升级。

（4）衰退阶段

在此阶段，原有的零售模式受到新兴模式的挑战，失去了对大多数消费者的吸引力，消费规模快速下降，市场份额大大减少、利润下降，无力与更新的业态竞争，呈现出不景气的状态。零售企业需要做的是快速退出该领域，寻找新的业务领域，或者在原有模式基础上进行较大的转型。

零售业态的生命周期理论解释了现有零售业态是如何发展的，以及该零售业态为什么会这样向前发展。该理论将变化的动力归于许许多多不同的因素，如价格周期、市场环境、宏观经济波动等，使其具有更强的解释能力。但遗憾的是，该理论并没有明确指出零售业态发展、变迁的决定因素，即对零售业态为什么变迁以及为什么存在生命周期等问题，没有进行明确说明。

（二）经典理论的局限性

以上理论在解释零售业态的演进方面均存在一定合理性，但同样存在不同程度的缺陷。

1. 现有理论无法解释多业态并存的零售场景

随着网络信息技术的发展、物流的发展以及消费者需求的变迁，零售业商业模式在不断地发展与变化，如今零售规模、零售组织形式和零售业的发展范围都已经远远超出了零售制度演进本身的涵盖范围，传统的零售业态演化理论也将无法解释零售发展的规律与进程。多种零售业态竞相发展，零售业态的内涵越来越宽泛，都要求不断地对这些理论进行创新。

2. 现有理论缺乏对中国零售业态演化轨迹及机理的系统分析

已有理论大多解释了西方零售业态的一般演化规律，部分理论在中国零售业态演化中的适用性也得到了验证。然而，已有理论也存在一定的局限性。已有研究大多基于西方零售企业，反映的是 20 世纪六七十年代西方零售业的演化情况，而目前中国正处于高速变革的发展阶段，零售业具有自己独特的演化轨迹和机理，且这种独特性随着网络技术的飞速发展将更加明显，因此已有理论不一定能很好地解释中国零售业态的演化。

第 3 节　零售革命：从历史到未来

一、认识零售革命

（一）零售革命的含义

零售革命（retail revolution）是指零售企业为了适应环境变化，满足顾客需求，维持生存和发展，以及实现经营目标，用新业态取代旧业态，导致社会范围内新旧业态之间发生的重大主辅更替、换位变化的过程（李飞，2018）。

（二）零售革命的特征

零售革命必须具备五个标准：一是节约了成本；二是有推广价值；三是使消费者受

益；四是引发整个流通变革；五是引起社会反响。零售革命的特征可以划分为革命性和零售性两方面（李飞，2018）。

1. 零售革命的革命性特征

零售革命的革命性特征具体表现在革新性、冲击性和广延性三个方面。一是革新性：零售革命在于新的零售业态区别于旧的零售业态，并具有很大的先进性。二是冲击性：任何一次革命都会对世界产生重大影响。零售革命不仅影响着顾客购物方式的变化，也会引起相关方的一系列调整行动，诸如零售商、批发商、制造商、物流商、金融部门、政府管理的变革行动。三是广延性：革命不是像流星一样转而即逝，而是会扩展到一定的空间、延续到一定的时间，形成综合的影响力，甚至带来社会生活的变化。

2. 零售革命的零售性特征

零售革命的零售性特征具体表现在零售性和并存性两个方面。一是零售性。零售革命具有明显的零售特征，是零售基本要素（店址、店铺环境、产品、服务、价格、传播、流程、组织、信息和文化等）某一方面发生大的变革。二是并存性。纵观世界零售革命的历史进程，并未出现一种新的零售形态完全取代另一种旧的零售形态，而是表现为新形态对旧形态的冲击，而后共处于一个统一的市场之中，但新形态在市场上占据主导地位，而旧有业态处于从属地位。

二、零售革命的历史演进

（一）零售革命的演进历程

纵观近代以来零售业体系及商店类型的不断变革和演化历程，零售业历经了“四次革命”，即百货商店的诞生、连锁商店的问世、超级市场的兴起、无店铺零售的发展。

1. 零售业的第一次革命：百货商店

零售业第一次革命的标志是现代意义的百货商店的诞生，即从原始的零售经营向现代零售业转变。百货商店是伴随着蒸汽革命产生的，工业文明不仅带来了机器大生产和产品的丰富化，催生了大批发商，也带来了丰富多彩的生活方式，消费者休闲意识增强。商人为了满足这种需求，开设百货商店并在全世界推广复制，推动了百货商店革命的爆发。1852 年，世界上第一家百货商店在法国巴黎诞生，称为“邦・马尔谢”商店。在后来的发展过程中，虽然百货商店的发展随着经济状况的变化经历过一些波折，但一直是零售领域的一种基本组织形式，至今仍然占有重要的市场地位。

2. 零售业的第二次革命：连锁商店

零售业第二次革命的标志是连锁商店的问世。与百货商店相同，连锁商店也是工业革命的产物。19 世纪中期，工业化大生产和分销手段的更新为连锁商店的发展提供了必要性和可能性。另外，工业革命进化到电力革命时代，运输和通信技术的改善，物流和仓储效率的提高，为连锁体系建设提供了基础。一般认为，美国是连锁商店的鼻祖，1859 年美国大西洋和太平洋茶叶公司是世界上最早的直营连锁经营组织。但还有一种说法是连锁商店最早产生于中国，早在公元前 200 年左右，中国商人就创立了拥有包括许多分店的店铺，实际上这就是连锁商店的萌芽。连锁经营仍是当今世界零售业的主流，当今雄踞世界零售业高位的大公司无不实行连锁经营。

3. 零售业的第三次革命：超级市场

零售业第三次革命的标志是超级市场的兴起。对于世界上第一家超级市场的诞生，现在有两种说法。一是认为诞生于 1916 年 9 月，美国人克拉伦斯·桑德斯在美国孟菲斯开设了一家自助商店，取名“Piggly Wiggly”。二是诞生于 1930 年 8 月，美国人卡伦在美国纽约开设了“金·库伦”超级市场。超级市场在继承了百货商店规模大、品种多等优势的基础上，采用柜台开放、开架售货、自选服务、在出口处集中付款等方式，使零售业由传统封闭式经营走向开放式经营，同时采取了低费用、低毛利、低价格的“三低”政策，实现了零售业的标准化、专业化、集中化、简单化发展，这对消费者和批发零售业都有很强的吸引力。

在超级市场的发展过程中，为了满足不同的消费需求，以及在竞争激烈的市场经营中寻求增加利润的新途径，又出现了便利商店、折扣商店等多种零售业态，同时还出现了购物中心、商业步行街等新颖的购物场所。

4. 零售业的第四次革命：无店铺零售

信息技术孵化了零售业的第四次革命。20 世纪 90 年代后，电子商务、无店铺零售方式兴起，邮购、电话购物、电视购物等新的零售业态层出不穷。无店铺零售是一种不经过门店而直接向顾客推销商品或由顾客自动选购商品的销售方式。一般认为现代无店铺零售起源于美国经济大萧条时期，但直到 20 世纪 70 年代以后，由于电子、通信技术的快速发展和消费者越来越重视购物的便利性，无店铺零售尤其是网上商店才有比较显著的发展。1994 年网上商店最早出现于美国，随后席卷全球，成为引领全球零售业发展的新趋势。信息时代网络技术的发展对零售业的影响巨大，不亚于前三次生产方面的技术革新对零售业影响的深度和广度，它甚至改变了整个零售业。

零售视角1-13　中国古代的行商与坐商

零售业的四次革命极大地推动了整个商业领域的发展，在极大方便最终消费者的同时，促进了第一、第二产业的发展。

（二）零售业的发展特征

1. 大型化与小型化并存

零售商店的大型化发展趋势是最引人注目的，商店面积达几万、十几万平方米。为了扩大销售规模，零售商不断增加卖得快、毛利高的商品和服务。例如，便利店的商品扩展到快餐、快递等方面；超市的商品扩展到服装、钟表等百货。另外，也出现了单一化的经营趋势，如折扣店（discount stores）与品类杀手（category killer）。总体来说将呈现大型化和小型化相结合的发展趋势，店铺大型化是为了满足购物与休闲相结合的综合需求，店铺小型化是为了满足就近便利的消费需求。

2. 专业化与综合化并存

商品分类经营，导致了专业商店的产生，适应了顾客专业消费的特点。综合化是百货商店的经营特色，但现代百货商店的综合化经营从经营商品的种类到经营门类，已大大超过了传统百货商店。

3. 集中化与分散化相结合

现代零售商店在地域分布上的一个显著特点是商店日益集中，形成商业中心。商业中心的形式可分为两类：商场形式和商业街形式。商业街形式一般由百货商店和专业商店等各种类型的商店及其他商业机构组成。商业街的一种特殊形式是专业街，如我国香港的“男人街”和“女人街”，泰国曼谷的“母马”服装街。便利店的出现使零售业呈现出一种分散化的趋势，在选址上深入居民住宅区。

4. 连锁化与国际化相交融

连锁经营以其标准化、专业化、统一化、规模化的特点成为当今世界零售主流，成为一种全球化趋势。零售的连锁化加速了零售的国际化。零售的国际化、全球化也成为一种大趋势，截至 2022 年 1 月，沃尔玛在全球拥有 10 593 家门店，足以证明全球化发展迅速。

5. 线上与线下虚实结合

线下实体零售商店通过数字技术赋能，越来越关注品类展示与场景体验的融合，开展跨界融合等转型升级，满足消费者“找货、选货和逛店”的复合型需求。线上零售也由传统的 PC 端扩展到了移动端，搭建起“PC 端 + 移动端”的电商平台，打造了“PC+APP+ 微信商城 + 小程序”的线上营销体系。线上与线下零售深度融合，逐步建立起线上线下虚实结合的立体商业模式。

（三）中国零售业的发展

长期以来，中国的零售业态比较单一。自 1992 年允许外资零售企业进入中国市场后，中国零售业加快了结构调整，改变了原有的经营方式和运行模式，全面推进了国际化进程（汪旭晖，2006），中国零售业开始进入变革的时代（李飞，2018）。20 世纪 90 年代，沃尔玛、麦德龙、家乐福、宜家等大批外资零售企业相继进入中国市场，随后超级市场、便利店、专卖店、专业店、购物中心、仓储式商场、无店铺销售等零售业态纷纷涌现。中国零售业仅用了 10 多年的时间就走完了国外零售业 150 年的商业历程，西方发达国家历经四次零售革命形成的 20 余种业态几乎全部在中国出现了。中国零售业一度经历混乱和迷茫，进入 21 世纪以来才逐渐摸索出自己的零售道路。特别是党的十八大以来，中国零售业的发展从迷茫到清醒，从复制到独创，从模仿到自新，探索出一条中国特色的零售发展道路。

中国零售业实现了从以百货业态为主导的单一零售业态到以连锁超市为主体的多业态并存，再到“新物种”大爆发的多业态发展；从计划经济的统购统销到规模化标准化销售，再到精细化个性化的零售服务；从线下单渠道购物到跨渠道消费模式产生，再到全渠道体验的实现；从“以采购销售为纲”到“以消费者为中心”，再到实现多元主体的价值共创；从互联网营销诞生到智慧云商兴起，再到

零售视角1-14　中国零售革命改变全球消费方式

数字化创新平台的构建；从模仿外资零售行为到本土零售企业崛起，再到引领世界零售业变革的跨越。中国零售业发展规模不断扩大，商业体系日趋完善，数字技术显著提升，零售业态持续创新，助推产业链优化升级，取得了辉煌的历史成就。未来，中国零售业必将继续踔厉奋发、勇毅前行，为满足人民日益增长的美好生活需要，加快构建以国内大循环为主体、国内国际双循环相互促进的新发展格局，助力中国式现代化建设，全面推进中华民族伟大复兴做出更大的贡献。

三、从新零售革命洞见零售未来

（一）新零售：一场新的零售革命

2016 年，“新零售”概念被提出[①]。新零售本质上是围绕零售“人、货、场”三要素展开的一次零售革命，重构零售的成本、效率和体验，如图 1－8 所示。新零售带来了新的创造能力，向传统零售注入生命力，推动传统零售数字化转型，具体有以下四点变化：

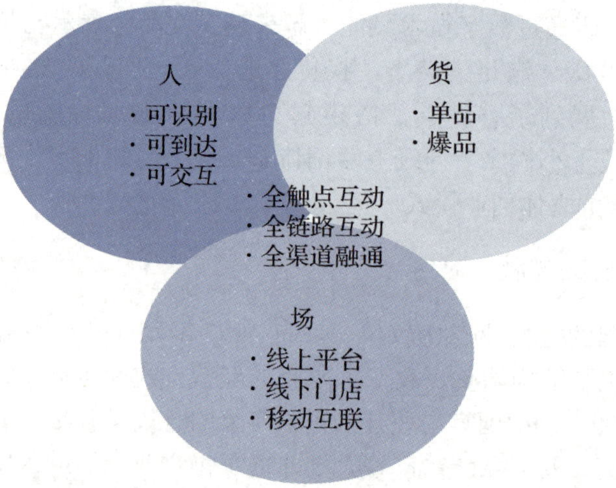

图 1－8　人、货、场重构图

1. 强调顾客价值

传统零售以商品为本，零售商致力于将商品销售给消费者，而新零售以消费者为中心，注重对消费者需求的掌握，实现精准营销，根据消费者的特点和需求提供相应的商品或服务。新零售发挥数据驱动作用，通过数据分析和市场调研挖掘消费者的喜好和需求并精确定位，向消费者提供专业指导和购买建议。

2. 重塑消费场景

为了更好地适应消费群体的消费升级需求，新零售营造多样化的消费场景，采取 AR/VR 购物、触屏购物、直播购物、智能货架购物等方式加强与消费者之间的互动，重塑零售服务与消费者的交互方式（刘向东等，2022）。阿迪达斯在其线下门店中使用触屏购物，消费者可以触摸显示屏挑选商品，并且可以实现商品溯源，全面提升了消费者购物体验。

---

① 阿里研究院．C 时代　新零售——阿里研究院新零售研究报告，2017.

3. 推动线上线下一体化

新零售强调全渠道发展，尽可能多地整合与覆盖各种类型的营销渠道以服务于销售活动。在线上积累用户数据，分析消费者需求，通过打造线下消费场景，增强消费体验感，双线交互，消除线上线下边界，实现全链路互动和全渠道营销。

4. 促进目标用户社群化

新零售提出“去中心化”，消费者不需要围绕某一购物平台进行集中化购物，而是围绕某一价值观形成某一消费社群，零售商只须吸引其目标社群，通过“以人聚人”的方式自己掌握用户流量。例如，盒马鲜生拥有独立的电商平台，其线上线下销售和物流配送都由盒马单独管理，针对中高端消费者提供个性化服务，将用户流量紧握在手中。

（二）未来零售：梦幻与现实的碰撞

时代在变迁，生产力在发展，零售业经历了数次变革，零售环境、零售时空、零售旅程的改变都影响着未来零售的发展，共同构建未来零售的新格局。

1. 新环境

大数据、人工智能、互联网等信息技术的发展驱动传统零售转型升级，为加快发展数字经济，促进数字经济和实体经济深度融合，打造具有国际竞争力的数字产业集群提供重要支撑。

（1）大数据

随着在线购物需求、线下体验化服务需求的增加，零售商利用大数据和云计算技术记录、分析供求关系，优化库存管理，做出科学决策。新零售通过大数据技术完整记录和搜集消费者的个人生物属性、着装打扮、行走路径、驻足停留、表情情绪、触摸观察、历史购买数据等行为并创建用户档案，再使用云计算技术对不同的消费者进行聚类分析，绘制消费者画像，进而预测消费者的消费偏好和行为。

（2）人工智能

人工智能作为一项预测科技，通过预测模型和决策模型，构建企业预测与决策可视化平台系统，提升商业预测准确性，进行爆款预测，实现相关应用场景的智能和高效决策，精确地为企业解决“卖什么、卖多少、怎么卖、送到哪、赚多少”五大核心问题。随着传感器和智能设备的普及，在购物活动中，人工智能将向消费者提供更细致的视觉、听觉、触觉体验，全面提升消费者购物体验。

（3）互联网

互联网技术将万物互联，集线上便利与线下服务体验的优势，实现商品全程追踪、质量溯源，帮助用户进行远程操控。例如，智能家居的联网既让用户远距离操控家居产品，提高生活便捷性，也利于门店人员分析设备运行状态、用户使用习惯等，进而全面提升店面备货、获客、销售、售后服务以及二次消费等各个环节的效率。

2. 新时空

随着社会进步和消费升级，为使消费者能够实现随时随地的多渠道购物，迎合碎片化、夜猫族的购物模式，未来零售将不断突破时空限制。时间上，线上购物不仅支持消费者随时下单，利用人工智能技术还将实现智能配送，提高线上购物的即时性。线下门店的营业时间呈现普遍延长的趋势，24 小时便利店、无人商店将不断涌现。甚至超市、购物中心等也将利用 AI 技术实现智能导购、自助购物，使消费者全天候都能享受线下购物体验。空间上，未来零售空间将朝着全空间、体验化、智能化、融合化发展（李飞，2018）。

不止于此，元宇宙的发展实现了消费者在现实和虚拟两个世界中交换。消费者在虚拟世界获得的产品服务体验可以反馈到现实世界中，消费场景突破时空限制，越来越多的企业进入虚拟数字人营销领域，虚拟网红、虚拟歌手、虚拟主播走入大众的视野，电商直播、广告代言等活动给消费者带来较为真实的互动体验。消费者还可以通过“用户共创”的方式，打造虚拟代言人的身材、长相、性格等，深得年轻消费者的喜爱。

零售视角1-15　元宇宙在零售业的应用

3. 新旅程

（1）未来的消费者旅程

未来的消费者旅程包括购买、消费和休闲等方方面面，是产品和服务的购前获得信息、购中选择商品和购后消费的心灵感受过程（李飞，2018）。消费者产生购买需要，进店前可以通过线上平台了解商品信息，GPS 定位门店，选择距离较近的门店进行线下体验。到店后，消费者试用商品、与虚拟数字人导购进行互动，挑选合适的商品，享受其提供的私人管家式服务。消费者借助手机即可线上下单并完成支付，提货方式可以选择专柜自提或邮寄到家。离店后，消费者会在线上平台继续关注商品信息，有专属智能客服为其解答售后问题。消费者还会在社交软件上分享使用产品、体验服务的心得，同其他消费者进行互动，提高顾客价值，如图 1－9 所示。

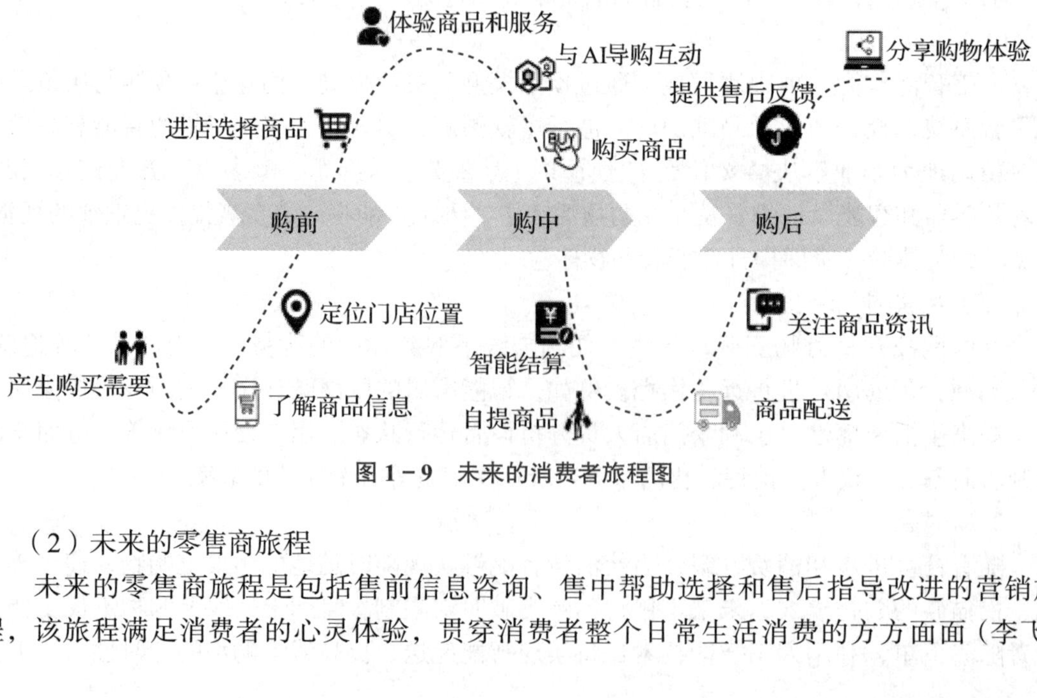

图 1－9　未来的消费者旅程图

（2）未来的零售商旅程

未来的零售商旅程是包括售前信息咨询、售中帮助选择和售后指导改进的营销旅程，该旅程满足消费者的心灵体验，贯穿消费者整个日常生活消费的方方面面（李飞，

2018）。零售商使用营销手段激发消费者产生购买需要，通过线上平台用 AR 技术向消费者立体展示商品信息，售前就同消费者建立联系，还利用线上平台搜集售后反馈信息，获取并分析消费者潜在需求。在线下，零售商运用大数据绘制消费者画像，向消费者提供 AI 向导，提升消费者购物体验，还用大数据管理库存，实现精准补货，减少库存，降低滞销率。同时，零售商采用“线上平台 + 线下门店”的模式，将门店零售功能、餐饮服务体验功能、仓储功能等融为一体，实现电商平台与传统商店深度结合，以确保消费者获得最佳的购物体验，如图 1－10 所示。

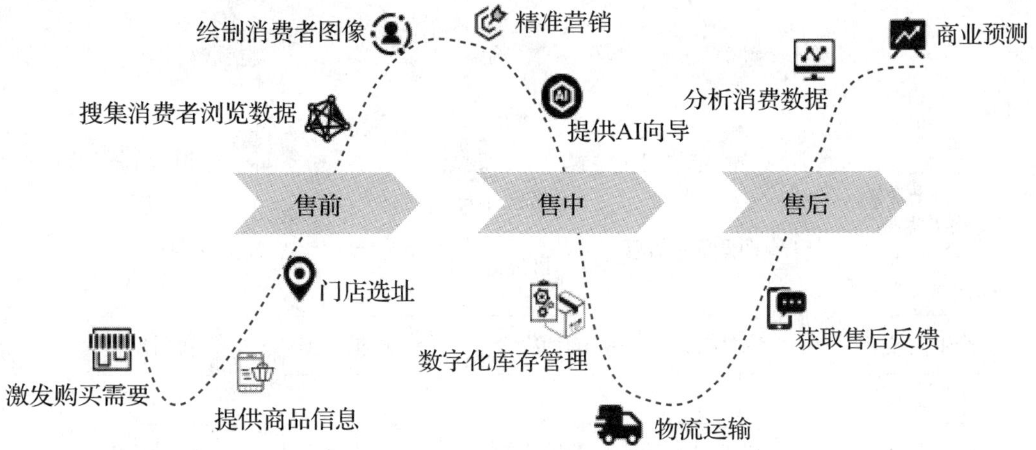

图 1－10　未来的零售商旅程图

（3）未来的零售旅程

未来的零售旅程是消费者的心灵旅程与零售商的营销旅程互动的旅程，也是消费者需求与零售商对其满足的互动过程（李飞，2018）。消费者可以线上下单购买商品，在线下门店中轻松取货，还可以利用线上平台查找商品和查询库存情况，节约线下搜寻商品的成本。消费者购买信息将实现全域共享，商品支持多种渠道退换，售后服务更加便捷，如图 1－11 所示。

4. 新格局

随着数字经济的发展，零售企业积极搭建或者加入新零售商业生态系统，以消费者作为出发点，从多方面提升消费者购物体验并创造和引导消费者需求，促进零售业横向聚合多业态，纵向贯通全场景。

（1）社群营销

社群营销指通过社交媒体构建消费群体，在消费者互动群中进行有一定消费需求的集体营销，提高商品营销的精准性。面对具有相同生活方式的用户，企业可以销售多品类商品，实现同心多元化销售，甚至还可以打造元宇宙社群，加强消费群体间的互动和多元化交流，紧握用户流量，促使企业长远发展。

（2）跨界融合

零售行业跨界融合是一种数据共享、利益分享的商业新生态，实现商业资源的充分利用，加快了流量变现。零售企业不断叠加新品类，提升了消费者单次购物的体验，“超

市 + 餐饮”、“电商 + 超市”、社区生活综合体等模式不仅能满足消费者一站式购物需求，还丰富了购物场景，增加了消费者购物过程中的趣味性，这种体验能延伸到商品使用价值之外，极大提高了顾客忠诚度。

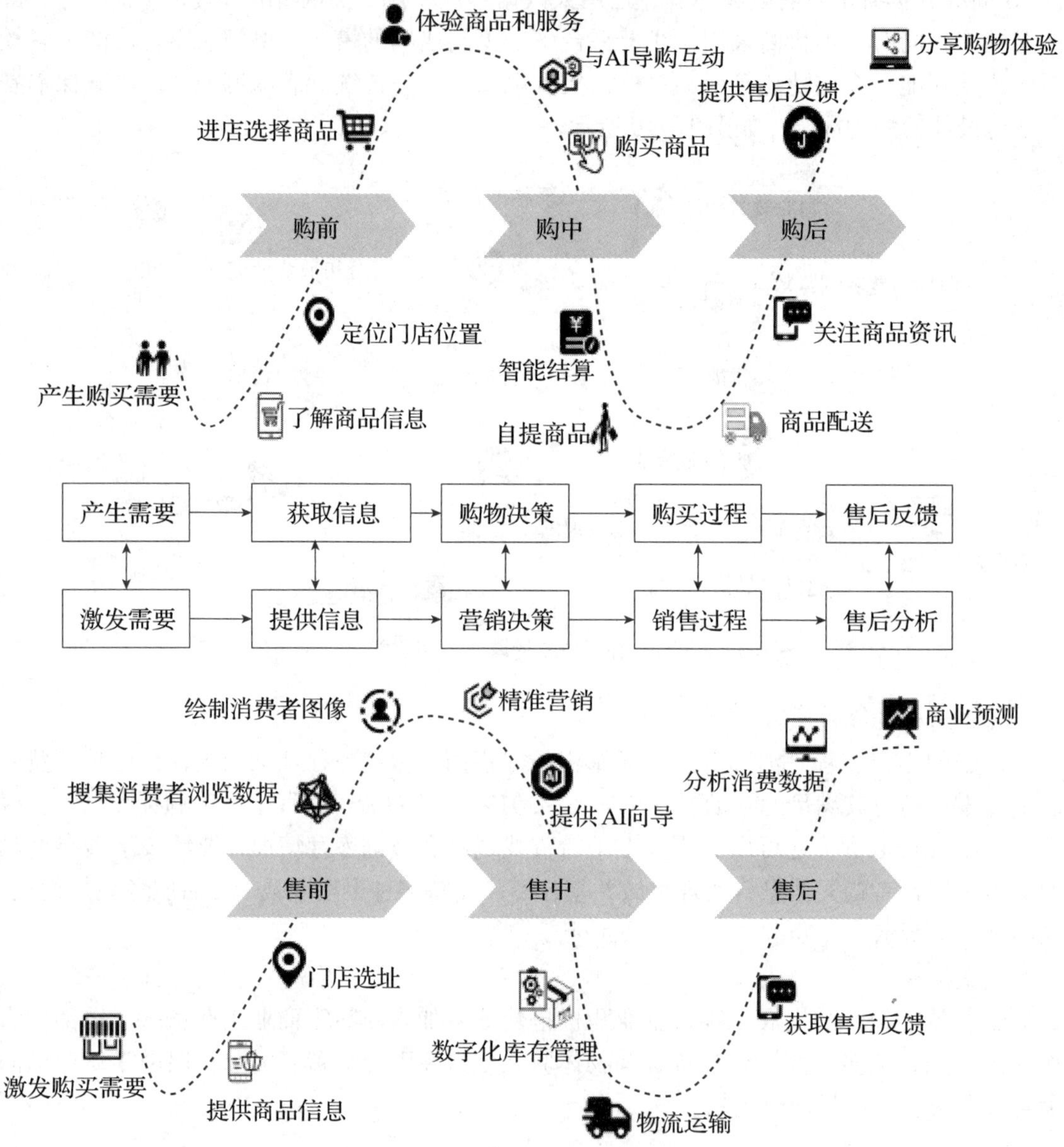

图 1－11　未来的零售旅程图

（3）全渠道发展

零售企业同合作伙伴进行渠道协同创新，在购物的各环节中提供多种渠道供消费者选择，最大化满足消费者的个性化需求，形成了全渠道零售，让消费者在购物过程中的每一环节都感受到线上线下的交互，从而实现顾客价值，提高企业经营效益。当前，许多零售企业采取全渠道战略实现转型升级，满足消费者全程、全面、全线的无缝购物体验需求，积极发挥线上线下渠道协同效应，使消费者感受到零售的“无界”。

（4）开放共享

随着产业互联网的发展和数字化程度的加深，零售渠道分销关系向开放共享转变，各零售企业的渠道相互融合、产品彼此叠加，实现资源共享，推动零售业发展。例如，京东新通路朝着“开放、智能、共赢”的方向前行，通过建设全链路 B2B2C 平台[①]，为快消品提供一整套完整的通路解决方案。

延伸阅读 1－5

加快发展新型消费，实现中国式现代化

党的二十大报告指出：“我们要坚持以推动高质量发展为主题，把实施扩大内需战略同深化供给侧结构性改革有机结合起来，增强国内大循环内生动力和可靠性。”数字经济时代，加快推动各领域新型消费的探索和发展，从供给侧推动生产制造企业的数字化转型以适应新消费需求，从需求侧强化个体消费需求的履约能力，引导产业链上游企业改善供需适配，是实现高质量国内大循环和建设中国式现代化的重要途径。未来需要从以下方面推动新型消费发展。

一、线上线下融合的新消费

鼓励企业和地方积极探索、培育包括网络消费、定制消费、体验消费、智能消费、时尚消费等在内的消费新热点，鼓励与消费者体验、个性化设计、柔性制造等相关的产业加快发展。例如，鼓励有条件的城市和企业结合当地产业特色和“互联网＋”进程建设一批线上线下融合的新消费体验馆，加快构建消费新场景，塑造新体验。

二、数字化新服务体系

顺应居民收入水平提升，居民消费结构逐步由商品消费向服务消费转型的大趋势，鼓励企业探索多种形式的跨界创新，以服务消费为抓手，以数字技术为手段，加强政策引领和服务供给，进一步挖掘消费需求。

三、智能文旅休闲消费

加快推动以数字化为基础的多产业多领域融合互通的休闲新消费发展。支持非物质文化遗产的数字化保护与传承，推动城市数字融合型文化休闲街区、艺术街区、特色书店、剧场、文化娱乐场所、会展等发展，努力塑造全新消费体验，打造多种业态汇集、线上线下一体的新消费聚集区。

四、新型网络设施部署

新型网络是伴随 5G 发展、Wi-Fi 6 技术的全面升级，形成了以云计算、人工智能和物联网为新一代电子信息技术核心的新型网络体系，自动驾驶、自助商店等将在未来 5 ～ 10 年迎来发展机遇。未来需加快新一代信息基础设施建设，着力加快产业基础高级化进程。

五、新品牌带动产销创新

鼓励围绕特定人群形成新品牌，与传统品牌不同，新品牌往往是基于精准数据，从顶层策划、外观设计、宣传推广到交付全方位体现特定人群需求的精准响应而形成的高

① B2B2C 是一种电子商务类型的网络购物商业模式，B 是 Business 的简称，C 是 Consumer 的简称，第一个 B 指的是商品或服务的供应商，第二个 B 指的是从事电子商务的企业，C 则是表示消费者。

质量、高满意度产品。

六、可持续发展型新消费

以新商业理论、新商业文明构建为核心，发展可持续型和环境友好型新消费模式。推广和践行绿色消费理念，创建绿色商业新体系；扩大绿色产品供给、建设节能环保建筑以及鼓励相关消费技术创新等。

资料来源：加快发展新型消费，实现中国式现代化.（2022-11-07）. https://www.comnews.cn/content/2022-11/07/content_18354.html.

基本概念

零售（retailing）
零售业态（retail formats）
百货店（department store）
超级市场（supermarket）
专业店（specialized store）
品牌专卖店（brand exclusive shop）
便利店（convenience store）
仓储会员店（warehouse club）
集合店（selection shop）
网络零售（online retail）
电视 / 广播零售（television/broadcast shopping）
邮寄零售（mail order）
无人售货设备零售（unmanned equipment retail）
购物中心（shopping mall）
商业街（business street/commercial street）
零售革命（retail revolution）

思考题

1. 简述常见的零售业态有哪些，分别有哪些特点。
2. 列举几个零售业态变迁理论，结合中国零售业发展实践探讨这些理论的适用性。
3. 概括零售革命的演进历程。如何理解中国零售业的特色发展道路？
4. 结合自身生活经历，谈谈近几年你身边的零售商店有哪些新的变化。
5. 发挥想象力，探讨未来零售门店会是什么样的。

参考文献

[1] Davidson W R，Bates A D，Bass S J. The retail life cycle [J]. Harvard Business Review，1976，54：89–96.

[2] Hollander S C. Notes on the retail accordion [J]. Journal of Retailing，1966，42：29–40.

[3] McNair M P. Signification trends and developments in the post-war period [M]. Pittsburgh：University of Pittsburgh Press，1958.

[4] Neilsen O. Development in retailing [M]. Amsterdam：North-Holland，1966.

[5] 菲利普·科特勒，凯文·莱恩·凯勒. 营销管理精要：第 6 版 [M]. 北京：中国人民大学出版社，2018.

[6] 李飞. 零售革命. 修订版 [M]. 北京：经济科学出版社，2018.

[7] 刘润. 新零售：低价高效的数据赋能之路 [M]. 北京：中信出版社，2018.

[8] 刘向东，何明钦，刘雨诗．数字化零售能否提升匹配效率？：基于交易需求异质性的实证研究 [J/OL]．南开管理评论：1-29 [2022-12-29]．http://kns.cnki.net/kcms/detail/12.1288.F.20220228.1314.002.html.

[9] 迈克尔·利维，巴顿·A. 韦茨，杜鲁弗·格雷瓦尔．零售管理：第 9 版 [M]．北京：机械工业出版社，2018.

[10] 秦芳，王剑程，胥芹．数字经济如何促进农户增收？：来自农村电商发展的证据 [J]．经济学（季刊），2022，22 (2)：591-612.

[11] 宋丕丞．零售学 [M]．北京：首都经济贸易大学出版社，2020.

[12] 汪旭晖．零售国际化：动因、模式与行为研究 [M]．大连：东北财经大学出版社，2006.

[13] 汪旭晖．新时代的“新零售”：数字经济浪潮下的电商转型升级趋势 [J]．北京工商大学学报（社会科学版），2020，35 (5)：38-45.

[14] 汪旭晖，赵博．新发展格局下流通业促进形成强大国内市场的内在机制与政策思路 [J]．经济学家，2021 (10)：81-89.

[15] 依绍华．新发展格局下我国居民消费发展态势与促进策略 [J]．改革，2021 (12)：94-105.

第2章

零售战略管理

学习目标

1. 了解零售战略的内涵以及零售战略管理的过程。
2. 掌握竞争战略的类型并据此明确零售企业的竞争优势。
3. 熟悉零售企业可供选择的发展战略。
4. 明晰零售战略的实施、评估与控制流程。
5. 明确零售战略转型和战略调整的条件。

素养提升

战略思维；绿色发展理念，绿水青山就是金山银山，生态文明建设；碳中和；可持续发展；命运共同体；商业伦理；企业社会责任；公平竞争；反垄断；文化自信，道路自信；共同价值理念；马克思主义哲学观；辩证思维；世界百年未有之大变局。

引导案例

大商向全球稀缺农产品供应商转变

大商集团是一家发端于大连的老字号商场，成立于1995年，其前身是大连商场，始建于1937年，至今已有80多年的历史。目前大商集团已在全国15个省份80多个城市开设了380家大中型店铺，共参股了国内外4家上市公司。据“2021年度中国零售百强榜单”显示，大商集团位列第四。而大商集团能取得如此良好的成绩，归功于其前瞻性的战略布局以及改革创新的勇气，由此大商集团实现了一次次跨越式发展。

近年来，面对消费模式升级发展的新趋势以及满足人民日益增长的美好生活需要的新要求，大商集团加快实施国际化战略，通过整合生产、流通及销售的全产业链上下游资源，产销对接，重构以优质、稀缺商品为核心要素的企业竞争力。2012年至今，大商集团在法国收购了 400 年历史的拉彤城堡酒庄、300 年历史的拉戈城堡酒庄以及拉歌斯城堡酒庄；在澳大利亚收购了新南威尔士州上猎人区的黑金和牛牧场、格林岩石牧场、布林德利牧场、钓鱼沟牧场，昆士兰州欧克牧场，以及塔斯马尼亚果园；在悉尼和阿德莱德挂牌上市了“澳大利亚百斯顿食品公司”，拥有鲍鱼、龙虾、肉、奶等 30 多种优质食品；在巴拿马收购了海拔 1 550 ~ 2 000 米的 CARMEN 家族咖啡庄园；在西班牙收购了位于著名橄榄油产区加泰罗尼亚和安达卢西亚的格拉玛诺萨、莫拉两大橄榄油庄园；在新西兰收购了羊肉牧场，并预计开设千家啤酒串吧……通过上述举措，大商集团拥有了多家海外优质酒庄、牧场、果园、庄园与农场等，组建了从产地源头到物流运输，再到批发零售等全球稀缺农产品的自主供应体系。

正是得益于其前瞻性的战略布局，大商集团区别于与其竞争的传统零售企业，建立了较大的竞争优势并带来了较多的发展机遇。因为传统零售企业大多缺乏自主品牌和商品，大都仅提供零售服务，尚未包含原材料供应与生产服务。而大商集团则通过建立全球稀缺农产品供应链，实现了身份的多元化转变，大商集团不再仅是为顾客提供他人产成品的零售企业，更是拥有大量自主产权、自营商号、自有渠道、自有全球稀缺商品资源产业链的生产商与供应商。目前大商集团的各种全球稀缺农产品在国际市场广受好评，屡获国际金奖，例如，2021 年，大商澳洲黑金和牛斩获悉尼皇家精品食品展高雪花等级牛肉（MB5+ 以上）类别金奖。

资料来源：大商集团：在双循环中创新发展中国商业．（2020-12-11）．https://mp.weixin.qq.com/s/Q9rtC7F8tv8mEHR18vK1CQ.

思考：零售企业的竞争优势可以分为哪几种？零售企业具体如何通过竞争战略打造竞争优势？又该如何将竞争战略与国际化发展战略结合起来？

第 1 节　战略环境分析：零售战略制定的基础

一、外部环境分析

（一）宏观环境分析

宏观环境是指那些给零售企业造成市场机会与环境威胁，能够影响零售企业运作与绩效的自然及社会力量的总和，包括人口环境、政治与法律环境、经济环境、社会与文化环境、技术环境、自然环境等。

1. 人口环境

（1）人口数量与自然增长率

零售市场由具有购买欲望且具有购买能力的人组成，人口数量直接决定了零售业的市场容量。对于零售企业而言，一个人口数量多的国家、地区或城市对其吸引力更大，因为这意味着更大的市场潜力（白玉苓和陆亚新，2020）。因此，零售企业在制定战略时需要考量其战略目标市场所在地的人口数量。

人口自然增长率是反映人口发展速度的重要指标，适度的人口增长不仅会为零售业提供充足的劳动力，还会保障市场容量的增长。目前，随着我国二孩、三孩生育政策的推出，我国生育率水平有所提高，儿童占总人口量的比重将增大，由此儿童产业市场将迎来巨大商机。但是，马克思主义的哲学观指出任何事物都有两面性。生育率水平的提高也会对一些产业市场带来威胁，如许多年轻父母将有限的收入用于儿童教育、饮食、服装等方面，这对中青年的饮食与服装等行业不利，基于这些细分市场的零售企业要适当调整战略规划，以刺激消费。

（2）人口结构变化

人口结构变化主要分为性别结构与年龄结构两个方面。性别结构是零售企业在分析人口环境对企业影响时必然考虑的因素之一，男性和女性在生理上的区别，及其在社会中的地位、责任与义务的不同，导致了不同的社会心理，从而在购买心理与行为上表现出差异。

零售视角2-1 “她经济”，女性消费正在崛起

年龄结构是指一定时间、一定地区各年龄组人口占全体人口的比重，可以分为年轻型、成年型与老年型。目前，许多国家人口死亡率普遍下降，平均寿命延长，人口老龄化现象严重，可能导致市场对奶茶、电影、潮玩等年轻人用品的需求日益减少，而对助听器、老花镜、广场舞音响等老年人用品的需求将日益增长，这为制定零售战略提供了方向。

（3）家庭变化

家庭变化首先体现在家庭结构变化。首先，一些国家离婚率比较高，很多人婚后选择少生或不生孩子，女性婚后参加工作的人数也在增加。这种家庭结构变化引起市场需求相应变化。由于普遍晚婚，市场对结婚用品的需求减少；由于离婚率高，很多人离婚后不愿再婚，市场对住房、日托服务等产品或服务的需求增加。

其次，家庭规模日益小型化。从几次普查数据来看，近几十年来我国平均家庭规模小型化趋势比较明显。1964 年第二次人口普查，平均家庭户规模为 4.43 人，到 2020 年普查已下降至 2.62 人。目前很多零售企业已经感受到家庭规模缩小对其经营的影响，如超市中小包装的面粉、大米等很受欢迎。

最后，空巢家庭与非家庭住户增长较快。一些家庭因为子女外出求学出现“中年空巢”现象，诞生大量空巢家庭，也诞生了很多非家庭住户（如大学生集体住户等）。零售企业应注意考虑两种住户的特殊需要及购买习惯，以开辟零售战略的蓝海。

（4）人口流向

许多国家及地区人口流动性较大，流向为从农村到城市，又从城市到郊区。目前一些城市内部污染严重、交通拥挤，但从城市到郊区的交通日益便利，因此在大城市周围出现了郊区住宅区，接着又出现了郊区的郊区。城市商业中心区百货店为此纷纷开始在周边的郊区甚至更远的郊区进行战略布局（郭国庆，2020）。

2. 政治与法律环境

（1）政治环境

政治环境包括政局稳定性、政府工作效率以及政策措施等。当今世界正经历百年未

有之大变局，国际形势严峻复杂，国际环境的变化及其对政局稳定性的影响，均牵动着零售企业的国内与国际市场战略布局，进而影响我国高水平对外开放进程。当零售企业试图进入一个国家或地区时，首先要考虑的是该国家或地区的政局稳定性，战争与频繁的政府更替均会为零售企业经营带来巨大风险，而较少甚至没有战争与政府更替则会为零售企业高质量发展经营、推动高水平对外开放提供坚实支撑。此外，结合我国的实际情况来看，随着政府工作效率的提高，国务院及商务部等多部门推出了《“十四五”电子商务发展规划》《关于加强县域商业体系建设 促进农村消费的意见》等一揽子有关零售领域的政策措施，为零售企业拓展电子商务市场及下沉市场等提供了较为明晰的战略方向。

零售视角2-2　延续免征新能源车购置税，新能源车零售渗透率突破临界值!

（2）法律环境

零售企业在进入某一国家或地区的市场时，必须全面了解与零售企业经营有关的法律法规，除了常见的涉及商标、专利、顾客权利、环境保护等方面的法律法规外，还应注意关于垄断和不正当竞争方面的法规，以避免遭到反垄断方面的法律制裁。特别是当前平台经济垄断问题凸显，因此，零售企业在进入平台经济发展阶段时，应在制定战略规划的过程中注重遵守垄断和不正当竞争方面的法律法规，从而避免触及法律底线，阻碍零售企业长远发展。

3. 经济环境

（1）世界性指标

数字经济时代来临，全球一体化水平进一步提高，各经济体之间的联系不断深化。世界性的经济指标反映的是整个世界经济的状态。其中，比较有代表性的有全球数字经济发展指数、全球股市行情指数、各大主要经济体（如中国、美国、欧盟、日本、韩国等）的经济增长率和汇率等。上述指标均会影响零售企业的进出口贸易情况，进而影响零售企业的国际化发展与品牌发展战略等。

（2）国别性指标

国别性指标主要是指 GDP、人均 GDP、通货膨胀率、国内各区域经济发展状况等，这些指标均会影响零售业的国内市场战略布局。GDP 这一指标本身就包含着社会消费品零售总额，它反映着零售业的整体发展态势，会对零售企业战略转型提供方向；人均 GDP 也能反映出人们在各类社会消费品上的消费水平，会影响零售企业的战略布局；通货膨胀率则影响着零售企业的定价，进而影响零售企业的价格竞争优势构建；而且，各区域的经济发展状况也不尽相同，会影响零售企业的区域战略规划。

（3）产业性指标

产业性指标主要是指三次产业所占的比重及其增长率。相较而言，零售业与第三产业关联最为密切。近年来，第三产业占比不断增加，网络零售市场发展持续向好，网络零售的市场规模不断壮大。据初步核算，2022 年上半年我国第三产业增加值 304 868 亿元，同比增长 1.8%，全国网上零售额 63 007 亿元，同比增长 3.1%。第三产业的相关指标反映了零售业在第三产业中的重要地位，并揭示了零售业数字化发展的方向，是零售企业制定战略时需要考量的产业环境因素。此外，零售业最接近消费端，是连接生产与消费的核心环节，因此第一、二产业指标的变化也会引起农产品与工业产品零售业务的结构与投入资源等发生改变。

（4）个人性指标

个人性指标主要包括人均可支配收入、居民储蓄率、顾客收入差异等普遍个体影响零售企业发展的经济性指标。更具体地，顾客可支配收入状况与收入差异影响其购买力，导致形成低端、中端与高端等不同目标市场，零售企业则需要据此采取不同战略；居民储蓄率从侧面反映人们的购物意愿，因为当居民储蓄率较高时，代表着人们更愿意将金钱存入银行而不是用于消费，这就需要零售企业采取战略措施刺激消费（孟韬，2021）。

4. 社会与文化环境

（1）社会观念

顾客个体间与群体间的社会观念存在差异，影响零售战略制定。随着微博、抖音、快手等社交媒体兴起，不同人群的信仰及其对一件事情的看法等出现较大差异且容易在这些媒体平台上呈现出来，零售企业需注重应用社交媒体所传递的有关群体间社会观念差异的信息，从而针对不同群体需求采取不同的战略措施。

（2）风俗习惯

风俗习惯是特定社会文化区域内历代人共同遵守的行为模式或规范，包括民族风俗、节日习俗、传统礼仪等，对消费嗜好与消费方式起着重要作用。一个区域的人对动物、花卉、食品、审美等的偏好常常制约着对产品与服务方式的选择，因此零售企业在不同的区域销售产品与提供服务时需考虑该区域特殊的风俗习惯。例如，有些地区的老年妇女不喜欢化妆，而有些地区的老年妇女喜欢化妆，对老年化妆品有着较大的需求，因此化妆品零售企业可以重点关注不同地区的老年妇女群体，根据其需求制定相应的竞争与发展战略。

（3）消费时尚

零售企业在战略规划中，需要把握流行趋势，进行时尚化营销，以吸引顾客眼球，赢得商机。例如，目前绿色、健康成为一种消费时尚，那么零售企业就需要围绕绿色、健康这一主题来调整其战略，通过打造环保技术、绿色包装、健康产品等来调整企业差异化竞争战略，以获取竞争优势。

5. 技术环境

（1）技术发展水平

随着 5G、虚拟现实、AR 等先进技术在零售业的应用与升级，零售业不断涌现大量高新技术产品，并出现更加智能化、智慧化的产品加工 / 提供方式，这些均会改变零售企业的产品销售与服务结构。而且，区块链追溯与数字监控等技术也可以有效监控零售企业仓储、运输等运营各环节的具体情况，这将为企业制定与动态调整战略提供依据。

（2）技术发展趋势

目前，零售业开始向着社交化、场景化、品质化发展，未来元宇宙或将成为新的发展方向。XR、AI、5G、区块链等技术将更加深入地应用于零售业，并在零售业实践中不断创新发展，这将赋能实体零售业走向新空间、打开新市场、找到新突破，并将带来更多的新商业模式，促使零售业进行战略转型与升级。

（3）技术体制

技术体制涉及通信网结构与技术体制、信息处理技术综合、技术管理等，是支撑零售业技术发展与应用的基础。随着数字经济时代的到来，以阿里巴巴、京东、永辉等为代表的成熟的零售企业纷纷开始建立信息系统，包括 ERP、CRM、POS 销售、BI 等核心模块，进行订货、销售、库存管理，并通过上述模块收集的基础数据分析销售行为、顾客购买行为等，从而为零售企业战略制定、调整与转型等提供方向。

6. 自然环境

（1）自然资源状况

自然资源分为可再生资源和不可再生资源。兼顾人类社会与企业长远发展目标，零售企业应了解哪些可再生资源的应用技术比较成熟，并可以为企业所用，从而将使用这些可再生资源与零售战略相结合，推动零售企业的资源结构改革，逐渐以可再生资源替代不可再生资源，促进自然资源的可持续使用。

（2）自然生态环境

自然生态环境分析主要考察企业对环境的污染与破坏程度。目前，“碳中和”等自然生态环境保护议题是国家关注的重点，因此零售企业应将尽量减少对环境的不良影响作为其需要承担的社会责任，将绿色发展理念注入其战略目标之中。

（二）行业环境分析

1. 行业竞争环境分析

根据迈克尔·波特提出的五力模型，零售行业的内部竞争激烈程度和效益水平主要受五种力量共同支配，即同一业态零售企业间的竞争、不同业态零售企业间的竞争、潜在竞争者的威胁、供应商讨价还价的能力、顾客讨价还价的能力。零售企业若针对这五种力量培育自己的反应机制，则可能改变竞争地位。

（1）同一业态零售企业间的竞争

同一业态对顾客的争夺往往是最为激烈的，特别是当同一零售业态的零售企业提供的产品 / 服务相同或相似时，顾客无论选择哪个零售企业，购买到的产品 / 服务基本无差别，所以顾客对于零售企业的忠诚度一般较低，最终引发零售企业之间的价格战、广告战、公关战，导致同一业态的零售企业付出较高的竞争代价。因此，同一业态零售企业间的竞争应注意避免同质化，零售企业应突出自身的特色优势，才能在激烈的竞争中处于不败之地。

（2）不同业态零售企业间的竞争

虽然不同业态零售企业的目标顾客不同，市场定位也有差异，但一些不同业态的零售企业存在着经营商品相似的问题，业态之间的互替程度较高。特别是一些新型业态把传统业态的顾客作为自己的目标顾客，所以争夺顾客的竞争较为激烈。例如，购物中心对百货店的冲击较大，而电商对购物中心的冲击更大。

（3）潜在竞争者的威胁

随着数字经济时代的到来，不同行业间的界限越来越模糊，各行业相互越位、跨界现象层出不穷。例如，各大电商巨头纷纷布局社区生鲜业务，美团上线“美团买菜”、“盒马菜市”开业等，使社区及其附近的传统果蔬店受到了较大的冲击。这意味着零售行业的潜在竞争者增加，零售企业很难判断谁将会进入自己的领域，成为行业引领者。但可以看到的是零售行业的变革是跟随技术变革出现的，零售企业可以通过不断地用新技术武装自身，进行转型升级，来抵御跨界者等潜在竞争者的威胁。

（4）供应商讨价还价的能力

这里的供应商是指为零售企业提供产品或品牌的对象。如果供应商拥有重要或不可替代的产品或品牌，那么它对那些选择很少，或没有其他选择而只能购买该产品的零售企业有更强的影响力。如果供应商提价或者降低产品或服务的质量，或减少供应数量，那么零售企业就会遭受很大损失。如果供应商集中或有组织，或替代产品少，或零售企业转换成本高，或供应商实行前向一体化，那么供应商的讨价还价能力就会比较强，由此会影响零售企业的利益。

（5）顾客讨价还价的能力

如果零售企业所确定的目标市场上的顾客讨价还价的能力很强，该市场上的顾客就会设法压低价格，对产品质量和服务提出更高的要求，并且使竞争者互相竞争，所有这些都会使零售企业的利润受到损失。这种情况发生在购买者比较集中的场合，有组织的购买或者是团购等（罗明，2017）。

2. 行业生命周期分析

零售行业处于不同的生命周期阶段将影响该行业的企业采取不同的战略。

（1）导入期

零售行业的导入期是指通过经营方法的革新或改良而产生新业态的阶段。业态创新通过经营方法革新实现，而经营方法革新多以基于低成本经营的低价格诉求为特征，但也可能通过商品组合、顾客服务、选址、店铺设计或布局、促销手段、物流体制等途径进行革新，并以各种组合式创新居多。因此，经营方法革新方式不同，则影响零售企业采取不同的竞争与发展战略。

（2）成长期

新业态在这一阶段开始被顾客接受，市场占有率迅速提高。由于新业态所采用的新经营方法越来越被看好，模仿者也显著增加，结果导致现存业态与新业态间的竞争，即异业态竞争日益激烈。随着新业态迅速成长，现存业态的顾客大量流失，一些现存业态开始采取各种防卫措施，以免顾客进一步流失；另一些现存业态则以积极态度迎接新业态挑战，并部分地借鉴新业态的经营方法，以增加零售市场活力。因此，异业态竞争方式的不同会影响零售企业采取的竞争与发展战略。

（3）竞争期

在这一阶段，参与竞争的零售企业进一步增加，新业态间的竞争开始加剧，出现了与成长期“增收增益”相反的“增收减益”局面，一些低效经营的零售企业逐渐退出市场。在这一阶段，同业态竞争取代异业态竞争，即具有相同特征的零售企业进行同质竞争。各竞争者为了获得差别优势而不断调整其经营结构与内容。以低价格诉求为主的业态往往通过提高服务水平、扩大商品组合范围、改善店铺设施等途径提升其经营层次。相反，不以低价格诉求为特征的业态则往往通过开发自有品牌商品或降低间接费用等途径进行价格竞争。因此，同业态竞争方式的不同也会影响零售企业采取的竞争与发展战略。

（4）成熟期

在这一阶段，新业态的市场占有率已进入零增长，各零售企业虽然都在努力维持竞争期所获得的市场占有率，但是业界主要零售企业的市场占有率已出现滑坡。这时，新业态的特征已逐步丧失，从而成为另一种新业态产生的重要契机，零售企业可以选择创造新业态，替代原有业态以开拓新市场。或者，零售企业也可以选择在这一阶段保持原有的市场竞争关系，以传统业态的身份应对创新者的出现。因为即使是进入成熟期的业态，如果能够成功地在经营管理的某一方面进行改良，也可以重新回到成长期。例如，美国百货店在第二次世界大战后就已进入成熟期，但随着购物中心的发展，百货店在购物中心中的主力店地位又进一步得以确立，从而使百货店又获得了一次发展的机会。当然，这时的百货店已不同于传统的百货店，已在很多方面按照购物中心的模式进行了改革。因此，在这一阶段如何面对业态创新，影响着零售企业竞争与发展战略的选择。

（5）衰退期

由于顾客购买行为的变化和新业态的出现，市场明显萎缩，整个行业地位下降，因此，业内零售企业间的竞争激烈程度较低。在这一时期，同业态竞争以价格竞争为主，而异业态竞争则以非价格竞争为主。因此，竞争方式不同影响了零售企业采取的竞争与发展战略。

（三）竞争对手分析

零售企业在进行竞争对手分析时，需要对那些当前或今后对本企业战略可能产生重大影响的主要竞争对手进行有针对性的分析。但必须注意区分竞争参与者与竞争对手的概念。每一个企业都在某一个行业环境里生存。在这个行业中，有许多的竞争参与者，但不是每一个竞争参与者都是竞争对手。然而，识别出真正的竞争对手并不是很容易的事情。在现实商业世界中，同行的零售企业也未必是直接竞争者，例如打败百货公司的可能不是另一家更好的百货公司，而是电商。

那么，如何才能有效识别出一家零售企业的竞争对手呢？根据迈克尔·波特在《竞争战略》一书中提出的竞争对手分析模型，如图 2－1 所示，应从竞争对手的未来战略目标、现行战略、企业实力与自我假设四个方面分析其行为反应模式（李沛强和肖如斐，2021）。

1. 未来战略目标

通过对竞争对手未来战略目标进行分析，可以明确竞争对手的市场定位，推理出其目标市场。而且零售企业的战略目标包括财务目标与社会目标，分析竞争对手的财务目标可以帮助企业明确竞争对手拟占领的目标市场份额，判断出其竞争产品 / 服务是否为企业的主打产品 / 服务等，从而结合企业财务状况选择适合自身的竞争战略；分析竞争对手在公益事业建设、生态文明建设、技术创新等方面的目标设定，可以帮助企业明确竞争对手拟打造的差异化优势，从而结合企业资源状况判断企业是否要正面迎敌。若选择正面迎敌，则企业需做到比竞争对手更好才能占领上风；若选择非正面迎敌，则企业需另辟蹊径，打造出区别于竞争对手的差异化优势，占领剩余市场。

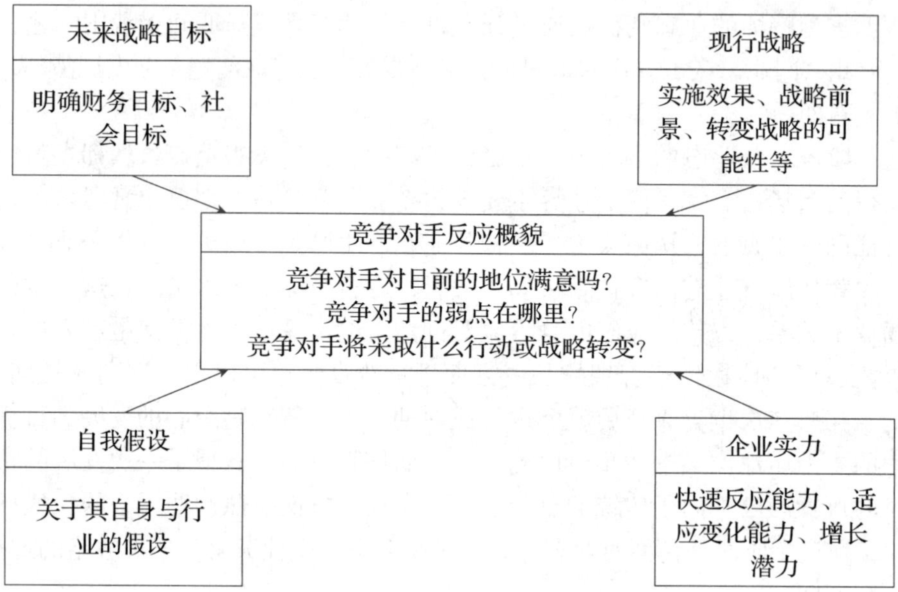

图 2－1　竞争对手分析模型

2. 现行战略

零售企业对竞争对手现行战略进行分析的重点在于通过竞争对手的产品和市场行为来推断它的现行战略，预计它的现行战略的实施效果，分析竞争对手现行战略对其自身的影响，如分析竞争对手当前的业绩，分析它继续实施现行战略的前景及改变现行战略的可能性等。若竞争对手当前业绩较好，市场占有率较高，预计现行战略前景较好，可能继续实施现行战略，那么零售企业需要据此判断是否退出这一竞争市场，若不退出应选择何种竞争战略与发展战略才能够在这一竞争市场实现持续发展。

3. 企业实力

零售企业对竞争对手的企业实力进行分析，是为了了解竞争对手的潜在能力，并分析其潜在能力能够支持的战略行动，同时找出零售企业在市场中的优势和劣势，及其与竞争对手的差距，从而更好地改进零售企业的战略规划。通常判断竞争对手潜在能力强弱主要关注三个方面：①竞争对手快速反应能力。在人工智能、云计算等数字技术发展迅猛的态势下，我国零售业数字化进程不断加快，能够快速感知外部环境变化并迅速采取应对措施的企业才能够率先占领新兴市场。②竞争对手适应变化能力。竞争对手能否适应和应对外部环境的变化，取决于其是否具备良好的市场分析判断能力、资金和现金储备、借贷能力，以及其新产品推出后是否受到市场认可等，这也从侧面反映出竞争对手是否能够与零售企业进行持久竞争。若二者不能进行持久竞争，零售企业只需打好短期攻坚战即可，可投入较多的资源将竞争对手挤出市场；若二者能够进行持久竞争，零售企业就需要将眼光放得更加长远一些，需要打造出企业的长期竞争优势。③竞争对手增长潜力。竞争对手是否具有良好的发展前景，可以通过评估其产品 / 服务是否具有特色、商业模式是否不易被模仿、忠诚顾客数量是否庞大等来判断。

4. 自我假设

通过竞争对手对其自身与行业的假设，零售企业可以明确地看到竞争对手的战略定位，以及竞争对手对行业未来发展前景的预测。然而，这些假设有的是正确的，有的是错误的，因此，零售企业可以通过掌握这些假设，从中找到发展契机，从而使企业在竞争中处于有利地位。

（四）利益相关者分析

零售企业与其利益相关者像一个“命运共同体”，任何一方的变动都会对其他主体产生影响。零售企业为了长远发展，应注重利益相关者分析，将战略制定的中心议题从零售企业的自身利益转向“命运共同体”的整体利益。然而，不同类型利益相关者对零售企业管理决策的影响，以及被零售企业活动影响的程度存在差异，零售企业要正确识别出自己的利益相关者，尤其是那些重要的利益相关者。零售企业识别利益相关者可以采用比较主流的米切尔评分法，如表 2－1 所示。零售企业的利益相关者必须具备合法性、权力性、紧迫性三种属性中的至少一种，否则就不是利益相关者。因此，零售企业首先需要明确界定出其利益相关者，其次从合法性、权力性、紧迫性三个方面的重要程度进行评分，最后根据评分大小来划分利益相关者的类型。

表 2－1　零售企业米切尔评分法示例

	合法性			权力性			紧迫性		
	很不重要	一般	非常重要	很不重要	一般	非常重要	很不重要	一般	非常重要
股东			√			√			√
员工			√		√				√
顾客		√				√			√
供货商			√		√			√	
物流服务商			√		√			√	
场景技术提供商		√			√			√	
金融服务提供商		√			√				√
社交媒体		√			√				√
政府部门			√			√		√	
行业协会		√			√		√		
其他	√			√			√		

资料来源：魏江，邬爱其. 战略管理. 2 版. 北京：机械工业出版社，2021.

利益相关者主要包括三种类型：①确定型利益相关者。这类利益相关者需要同时拥有合法性、权力性与紧迫性。这是零售企业首要关注的对象，包括股东、员工与顾客。②预期型利益相关者。这类利益相关者在三种属性中的任意两种上都有较高评分，通常也是需要零售企业加以关注的对象，包括供货商、物流服务商、场景技术提供商、金融服务提供商、社交媒体、政府部门、行业协会等。③潜在型利益相关者。这类利益相关者往往在三种属性中的其中一种上有较高评分。这类群体不是零售企业当前需要关注的对象，但未来可能成为预期型或确定型利益相关者。

零售企业运用米切尔评分法确定其利益相关者的类型后，应针对不同类型的利益相关者采取不同的战略措施。对于确定型利益相关者，零售企业应以这类群体的利益为核心，采取相应战略措施来维系、稳固企业与这类群体的关系；对于预期型利益相关者，零售企业应进一步了解这类群体的不同需求及其可以为企业做出的贡献，采取相应战略措施强化企业与这类群体的关系；对于潜在型利益相关者，零售企业应明确这类群体与企业利益的重叠之处，推动企业与这类群体开展深度合作，并采取相应战略措施将利益相关者类型从潜在型转向预期型或确定型。

二、内部环境分析

（一）企业价值活动分析

零售企业价值活动（retail enterprise value activity）是指企业所从事的与顾客有关的物质与技术的各种活动，通常分为主要活动与辅助活动，如图 2－2 所示。

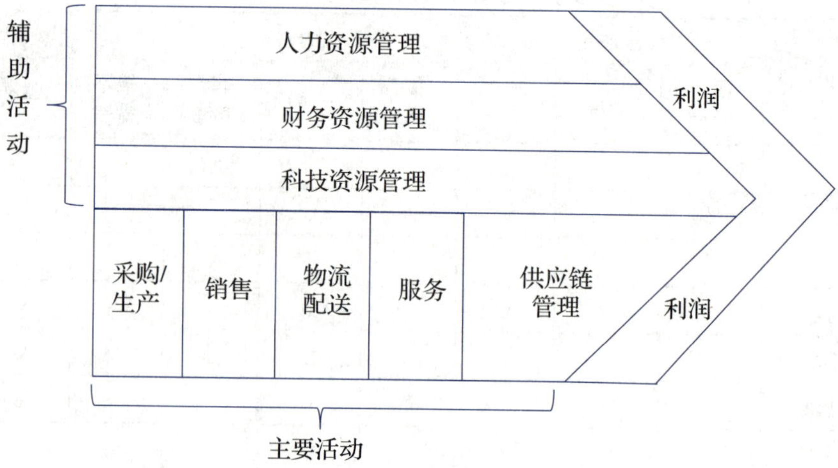

图 2－2　零售企业的价值链模型

1. 零售企业主要活动

（1）采购 / 生产。零售企业价值活动的首要目标是确保为顾客提供的产品的质量。零售企业的产品来源一般有两种，即从生产商处采购制成品与自己生产产品。若零售企业选择从生产商处采购制成品，企业则须严格筛选供货商的质量，并选择具有产品特色的供货商，为其提升竞争能力奠定内部资源基础；若零售企业选择自己生产产品，则需要密切接触顾客，以顾客需求为核心打造特色产品，以获取竞争优势。

（2）销售。零售企业的销售活动包括有关商圈开发、商品陈列、店铺设计、促销活动、品牌形象、评价管理等可以提升企业销量的活动。

（3）物流配送。零售企业的物流配送活动包括运输、仓储、加工与配送等，主要服务于企业销售活动，以提升企业效率。采取这一活动时需要注意缩短订货与物流配送时间，加快商品周转速度。

（4）服务。为顾客提供周全、方便的服务是国内外零售企业共同追求的目标之一，科技的发展使产品实体方面的差距逐渐缩小，服务成为获取差异化优势的重要途径。

（5）供应链管理。零售企业的供应链管理活动包括与供应链各环节主体建立合作关系、提升企业业务流程的再造与整合能力等，从而在供应链各环节具备敏捷性的特点，提高供应链弹性与效率，增强企业竞争力，实现企业战略目标。

2. 零售企业辅助活动

（1）人力资源管理。零售企业的人力资源管理活动包括与零售价值活动有关人员的招聘、培训、职员评价及工资、福利管理等。

（2）财务资源管理。零售企业的财务资源管理活动包括与零售价值活动有关的资金筹集、资金使用和收益分配等三个基本环节。

（3）科技资源管理。零售企业的科技资源管理活动是为了改善产品和服务所做出的各种努力，如个性化推荐、智能客服、柔性供应链管理等所需的大数据、人工智能、云计算等科技资源的管理。

（二）组织资源能力分析

组织资源是指零售企业向顾客提供产品或服务的过程中，所拥有或控制的能够实现战略目标的各种营销要素的集合，可分为有形资源与无形资源两大类，如表 2－2 所示。

表 2－2　零售组织内部资源的分类

有形资源	实物资源	店铺、产品、搭建购物场景的设备等
	财务资源	零售企业的自有资金、留存利润 零售企业的借入资金
	人力资源	员工经验、能力、受教育水平、工资水平等
	组织资源	组织结构、各种规章制度等
无形资源	技术资源	专利、商标、版权、商业机密、技术诀窍等
	声誉资源	在顾客中的信誉、品牌级别和名次、市场对质量和可靠性的印象、在供应商中的声誉等
	创新资源	创意、科技能力、创新能力

资料来源：王景利，黄臻．企业战略管理．北京：国家行政学院出版社，2018.

1. 有形资源

有形资源是看得见、摸得着、可量化的资源，包括实物资源、财务资源、人力资源与组织资源。首先，实物资源一般可以从零售企业财务报表中反映出来。然而，当考虑一项实物资源的战略价值时，不仅要看其会计科目上的数目，还要看其产生竞争优势的潜力。其次，财务资源是零售企业经营所需的各类资金。零售企业对财务资源进行内部评估可以明确企业能力，从而制定出合理的零售战略。再次，人力资源是员工才能、素质与态度等的综合体现，这一因素极大地影响着零售战略实施的顺利与否。最后，组织资源是零售企业协调、配置各种资源的技能。组织资源的存在可以对零售企业的资源利用进行有形约束，使企业战略制定更加科学化。

2. 无形资源

无形资源主要包括信誉、组织模式、技术诀窍、专利、商标等知识产权，以及网络、品牌、企业文化等，它们是不以任何实物形式存在的资产。无形资源很难被竞争对手系统了解或简单模仿，是零售企业核心能力的基础，企业一旦拥有某种专利、版权或商业秘密，就可以借此建立竞争优势。

（三）企业核心能力分析

零售业不仅向消费者出售产品，还为其提供相关的服务，因此零售企业要在激烈的行业竞争中脱颖而出，就需要打造差异化的产品与服务，以赢得顾客喜爱，并助推实现高质量发展。因此，零售企业需要在以下方面构建企业新的核心竞争力。

1. 提升顾客价值的能力

提升顾客价值的能力是使零售企业获得更高长期盈利的能力。所谓顾客价值，就是单个顾客为企业带来的贡献度。而与顾客建立良好的关系、培养顾客忠诚，可以有效提升顾客价值。许多零售企业的实践证明，顾客忠诚度与企业盈利具有较大的相关性。美国学者雷奇汉和赛萨的研究结果表明，顾客忠诚度提高 5%，企业的利润就能增加 25% ～ 85%。特别是随着数字时代的到来，零售业作为与顾客联系最为紧密的行业，正在产生大量的顾客数据。零售企业通过对收集到的顾客数据进行分析可以更好地开发顾客资源、与顾客建立情感联系、培养顾客忠诚，从而为企业建立持续的竞争优势。

2. 采取特色营销组合策略的能力

零售贸易直接面向顾客，且零售贸易中的商品陈列、广告宣传、销售促进等能唤起潜在的消费需求。因此零售企业的核心能力之一就是通过制定营销组合策略唤起顾客的潜在需求，刺激消费。在互联网高速发展的今天，顾客在购物方面拥有了充分的自主权。顾客对产品的需求不再满足于商品的使用价值，而是开始追求使用价值之外的产品附加价值，如个性化价值、体验价值等。加之我国社会的主要矛盾转变为人民日益增长的美好生活需要和不平衡不充分的发展之间的矛盾，因此零售企业要能够洞悉顾客个性化需求，深度挖掘顾客未被满足的潜在需求，了解和掌握顾客购买行为的特点和规律，才能够据此制定出具有特色的产品、服务、渠道与促销策略，打造差异化的竞争优势，并缓解我国现阶段社会的主要矛盾，不断丰富和发展人类文明新形态。

3. 提供物流服务的能力

一般连锁的零售企业或是大型网络零售企业都有比较完善的配送中心，但大多是私有化的。依托现有的企业物流设施，布局构建符合行业未来变革趋势的物流体系，可能对零售企业是一个重要的机会。目前，物流格局已经在发生变化，物流的社会化是一个主要的发展方向，企业的私有化物流体系需要融入社会化的物流体系布局当中，从而建设起高效顺畅的流通体系，降低物流成本。随着中国城市化进程的快速发展，目前的城配市场发展迅速。物流、城配将成为一个城市以及城市快消品行业的重要基础设施。零售企业依托现有的物流设施，布局物流、城配体系，特别是结合企业的门店网络与前置仓条件，可能将成为企业未来的核心竞争力。

4. 构建平台的能力

目前大型零售企业纷纷构建了平台，进行了数字化转型，因此构建平台的能力成为零售企业重要的核心能力之一。未来零售企业的顾客管理，所有的交易、营销、内部管理、资源整合等都需要通过平台化的模式实现。零售企业需要构建顾客管理平台，链接顾客，实现顾客交互、顾客营销，打造顾客价值；构建交易平台，实现与B端、C端的交易；构建内部管理平台，实现企业运行的平台化。但是，零售企业布局平台化模式的过程中，切忌模仿淘宝、京东等拥有庞大忠诚顾客群体的成功平台运营模式，一定要基于企业对互联网的深度认识，结合企业资源优势与顾客群体特征，构建差异化的平台。

5. 应用先进数字技术的能力

随着数字技术的创新发展，零售业商业模式快速迭代，而任何新的商业模式都需要先进数字技术应用帮助企业实现。例如，"直播+电商"模式需要大数据、云计算、人工智能等先进数字技术的支撑。此外，机器视觉、生物识别、传感器融合等先进数字技术在线下零售门店、运输配送以及平台管理中的应用也可以极大优化顾客体验，起到"引流""增流"的作用。因此，应用先进数字技术的能力是零售企业重要的核心能力，它是企业提升顾客价值、采取特色营销组合策略、提升物流服务水平、构建平台的重要支撑。

第2节 战略地图全景：零售战略的整体架构

一、零售战略目标

（一）零售企业的使命与目标

1. 零售企业的使命

零售企业的使命是指一个企业制定的长期战略目标，是其拟实现的美好愿景，它阐释了零售企业存在的理由与价值，可以作为零售企业的长期行动纲领。由此可见，使命是零售企业制定战略目标的基础，它反映了零售企业的理想抱负、经营理念与目标市场范围。

2. 零售企业的目标

（1）经济目标

经济目标是零售企业在经营与财务方面可以直接提高企业销售额、扩大企业市场份额的目标。

经营目标是指通过明确目标消费群体、目标顾客需求的产品、企业经营的产品品类、企业的商业模式等，确定零售企业的经营范围，制定企业的市场份额目标。

财务目标主要包括利润指标、运营效率指标与市场地位指标。其中，利润指标包括销售利润率、资产利润率、每股收益等；运营效率指标包括单位面积营业额、人均销售额、商品周转率等；市场地位指标一般用市场占有率来衡量（白玉苓和陆亚新，2020）。

（2）社会目标

社会目标是零售企业通过履行社会责任、树立企业形象，提升企业口碑与顾客忠诚度，以间接提高企业销售额、扩大企业市场份额的目标。零售企业的社会目标包括满足顾客深层次与高品质需要、提高就业率、积极支持各项公益活动等，这有助于提高企业的知名度与美誉度，促使顾客对企业形成良好的印象与评价，从而提高顾客购买意愿。

（二）零售战略与社会责任

目前，有很大一部分人认为零售企业的目标是获得更大的利润，而履行社会责任就是做慈善，会导致企业经济利益流出，所以企业可以不履行社会责任。但是，事实上企业履行社会责任可以直接通过产品特征或间接通过声誉和品牌形象构建企业差异化的竞争优势。零售企业履行社会责任有助于其吸引顾客、投资者、潜在员工与商业伙伴，从而帮助其提高市场竞争力与扩大利润增长空间。因此，企业社会责任已然成为一种重要的度量零售企业利润的目标函数，是零售企业实现商业战略目标的一个重要手段。因此，零售企业需要将社会责任的相关内容纳入其战略规划。

零售视角2-3　鸿星尔克履行社会责任，带动“野性消费”

在零售企业战略规划中，通常考虑四种类型的企业社会责任（吕力，2020）。

1. 经济责任

随着零售业态的丰富与更迭，一批批零售企业消亡或重生，一批批劳动人员失业并面临再就业。因此，零售企业的经济责任不仅包括推动 GDP 增长、提高人们的生活质量与提升人均收入等直接影响国家经济发展的方面，还包括稳定就业结构、提高就业质量等间接促进国家经济平稳健康发展的方面。

2. 法律责任

法律责任是零售企业商业运作应遵守的法律规范，是零售企业必须遵守的社会责任。例如，与消费者有关的法律、与市场公平竞争有关的法律、与零售新业态问题有关的法律等。

3. 道德责任

道德责任是零售企业应遵守正确合理的商业伦理。通常情况下，法律只是道德的底线。道德责任是超越法律规范的，是零售企业自愿承担的责任，包括销售健康产品、支持公益目的的公共关系活动、成为良好的企业公民等。

4. 环境责任

近年来我国不断推进生态文明建设，坚定不移地走绿色发展之路。零售企业若想长远发展，就需要将“绿水青山就是金山银山”等绿色发展理念融入其战略规划中，通过建设逆向物流、提倡使用绿色购物袋、精简产品包装等方式，使零售企业运营各环节避免环境污染，并引领顾客共同建设与维护良好的生态环境。

（三）零售战略与商业模式

数字经济时代，互联网技术升级迭代，不同利益主体沟通模式与传递效率都发生了较大改变，零售战略得以创新和快速发展，这会进一步改变零售行业的传统商业模式。以单渠道战略下的传统商业模式与全渠道战略下的新商业模式为例，单渠道战略下的代理经销商模式、连锁店经营模式等传统商业模式具有时空边界、产品边界等现实阻隔，而全渠道战略下则出现了“实体店铺 + 电子商务 + 社交网络”等新的商业模式，通过线上线下融合打破了传统商业模式的时空与产品等边界。

零售视角2-4　京东不断演变的商业模式与零售战略

同样地，新商业模式的出现也会反过来促进零售企业战略发生改变。基于数字经济下互联网技术的动态革新，零售企业的商业边界被逐层打破，先前的经验主义不符合当前的创新发展，商业模式不断地发生演变与裂变，这又会促使零售战略动态变化。

二、零售竞争战略与竞争优势

（一）竞争战略与竞争优势的关系

20 世纪 70 年代以后，美国传统支柱产业和部分新兴产业受到了来自日本、西欧国家的强大竞争压力，“如何提高国际竞争力”成为当时美国学术界、产业界和政府部门面临的紧迫问题。在此背景下，哈佛大学的迈克尔 · 波特教授提出了竞争战略与竞争优势理论，主要从企业与产业两个层面阐释了竞争优势培育与竞争战略运作技巧。波特的竞争战略理论研究一个企业如何能更有效地竞争以便加强其在市场上的地位，竞争优势理论则研究一个企业如何才能创造和保持在产业中的竞争优势，即将广泛的竞争战略转化为获取竞争优势的具体实施步骤。因此，获取竞争优势是竞争战略的目标，而竞争战略是竞争优势的实践转化。

（二）零售竞争战略的基本类型及其延伸

1. 零售竞争战略的基本类型

（1）成本领先战略

成本领先战略是零售企业通过强化内部控制以低成本生产并提供顾客所接受的产品和服务，在较长时间内保持成本领先的战略。这一战略的核心是取得最大的市场份额使单位平均成本降到最低。实施这一战略需要市场满足一定的条件：市场是完全竞争的买方市场；行业产品是标准化产品或同质产品；购买者不注重品牌间的差别，但对价格敏感；产品价格富有弹性；购买者具有较强的讨价还价能力。因此，在价格竞争中占有主导地位的零售企业适合选择成本领先战略。

实施成本领先战略具有以下优势（白玉苓和陆亚新，2020）：①获得高于产业平均利润的利润；②降价空间较大；③抗击价格竞争的能力较强；④高市场份额带来的种种利益。

实施成本领先战略也会面临以下风险：①易被竞争对手模仿，引发价格战，有损整个零售业；②当顾客需求从注重低价转向注重产品形象或其他方面时，原有的低价竞争优势可能转变成劣势。

（2）差异化战略

差异化战略是零售企业为了独树一帜，通过提供与众不同的产品或服务，满足顾客的特殊需求，形成竞争优势的战略。由于各零售企业都具有自己独特的知识体系、差异化的知识基础与技术能力，且各企业目标市场所处的区域均出台了不同的零售业政策，同时各区域间和区域内的市场成熟度各有差异，导致各企业在学习方式、组织设计与制度设计上存在非对称性（魏江等，2021）。因此，零售企业应立足自身的企业知识体系，从其目标市场所处区域的市场、制度、文化等环境中，找到具有自己特色的非对称创新的差异化战略道路。

实施差异化战略具有以下优势：①企业走非对称创新的差异化道路，可以帮助其在建立特色优势的基础上更加灵活地适应市场变化，提高企业竞争力，从而建立起企业文化自信和道路自信，增强企业自主创新能力，进而加快推动创新驱动发展战略贯彻落实；②建立起顾客对产品或服务的认识和信赖，降低顾客对产品价格和服务发生变化时的敏感性；③因顾客信任与忠诚而形成强有力的市场进入壁垒，使现有竞争者很难与之竞争；④差异化形成的高边际收益增强了零售企业对上下游的讨价还价能力。

实施差异化战略也存在一定风险：①使零售企业服务成本增高，价格上涨；②精明的顾客可能会降低对产品或服务差异化的要求，使零售企业失去优势；③竞争者的模仿和进攻使零售企业已建立起来的差异不断缩小。

（3）集中化战略

集中化战略是零售企业通过提供产品或服务以满足某一特定竞争细分市场需求的战略。它主要包括两种类型：以低成本为基础的成本集中战略和以差异化为基础的差异化集中战略。集中化战略的目的是比竞争对手更好地服务于目标细分市场的顾客，其核心思想是通过为特定顾客群体“量体裁衣”，来构建零售企业为顾客“定制”产品或服务的竞争优势。实施这一战略，需要零售企业和市场满足一定条件：对于买方而言，购买群体需要有特殊需求；对于整个市场来说，零售企业的竞争对手需要未实行或不打算实行集中化战略；对于零售企业自身而言，其资源和实力有限不足以支撑其在市场全面开展成本领先或差异化战略，所以零售企业才会在某一细分市场实施集中化战略；零售企业实施集中化战略的某些细分市场应具有较强吸引力，且应具有可营利性、可进入性和成功性。

实施集中化战略具有以下优势：①在一个特定的领域内发挥自身优势，更好地满足顾客需求；②避免与大零售企业进行正面竞争。

实施集中化战略也存在一定风险：①随着市场的反应，细分市场与总体市场之间在产品 / 服务需求上的差别可能会日益变小；②在细分市场出现较大的市场利润或该细分市场利润明显高于总体市场时，竞争对手会争相模仿；③狭小的目标市场难以支撑必要的市场规模，可能带来高成本风险；④由于针对的是某一特定领域或市场，其提供的产品往往不同于标准产品，使零售企业成本压力较高。

2. 零售竞争战略基本类型的延伸

在零售企业的实践中，企业会根据其所处的内外部环境，选择最适合自身发展的竞争战略。而往往零售企业所处环境较为复杂，其在应用时可能常将两种基本竞争战略混合在一起，形成差异化与成本领先混合战略、差异化集中与成本集中混合战略等。

在某些市场条件下，零售企业采取混合竞争战略相当具有吸引力。顾客多样性使产品差异化成为一种常见现象，在许多顾客对价格与价值都很敏感的市场条件下，混合战略可能会比单纯的低成本或差异化战略更有优势。因为混合战略可以将零售企业定位于中档市场，为顾客提供中档的质量与低于平均水平的价格，或很好的产品与中档的价格，为顾客带来较高性价比。因此，大多情况下，大部分顾客更喜欢购买中档价位的产品而不是低成本的普通产品或差异化的昂贵产品。但是，实施混合战略需要零售企业拥有一定资源、技巧与能力，可以用比竞争对手更低的成本使产品更具某些突出特点，否则这一战略很难奏效（吕力，2020）。

（三）如何通过竞争战略打造竞争优势

如果一个零售企业要获取竞争优势，它必须对争取哪种竞争优势和在什么范围内争取竞争优势的问题做出选择。根据零售竞争战略的类型可知，企业竞争优势（enterprise competitive advantage）主要有低成本优势和特色优势，以及在成本与特色之间形成平衡的性价比优势。零售企业在实践中，根据自身的竞争范围，在成本领先战略、差异化战略、成本集中战略、差异化集中战略及混合战略中选择一种实施，从而获取相应的竞争优势，如图 2 - 3 所示。

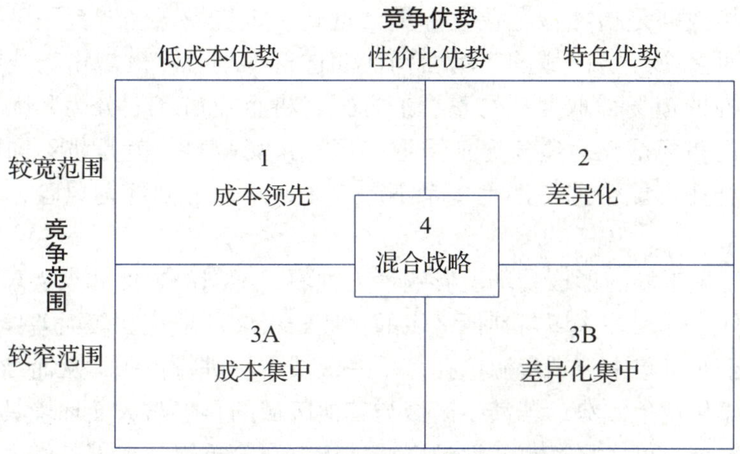

图 2 - 3　零售企业竞争战略选择模型

具体地，零售企业要么选择成本领先战略，发挥企业的规模效应将成本控制到比竞争对手更低的程度，获得低成本优势；要么选择差异化战略，将多样化的市场、制度、文化等资源进行分类整合，针对不同目标市场进行非对称创新，打造各具特色的产品和服务，让顾客感觉到零售企业提供了比其他竞争对手更多的价值，获得特色优势；要么选择成本集中战略，在某一细分市场中将企业有限的资源投入到如何最大化控制成本上来，从而将成本控制到比细分市场中的竞争对手更低的程度，在细分市场获得低成本优势；要么选择差异化集中战略，在某一细分市场中将企业有限的知识、技术、制度等资源投入到如何将企业的产品或服务与其他竞争对手的产品或服务有效区分上来，从而让顾客感觉到零售企业提供了比其他竞争对手更多的价值，在细分市场获得特色优势；要么选择混合战略，根据企业的竞争范围（有无细分市场）将成本领先战略与差异化战略、成本集中战略与差异化集中战略相结合，从而既获得一定的低成本优势，也获得一定的特色优势，即在价格与价值上取得平衡，获得性价比优势。

三、零售发展战略

（一）区域扩张战略

1. 单一区域市场还是多区域市场

（1）单一区域市场战略

单一区域市场战略是指零售企业只选择一个细分市场作为目标市场，针对某一单一产品品类集中营销的行为。单一区域市场战略会对零售企业获利产生正面影响，因为当企业尽全力集中于某一市场时，而这一市场的竞争又较小的情况下，企业可能会降低成本，却维持较高价格，从而获取高利润。但是，长期依靠单一区域市场战略，就是将所有鸡蛋放入同一个篮子里，一旦其竞争优势被其他零售企业模仿成功，零售企业经营风险将提升。

（2）多区域市场战略

多区域市场战略是指零售企业业务量已达到一定规模，经营范围已扩大到多个经济区域，需要对多个经济区域的市场营销活动进行谋划。多区域市场战略通常要求企业对具有同质性的市场采取兼并与整合的方式，将企业市场划分为几大区域市场，并对其采用不同的市场战略。零售企业采取多区域市场战略，就是将不同的鸡蛋放在不同的篮子里，企业可能会选择涉足多个不同市场，从而分散经营风险，增加战略成功概率。

一般地，区域市场的形成受环境影响最为剧烈，不同的自然和人文环境是区域市场形成的一般条件。若某一区域与其他区域的自然与人文环境存在较大差异，具有营销特质，那么零售企业可集中营销资源选择该单一区域市场进行扩张，从而结合该区域的环境特征打造差异化竞争优势；若某一区域与其他区域的自然与人文环境具有共性，差异较小，那么零售企业可以将存在共性的区域进行整合与重组，根据其细微差异划分多元细分市场，进行多区域市场扩张。

2. 蛛网式扩张还是蜜蜂式扩张

（1）蛛网式扩张战略

蛛网式扩张战略是指零售企业像蜘蛛一样在一个地区密集织网的扩张方式。盒马鲜生与苏宁就采取了蛛网式扩张战略，以长三角地区为重点进行发展，盒马鲜生在长三角地区的门店数量占全国总量的 1/3；苏宁目前在长三角地区的智慧零售门店已超过 3 200 家，2023—2026 年苏宁在长三角地区还要至少落地 2 000 多家智慧零售门店，通过线上线下的融合互动，为顾客打造无处不在的新入口、新场景。

（2）蜜蜂式扩张战略

蜜蜂式扩张战略是指零售企业像蜜蜂一样挑选好地方，即打点法的扩张方式。永辉超市在其区域扩张的过程中主要采取蜜蜂式扩张战略。2000 年，永辉超市创新性地将生鲜农产品引进现代超市，并在福州开出了首家“农改超”超市——永辉生鲜超市。随后，永辉超市开启了全国化布局，在重庆、北京、成都、南昌、西安、张家口等开设分店。截至目前，永辉超市已开业门店数量超 1 000 家，遍布全国 29 个省份，实现一至六线城市全覆盖。

一般地，蛛网式扩张战略有助于在区域市场获取较高知名度和美誉度，可以降低整体运营成本，人力、财力等有限的零售企业较为适合采取这一区域扩张战略；蜜蜂式扩张战略则有利于零售企业网点的快速增加，扩大经营规模，但是由于不同区域城市分店距离较远，所以供应链管理是一大问题。该区域扩张战略成功的关键是要辅之恰当的物流模式，自营物流模式往往难以适应蜜蜂式扩张战略的需要，所以采取蜜蜂式扩张战略能否取得最终成功的关键在于能否取得销售水平与成本控制的优化（汪旭晖，2008）。

3. 本土化还是国际化

（1）国际化战略

国际化战略指零售企业在全球范围内通过标准化产品 / 服务来赢得市场。在该战略下，由于决策与控制集中在总部，因而能较好地协调跨国界的资源分享，建立与协调子公司之间的合作关系。然而，由于强调国际标准化，缺少适应东道国市场的产品，该战略可能迫使零售企业放弃东道国市场的一些特殊发展机遇。

（2）本土化战略

本土化战略指零售企业根据东道国的政治制度、社会文化等人文因素和经营环境的不同，而对自身的经营方式与战略等进行相应细化，具体在产品、研究开发、人力资源、企业文化、商标品牌等方面实施本土化。零售企业实施本土化战略的途径有：使用合适的产品占据东道国目标市场，实施产品的本土化；大胆聘用当地人才，实施人才的本土化；积极与东道国社会文化融合，实施品牌与营销的本土化；在当地组织原材料 / 产品的采购，实施原材料 / 产品采购的本土化；了解产业技术信息和消费动态，实施研究开发的本土化；树立良好的企业形象，建设本土化公共关系等。

一般地，零售企业在全球化扩张的过程中，总会面临“水土不服”和“标准国际化”扩张问题，这时就需要企业综合自身的资源状况与竞争能力等考量其全球化扩张应选择的战略。若企业人力、资金、专业资源等较为雄厚，具有较强的竞争能力，那么其可以根据不同国家的市场状况，选择本土化战略进行全球化扩张；若企业人力、资金、专业资源等较为薄弱，且竞争能力较弱，那么其可以放弃部分“水土不服”的国际市场，选择标准化的国际化战略，即在每个国家采取相同的发展战略。

（二）渠道发展战略

1. 单渠道战略

单渠道战略是指零售企业仅通过一种销售渠道，将产品和服务从某一销售者手中转移到顾客手中的企业经营战略。零售企业采取单渠道战略的优势是可低成本、方便快捷地进行部署，易于检测，让有竞争优势的品牌垄断市场，利润最大化。但是，单渠道战略严重限制了潜在顾客的规模和多样性，除非是少数市场比较小众的特别品牌，否则单渠道战略并不是一个可行的战略。

2. 多渠道战略

多渠道战略是指零售企业通过两种或两种以上的渠道提供商品和服务的企业经营战略，然而，零售企业在多个渠道之间没有进行渠道整合，顾客也无法进行跨渠道购买活动（Beck and Rygl，2015）。零售企业实施多渠道战略应注意（董晓舟和晁钢令，2018）：①多渠道企业在跨入O2O阶段前，需要打通线上与线下的积分体系，将原本分布于各个业态的多张独立会员卡合并为1张，使顾客可以通过1张会员卡获得无缝连接的消费体验。②多渠道企业需要平衡好线上与线下的资源配比与投入方式，优化线上与线下渠道的整体收益，并在O2O阶段设定发展规模（销售收入等）之外的、诸如O2O顾客比例（在线上与线下同时活跃与消费的顾客占比）之类的考核指标，使零售企业的渠道发展模式可以从规模经济切换至协同经济。③多渠道企业营销策略的设计需要适应O2O阶段的特点。

但是零售企业实施多渠道战略时，若决策不当，就会出现以下问题：①频繁的渠道冲突。实行多渠道战略后，各种渠道之间不可避免会增加冲突的可能性，一些渠道成员可能失去动力并撤回支持，甚至退出或报复企业的渠道网络。②失去对顾客的控制。很多零售企业在实施多渠道战略后，某种程度上都失去了对顾客的控制，而如果企业此时放弃多渠道战略，顾客很可能会流失。③“搭便车”行为。顾客从一条渠道获得服务的同时却把业务投向另一条渠道，使某些渠道成员积极性受挫，导致企业渠道的广度和活力逐渐降低。④渠道成本大幅增加，甚至超过销售额增幅。

3. 跨渠道战略

跨渠道战略是指零售企业通过两种或两种以上的渠道销售产品和提供服务的企业经营战略。其中，零售企业能进行部分的渠道整合，消费者能够进行不完整的跨渠道交互购买行为（Beck and Rygl，2015）。跨渠道战略的本质是指企业采用多条拼接的零售渠道进行商品和服务的传递，其中，每条渠道仅完成部分零售的功能，如顾客在线上挑选商品完成支付，线下提取商品。因此，跨渠道战略的各个渠道之间存在着交互作用（张沛然等，2017），跨渠道战略能够使顾客购物效用最大化，从而改善传统零售企业通过单一渠道销售所面临的困境。

但是，当多种购物渠道任由顾客选择时，可能引发顾客在购物过程中的渠道迁徙现象和跨渠道搭便车行为，再加上零售企业采用多渠道可能出现的冲突和矛盾，这些都迫使零售企业需要思考跨渠道的整合与协调问题（李玉霞等，2021）。

4. 全渠道战略

全渠道战略是指零售企业通过多渠道整合协同，在不同渠道传递相同的品牌形象、价值与标准化的服务，向顾客提供超越时间和地点束缚、可使用任何技术进行交流传播的渠道，最终为顾客带来多渠道无缝对接的一体化体验的企业经营战略（周高云等，2019）。而顾客流、信息流、资金流、物流和商店流五个流是实现顾客与零售企业互动的直接接触点。全渠道零售时代五个流的具体表现形式发生了变化：顾客流和商店流从

“固定化”向“移动化”转变，信息流的传递路径更加多样化，资金流的传递方式从“一手交钱一手交货”向“支付与提货分离”转变，物流的类型变得更加丰富和个性化。因此，零售企业需要采取与其匹配的全渠道战略：①确认顾客的偏好；②确认店铺定位；③确认目标顾客的购买过程；④尽可能地整合各种渠道类型；⑤依据顾客偏好，在购买的每个环节匹配合适的渠道类型；⑥构建全渠道流程，整合全渠道资源；⑦实现利益相关者的利益（李飞等，2018）。

但是，全渠道战略的实施还受到三个方面的制约，需要零售企业给予重视（黄世嘉，2019）：①组织结构。作为一种全新的运营思维与模式，企业实施全渠道必须重塑内部组织结构，建立符合全渠道战略要求的组织框架。然而，越是大企业和成熟企业，组织结构就越复杂、越难以改造。同时，企业实施全渠道战略还要处理好由谁制定全渠道战略、如何分配预算、目标责任和具体的管理实施等问题。②内部流程。企业的内部流程难以改造且费时费力，因此，通过全渠道战略优化顾客体验，需要企业采用实时库存管理等全新的顾客关系管理（CRM）工具，以打破“信息孤岛”，促进线上、线下不同渠道顾客数据的贯通融合，实现精准营销，从而为顾客提供无缝对接的一体化购物体验。③技术支撑。全渠道零售离不开先进的互联网信息化技术的有力支撑，因此，技术瓶颈也是很多零售企业实施全渠道战略的一大难题，具体表现为企业缺乏高水平的 IT 人才，不能开发出良好的软件技术平台，导致线上、线下在库存管理方面不统一、不透明，可视化水平低，难以实现不同渠道的无缝对接、互动与协同，从而无法满足全渠道零售的一体化要求。

综上所述，零售企业需要根据自身营销渠道特点合理选择渠道发展战略。若企业营销渠道较为单一，那么企业适合采取单渠道战略；若企业有多个营销渠道但各自分离，那么企业适合采取多渠道战略；若企业有多个营销渠道且不同渠道之间是有连接的，不同渠道之间可以平滑地过渡，顾客可以横跨多个渠道到达任何地方，那么企业适合采取跨渠道战略；若企业有多个营销渠道且不同渠道是完全互联互通的，线上渠道与线下渠道是相互融合的，顾客可以同时使用不同的渠道与企业沟通，在渠道之间无缝切换，并拥有一致性体验，那么企业适合采取全渠道战略。

（三）业务拓展战略

1. 单一化经营还是多元化经营

（1）单一化经营战略

单一化经营战略是指零售企业把经营范围限定在某一领域产品或服务上的经营战略。这种战略使零售企业经营方向明确，力量集中，能强化竞争能力和优势。单一化经营战略把零售企业有限的资源集中在同一经营方向上，形成较强的核心竞争力，有助于企业通过专业化的知识和技能提供有效和顾客满意的产品和服务，在产品技术、顾客服务、产品创新和整个业务活动的其他领域开辟新的途径；有利于各部门制定简明、精确的发展目标；可以使企业高层管理人员减少管理工作量，集中精力掌握该领域的经营知识和有效经验，提高企业经营能力。但是，单一化经营战略的风险也是显而易见的，当单一经营所在的行业发生衰退、停滞或缺乏吸引力时，零售企业将难以维持企业成长。

（2）多元化经营战略

多元化经营战略是零售企业最高层为企业制定的多项业务的组合，是为企业涉足不同产业环境中的各种业务制定的发展规划，包括进入何种领域、如何进入等。当零售企业拥有额外的资源、能力及核心竞争力，并能在多处投入时，就应该实施多元化经营战略。多元化经营战略可以分散企业经营风险，实现资源共享，产生 1+1>2 的效果。但是多元化经营战略也会在一定程度上造成人、财、物等资源的分散，使企业管理难度加大，效率下降。

一般地，零售企业采取单一化还是多元化经营战略，取决于企业资源集聚属于专业化还是多样化。零售企业资源若属于专业化集聚，企业将采取单一化经营战略，以保证专业化资源得到有效利用，强化企业核心竞争优势；零售企业资源若属于多样化集聚，企业将采取多元化经营战略，以保证多样化资源得到充分利用，强化企业多元核心竞争优势。

2. 相关多元化还是非相关多元化

（1）相关多元化战略

相关多元化战略是指零售企业进入与现有业务在价值链上具有战略匹配关系的新业务。根据现有业务和新业务之间关联内容的不同，相关多元化又可以分为同心多元化和水平多元化。同心多元化即零售企业利用原有的技术、特长、经验等销售新产品，增加销售产品的种类，从同一圆心向外扩大业务经营范围，如销售台式电脑的企业增加销售笔记本电脑业务；销售笔记本电脑的企业增加销售平板的业务。水平多元化强调的是使用不同产品吸引同一批顾客，从而进入不同市场，实现零售企业多元化发展，如销售手机的企业发现顾客想配备耳机，进而增加了耳机产品销售业务。

（2）非相关多元化战略

非相关多元化战略是零售企业通过收购、兼并其他企业业务，或在其他行业投资，把业务拓展到与零售企业现有业务、技术、市场毫无关系的领域。这是实力雄厚的大零售企业集团采用的一种经营战略，如京东的主要业务横跨京东商城、京东物流、京东金融、京东科技、京东健康等，这就是典型的非相关多元化（李沛强和肖如斐，2021）。

一般地，零售企业需要综合考量企业能力，以及现有业务与即将拓展的新业务领域间的关联程度，选择实施相关多元化战略还是非相关多元化战略。若现有业务与新业务领域间的关联程度较大，即使企业能力一般也可选择实施相关多元化战略；若现有业务与新业务领域间的关联程度较小，甚至不存在关联性，则只有能力较强的企业适合选择实施非相关多元化战略。

（四）市场进入战略

1. 独资进入战略

独资进入战略是指在国内外市场独资投资兴办与经营零售企业。独资进入市场的零售企业拥有企业百分之百的股权，对企业的经营管理具有绝对的话语权。实施这一战略，有利于企业创始人加强对企业的控制，并可以按照其意愿经营企业，其经营决策很少受到阻碍，但是这也意味着企业决策缺少不同声音的碰撞，很容易剑走偏锋，使企业面临较大经营风险。

2. 合资进入战略

合资进入战略是指与外商合资，兴办零售企业或开发资源。合资进入市场的零售企业需要与合资方共享股权，将企业部分收入分享给合资方。实施这一战略，由于可以利用目标市场合资伙伴熟悉当地市场的政治、法律、社会文化与经济状况等优势，比较容易取得目标市场所在地资源并打开目标市场，从而降低进入该目标市场的风险。但是合资双方对零售企业的控制权均较小，一些重大的企业决策往往推进困难，较之独资企业决策效率低。

3. 收购或兼并进入战略

收购或兼并进入战略是指零售企业通过购买其他目标市场企业的股权而进入市场的方式。实施这一战略，可以使零售企业快速进入目标市场，有利于扩大企业产品的种类与进入的领域，同时减少处理进入新市场会遇到的诸如专利权、经济规模、原料等问题，降低解决障碍的成本。但是实施此战略存在估价困难、旧有束缚多、控制协调困难等问题，若解决不了这些问题，企业不仅无法顺利进入新目标市场，也可能失去原有市场优势。

4. 特许经营进入战略

特许经营进入战略是指被拥有注册商标、企业标志和专有技术等经营资源的零售企业以合同形式许可使用其经营资源的方式进入市场。实施这一战略的零售企业需要向特许方支付一定的特许经营费用，从而拥有特许方的经营资源。采取此战略有利于提升企业知名度，提高市场占有率。但是被特许方的经营活动会被严格管束，失去很多自主经营权，而且特许方若经营失败，被特许方也会随之倒闭，需承担“一损俱损”的风险。

综上所述，按照零售企业进入目标市场的投资方式不同，零售企业应采取不同的市场进入战略。

（五）品牌发展战略

1. 自有品牌战略

零售企业自有品牌是在零售企业品牌下销售的产品，并区别于全国性的制造商品牌名称，即这种品牌专属零售企业所有。自有品牌战略是指零售企业通过搜集、整理、分析消费者对于某类商品的需求特性的信息，开发出新产品，在功能、价格、造型等方面提出设计要求，自设生产基地或者选择合适的生产企业进行加工生产，最终由零售企业使用自己的商标对该产品注册与宣传，并在本企业店铺销售该产品（刘文纲等，2014）。

一般地，零售企业在选择实施自有品牌战略后，还会面临只经营一个自有品牌还是经营多个自有品牌的选择。

（1）单一自有品牌战略

单一自有品牌战略是指零售企业只经营一个自有品牌，且产品品牌与企业品牌一致，合二为一。这一战略使企业可以集中力量塑造一个品牌形象，不仅可以降低企业店铺品牌运营总成本，还可以让一个成功品牌带动若干种产品市场，使每一个产品都能够共享品牌的资源优势，容易形成市场竞争的核心优势。但是单一自有品牌不能区分不同产品独有的特征，不利于区分产品的差异化细分市场，因而难以有效开展差异化细分市场营销，也不便于顾客有针对性地选择产品。

（2）多自有品牌战略

多自有品牌战略是指零售企业同时使用两种或两种以上自有品牌，以便通过差异化品牌之间的互补效应实现企业品牌资产最大化。例如，孩子王推出了包括初衣萌、可蒂家、贝特倍护、慧殿堂等七大自有品牌，覆盖了用品、玩具、饰品等多个品类，品牌间具有较强的互补效应。多自有品牌战略是与差异化竞争战略相匹配的品牌战略，能够分别占领各主要细分目标市场，增加市场覆盖率；抵御竞争风险和市场危机，运用田忌赛马等竞争思维保护主力品牌，维护整体利益。但是，打造多个自有品牌需要投入高昂的品牌建设、传播与维护成本，需要大量高素质的品牌管理人才，需要协调多个品牌间的企业内部竞争、外部竞争和终端市场竞争，品牌管理具有挑战性。此外，多自有品牌可能导致顾客认知困难，导致品牌形象杂乱，弱化企业整体品牌形象价值。

综上所述，单一自有品牌战略适合业务种类较少的零售企业。而对于业务种类较多的零售企业来讲，大都会选择多自有品牌战略。

2. 制造商品牌战略

制造商品牌是由制造商创立的，旨在确保顾客购买时将制造商与其产品同等看待。创立这种品牌的制造商需要参与分销、促销乃至定价决策，并可以通过促销、质量控制和质量保证等措施提高产品的顾客忠诚度，刺激产品需求，以激励零售商销售其产品（王月辉等，2017）。因此，制造商品牌战略是指零售企业销售制造商创立的品牌产品的行为。一般情况下，具有一定知名度的制造商品牌会增加零售企业对顾客的吸引力，而当一个零售企业缺少知名制造商品牌时，消费者可能会对该零售企业缺乏关注与兴趣，可能对企业绩效产生不利影响。

综合目前的情况，制造商品牌战略长期以来统治着零售业，大多数零售企业还是以销售制造商品牌产品为主，甚至不少的零售企业全部销售制造商品牌产品，尚未打造出自有品牌。但自有品牌的建立可以彰显出零售企业或产品的特色，使零售企业具有差异化的特色竞争优势。因此，自有品牌战略是以建立与众不同的品牌识别为核心的品牌战略，零售企业应将自有品牌建设提升到企业发展战略的高度。

（六）联盟与合作战略

1. 股权合作与联盟战略

零售企业可以通过与其他零售企业共同出资或是相互持有股份，使联盟中各方之间的关系相对更加紧密，从而实现价值共创与风险共担。例如，苏宁与阿里巴巴相互入股对方企业，阿里巴巴可以迅速帮助苏宁补齐互联网短板，帮助其顺利转型，苏宁则为阿里巴巴带来线下实体店和物流方面的福利，这不仅降低了双方的营业风险，还加快了产品迭代，优化了顾客服务体验。

2. 非股权合作与联盟战略

零售企业可以通过签订协议，共同营销某一种或多种产品，而合作各方在销售与服务等营销环节之外的各个领域是保持独立的。这种联盟可以是同种类、竞争性产品间的联盟，如京东战略投资国美，国美利用其门店、加盟店及社群销售京东货品；也可以是不同种类、无竞争性产品间的联盟，如小天鹅与碧浪联盟，每一袋碧浪洗衣粉上都有“小天鹅指定推荐”标志。

一般地，零售企业是否选择股权合作与联盟战略，与合作企业间的资金运转能力以及企业间资源互补程度有关。资金运转能力良好且资源互补性强的两个零售企业更适合股权合作与联盟战略。

四、零售战略地图构建

（一）零售战略地图的全景

零售战略地图可以清晰地描述企业将无形资产转化为有形顾客与财务成果的过程，它为企业高层管理者提供了知识经济条件下战略描述与战略管理的框架。一般地，零售战略地图主要涵盖学习与成长、内部运营、顾客管理以及财务四个层面的内容，具体如图 2-4 所示。零售战略地图的制定需要以零售使命与目标为基础，不断提高企业环境分析能力与网络基础设施建设能力，因为制定科学可行的零售战略需要以企业内外部环境状况作为依据，并需要先进互联网技术作为支撑。目前先进的互联网技术主要包含 A（人工智能，artificial intelligence）、B（区块链，block chain）、C（云计算，cloud）、D（数据挖掘，data mining）四种技术，企业运用这四种技术，可以更加科学合理地分析其所处的内外部环境，明确企业的竞争优势及发展方向，从而制定出企业竞争与发展战略。基于此，零售企业可以明确目标顾客群体，并进一步扩大目标顾客群体、增加与顾客的接触机会、为顾客创造更多福利，从而提高顾客忠诚度，最终使企业实现降本增效的财务目标。

（二）零售战略地图的应用

根据图 2-4 所示，零售企业在应用战略地图时主要遵循以下六个步骤。

1. 确定零售使命与目标，明晰企业行动纲领

零售使命与目标体现了一个零售企业在一段时期内的战略意图与行动方向，这是零售企业明确竞争优势、制定零售竞争与发展战略的“指向标”。因此，零售企业若要谋取市场地位、取得长效发展，则需充分考虑到企业开发新资源的潜能与整合资源实现持续发展的可能性，提出能够引领企业积极奋进的零售使命与目标。

2. 加强网络基础设施建设，提高环境分析能力

目前，互联网技术广泛应用于零售企业运营的各个环节，不仅可以用于提升顾客体验，还可用于零售企业环境分析，从而有效提升零售产品和服务供给端的品质，高度契合顾客个性化与多样化需求。例如，人工智能技术可以帮助零售企业管理者智能搜索与推理宏观信息、竞争者信息、利益相关者信息等，智能感应并处理企业资源、组织企业价值活动等，从而智慧分析企业内外部环境。

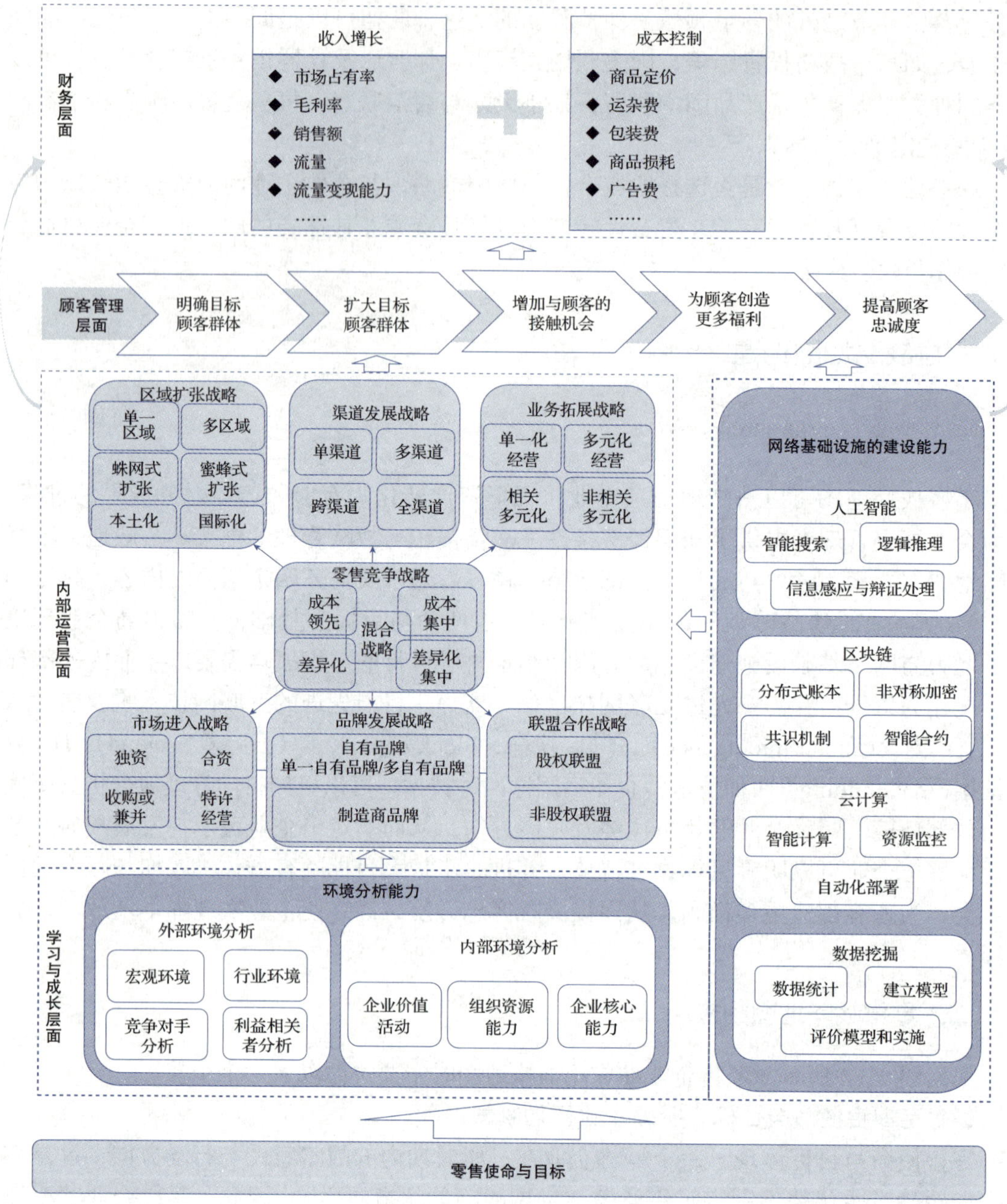

图 2－4　零售战略地图

3. 明确核心竞争优势，选择适当零售竞争战略

基于智慧环境分析，零售企业可以明确其区别于其他与之竞争企业的优势，这一优势可能体现在价格上，也可能体现在企业的某些特质资源上，从而使企业明确其应选择的零售竞争战略，即选择成本领先战略、成本集中战略、差异化战略、集中差异化战略还是混合战略。通过选择适当的零售竞争战略，企业可选择适合自身优势的目标细分市场，有效提高市场占有率，进而提升企业市场地位。

4. 围绕竞争优势与竞争战略，选择适当零售发展战略

虽然零售竞争战略也是为零售企业发展服务的，但是零售竞争战略的着眼点与发展战略不同。零售竞争战略（retail competitive strategy）着眼于如何提升企业产品或服务的竞争力，而零售发展战略（retail development strategy）着眼于如何促进企业发展，这是零售发展战略与零售竞争战略的根本区别。而以竞争优势与竞争战略为核心，零售企业可以进一步规划与选择能够长久保持并不断提升零售企业竞争优势的区域扩张战略、渠道发展战略、业务拓展战略、市场进入战略、品牌发展战略与联盟合作战略，从而实现零售企业可持续发展，延长零售企业繁荣周期。

5. 依据零售战略规划，强化顾客管理

零售企业选择适当的零售战略，可以在一定程度上强化与顾客之间的关系。具体地，零售竞争战略可以帮助企业明确目标顾客群体，市场进入战略和区域扩张战略可以帮助企业扩大目标顾客群体，渠道发展战略可以增加企业与目标顾客的接触机会，联盟合作战略可以帮助企业为顾客创造更多福利，品牌发展战略则可以提高顾客忠诚度。

6. 注重降本增效，提高财务绩效

零售企业在应用战略地图的过程中，须注意运用互联网技术在零售环境分析、战略制定、顾客管理的各环节降本增效，从而提升企业财务绩效。例如通过数据统计、智能计算等技术，企业可以科学制定商品价格、预估广告费与运杂费等，降低不必要的资本浪费，同时提高商品的流量关注、提升流量变现率等，最终帮助企业实现支出最小化与收益最大化。

第 3 节　复杂环境下的零售战略调整

零售企业所处的复杂环境包括渐变环境与巨变环境。渐变环境是较为稳定的、线性的环境变化，如技术创新等稳定规律变化的因素对零售企业的影响，企业可以随着技术创新的发展进程逐步进行转型升级，根据新技术不断调整战略发展方向与重点。巨变环境则是较为动荡的、非线性的环境变化，如新冠疫情等突发因素对零售企业的影响，企业需针对突如其来的冲击，及时调整企业战略以在剧烈变化的环境中谋求生存与发展。

一、复杂环境下的零售战略实施、评估与控制

（一）复杂环境下的零售战略实施

一般而言，零售企业所处的外部环境一直在不断地复杂化，且“复杂”中包含“简单”。这并非辩证法的“说教”，而是不以人的意志为转移的客观事实。零售企业外部环境虽然在不断变化，但可以预测其变化趋势甚至程度（蓝海林等，2019），因此企业可以在战略实施过程中把控复杂多变的环境，并结合企业内部资源特征，采取一系列措施保

证战略顺利实施。具体地，以外部环境复杂性与内部资源充足性为两个维度，可以将零售战略实施分为五种类型：执行型、合作型、学习型、变革型与探索型，如图 2－5 所示（蓝海林，2021）。零售企业处于不同的情境与发展阶段，可能会基于战略调整选择不同的战略实施类型。

1. 执行型零售战略实施

在外部环境复杂性较低且企业内部资源不够充足的情况下，执行型零售战略实施可以通过建立有效的目标体系与实施有效的目标管理来推进。零售企业在制定战略的过程中，战略管理者已经对企业的内外部资源进行了系统评估，并根据企业战略承诺制定了目标。因此，在零售企业外部环境复杂性较低的情况下，企业若选择执行型战略实施方案，则按部就班地按照其所制定的战略目标体系执行即可，能够减少资源浪费，使有限资源发挥最大效用。

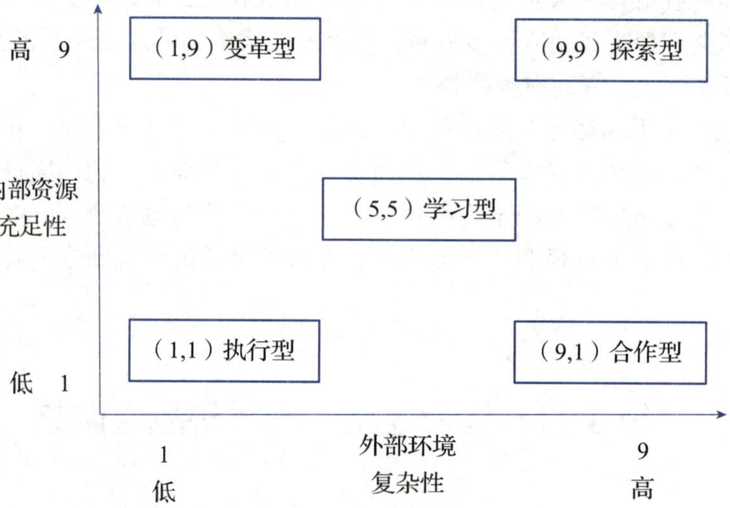

图 2－5　零售战略实施类型

2. 合作型零售战略实施

在外部环境复杂性较高且企业内部资源不够充足的情况下，合作型零售战略实施可以通过与其他同类型零售企业合作实施统一的战略，或战略管理者与内部员工合作共同面对实施过程中遇到的问题来推进。合作可以有效帮助零售战略管理者规避内部资源不足的风险，并提高战略实施的灵活性与科学性。

3. 学习型零售战略实施

在外部环境介于复杂与简单之间、企业内部资源介于充足与不充足之间的情况下，学习型零售战略实施可以通过内部构建与外部整合来推进。第一，内部构建。零售企业资源的内部构建通过内部资源重新配置实现，其目的是使内部资源配置更好地支撑企业战略的实现。零售企业的内部构建主要包括专业化分工与经营、企业结构与文化等。第二，外部整合。考虑到零售企业构建资源与能力的难度与速度，通过外部整合获取企业实施新战略所需要的资源与能力可能更加有效。因此，零售企业可以通过内部构建与外部整合来提升资源使用效率、适应复杂多变的外部环境。

4. 变革型零售战略实施

在外部环境复杂性较低但企业内部资源比较充足的情况下，变革型零售战略实施可以通过建立新的组织结构、改造企业文化、重新进行资源配置等方式来逐步推进。变革型与学习型零售战略实施条件的不同之处在于企业所处的外部环境的复杂性。若零售企业外部环境复杂性较低，则较适合变革型零售战略实施。因为如果零售企业环境动态多变、较为复杂，企业则可能来不及改变其内部状态，这种模式就发挥不出应有作用。

5. 探索型零售战略实施

在外部环境复杂性较高且企业内部资源较为充足的情况下，探索型零售战略实施可以通过在战略实施过程中实时动态地调整战略来实现。在高度复杂多变的条件下，若零售企业内部资源较为充足，企业可以在提高其识别环境能力上投入大量资源，如建设信息化监控平台与大数据中心等，以根据环境的复杂多变不断探索与调整适合企业竞争与发展的战略。

（二）复杂环境下的零售战略评估

一般地，零售战略评估的标准分为财务标准和非财务标准两类。但以财务与非财务角度划分零售战略评估指标很难体现出复杂环境下零售企业的战略关注焦点，这也将为战略控制与调整带来挑战。随着高新技术在零售领域的普遍应用，零售企业越来越关注顾客隐私保护、组织技术平台建设等企业经济效益与社会效益统一的问题。因此，零售战略评估可从财务绩效、经营绩效与社会绩效三大要素指标入手，将其进一步详细划分，形成一整套零售战略评估体系。

1. 财务绩效评价指标体系

在复杂多变的环境下，财务绩效是零售企业竞争与发展的中心任务，要以提升产品附加值水平为突破口，全面优化营销要素投入结构和产品供给结构，改善和提升企业整体素质，推进企业发展模式向经济效益型转变。财务绩效主要评价指标包括总资产报酬率、主营业务收入增长率、存货周转率与营销人员效率增长率等。

2. 经营绩效评价指标体系

在复杂多变的环境下，零售企业经营效益水平主要表现在技术创新、组织结构优化与智能化等方面。具体地，技术创新是零售企业竞争与发展的关键环节，应努力突破制约企业升级的核心技术，健全企业技术创新体系，提高企业核心竞争力，促进技术水平由价值链低端向高端跃升。技术创新的主要评价指标有新（改进）产品销售率、发明专利拥有量及世界领先技术数量等。组织结构优化是零售企业竞争与发展的强大动力，因而要优化企业结构，加快推动企业向集约高效、协调优化方向转变，其主要评价指标包括主业市场占有率、技术贡献值占企业增加值的比重及组织柔性化水平等。智能化则是零售企业竞争与发展的重要支撑，因而要深化信息技术集成应用，发挥其支撑和引领作用，加快推动企业向数字化、网络化、信息化方向转变。智能化的主要评价指标包括数据采集覆盖范围、智能化软硬件使用率及网络营销应用率等。

3. 社会绩效评价指标体系

在复杂多变的环境下，零售企业若要提高社会效益，还需以高质量发展理念为导向，注重企业的质量品牌建设与绿色发展等。具体地，质量品牌建设是零售企业创新与开放发展的重要保障，因而要全面提升企业新产品设计、开发能力与品牌创建能力，其主要指标包括主要产品质量安全水平、服务质量水平、品牌广告评价以及企业社会责任等。绿色发展则是零售企业竞争与持续发展的重要着力点，因而要采用资源节约型、环境友好型销售方式，推广应用先进节能减排技术，加强资源节约和综合利用，推动零售企业朝绿色低碳方向转变。绿色发展指标包括资源再利用率、碳排放总量减少率及产品回收收益率等。

（三）复杂环境下的零售战略控制

零售战略控制（retail strategic control）是特殊的组织控制，其目的在于通过监测和评估零售企业内外部环境来改善其战略运行效果，这可为及早发现零售战略中隐含的严重缺陷提供帮助，也可为零售战略调整提供依据。在复杂多变的环境下，零售企业更需要在零售战略实施的事前、事中与事后各阶段进行控制，以及时了解零售战略实施与预期情况相偏离的程度，并据此做出零售战略调整。

1. 事前控制

事前控制是在零售战略实施前对战略计划进行一系列的评估、分析，并进行有效的预防，通过比对对其进行评价，如果发现可能出现的零售战略偏差，则会提前采取措施进行补救，使零售战略能始终沿着正确的轨道运行，以保证零售企业战略目标的实现。

事前控制建立在事先预测的基础上，预测所涉及因素包括：

①投入要素。对零售战略实施所投入资源的数量、质量及种类进行分析，分析这些投入要素对实施结果可能产生的影响。

②环境因素。包括内部条件和外部环境，即根据零售战略实施前的内外部环境及其变化来预测这些因素可能对零售战略实施结果的影响。

③前期的部分结果。即根据早期出现的结果预测后期可能的发展。

事前控制可以起到防患于未然的作用，是一种很有成效的控制方式，但在实际操作中由于各种因素存在复杂性与不确定性，要准确进行事先预测比较困难。

2. 事中控制

事中控制是指在零售战略实施过程中，检查零售战略计划运行是否符合既定计划要求，能否正常运行，以此来决定零售企业要采取的行动。事中控制的基本原理是：在零售战略实施过程中，及时发现偏差与采取纠正措施。事中控制可以使企业随时根据复杂多变的环境动态调整纠偏措施。

3. 事后控制

事后控制是零售企业战略结果形成后，与之前的预测结果进行比较，看是否能达到预期的目标，然后根据偏差的大小找出具体的问题所在，对零售战略措施进行改进并完善，使结果能达到预期的标准。事后控制是根据行动结果，总结经验教训来指导未来的行动，将零售战略推进保持在正确的轨道上。需要注意的是，事后控制具有时效性，在复杂多变的环境中企业要及时纠偏才可以避免损失，达到预期战略目标。

二、渐变环境下的零售战略转型

零售战略转型（retail strategy transformation）并不能一蹴而就，它是一个与逐渐变化的环境不断对话的过程，其主要目的是确保零售企业所拥有的特异性知识与企业经营环境相匹配，从而增强企业市场竞争优势，促进企业持续发展。

（一）渐变环境下零售战略转型成功的主要影响因素

从零售战略转型的内涵可以看出，零售企业在渐变环境下战略转型要取得成功，关键取决于两个方面：零售企业对外部环境的准确把握能力；零售企业内部具有与外部环境匹配的关键资源（芮明杰等，2005）。

1. 零售企业对外部环境的准确把握能力

零售战略转型的一个主要目标是降低环境不确定性，而外部环境分析一直是零售企业制定总体发展战略的前提与重要内容之一，其分析内容包括总体环境、行业环境和竞争环境，分析的主要目的是可以清晰地认识国家宏观政策、行业发展趋势、竞争对手、供应商与顾客需求及合作者等变化，从而在制定战略转型措施时降低环境不确定性。

此外，随着数字技术等高新技术迅速发展，零售企业所面临的外部经营环境变化速度加快，企业正经历着从规模竞争时代向速度竞争时代转变的趋势。因此，零售企业在战略转型过程中，不仅需要清楚认识其外部环境，还需要增强其在认识速度方面的能力，即对环境变化具有即时预警并根据环境变化迅速做出反应的能力。

2. 零售企业内部具有与外部环境匹配的关键资源

零售企业外部环境的变化是企业战略转型的诱因，企业能否对环境变化做出全面把握与迅速反应，获取核心竞争优势，主要取决于企业内部所具有的与外部环境匹配的关键资源，即特异性知识。因此，构建零售企业内部特异性知识是企业确保战略转型成功的一个重要因素。以资源基础观为基础，从零售企业资源和能力的角度进行分析、概括与总结，可以较为清晰地认识零售企业的特异性知识。

资源基础观认为，任何一个组织都是资源与能力的独特组合，这些资源与能力是组织战略的基础。零售企业资源分为有形资源与无形资源，能力则是企业将众多资源结合运用来完成一项任务或活动的才能。然而并非所有零售企业的资源与能力都可以转化为竞争优势，只有当资源与能力是有价值、稀缺、难以模仿、无法替代或避免威胁时，这种资源或能力才具有价值，可以成为企业的核心竞争力。

（二）渐变环境下零售战略转型的逻辑流程

由于零售技术、零售企业文化与零售行业法律等变革均是逐渐发生变化的，因此零售企业会随着上述环境的逐渐变化不断调整其竞争与发展战略，使其一直处于不断转型的过程之中。可见，零售战略转型实质上就是一个循环试错与学习成长的过程，如图 2-6 所示。一般情况下，成功的零售战略会持续一段时间。但随着零售技术的革新、零售行业法律的完善、零售企业文化的转变等，零售企业的内外部环境会发生改变，原来成功的零售战略会失效，这时企业需要重新认识、分析其能力，据此制定转型战略，进行战略评估，从而明确战略转型的结果。若零售战略转型成功，则在持续一段时间后，原零售战略会随着零售技术的革新、零售行业法律的完善、零售企业文化的转变等而失效，零售企业进入重新制定零售战略的循环；若零售战略转型不成功，则零售企业直接进入重新认识企业能力、制定零售战略的循环。

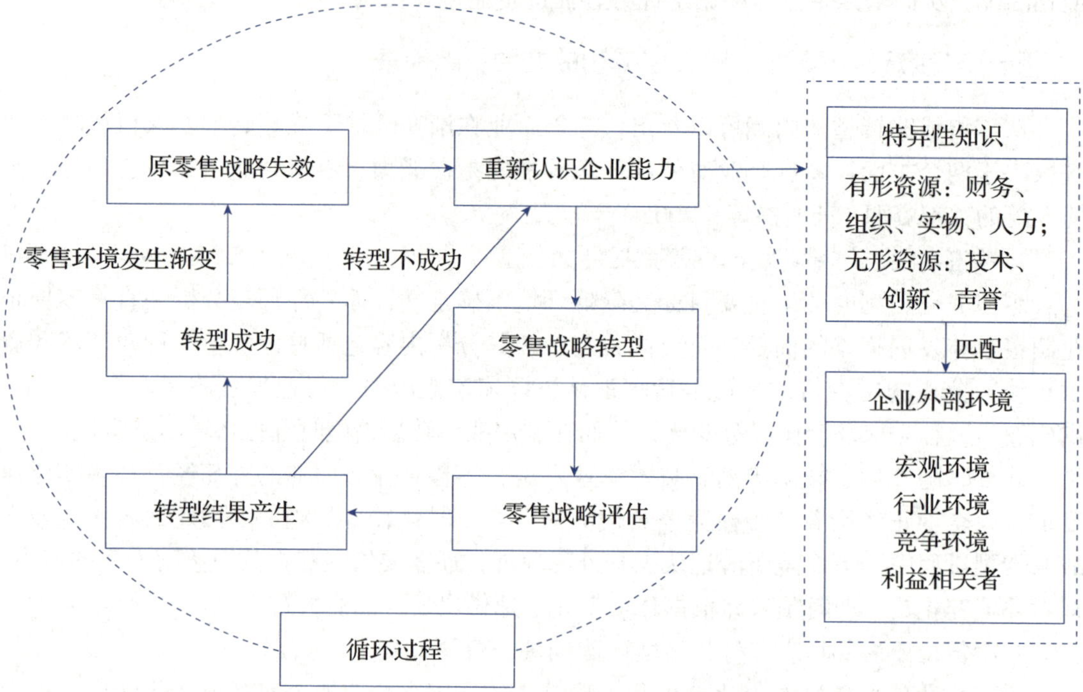

图 2-6　渐变环境下零售战略转型的流程图

三、巨变环境中的零售企业战略调整

巨变环境是非线性的环境变化，具有一定突发性。例如，2019 年末至 2020 年初的新冠疫情等重大突发事件，推动零售环境发生巨变，并对众多零售企业的战略方向乃至生存产生重大颠覆性影响。而通过对上述重大突发事件下零售企业战略所发生的变化进行归纳，可以总结出巨变环境会从短期、长期、短期与长期相结合三个维度对零售企业战略调整产生影响，如图 2-7 所示。

（一）短期零售企业战略调整

在零售环境发生巨变时，短期内零售企业受到的冲击较大，其亟须通过调整业务与组织架构来适应发生巨变的环境，使企业首先得以生存。

1. 调整零售业务

环境巨变会给零售企业带来一系列困难，例如，新冠疫情使多数零售企业延迟开工、订单无法准时交付、出口受阻、顾客流失等。这时零售企业的当务之急是对现有的业务线做战略性减法；同时在危机中寻找机会进行零售业务转型。具体零售业务调整思路为：

第一，战略性放弃一些次要零售业务。由于“活着”将会是巨变发生后未来一段时间企业的第一要务，因此企业要减少次要零售业务线，最大化减少消耗现金流的相关零售业务，同时要注意控制成本，削减一切非必要的成本与费用，以保障企业现金流正常运转，支撑主要零售业务顺利运营。

第二，搁置处于“战略实验”中的新规划业务，将资源聚焦于重要领域。零售企业在稳定的经营环境中通常采取“战略实验与试错”的方式培育新兴业务。然而，在环境巨变的特殊时期，“活着”才是最重要的胜利。零售企业应将资源聚焦于关键的一两个领域，暂时搁置新规划业务，以免稀释企业核心竞争力。

第三，思考可能的有关联的转型方向，不建议进入全新的领域。例如，新冠疫情期间，如果现有零售业务与有增长需求的业务具有一定的产业关联性，如与防护物资、居民康健等产业业务具有关联性，零售企业则可以考虑进入这些业务领域，在新的关联产业业务领域寻找和创造市场机会，找到一片新的蓝海市场。

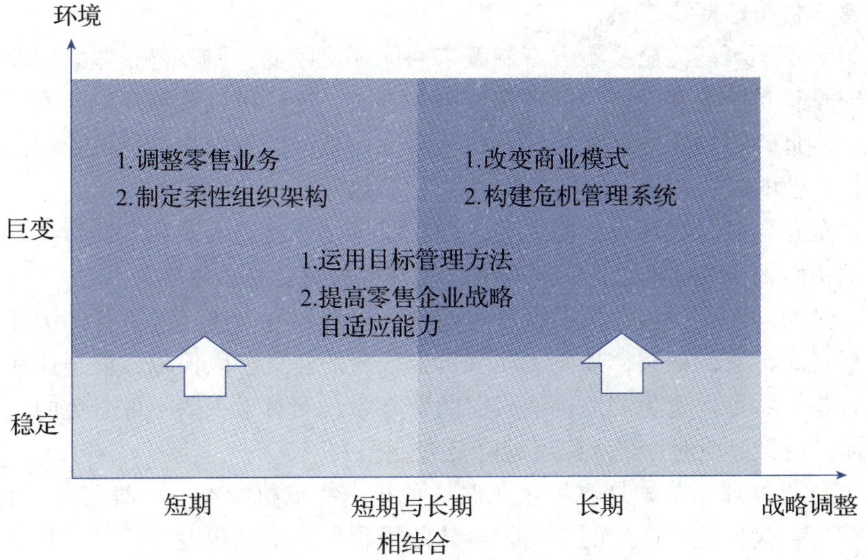

图 2－7　巨变环境下的零售企业战略调整

资料来源：邓新明．疫情冲击下 4 个锦囊助企业进行战略“自救”．中欧商业评论，2020-02-21．

2. 制定柔性组织架构

零售企业为应对环境巨变的影响，往往需要调整内部组织架构。如果某些结构的调整成本太高、代价太大，零售企业就难以对变化做出相应反应，这说明企业组织架构缺乏柔性。组织柔性是零售企业内部结构所具有的属性特征，是结构在一定范围内的可调整性、可变革性。例如，零售企业在市场需求发生巨大变化时，需要调整产品结构、业态结构、服务结构等，而这些结构调整又依赖于设备、技术、人力、组织等的系统性变革。因此，如果零售企业能够较为容易地实现系统性变革以调整上述结构，那么企业具有较高的组织柔性；相反，企业的组织柔性较低。所以短期内零售企业战略要适应巨变的环境，就要使组织架构由刚性变为柔性，使企业能够在短期内较快且灵活地适应剧烈变化的环境，以使企业存活下来。

（二）长期零售企业战略调整

当零售环境发生巨变且持续时间较长时，为了使企业能够在长期巨变的环境中得以生存与发展，零售企业需改变其商业模式并构建危机管理系统以应对长期不确定的环境变化。

1. 改变商业模式

环境巨变会倒逼零售业的商业模式，使其发生改变，如新冠疫情倒逼传统零售提速转型数字化进程。具体地，新冠疫情下顾客对数字商业模式的依赖度上升，这为零售行业提供了更高体量的商业数据，为企业在更深层面对大数据进行精准挖掘提供了机遇。未来的零售行业需要摆脱传统的B端C端固化销售思维，让数据引导销售，助力市场开拓。大数据作为未来零售行业商业战略部署的参考标杆，价值会进一步加码，使零售企业在市场环境生变之时能够做出更为灵活、更精准定位顾客需求的商业模式调整，提升受压状态下的销售效率。

2. 构建危机管理系统

任何组织都不可能完全基于现有制度来回应环境巨变，但零售企业必须能够确保在危机发生时全体员工有共同遵守的处理原则和方法，这样可以避免环境巨变时发生管理上的混乱。因此，零售企业需要制定一整套全面、系统、可操作的危机管理制度。总结许多大零售企业的成功经验，危机管理制度化可从以下三个方面展开。

第一，危机监测。在环境巨变之后，即使零售企业已进入顺利发展时期，企业也应有强烈的危机意识，对危机进行实时监测，做好危机应变的心理准备。

第二，危机预警。许多危机在爆发之前都会出现某些征兆，危机管理关注的不仅是危机爆发后各种危害的处理，还要关注危机警戒线的建立，以保障零售企业在下次危机到来之前，把一些可以避免的危机消灭在萌芽之中，而对于一些不可避免的危机通过预警系统也能及时做好应对，最大限度地降低企业损失。

第三，危机处理。首先是零售企业确认危机。将危机归类，收集与危机相关信息，确认危机程度，找出危机产生的原因，辨认危机影响范围、程度及后果。其次，控制危机。遏制危机的扩散使其不影响其他事物。最后，处理危机。总结、对比所有解决危机的可行方案的优缺点，选择出最佳危机决策方案。而处理危机的关键在于速度，零售企业能及时、有效地将危机决策运用到实际中化解危机，才可以避免危机给企业造成巨大损失。

（三）短期与长期相结合的零售企业战略调整

为了提高零售企业应对巨变环境的能力，企业需要全面考虑短期与长期的发展方向与目标，从整体上提高企业战略的自适应能力。

1. 运用目标管理方法

零售企业的成功并非单纯依靠静态的长期战略，还需要许多动态的战略做补充以建立起一系列的短期优势。新型零售竞争战略就是不仅追求长期优势，还追求短期优势，它以未来盈利性为主，以适应更多的不确定性为追求方向，使企业拥有更多的机会。

事实上，零售企业的战略制定和实施过程就是目标分解过程，遵循自上而下原则。零售企业制定战略目标后进行分解，逐级确定目标的责任主体，以确保目标的实现。当外部环境产生巨大变化时，零售企业就要对战略目标进行调整。但是，随着外部环境变化趋于稳定，零售企业只需对其战略目标进行局部领域的微调，不必自上而下全部改变。因此，零售战略目标也有一个从巨变到渐变（微调）的过程，企业要据此制定一套科学合理的战略目标管理体系。

2. 提高零售企业战略自适应能力

零售企业作为开放系统，通过组织边界与外界环境进行能量、物质、信息的交换。外界环境中的微小变化都可能对企业绩效产生影响，因此，无论从零售企业的短期生存还是长期发展来看，提高零售企业对环境变化的感知力至关重要。首先，管理者要了解环境对零售战略的影响程度。由于环境的多变性和不确定性，管理者需要随时随地利用各种渠道与方法去认识环境，研究其变化规律，预测环境变化趋势及其可能对零售战略产生的影响。其次，认识、分析各种环境因素对零售企业的影响。最后，充分利用环境中对零售战略有利的方面，发挥其对企业的正面作用；对于环境中不利于企业发展的因素，可通过组织变革使其与零售战略相适应。

基本概念

零售企业价值活动（retail enterprise value activity）

企业竞争优势（enterprise competitive advantage）

零售竞争战略（retail competitive strategy）

零售发展战略（retail development strategy）

零售战略控制（retail strategic control）

零售战略转型（retail strategic transformation）

思考题

1. 零售企业制定战略时如何进行环境分析？

2. 零售战略与企业社会责任的关系是什么？阐述零售企业管理者在制定战略时需要考虑履行哪些责任。

3. 阐述零售竞争战略与零售发展战略的类型。

4. 举例说明零售企业在应用战略地图时所应遵循的六个步骤。

5. 解释零售战略调整所处的复杂环境。

参考文献

[1] 郭国庆．市场营销学通论．8 版［M］．北京：中国人民大学出版社，2020.

[2] 孟韬．市场营销：课程思政与互联网创新．2 版［M］．北京：中国人民大学出版社，2021.

[3] 李沛强，肖如斐．战略管理：理论与案例［M］．北京：清华大学出版社，2021.

［4］魏江，邬爱其．战略管理．2版［M］．北京：机械工业出版社，2021.

［5］王景利，黄臻．企业战略管理［M］．北京：国家行政学院出版社，2018.

［6］白玉苓，陆亚新．零售学［M］．北京：机械工业出版社，2020.

［7］魏江，刘嘉玲，刘洋．新组织情境下创新战略理论新趋势和新问题［J］．管理世界，2021（7）：182–197.

［8］吕力．企业战略管理：道、势、术、法［M］．北京：北京大学出版社，2020.

［9］董晓舟，晁钢令．多渠道零售企业O2O战略的协同效应研究：基于顾客RFM面板数据的实证分析［J］．外国经济与管理，2018（8）：71–86.

［10］张沛然，黄蕾，卢向华，黄丽华．互联网环境下的多渠道管理研究：一个综述［J]，经济管理，2017（1）：134–146.

［11］李玉霞，庄贵军，卢亭宇．传统零售企业从单渠道转型为全渠道的路径和机理：基于永辉超市的纵向案例研究［J］．北京工商大学学报（社会科学版），2021（1）：27–36.

［12］李飞，李达军，孙亚程．全渠道零售理论研究的发展进程［J］．北京工商大学学报（社会科学版），2018（5）：33–40.

［13］周高云，齐建明，方水耀．共享新零售：消费升级时代的零售创新路径［M］．北京：中国商业出版社，2019.

［14］王月辉，杜向荣，冯艳．市场营销学［M］．北京：北京理工大学出版社，2017.

［15］刘文纲，魏中龙，王国顺．零售企业自有品牌战略研究［M］．北京：经济科学出版社，2014.

［16］王新刚．品牌管理［M］．北京：机械工业出版社，2020.

［17］蓝海林．企业战略管理．3版［M］．北京：中国人民大学出版社，2021.

［18］蓝海林，张明，宋铁波．“摸着石头过河”：动态与复杂环境下企业战略管理的新诠释［J］．管理学报，2019（3）：317–324.

［19］芮明杰，胡金星，张良森．企业战略转型中组织学习的效用分析［J］．研究与发展管理，2005（2）：99–104，118.

［20］邓新明．疫情冲击下4个锦囊助企业进行战略“自救”［Z/OL］．中欧商业评论，2020–02–21. https://mp.weixin.qq.com/s/JnGLJXcGiWbkZHfOZU3k.

［21］罗明．零售学［M］．上海：上海财经大学出版社，2017.

［22］汪旭晖．中外大型零售企业中国市场商业模式的对比分析．现代经济探讨［J]，2008（8）：25–30.

［23］Beck N，Rygl D. Categorization of multiple channel retailing in multi-，cross-，and omni-channel retailing for retailers and retailing［J］．Journal of Retailing and Consumer Services, 2015（27）：170–178.

第3章

零售商品管理

学习目标

1. 理解零售商品的分类、组合以及商品结构的优化策略。
2. 掌握品类管理、单品管理的内涵、意义和基本程序。
3. 了解零售商自有品牌的开发意义和开发模式。
4. 掌握零售商的不同定价策略和促销模式。

素养提升

辩证思维；创新意识；提质增效；整体观，系统观，发展观；科技创新；中国品牌；商业伦理；诚信意识；社会责任；数字经济；高质量发展；乡村振兴。

引导案例

屈臣氏的自有品牌策略

屈臣氏集团是全球最大的国际健康及美容产品零售商，拥有逾 16 300 家店铺。每年有超过 55 亿的客户和会员在线上或线下购买屈臣氏的商品。屈臣氏自有品牌已经有超过 15 年的发展历程，总共有超千款商品，每年有数百款新品推出市场，涵盖护肤、彩妆、洗发、沐浴、口腔护理、棉品 / 纸品、婴儿洗护、健康产品、家居、美容工具等众多分类，还包括食品、酒水和基础健康护理产品。产品的定位得宜是成功的第一步，屈臣氏自有品牌看准中国年轻一代的女性消费市场，产品的定位、包装以及价格策略瞄准 18 ～ 35 岁的消费群体。

开发产品的首要工作是进行市场调研，屈臣氏通过各分店的产品销售情况、顾客反应和市场分析等各项数据，确定发展的产品种类，制定品牌未来一到两年的发展蓝图。之后，屈臣氏对产品的利润进行计算，对于边际利润合乎利益发展要求的产品，按照一套严格的内部产品素质指引，筛选生产商。屈臣氏的产品除了饮用水、饮料是自有工厂外，其他都是委托生产。屈臣氏建立了严格的代工厂甄别机制和程序，并设立了国内零售业界首个质检实验室，对自有品牌产品进行严格的质量把控。最后，制成品将会由总部分发到各分店铺的屈臣氏品牌专属货架做陈列。期间店铺员工会获得足够的产品咨询培训，公司也会分发新品试用装让员工感受，以确保员工熟悉产品。另外，屈臣氏也会通过宣传手册及店铺内定期举行的产品试用和推广进行产品宣传。屈臣氏的自有品牌商品同样遵循产品周期的规律，产品升级换代后，店铺会淘汰一些不受欢迎的系列产品。值得一提的是屈臣氏也会综合考虑全球市场需求趋势，给予一些目前不太畅销的商品更多的机会。

屈臣氏非常注重自有品牌产品的多样化，为屈臣氏自有品牌产品的梯度定价提供了方便。屈臣氏的自有品牌有自己的细分和品类，大众化的产品定价较低，而口碑产品或明星产品，如骨胶原、燕窝系列产品，价格适中。自有品牌不用支付高额的上架费、建档费、陈列费用，这是屈臣氏的自有品牌能在市场上打价格战的原因。

在品牌矩阵培养方面，除自有品牌建设外，屈臣氏也重视品牌孵化。品牌创新增长中心的成立丰沃了屈臣氏的品牌自运营土壤，助力品牌“洞察—运营—提效”一站式发展，实现更长效的增长。屈臣氏还通过新锐品牌创造营“屈奇馆”助力新锐品牌的潜力挖掘与用户积累，联合消费者免费试用和专家评测双重把关决定品牌能否正式进驻。品牌的运营增长也将投射至消费者体验的优化中，最终实现“品牌＋屈臣氏＋消费者”三方共赢。面对激烈的市场竞争，屈臣氏基于大量用户积淀和数字分析能力，采用精细化运营进行品牌建设，沉淀品牌资产。《第一财经》发布的“2021 新国货榜样”榜单的美妆集合店品类评选中，屈臣氏脱颖而出，被广大消费者评选为第一名，成为消费者心目中优秀的国货品牌。

资料来源：做自有品牌，屈臣氏有哪些“私心”.（2020-10-09）. http://www.hzpb.com.cn/News/Index/detail/id/2607.

思考：零售商如何做好自有品牌产品的质量管控？零售商推出自有品牌产品需要注意哪些方面的协同推进？

第 1 节　零售商品分类与组合

一、零售商品的分类

随着数字时代来临，零售商品范围不断拓展，商品分类可以让供、采双方快速查找到自己所关心的品类是商品管理的基础。商品分类（merchandise classification）是指根据一定的管理目的，为满足商品生产、流通、消费活动的全部或部分需要，对于管理范围内的商品集合总体，采用综合分类标准，将商品科学地、系统地逐个归纳为若干个范围更小、特质更趋一致的子集合体（类目），如大分类、中分类、小分类和单品（万融，2020）。商品分类是商品现代化管理的需要，不仅便于消费者选购商品，而且为商品的包装、运输、检验、保养提供了依据。

（一）商品分类的意义

商品分类是研究商品及其使用价值和实现宏观、微观科学管理的前提，合理的商品分类为零售商品消费、经营、流通打下基础。

1. 合理的商品分类是更好满足消费需求的基础

零售商将商品按照一定的分类进行合理摆放及布局，可以让顾客在短时间内找到目标商品，更可以基于顾客的使用需求拓展商品组合，帮助顾客在选购之外进行合理的消费组合。

2. 合理的商品分类是零售商有效经营的基础

合理的商品分类使零售商对大规模的零售数据进行分类统计、分析以进行商品决策，是零售商开展科学、有效的商品采购管理、陈列管理、销售管理和绩效管理的前提。

3. 合理的商品分类是高效商品运输管理的基础

只有在科学分类的基础上，才能深入分析和了解不同种类商品的性质和使用性能，依据商品品种及变化规律，正确地对商品进行包装、运输、检验和保养，保障商品质量。

（二）商品分类的标准

以商品自身为中心，依据商品自身属性进行分类，可以将商品集合总体划分为大分类、中分类、小分类以及单品在内的完整的、具有内在联系的类目系统，即商品分类体系，如表 3－1 所示。具体类别划分标志如下：商品大分类是若干具有共同性质和特征的商品总称；商品中分类是根据商品的某些特点和性质进一步划分的分类；商品小分类是按商品特性、成分等方面特征划分（具体商品名称）的商品分类；单品是商品分类的最基本单位，按商品的规格、花色、型号、等级等划分。

表 3－1　一般商品层级划分

分类层次	含义	划分标准	说明
大分类	零售商品中最粗线条划分	商品特征	为了便于管理，商店的大分类一般以不超过 10 个为宜
中分类	大分类商品中细分出来的类别，是若干具有共同性质或特征的分类	功能用途	中分类在商品的分类中有很重要的地位，不同中分类的商品通常关联性不强，是商品间的一个分水岭，所以无论在配置上还是在陈列上都常用它来划分
		制造方法	
		商品产地	
小分类	中分类中进一步根据商品的某些特点和性质细分出来的类别	功能用途	小分类是用途相同、可以互相替代的商品，往往陈列在一起。相邻陈列的不同小分类商品具有高度相关性
		规格包装	
		商品成分	
		商品口味	
单品	商品分类中不能进一步细分的、完整独立的商品品项	唯一性	是最基本的层面，用价格标签或条码区别开来

资料来源：万融．商品学概论．5 版．北京：首都经济贸易大学出版社，2021.

凡是由人类劳动创造、用于交换、具有价值和使用价值的有形或无形的产品和服务都可以算作商品，经由网络平台进行交换的实体商品但仍保留商品的物质属性，而具备电子化、数字化、信息化的新型网络商品，如信息商品，既可以转化成实物形式，也可以不依托物质材料实现价值（陈德人，2015）。因此，信息商品的实物形式某种程度上仍然可以参照实体商品的分类，而以数字产品和服务产品为代表的虚拟产品则不拘泥于传统实体商品的分类方法，在商品分类及其他商品管理层面更具有灵活性和挑战性，具有广泛的探索空间。

二、零售商品组合

零售商需要综合消费者消费结构与消费习惯的变化，生产技术的发展，主流商品的季节性更替，竞争对手商品策略的推陈出新，零售商本身经营目标、规模、经济条件的变化等来规划和审视商品，调整商品结构，引入新产品，淘汰滞销品，培养畅销品，形成经营特色，更好地满足人民对美好生活的需求，助推消费升级新趋势。

（一）零售商品组合概述

商品组合（combined commodity）是一个商场经营的全部商品的结构，即各种商品线、商品项目和库存量的有机组成方式，商品组合一般由若干个商品线组成，商品线广度和深度的不同组合形成了零售商商品组合结构的不同配置（罗明，2017）。其中，商品广度是指经营的商品系列的数量，即具有相似的物理性质、相同用途的商品种类的数量，如化妆品类、食品类、服装类、衣料类等等；商品深度是指商品品种的数量，即同一类商品中，不同的质量、不同尺寸、不同花色品种的数量。零售商可以根据商品的广度和深度进行组合，从而形成富有店铺特征的商品结构，如表 3－2 所示。

表 3－2　商品广度和深度的组合

商品种类	商品品种	组合	适用于	优势	劣势
广	深	广而深的商品组合	经营规模大的零售商，如百货店、大型超市、购物中心	目标市场广阔 商品种类多 顾客选择性强 顾客忠诚 一站式购物 客流量大	资金占用多 特色不突出 耗费人力较大 商品周转率低
广	浅	广而浅的商品组合	仓储式会员店、超市、廉价店、杂货店、折扣店	目标市场广泛 形成商圈 便于顾客采购 一站式购物 低成本营销	各种类下品种少 顾客挑选有限 易让顾客失望 顾客忠诚度低
窄	深	窄而深的商品组合	专业店、专卖店等	形象专业 满足顾客选购愿望 形成稳定顾客 形成商店特色 流通效率高 规模经济明显	种类有限 不利于满足多种需要 选址要求高

续表

商品种类	商品品种	组合	适用于	优势	劣势
窄	浅	窄而浅的商品组合	便利店、食杂店、自动售货机	投资少 占用资金少 周转快 目标顾客明确	商圈小 选址要求高 不满足一站式购物 难以形成商店特色

资料来源：白玉苓，陆亚新. 零售学. 北京：机械工业出版社，2020.

零售商根据自身实际情况，选择合理的商品组合。一般来说广度优先于深度，因为广度方面往往互补性较强，替代性较弱，如果广度不够，对消费者满意度的影响比较大。而深度方面往往互补性较弱，替代性较强，即使深度不够，对可选择范围满意度的影响也不大。

（二）零售商品组合的优化策略

对于零售商品组合的优化，要理解整体与部分的辩证统一关系，掌握系统优化的方法，具体可以通过以下三个方面开展。

1. 引入新商品

新商品是指零售商未曾经营过的产品，而不是市场上新开发出来的产品。新商品的引入需注意以下几点：编制年度新商品引进计划，包括新商品的类别、数量等；新商品评估，包括对新商品价格、毛利、进货条件、广告、赞助等要素进行评估；新商品试销；正式引入的准备工作，包括条码、价格、陈列、库存；新商品引入后对销售情况的跟踪管理。

2. 淘汰滞销品

滞销品是指销售不佳、无法达到零售商预期利润的商品。淘汰滞销品时需要注意这种商品的存在是否有助于商品组合的丰满度，并考察商品滞销是否因季节性导致。被技术监督部门或卫生部门宣布为不合格商品的，以及消费者退货达到一定程度或消费者意见比较大的，应列入淘汰品。

对滞销品淘汰的程序主要为列出滞销品清单、查明滞销原因、确定淘汰方式、统一淘汰作业及做好淘汰记录这五个步骤。其中最为关键的是查明滞销的原因。比如，是商品的配置和陈列失误，还是季节性因素，抑或是人员作业疏忽。经营者必须在找准原因之后才能确定是否淘汰滞销品。当然，上述五个步骤都必须谨慎对待，比如在淘汰方式的确认上，如果选择退回厂家，就必须仔细核对采购条款；如果选择自行处理，则需要注重促销活动的设计策划。

3. 培养畅销品

畅销品是指市场上销路很好，不会积压滞销的商品，和新商品不能画等号。畅销品的培养是一个系统的过程，也是一个持久的过程。零售商培养和开发畅销品与生产厂家有明显的不同，除了开发自有品牌以外，零售商一般不直接参与商品的设计与生产，主要任务是在选择畅销品和市场促销上。

第 2 节　品类管理与单品管理

一、品类管理

（一）品类管理概述

商业创新的本质就是将营销和技术创新相结合，最终实现品类创新（张云和王刚，2017）。商品品类是做出商品管理决策的基本分析单位，品类是指在满足消费需求时，消费者认为是可以相互关联或者能够相互替代的一组产品或服务（迈克尔·利维等，2018）。品类管理（category management）是零售商将所经营的商品分成不同类型，并把每种商品作为企业经营战略的基本活动单位进行管理的一系列相关活动（白玉苓和陆亚新，2020）。品类管理与商品分类的区别在于商品分类是以商品自身属性为依据，将商品进行相应类别的划分；而品类管理则是整体观、系统观、发展观下以消费者需求为核心展开的商品类别划分。

实行品类管理的重要意义：①在以品牌和商店为中心来决定商业策略之外，品类管理为零售商和供应商提供了另一个业务方向，打破了传统零售经营相关方各自为政甚至相互对立的局面，以追求相关利益主体的合作共赢为最终目标；②通过以顾客为核心的经营策略，进行商品的高级组合策略，有助于扩大消费需求，最大化利用商店资源；③以数据为基础对消费者开展研究并依此进行店铺商品的决策，利用分析获得的数据来判断该产品是否需要增加或减少，进而管理库存与陈列空间，有助于扩展盈利空间。传统零售商与实行品类管理的零售商之间的区别如表 3－3 所示。

表 3－3　传统零售商与实行品类管理的零售商之间的区别

传统零售商	实行品类管理的零售商
同质化经营	客户化营销
以商品为主	以顾客需求为主
零售商与供应商博弈	零售商与供应商合作
依照经验管理	基于实时数据决策
多种原因导致易缺货	加快周转改善供应链
以进货数量为报表依据	以实际销售数据为报表依据

资料来源：程莉，郑越．品类管理实战．4 版．北京：电子工业出版社，2020.

（二）品类管理的流程

品类管理不是对企业局部进行改良，而是一场经营理念与制度体制的根本性变革，会涉及各方面的利益关系，需要花费大量的人力、物力、财力。零售商必须重视数据背后隐藏的海量信息，以科技创新催生新发展动能，以深化改革激发新发展活力，将数据挖掘和人工智能引入品类管理，使企业从粗放经营朝精细化管理发展，这是大数据时代企业保持市场竞争力的必要手段。

品类管理分为十个步骤：进行品类定义、划分品类角色、对零售商现有品类进行评估、对品类进行评分、制定品类策略、制定品类战术、实施品类计划、进行品类回顾、定期评估监督修改、高层达成一致（周如祥，2018），如图 3－1 所示。

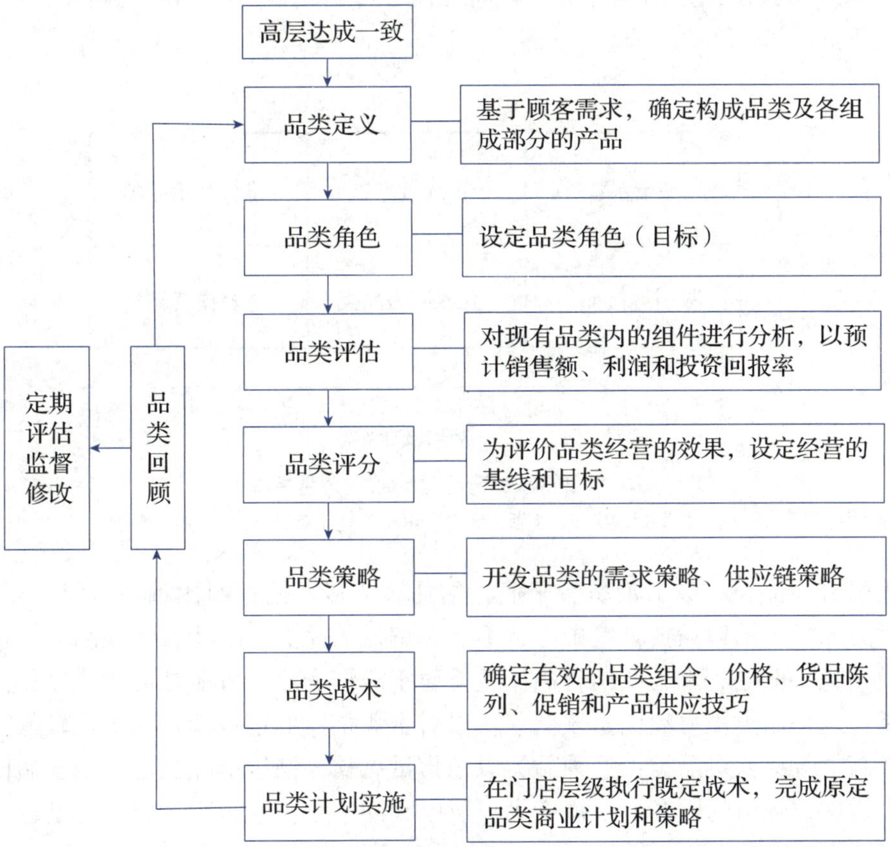

图 3－1　品类管理流程图

资料来源：周如祥．品类制胜：新零售时代的门店制胜策略．广州：华南理工大学出版社．2018.

1. 进行品类定义

品类定义是指明确品类的范畴、功能和结构，包括子品类、大分类、中分类、小分类等，每一项品类在信息系统中需要相应地更新和维护。品类定义会随消费者需求及购物习惯的变化而改变，例如母婴商品传统上分散于食品、服装、洗护等品类中，为便于消费选购，将所有母婴商品进行集中陈列，一个新的品类（母婴品类）就应运而生。

2. 划分品类角色

品类角色是指品类在零售商经营或消费者日常生活中承担的角色，即对品类进行分工，赋予品类不同的角色，使其承担不同的责任，以推动企业整体经营活动良好地运行。常见的分配品类角色的方法主要有两种：零售商导向的品类角色和顾客导向的品类角色（程莉和郑越，2020）。

（1）零售商导向的品类角色

零售商导向的品类角色是根据品类在零售商销售额或利润总额中的贡献来确定它们

的角色，常用的方法是品类角色矩阵。品类角色矩阵的横坐标表示销售额比重，按品类占总销售额的 50%、30% 和 20% 的比重将其划分为高、中、低三种。矩阵的纵坐标表示品类的销售毛利率，根据零售商平均销售毛利率的水平将品类毛利率划分为高、低两种。依据毛利率和销售额比重两项指标可以将品类在零售商经营中的角色划分为以下六种，如图 3－2 所示。

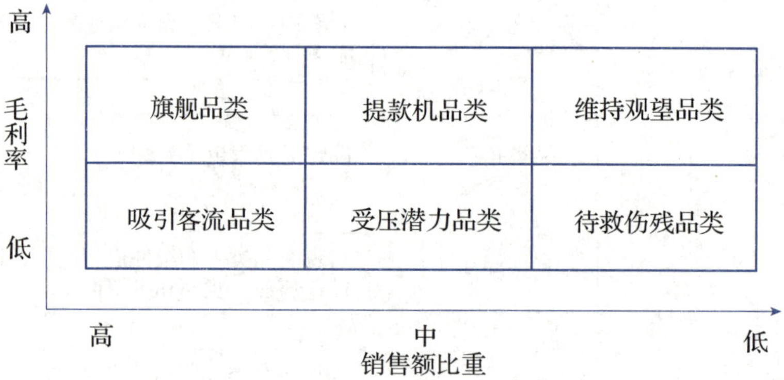

图 3－2　零售商导向的品类角色矩阵

资料来源：程莉，郑越．品类管理实战．4 版．北京：电子工业出版社，2020.

①吸引客流品类：吸引消费者来店，增加客流量，销售额比重高，但毛利率偏低。②受压潜力品类：销售额贡献度中等，毛利率偏低的品类。③待救伤残品类：这是一种双低品类角色。低毛利率、低销售额比重，属于滞销产品，可能被淘汰或撤换。④维持观望品类：这一品类销售额比重较低，所以对企业整体的销售额贡献也比较低，但其毛利率比较高。⑤提款机品类：这种品类以销售量见长，销售情况稳定，销售额比重和毛利率水平适中，吸引的顾客群规模庞大，所以利润丰厚。⑥旗舰品类：这是双高品类角色，即高销售额比重、高毛利率。

（2）顾客导向的品类角色

顾客导向的品类角色从顾客角度分析品类的角色和功能，依照顾客购买取向的变化对零售门店品类角色进行定位。运用跨品类分析法，将商店众多的品类划分为四种：目标性品类角色、常规性品类角色、季节性 / 偶然性品类角色和便利性品类角色。

①目标性品类角色：是企业的特色产品，代表着企业的形象，是店铺的代名词，带动零售商其他品类产品的销售。目标性品类角色的形成不能只依靠低廉的价格，还应保证优良的品质和全面的服务。在此基础上，还要配合各种营销活动。②常规性品类角色：指零售商经营的能够满足顾客多方面需要并能产生一定利润的品类，例如家居用品、日化产品等。常规性品类占据零售商经营品类的 60%。③季节性 / 偶然性品类角色：指销售状况受季节因素影响较大的品类，对于该品类角色企业要根据季节的变化对其进行调整，旺季的时候要增加品种和数量，淡季则相反；偶然性品类是指偶然的或特殊时间内消费者会购买的品类，对此，企业一般不设置固定的陈

延伸阅读3－1　网络店铺的品类角色划分

列架，只是利用货架端头进行陈列。④便利性品类角色：指为满足顾客“一次性购物”的要求而提供的品类，为顾客提供便利，节约顾客的购物时间，通常包括所有的日常生活用品。

3. 对零售商现有品类进行评估

品类评估是指在确定了品类角色的基础上，把握品类及各组成部分所处的状态，找出零售商的优势、劣势，为制定品类指标和品类策略提供事实依据。零售商使用数据挖掘技术建立实时数据化运营管理的量化分析系统架构，可以帮助自己更好地进行品类评估。品类评估包括市场发展趋势评估、零售商评估、竞争对手评估、供应商评估四项内容（程莉和郑越，2020）。

4. 对品类进行评分

品类评分是衡量品类管理的有效性和跟踪品类管理执行情况的重要工具。品类评分主要是建立目标，制定评估标准，评分，衡量品类管理有效性并跟踪品类执行情况。依此确定各品类在店铺中的角色，品类评估表反映品类角色期望达到的状态与品类角色目前的状态。

5. 制定品类策略

品类策略是指零售商为达到品类角色的计划目标而采取的经营策略。品类策略包括市场营销策略和产品供应策略。市场营销策略包括优化促销的经济效果，提高顾客的店铺忠诚度，增加客流量，提高顾客的重复购买率，降低经营成本等；产品供应策略包括优化库存管理，提高订购、补货、收货、付款的速度与准确率，降低缺货率和降低采购成本等。

6. 制定品类战术

品类战术是指为了实施品类策略而采取的具体操作方法。品类战术的内容与营销组合策略的内容非常相似，但与后者相比较，其行动方案更具体。品类战术主要包括高效的产品组合、新品引进、商品陈列、产品定价，促销宣传和补货。这一系列战术的实施离不开对 POS 数据、财务数据、会员系统中的消费者表现数据、第三方市场调查公司出具的消费者特征数据等的深入挖掘与分析。

7. 实施品类计划

实施品类计划是一项跨部门的工作，要将品类计划从理论计划转变为实践操作，会涉及各方关系。企业在整体达成实施品类计划的共识外，还应该做好五个方面的工作：一是广泛宣传，反复灌输；二是制度引导，推动转变；三是严格要求，贯彻始终；四是调整回顾，协调沟通；五是建立品类管理的考核、奖励机制。

8. 进行品类回顾

品类回顾是品类管理流程的最后一步，也是承前启后的一步。通过品类回顾，一方面可以评估目标的达成率，另一方面将其作为新一轮品类评估的起点，根据其分析结果调整品类评分表指标、品类策略和品类战术，完成新一轮的品类管理。零售商应每个月跟进实施情况，追踪品类表现，每 3 个月对品类进行一次全面的评估。

9. 定期评估监督修改

对于品类管理定期梳理检视中发现的问题进行评估，提出修正方案并实施。

10. 高层达成一致

品类管理包括设计商品采购策略、销售量、利润、价格、促销、陈列等多方面指标的考核，有利于企业集中管理、透明化和品类的持续发展，但这将改变现有各方的利益，所以没有决策高层的重视和支持，品类管理的实施必将困难重重。

党的二十大报告指出，“坚持把发展经济的着力点放在实体经济上”。实体零售作为实体经济的重要组成部分，在社区团购、社区店等新兴商业模式的推动下，对商品管理的追求逐步升级。尤其是在即时零售模式下，消费的即时性和随机性对本地实体零售店的商品范畴、品类广度、组合模式和服务能力提出更高的要求。借助移动互联网和消费场景重塑品类管理，有助于最大限度发挥即时零售对实体零售的拉动作用，实现数字经济创新与实体经济发展的协同共振效应。

零售视角3-1　百果园用“三角”模型做好品类管理

二、单品管理

消费升级和信息技术的高速发展使零售商面临的外部环境发生巨大的变化，为了应对外部环境带来的影响，企业必须从内部管理入手，向管理要效益。单品管理是零售商经营管理的重中之重，实施积极的单品管理是零售商的必然选择。

（一）单品管理概述

单品是商品分类中不能进一步细分的、完整独立的商品品项，是一个动态的概念，是随着企业经营管理需要而不断变化的。但可以确定的是单品是企业对商品管理的最基本的单位，以每一个商品品项为单位，强调的是每一个品项的成本和销售业绩管理（罗明，2017）。单品管理的核心是精简与信息共享，是现代高效的商品管理方法。

单品管理的原型起源于20世纪60年代美国的数量管理，就是依照数量管理商品（库存），实际效果不理想。单品管理使零售商根据企业的营销目标，对单品的配置、采购、销售、物流管理、财务管理、信息管理等活动实施统一管理，做到了既管理单品的数量又管理单品的金额，既管理单品的进销价又管理单品的流通成本。凭借单品管理，零售商可以时刻掌握每件商品的销售动向，搞清楚商品热销或滞销的原因，对顾客的需求及动向以假设的方式提前进行订货及备货，并通过结果验证来提高对顾客服务的品质。

零售视角3-2　7-11便利店精准到极致的单品管理

单品管理在零售商的商品管理中发挥着重要作用，主要体现在以下几个方面。

1. 单品管理是商品流通顺畅的保证

单品管理的强化使得每一种商品的采购、销售、库存环节有机结合，商品购销存的数量得以准确掌握与控制，为商品流通的顺畅提供了保证，也为商品的物流、资金流、信息流的有序运行创造了良好的条件。

2. 单品管理是企业获取稳定利润的手段

单品管理突出的是适当减少商品组合深度的品牌商品的管理，通过做大商品销量，提高商品市场占有率，增强零售商对品牌商品供应商的控制力，能获得稳定丰厚的经营利润和通道利润。

3. 单品管理是优化企业商品的途径

通过单品管理有效地淘汰滞销商品及引进有潜力的单品，保证单品线的健康程度。商品群的优化可降低库存，减少资金积压，改善空间利用率，提高品类经营效益，满足消费者需要，提高消费者满意度及忠诚度。

（二）单品管理的流程

1. 整理商品信息

单品信息可以分为两类：一类是不变或很少变化的信息，如商品信息（品牌、型号、包装容量、生产日期、购进日期、保质期、产地），管理这些信息就是对其进行准确的分类、核实，确保零售商单品信息的一致性和可比性；另一类信息是变化的，如成本信息与销售信息，这些信息必须准确完备，与相关单品相对应，这是单品管理的关键。数据化单品管理的价值在于两点：一是利用单品数据做精准营销；二是利用库存的数据做 O2O 的销售。

2. 管理单品条码

单品条码实质是单品的身份证号码，每一个单品只要包装、成分、容量、产地和式样稍有不同，就必须赋予其不同的条码。为了使产品能在国际市场上流通，世界各国联合起来在比利时的布鲁塞尔成立了世界条码总部，赋予各会员国"识别国码"。目前我国的条码标签主要有两种：一种是原印码，是由生产商申请核准的商品条码，并在产品出厂前直接印刷在商品包装上；另一种是零售店内码，是零售商自行印制的条码标签，在商品出售前粘贴在商品包装上。每一个条码都代表唯一的单品。

3. 建立商品数据库

商品数据库包括利用销售时点信息管理系统录入的单品销售状况的原始数据库（商品名、单价、销售数据、销售时间等），以及用来进行成本核算的单品成本数据库。单品成本数据库的更新是难点，它要求将每批商品的每种活动都分摊到每个单品中。这里，成本的分摊是根据实际发生的成本进行分摊，而不是平均分摊。每日用分摊的成本数据更新成本数据库，可以为决策提供非常有用的数据。

4. 单品销售业绩排队

单品销售业绩排队包括单品销售额业绩排队和单品销售利润业绩排队两种。单品销售额业绩排队即根据每日单品的销售额进行由大到小的排队，在此基础上还要进行单品销售利润业绩排队，利润业绩排队反映了单品的经营贡献，因为高销售额并不一定代表高利润。

5. 实施重点管理

单品管理的目标之一就是发现重点单品，并对其实施重点管理，包括优先采购、优先储存配送、优先货架陈列。

总体而言，单品管理的各个环节应不断执行，并形成相应的制度和措施。

三、商品优化的数据指标

零售商在增加商品品种的同时，更要重视挖掘和利用各类经营数据，通过经营数字化、运营自动化及时调整品类管理和单品管理的方向，这对于零售商改善商品经营计划、有效利用经营条件、满足消费需求、实现零售经营目标、提高经济效益都具有重要意义。

（一）线下渠道商品结构优化的数据指标

商品的结构调整是在店铺商品品种极大丰富的前提下进行的筛选。线下渠道优化商品结构一般从以下指标进行考核。

1. 商品销售排行榜

销售排行榜可帮助零售商及时觉察滞销产品，调查滞销原因，对于无法改变滞销情况的产品，应予以撤柜。商品是否撤柜应注意考虑新上柜的商品是否在成长期或熟悉期；对于销售额很低但起引流作用的日常商品，也要慎重考虑是否撤柜。

2. 商品周转率

商品周转率即商品从入库到售出所经过的时间和效率。提高商品周转率的核心：一是采用有效的商品评价体系，如进行 2/8 分析或 ABC 分析进行商品汰换，采用商品贡献率比较法衡量商品的重要程度；二是通过品类管理技术的应用来改善商品结构，加强库存管理等；三是提高供应链的效率，建立完善的信息管理系统，努力实现快速反馈，加强物流配送能力。周转率提升将促进资金使用效率提高，同时也能够减少库存，降低费用。

3. 商品贡献率

商品贡献率 = 周转率 × 毛利率，销售额高、周转快的商品，不一定利润高。没有利润的商品短期内可以存在，但是不应长期占据货架。利用商品贡献率找出店铺中商品贡献率高的商品，并使之销售得更好。

4. 损耗排行榜

这一指标直接影响商品的毛利。对于损耗大的商品一般少订货，同时应由供货商承担一定的合理损耗。对于可能由商品的外包装不合理造成损耗的商品，应及时让供应商改善。

5. 新近商品的更新率

门店周期性地增加商品的品种，以稳定顾客群体。商品的更新率一般应控制在 10% 以下，最好在 5% 左右。需要导入的新商品应符合门店的商品定位，不应超出其固有的价格带，对于价格高、无销量的商品和价格低、无利润的商品应适当地予以淘汰。

（二）线上渠道商品结构优化的数据指标

在网络店铺中，消费者的每一次点击都汇集为店铺的商品管理数据，店铺运营数据成为小微电商优化商品结构的法宝（贺辉阳，2020）。除了前述数据指标，线上渠道对于商品结构的优化还可以结合以下重点数据指标综合考虑。

1. 首页数据

首页数据主要包括访问人数、停留时间、点击率和跳失率。访问人数指访问店铺的总人数。停留时间指客户每次访问店铺停留的总时间。点击率是指浏览者对店铺感兴趣的商品的查看情况。跳失率指用户访问首页后直接跳出的用户数占首页访客总数的百分比，反映了店铺对浏览者的吸引能力。

2. 商品数据

商品数据主要包括商品浏览量、咨询人数、访问深度均值和商品收藏量。商品浏览量是商品被访问的总次数，一个用户多次点击或刷新同一页面被视为多次浏览。咨询人数和商品收藏量反映了商品对客户的吸引程度及受欢迎程度。访问深度指用户一次连续访问的店铺页面数。因此，零售商优化网店商品的同时一定要注意在商品页面添加丰富的内容，同时注意商品不要过多或过杂，以免买家因反感而关掉页面。

3. 成交转化率

成交转化率指本店成交人数占总访客数的比率。店铺的成交转化率不仅仅受到商品价格的影响，还受到商品质量、页面设计和客服沟通能力等因素的影响，需要注意提高浏览者向咨询者的转化率和提高咨询者向付款成交者的转化率。除成交转化率外，还可以应用平均订单价值（用户下单的平均金额）、放弃购物车率等电商转化指标来跟踪和优化网店购物体验。

4. 客户数据

客户数据中蕴含了大量的客户信息，不仅包括客户喜好、客户需求和客户联系方式等基本信息，还包括客户购买产品或服务的记录、购买商品类型、购买数量、购买价格、购买频率，客户联络记录以及客户的消费行为、偏好等相关的信息。由于电商经营规模和利润的实现在极大程度上依赖于客户的需要和认同。因此，通过对客户数据的管理，店铺能及时发现客户需求和市场规律，在经营决策上更有针对性。

我国的数字生态系统欣欣向荣，在国家经济中所占份额稳步提升，实体和数字之间的界限日趋模糊。零售商正着力创新商业模式，这尤其体现在多种多样的电子商务、数字支付、食品配送、医疗保健和出行服务等方面。我国消费者也保持着尝试数字创新的热情，逾 70% 的中国消费者是真正意义上的全渠道购物者，乐于以线上、线下相结合的方式进行消费，积累了大量的消费数据，因此企业可以通过定义清晰的案例，建立合作伙伴关系或构建直接面向消费者的渠道来挖掘消费数据的价值联动进行线上线下商品的优化（泽沛达等，2021）。

第 3 节　零售自有品牌

一、零售自有品牌概述

（一）自有品牌的内涵

自有品牌（private brand，PB）又称为商店品牌，在国外零售商自有品牌还被称为 PL（private label）、OL（own label）和 SB（store brand）。自有品牌是零售商通过搜集、整理、分析消费者对于某类商品的需求信息而开发出来的新产品的品牌，在功能、价格、造型等方面突出设计要求，自设生产基地或选择合适的生产企业进行加工生产，最终使用自己的商标注册该新产品，并由本企业或本企业控制的渠道销售商品（白玉苓和陆亚新，2020）。一般来讲，自有品牌是制造商品牌（manufacture brand，MB；national brand，NB）的替代品，但很多零售商将自有品牌列为将其与竞争对手区分开来的最重要因素，自有品牌能帮助提高与全国性制造商品牌议价的能力，在产品组合中增加产品差异化程度以提升品牌利润，依靠优良质量增加顾客忠诚度（Luo，2018）。

延伸阅读 3－2

自有品牌与品牌伞

对于零售商而言，建设自有品牌属于企业对品牌伞策略的实践应用。以零售商特性为核心来培育商品品牌，可以提高商品的品牌形象和知名度，从而推动零售商的产品及资源向外扩散并吸引各种资源流入。品牌伞策略是将相关或非相关的产品、品牌或企业纳入某个具有巨大营销力的品牌旗下，通过对品牌伞的营销获得优势以达到目标。品牌伞不仅是一个产品的命名策略，更是一种产品的营销策略。只使用一个重复出现的品牌名称有利于消费者对产品进行心理归类和评价，故品牌伞可将原有质优的老产品与新产品的质量绑定起来，作为说服消费者购买新产品的最有力手段，即品牌伞对新产品质量有示信作用。因而，零售商开发自有品牌的先决条件是原本的产品和服务在消费者心中留下了高质量印象，进而才能将企业品牌的能量荫庇于新开发产品。根据品牌伞的分类，延伸模式存在三种具体方式：一是个别产品品牌伞，一般出现在同一产品线内的产品上，如现有品牌加上新规格、新风味等以扩大产品目录。个别产品品牌伞的延伸范围和潜力比较小，因为其品牌形象信息和类别信息等已经明确，过多延伸会造成消费者对品牌认知的混乱。因此，个别产品品牌伞更像是品牌延伸策略。二是家族品牌伞，结构式是“原品牌＋新品牌”，原品牌是延伸中的母品牌，母品牌通过延伸与多个产品建立联系。家族品牌伞策略可表现为跨类品牌伞策略。三是企业品牌伞，结构式是“企业名称＋新产品／品牌名”，即在企业的新产品或者新品牌前冠以企业名称。许多著名的企业都在运用企业品牌伞策略，如宝洁、通用等。

资料来源：Keller K O，Geyskens I，Dekimpe M G. Opening the umbrella：The effects of rebranding Multiple category-specific private-label brands to one umbrella brand. Journal of Marketing Research，2020，57（4）：677–694.

零售商开发自有品牌也是一把“双刃剑”，在具有正面效应的同时，也会导致一些新问题，如零售商母品牌市场定位的改变，消费者品牌忠诚度的降低，甚至整个品牌连锁系统都会因负面延伸效应而受到牵连。自有品牌作为零售商延伸的品牌能否被消费者接受，要基于以下三点：①对母品牌的感知质量高低；②品类契合度的高低；③延伸产品生产工艺的复杂程度。

（二）自有品牌与制造商品牌的经营区别

与自有品牌相对应的是制造商品牌，制造商品牌是指由生产商创立的，并使用自己的品牌标定产品进行销售，制造商是品牌的所有者，例如海尔、可口可乐、格力等都属于制造商品牌，制造商品牌在零售业中长期处于统治地位，制造商通过参与分销、促销以及商品定价等措施来提高顾客对商品的忠诚度。零售商经营制造商品牌时操作标准化程度高，但也会受强势品牌地位的制造商制约使得决定权和盈利受限。零售商经营商品的范畴涉及自有品牌还是制造商品牌对于零售商来讲均有优劣之处，需要零售商根据自身情况与风险承担能力综合评估，如表 3－4 所示。

表 3－4 自有品牌与制造商品牌的经营区别

	自有品牌	制造商品牌
优势	1. 价格弹性大，毛利高； 2. 宣传决定权高，促销成本低； 3. 充足的货架陈列空间； 4. 易介入质量管控，保证货源供应稳定性； 5. 形成企业特色，提升形象	1. 制造商承担商品开发和宣传，销售成本低； 2. 全国性制造商品牌可大范围凝聚消费者； 3. 为消费者提供多样化选择； 4. 优质品牌提升店铺形象
劣势	1. 需求弹性大导致较高的销售成本； 2. 无法成本分摊导致较高的财务风险； 3. 扩大了采购责任和成本	1. 受制造商制约，毛利较低； 2. 定价和促销策略受制约； 3. 同类品牌种类较多，店铺忠诚度不高

自有品牌是零售商发展到一定程度的必由之路，具有极其重要的战略意义。许多零售商在开发自有品牌时已经从单一的标准层产品转向两层或三层产品，零售商可以凭产品多样化同时进入多个细分领域（Keller et al.，2022）。这样，零售商采用自有品牌也可能会与制造商品牌产生冲突，因为自有品牌和制造商品牌的产品有相似之处，而自有品牌的产品往往更便宜（Al-Monawer et al.，2021）。在相关市场信息不确定情况下启动自有品牌，强大的制造商品牌受到的冲击要大于实力较弱的制造商，但零售商在自有品牌引入中总是会受益的（Cheng et al.，2018）。因此，为了确保这些拥有大量消费者基础的制造商品牌的合作意愿，零售商初期一般通过降低自有品牌产品的质量和价格，将其自有品牌产品与制造商品牌产品进行高度区分。之后，如果零售商引入多样的、独具特色的高端自有品牌与制造商品牌进行竞争，那么自有品牌与制造商品牌之间经过多轮博弈亦有可能达成双赢局面（Hara and Matsubayashi，2017）。

二、零售商自有品牌开发的意义

从模仿到创新、从制造到创造、从代工到培育，自有品牌蓬勃发展对于我国零售商竞争力增强、产业链延伸具有重要推动作用，是零售商贯彻创新、协调、绿色、开放、共享的发展理念的重要抓手，有助于推动零售业实现质的有效提升和量的合理增长。自有品牌是零售商的一项重要的无形资产，对于零售商经营助益颇多。

①降低经营成本，增加企业利润。开发自有品牌，无须支付品牌使用费，商品从生产商直达零售商配送点，减少中间环节，降低流通成本。零售商可以利用渠道优势了解消费者实际需求，节省市场调研步骤，缩短产品开发周期，降低开发成本。同时自有品牌商品的广告宣传可以借助零售商的商誉资产，减少宣传推广费用，并依靠零售商自身

庞大的销售体系，迅速形成销售规模。

②形成经营特色，打造差别化优势。如果零售商仅仅是经营制造商生产的品牌，那么零售商之间的商品结构及种类方面几乎没有较大的差别，难以形成经营特色。自有品牌与制造商品牌的最显著区别在于自有品牌一般只能运用于零售商内部，因此自有品牌可以更好地体现本企业的经营特色。

③树立企业形象，培养顾客忠诚。消费者想获得自有品牌商品就必须到开发该商品的零售商门店购买，消费者认可商品后会逐步形成购买依赖，进而辐射零售商的其他产品，这有助于零售商培养顾客忠诚，也有助于提升零售商的形象、信誉等级和知名度，而这又会反向增强消费者对自有品牌商品的信赖。

④控制零售渠道，赢得更多自主权。零售商发展自有品牌，能够加强对销售渠道的控制，对商品的品种和定价也有更多的决定权。而且，零售商能在自有门店为自有品牌商品安排最好的货架位置和展示面积，通过门店的各种宣传途径进行宣传和促销，针对性强，也能控制资金投入。

⑤增强市场地位，把握市场需求。如果在商品流通市场只存在制造商品牌，那么制造商在市场上也就拥有了难以撼动的地位。零售商可以从厂家的销售代理人转变为顾客的生产代理人，通过开发自有品牌可以增加商品种类，为消费者提供更多选择。

三、零售商自有品牌的开发模式

在实际进行自有品牌开发的过程中零售商所面临的挑战非常大，除了自身创建品牌能力的挑战外，更要面对从集采服务商向制造+集采服务相结合的技术升级挑战。美国自有品牌厂商联盟（PLMA）将自有品牌制造商来源分为以下几类：利用其专业知识和过剩工厂产能供应自有品牌的大型制造商；专门从事特定产品线，并专注于生产自有品牌的小型优质的厂商，这些公司通常也归制造商品牌所有；经营自己的生产设备并为自己提供自有品牌的主要零售商和批发商，在少数情况下，也为其他零售商提供自有品牌；为特定人口市场生产自有品牌产品的区域品牌厂商；大型全国性自有品牌生产商，涵盖一系列食品和非食品产品类别，在本国甚至国际上提供多种零售连锁店和渠道。根据对制造商生产的合作和控制程度，将零售商开发自有品牌的模式分为以下几种。

（一）贴牌商标的自有品牌模式

大部分零售商发展自有品牌是从规格、型号或者产品款式具有统一市场标准的产品开始尝试的，如饮用水、休闲零食、消杀类商品等品类，以可控可衡量的代工方式进行试水，不断优化；在零售商发展出足够实力，有自身研发、供应链建设等等必要配套的支撑时，会再考虑自有品牌的深度生产。一般零售商在初期的自有品牌战略中只用贴牌商标呈现基础的信息，形象简单，价格低廉，也易给消费者留下商品质量不高的印象。这种选择制造商代生产服务（OEM）的模式，减少了零售商自有品牌的开发成本和前期投入。在这种模式下，零售商对制造商提出商品具体要求，如样式、包装、规格等，并约定交货日期；之后，零售商采购标签或标签制造设备；最后，零售商为代生产商品贴上标签并上架销售。这种合作模式下，零售商本身不参与自有品牌商品的生产过程，导致零售商不能控制可能出现的产品质量问题和潜在风险。因此，这种模式需要零售商选择服务质量和制造能力良好的制造商合作。而且，如果给予制造商的费用过低，则难以保证商品质量，因而零售商与制造商的服务议价存在较大的博弈空间。

（二）联合生产的自有品牌模式

联合生产模式指零售商与制造商进行长期深入的合作，双方经过数据分析定义需求，形成新产品概念，并对产品的品牌类型、品牌构建、商品品类、市场定位和产品包装等进行充分讨论和交流，共同开发自有品牌。零售商与制造商双方分担开发费用，同担风险，共享利润，产品上有制造商和零售商的双品牌。这类模式的前提条件是零售商与制造商之间具有稳定的关系和一定的信任基础，并且二者具有较大的经营规模，可长期进行研发投入并能承担产品失败的风险。为迎合消费者的个性化需求，网络零售商开发自有品牌开始注重产品设计的原创性。不少网络零售商采用联合开发，网络零售商不仅有人力、物力投入，而且在定义市场需求和形成新产品概念等方面也发挥着越来越强的主导作用，为形成商品特色提供重要条件。

（三）自主开发的自有品牌模式

零售商自主开发商品的模式（亦称自产模式）一般采用独创性品牌，由零售商自己定位、设计，全面掌控产品，且主要在自有零售渠道销售，开发的商品与其他经销商品存在互补性，零售商利用组合促销等营销方式来辅助销售自有品牌商品。比如，亚马逊开发了 Kindle 电子书阅读器，并同时设计了硬件设备与软件平台，提供付费网络服务，电子书阅读器与亚马逊所供应或经销的图书具有互补性。自产模式下，零售商需要自主构建研发团队来完成新产品的构思、设计、试制与风险分析，投入大量的前置资金和资源。自产模式可以帮助零售商以开创性的产品线来构建品牌形象，更好地满足消费者对美好生活的向往，带来可观的利润。如今，我国以京东为代表的互联网零售平台将自有品牌升级为独立业务单元，助力我国产业集群数智化升级和提质增效，不断为实体企业和实体经济的高质量发展贡献力量，也为品牌强国建设添砖加瓦。

第4节　零售商品定价与促销

一、零售商品的定价

零售商品的定价决定了零售商在市场中的生存能力、获利能力、扩张能力和竞争能力，从根本上决定了零售商未来的发展。

（一）零售商品定价的影响因素

价格是顾客为获得、拥有或使用某种产品或服务的利益而支付的价值，是零售商经营中最为灵活的因素，任何企业在制定其产品价格时都不可能孤立地进行，必然受到来自分销渠道、竞争对手或顾客等各种内外因素的影响和制约（科特勒和阿姆斯特朗，2020）。因此，零售商在对商品进行定价时，必须对影响零售商定价的内部因素（企业、商品）和外部因素（供应商、市场需求、竞争、消费者心理、政府干预、其他）进行综合考虑，如图 3－3 所示。

零售商品定价的影响因素
- 内部因素
  - 企业因素
  - 商品因素
- 外部因素
  - 供应商因素
  - 市场需求因素
  - 竞争因素
  - 消费者心理因素
  - 政府干预因素
  - 其他因素

图 3－3　零售商品定价的影响因素

1. 影响零售商品定价的内部因素

（1）企业因素

不同零售商在同一款商品的售价上受市场定位、店铺地址、定价目标、促销活动、企业经营管理水平等各方面因素影响，其中主要是营业成本和商品定价目标两个因素。

①营业成本，是指企业所销售商品或者提供劳务的成本。成本是产品价格构成中最基本、最重要的因素，也是产品价格的最低经济界限。企业的营业成本主要包括固定成本和变动成本等。

②商品定价目标，是零售商在对其生产或经营的产品制定价格时，有意识地要求达到的目的和标准。定价作为零售经营活动的一项重要内容，其一般目标是在符合社会总体利益的原则下，取得尽可能多的利润。不同的企业可能有不同的定价目标，同一企业在不同时期也可能有不同的定价目标，企业应该权衡各个目标的依据和利弊。零售商定价的目标有以下几种：一是以维持企业生存为目标；二是以获取利润为目标；三是以应付和防止竞争为目标。

（2）商品因素

商品自身的特点在很大程度上影响零售价格，零售商在对商品进行定价的时候要着重考虑商品的特征，以做出符合市场需求的商品定价。对于标准化程度较高的商品，价格变动的可能性及幅度会较小；对于非标准化商品，价格变动的可能性及幅度则一般较大。此外，商品生命周期也是影响零售定价的一个重要因素。一般而言，商品在导入期定价较高，价格相对较为固定；随着商品步入成熟期，其价格将逐渐下降，趋于灵活多变。

2. 影响零售商品定价的外部因素

（1）供应商因素

零售业是一个低利润率行业，零售商应当通过有效的供应链管理提升竞争力。但供应商与零售商在零售产业链上所处的不同位置，导致二者有时难以避免冲突。大多数零售商希望根据本企业的定位和目标为商品定价；而供应商考虑的多是如何定价以保持与零售商的长期合作，并持续获得利润。所以供应商和零售商的关系是紧密而微妙的，它时刻影响着零售商对商品的定价。

（2）市场需求因素

根据经济学理论，供求的状况决定着价格的变动，价格变动也会引起供求的变动，即价格受到需求价格弹性的影响。所谓需求的价格弹性是指产品价格变动对市场需求量变化的影响程度。用公式表示就是：

需求的价格弹性系数＝需求量变动的百分比／价格变动的百分比
＝（需求增减量／原需求量）／（价格增减量／原价格）

当弹性系数 =1 时，称弹性不变，若企业生产或者经营这类商品，则无论降价还是提价，都不会引起总收入的明显变化。当弹性系数 > 1 时，称弹性充足，即需求量的相应变化大于价格自身变动，价格的升降与总收入的增减成反比，应采取降价策略。定价时，应通过降低价格，薄利多销达到增加盈利的目的；反之，提价时应警惕需求量发生锐减，影响企业收入。当弹性系数＜1 时，需求弹性不足，若企业生产或者经营弹性不足的商品，则总收入和销量不会因为价格下降而增加。需求越没有弹性，销售者越应该提高价格。但实践中也需要注意，有一些产品的需求和价格之间呈同方向变化的关系，如能代表一定社会地位和身份的装饰品及有价值的收藏品等。

（3）竞争因素

零售商在为产品进行定价时必须考虑竞争者的产品价格，因为顾客对于某一特定零售商的需求是不固定的，易受价格影响转换消费渠道。零售商通过对竞争对手的产品与价格和本企业的产品与价格进行比较来施行产品定价策略。除此之外，竞争因素还体现在产品从生产到销售过程中的各个方面，包括围绕产品展开的在价格、销售渠道、营销策略等方面的竞争。

（4）消费者心理因素

消费者的心理反应是很复杂的，并非只有低价才能打动消费者，比如有时奢侈品或定制品涨价反而会引起抢购。产品定价不仅要迎合不同消费者的心理，还应促进或改变消费行为朝有利于零售商的方向转化。如今消费者主权意识渐强，消费诉求优化，消费者更加偏好性价比高的产品组合，追求高审美性的设计感以及个性化定制产品及服务。

（5）政府干预因素

各国政府对企业价格制定的干预也直接影响零售商的定价决策。世界各国政府对价格的干预和控制是普遍存在的，只是程度不同。政治、法律是政府干预零售商定价的主要工具，它们在宏观上为零售商制定定价规则。

政治因素一般是为了宏观层面的某种需要来判定和调整价格，一般不考虑或很少考虑商品价值和市场供求状况，有较大的主观性。随着我国改革开放的深入推进和市场经济的不断发展，对零售定价的干预也由原来的直接干预转变为依靠经济政策的间接干预。但也不排除由于某些特殊需要，政府为了稳定市场而对商品价格进行直接、短期的管制，如食用盐、粮食等与居民日常生活息息相关的日常必需品的价格。

法律因素一般是通过制定和颁布一系列价格法律法规，强制零售商及有关社会成员执行，具有强制性和直接性。当前是我国数字经济发展的重要时期，很难针对纷繁复杂的商业模式和经营行为迅速出台普遍适用的预防性规定，而从反垄断角度提出规制则兼具灵活性与合理性。我国《反垄断法》的实施有助于降低产品价格，改善产品质量，增加消费者选择，提高消费者社会福利（承上，2020）。我国通过《反垄断法》规制个性化定价行为，有助于更好地发挥市场在资源配置中的决定性作用，以包容审慎的态度维护自由公平的市场竞争秩序（王晓晔，2020）。

（6）其他因素

零售商在设定价格时，还必须考虑外部环境中的经济、科技等其他因素。我国也会受到全球经济环境的影响，如出现经济增长和衰退、通货膨胀和汇率浮动等因素对零售产品的成本以及消费者对产品价值评估产生影响。科技进步和创新也为零售商提供了广阔的市场空间，迫使零售商必须打破传统的定价思维模式。进入 21 世纪以后，互联网引发了一场新的营销革命，网络营销和电子商务迫使大量零售商退出，淘汰了中间生产和分销环节，大大降低了市场交易成本。网络商城作为一种虚拟的零售大卖场，不但不需要固定的商场卖场，而且对劳动力的需求也与传统实体经营模式不同，从而引起生产经营成本的变化，进而影响零售商定价。

（二）零售商品的定价方法

零售商品价格制定的常用方法主要有成本导向定价法、竞争导向定价法和需求导向定价法等。

1. 成本导向定价法

成本导向定价法是在零售定价中运用最广的一种定价方法。它是以商品成本为定价基本依据，主要包括成本加成定价法、损益平衡定价法和目标贡献定价法等。

（1）成本加成定价法

成本加成定价法是指零售商将商品成本、零售运营费用及期望利润加总定出的价格，其特点是按照单位成本加上一定百分比的加成来确定商品销售价格。

（2）损益平衡定价法

损益平衡定价法是在既定的固定成本、单位变动成本和价格条件下，能够保证企业收支平衡的产（销）量。损益平衡定价法侧重于总成本费用的补偿，这一点对于经营多条商品线的零售商极为重要。因为一种商品盈利伴随其他商品亏损的现象时有发生，经销某种商品时所获取的高盈利与零售商总盈利的增加并无必然联系，因此，定价从保本入手而不是单纯考虑某种商品的盈利状况无疑是必要的。

（3）目标贡献定价法

目标贡献定价法又称为可变成本定价法，即以单位变动成本为定价基本依据，加入单位商品贡献，形成商品售价。在这里商品售价超出可变成本的部分被视为贡献。贡献的意义在于，单位商品的销售收入在补偿其变动成本之后，首先用来补偿固定成本。

2. 竞争导向定价法

竞争导向定价法是指以市场上相互竞争的同类商品价格为定价基本依据，随着竞争状况的变化确定和调整价格水平，而不过多考虑成本及市场需求因素的定价方法。主要有通行价格定价法、主动竞争定价法、现行价格定价法等。

（1）通行价格定价法

通行价格定价法是竞争导向定价法中广为流行的一种，使零售商的商品价格与竞争者商品的平均价格保持一致。这种定价法使得价格水平常被消费者认为是合理价格而易于接受，避免激烈竞争产生的风险，且一般能为零售商带来合理、适度的盈利。这种定价适用于竞争激烈的均质商品，如大米、面粉、食用油以及某些日常用品。

（2）主动竞争定价法

主动竞争定价法不是追随竞争者的价格，而是根据零售商商品的实际情况及与竞争对手的商品差异状况来确定价格。一般为富于进取心的零售商采用。定价时首先将市场上竞争商品价格与零售商商品估算价格进行比较，分三个价格层次。其次，将零售商商品与竞争商品进行比较，分析产生价格差异的原因。再次，综合确定零售商商品的特色、优势及市场定位，按定价所要达到的目标，确定商品价格。最后，跟踪竞争商品的价格变化，相应调整零售商商品价格。

（3）现行价格定价法

现行价格定价法是指零售商商品的价格与主要竞争者价格或一般市场价格相当，而不太考虑成本或市场需求状况。采用这种定价法的原因在于产品的需求弹性难以衡量，在保证相当利润的基础上，还可避免因恶性竞争破坏行业的和谐。

3. 需求导向定价法

需求导向定价法是指零售商在定价时不再以成本为基础，而是以消费者对产品价值的理解和需求强度为依据。这种方法通常被那些追求销售额或市场份额的零售商采用。商品供过于求时，需求导向定价法效果会更好。

（1）理解价值定价法

理解价值定价法也称觉察价值定价法，是以消费者对商品价值的感受及理解程度作为定价的基本依据。把买方的价值判断与卖方的成本费用相比较，定价时更应侧重考虑前者。因为消费者购买商品时总会在同类商品之间进行比较，选购那些既能满足其消费需要，又符合其支付标准的商品。消费者对商品价值的理解不同，会形成不同的价格限度。

（2）需求差异定价法

需求差异定价法以不同时间、地点、商品及不同消费者的消费需求强度差异为定价的基本依据，针对每种差异决定其在基础价格上是加价还是减价。主要有以下几种形式：①因地点而异。例如国内机场的商店、餐厅向乘客提供的商品价格普遍要远高于市内的商店和餐厅。②因时间而异。现在五一、十一、春节三个长假也是三个购物黄金假期，商品价格较平时有一些上升。③因商品而异。例如在奥运会举行期间，标有奥运会会徽或吉祥物的商品的价格，比其他同类商品的价格要高。④因顾客而异。因职业、收入、年龄等原因，顾客会有不同需求。

实行差异定价要具备以下条件：市场能够根据需求强度的不同进行细分；细分后的市场在一定时期内相对独立，互不干扰；高价市场中不能有低价竞争者；价格差异适度，不会引起消费者的反感。

（3）反向定价法

反向定价法是指零售商依据消费者能够接受的最终销售价格，计算企业从事经营的成本和利润后，逆向推算出产品的零售价。这种方法不以实际成本为主要依据，而是以市场需求为定价出发点，力求使价格为消费者接受。批发商和零售商多采取这种定价方法。

（三）零售商品的定价策略

科学地选择定价策略已成为决定零售商成败的一个关键因素。

1. 长期定价策略

零售业市场定位的核心内容就是根据目标市场需求的不同进行合理的价格定位，零售业价格定位是指经营者在通观市场局势的基础上，将商品或服务价格确定在某种水平上的战略方法。其目的是使消费者了解经营者的定价意图，并且在消费者心目中留下深刻的印象。

（1）每日低价策略

采用每日低价策略的零售商不会进行很多临时价格促销，而是每天采用类似的低价，并提供有限的服务，使消费者认为买到了质优价廉的商品。这种定价模式中比较成功的案例就是沃尔玛超市。但是零售商必须维持很低的销售成本以便在执行低价策略的同时有利可图，所以提供高质量服务和优良店铺环境等附加值的能力较差。

（2）高 / 低价策略

高 / 低价策略是零售商制定的价格常规下高于竞争对手的价格，同时提供更高的服务水平，但采取该定价策略的零售商频繁调整价格进行低价促销，通过不同时段的价格调整吸引不同细分市场的消费者。遵循高 / 低价策略的零售商更注重形象而不是价格。

（3）高价格策略

高价格策略是零售商以比竞争对手高的价格销售某些或全部的商品，一般是名牌或者奢侈品商店采取该策略，当商店的位置得天独厚时，零售商也会采用高价格策略。

2. 折扣定价策略

折扣定价策略是通过降低一部分价格以争取顾客的策略，在现实生活中应用十分广泛。其中，直接折扣的形式有数量折扣、现金折扣、季节折扣，间接折扣的形式有运费让价、推广津贴等。

（1）数量折扣

数量折扣，指零售商根据消费者购买数量的多少，分别给予不同折扣的一种定价方法，购买数量或金额越大，折扣越大。其实质是将节约的销售费用的一部分，以价格打折的方式分配给买方。

（2）现金折扣

现金折扣是给在规定的时间内提前付款或用现金付款者的一种价格折扣，实质是一种变相降价赊销，鼓励消费者尽早付款，加速资金周转，降低销售费用，减少财务风险。

（3）季节折扣

季节折扣是生产季节性商品的零售商对在淡季购买商品的顾客给予一定的优惠。

（4）运费让价

运费让价是零售商为了扩大商品的销售范围，对远方市场的顾客让价以弥补其部分或全部运费。传统经营家电等大件商品的零售商采用此策略较多，如今这种策略在网络零售商中更为普遍。网络零售商为了提高服务质量，吸引更多消费者，往往采取满一定消费额度后免运费，甚至向顾客提供只要购买商品就免运费的服务，但采取购买商品即免运费服务的网络零售商往往采用自有的物流系统。

（5）推广津贴

推广津贴原本是制造商对特殊顾客以特定形式所给予的价格补贴或其他补贴，比如借助中间商或零售商开展各种促销活动，将促销费用以津贴或降价供货的方式予以补偿。在社交电商日益红火的今天，以“拼多多”为代表的网络零售商也采取分享推广换取补贴的方式对商品予以价格折扣。

3. 心理定价策略

心理定价策略，是根据消费者的购买心理来制定价格的一种定价策略。每一件产品都能满足消费者某一方面的需求，其价值与消费者的心理感受有着很大的关系。心理定价策略主要包括以下六种形式：整数定价、尾数定价、声望定价、习惯定价、招徕定价以及分档定价。

（1）整数定价

整数定价是零售商有意将其商品的价格定为整数，在许多交易中，消费者往往凭直观感觉的价格来判断产品质量、性能等以此做出购买决策。整数价格便于消费者做出购买决策，也易于消费者记忆。

（2）尾数定价

尾数定价也称零头定价或缺额定价，是指在确定零售价格时，以零头数结尾，使用户在心理上有一种便宜的感觉，或是按照风俗习惯的要求，价格尾数取特定数字，以扩大销售。例如将产品价格定为 9.8 元，而不是 10 元。对于需求弹性较大的产品，尾数定价法往往能带来需求量的大幅度增加。

（3）声望定价

声望定价是在定价时，把在顾客中有声望的零售商的商品价格定得比一般的商品要高，是一种有意识地给商品定高昂价格以提高商品地位的定价策略。它利用消费者仰慕名牌商品或名店的声望所产生的信任来制定商品价格，而且消费者认为价高质好。该方法一能提高产品形象，二能满足某些消费者对地位和自我价值的欲望，通常适用于名牌产品和优质产品。

（4）习惯定价

习惯定价是按照消费者的习惯标准来定价。有些产品在长期的市场交换过程中已经形成了消费者适应的价格，也称为习惯价格。对消费者已经习惯了的价格，企业不宜轻易变动，降低价格会使消费者怀疑产品质量；提高价格会使消费者产生不满，导致购买渠道的转移。在不得不需要提价时，企业应采取改换包装或品牌等措施，减少抵触心理，并引导消费者逐步形成新的习惯价格。

（5）招徕定价

招徕定价是多品种经营的零售商有意将某些商品定价很低，甚至低于成本费用，以吸引顾客，在招徕顾客购买低价商品时，也会使顾客注意到其他商品，从而带动其他商品的销售。实践中也有零售商故意定高价以吸引顾客的。

（6）分档定价

分档定价即价格阵线策略，是指把同类商品简单分成高、中、低档，每档一价，体现品质差别，简化交易手续，节省顾客时间。因为购买高档和低档商品的消费者的心理需求是不尽相同的，分档定价策略可以让顾客感觉卖方认真负责。

4. 多渠道定价策略

多渠道定价策略是指多渠道零售商在不同的渠道对其产品制定合适的价格，在确保利润的前提下，广泛吸引消费者，最终形成多渠道协同效应。多渠道零售定价可采用统一定价策略或差异化定价策略。部分多渠道零售商为确保价格公平而采取统一定价策略，虽然可以避免价格信息不对称的情形，但是考虑到顾客满意和获取利润的双重目标，统一定价并不是市场均衡的最优解。依据渠道成本结构的差异，部分零售商设定同样商品的线上销售价格低于实体店，但渠道间商品价格的差异时常导致销售掠夺，且渠道间区别定价加深了企业多渠道间的冲突，进而影响企业的整体发展。因此，零售商制定多渠道零售价格与自身经营状况、营销策略、渠道成本等因素密切相关。由于企业目标及各个渠道定位不同，多渠道商品价格势必会存在差异，只要产品和服务策略是差异化的，因价格引起的渠道冲突并非无法共存。

延伸阅读3-3 零售商多渠道定价注意事项

5. 动态定价策略

动态定价策略是指零售商根据市场需求和自身供应能力，依托互联网以及大数据等信息技术，以不同的价格将同一产品适时地销售给不同的消费者或不同的细分市场，以实现收益最大化的策略。采用动态定价策略的零售商根据市场供需情况的变化及消费者的需求变化及时调整产品价格，获得竞争优势，提高客户流量，增加产品的销量，获得自身利益最大化。动态定价策略基于经济学理论制定，其发展与运用是大数据与算法技术发展到一定阶段的产物，是现代科技进步的体现，相应地也存在一定风险。零售商要防范自身在消费者隐私权益保护与市场经济秩序维护方面的不当和越界。当前我国出台的法律（如《电子商务法》）以及相应的地方性法规（如《深圳经济特区数据条例》）等对于利用数据进行差别定价进行了相应约束。与大数据价格歧视相关的讨论在网络上也引发了民众讨论，消费者对于差别定价、动态定价的对立情绪越来越严重。因此，零售商在进行动态定价时需要坚持商业伦理与商业道德，充分考虑技术运用与消费者接纳程度的平衡，维护消费者与商家之间的信任关系。

6. 多产品定价策略

（1）网络团购

网络团购指借助网络平台，将具有相同需求和购买意愿的零散消费者组织起来，形成较大数量的购买订单，集体向零售商大批量购买，享受最优惠的价格。网络购物的发展使消费者之间的联合成本大大降低。网络团购为零售商带来成规模的顾客和大量的订单，同时也通过低价促销提升商品和品牌的知名度。

（2）捆绑定价

捆绑定价指零售商将两种或两种以上的相关产品组合在一起出售，并制定一个合理的价格。捆绑定价分为价格捆绑型和产品捆绑型。价格捆绑是指以折扣价格整体销售两种及以上独立产品，但产品之间没有必然的联系，也不创造附加价值；产品捆绑则是两种及以上独立产品的整合销售，这种整合给消费者带来附加价值，比如兼容性（个人电脑系统）、降低风险（共同基金）、效果提升（个性化的节食健身计划）等等，产品捆绑是一种长期的差异化战略，而价格捆绑只是一种短期的促销手段。

（3）免费定价

免费定价指将零售商的产品和服务以免费的形式提供给顾客，满足顾客的需求，同时对企业和商品起到推广和宣传的作用。它是一种促销推广手段，同时也是一种定价策略。免费定价是互联网普遍使用的衍生趋势之一，网络零售商推广免费使用产品的边际成本相当低，通过有限免费、部分免费、捆绑免费等方式可以在推广期后有效回收利润。

（4）秒杀定价

秒杀定价是利用消费者的求廉心理，在规定时间内对限量低廉价格商品竞拍的定价策略，不仅可以为零售商带来大量顾客，也成为零售商低成本、快速大量引流的宣传手段。

（四）零售商品的价格调整

零售商为商品制定出零售价以后，并不意味着大功告成。由于零售商处在一个不断变化的营销环境之中，为了生存和发展，价格决策必须适应市场环境的变化，零售商在调整零售商品的价格时一般考虑两种情况：一是零售商根据自身经营情况主动调整；二是受同行业其他零售商价格变动的影响。

1. 降价策略

当商品销售缓慢、商品过时、在销售季末或者是价格高于其他竞争对手的价格时，零售商通常会采取降价的方式来加速商品周转，如数量折扣、现金折扣、推广津贴等形式。降价的幅度对降价促销的效果产生重要影响，降价幅度过小难以引起顾客的注意，不能起到促销的作用；而幅度过大，顾客对商品的使用价值和质量会心生疑虑，阻碍商品的销售。

2. 提价策略

消费者对于商品涨价非常敏感，心理上自然会对商品提价有一种不愉快的反应，甚至会产生抵触心理。所以，零售商在实际经营过程中要谨慎对待涨价，必须充分考虑到不同时期、不同商品和不同的消费者对涨价的反应并采取适当的提价技巧。做好提价策略需要注意以下四点。

（1）向消费者说明提价的原因

零售商在制定定价策略时，应该把培养消费者的信任和忠诚放在比获取短期的高额利润更重要的位置来考虑。所以，当零售商提价时，应该通过各种渠道与消费者充分沟通，让消费者了解商品涨价的原因，说服消费者接受涨价的事实。同时，配合促销策略，帮助顾客寻找节约途径，以减少顾客不满、维护店铺形象、提高消费者信心，刺激消费者的需求和购买行为。

（2）部分提价

不是所有商品的采购成本都在同时上涨，因此零售商品全面提价时，会遭到顾客的强烈抵制，为了减少顾客对涨价的抵触心理，零售商宜采用部分提价的方法。部分商品提价，可以留给消费者其他的选择，即未涨价的商品。随着时间的推移，消费者对涨价之事会逐渐忽略，并把涨价后的价格变成自己的习惯价格，销售量此时会稳步回升。

（3）选择适当的提价时机

与降价一样，提价也要把握好时机。零售商通常选择的提价时机有：零售商已经告示、通知，令顾客已经了解采购成本上涨时，如超市里的蔬菜因为雨季导致采购价格上涨；季节性商品换季时，新上市的商品可以考虑以高于上一年价格一定幅度的价格销售，如应季的服装；传统节假日时期，消费者对质量的关注要远远超过支出或成本，这时提高价格往往不会遭到顾客的拒绝，如春节时期的粮果和礼品。另外，当相关商品，特别是同类商品纷纷降价时，提价往往通过消费者的“逆反心理”和“比值比质”等心理而奏效。

（4）控制幅度

至于价格调整的幅度，最重要的是要考虑消费者的反应。幅度过高会使消费者改变甚至放弃购买计划。因此，商品一次涨价的幅度不能太大，不能超过消费者的感知阈限，必要时可分为若干次提价。

二、零售商品的促销

（一）零售商品促销概述

零售促销（retail promotion）是指零售商为告知、劝说或提醒目标市场的顾客关注有关企业任何方面的信息而进行的一切沟通联系活动（伯曼等，2021）。零售促销具有以下作用。

①增加顾客的消费欲望。在零售促销活动中，员工的正确引导不仅能帮助消费者选择本身需要的商品，还可以刺激消费其他商品。网络零售环境下，线上促销活动如转发或者分享即可快速传达给消费者周边人群，或可利用消费者传播使暂时不愿意消费的用户通过贡献社交关系链的方式来获取商品，有助于激发潜在用户消费。

②提高市场份额。无论是广告、公共关系、人员推销还是销售促进，往往是针对竞争对手，目的是为了维持甚至是提高市场占有率。许多零售商为了快速抢占市场，会对消费者进行补贴，通过优惠券来刺激老顾客邀请新顾客，经过线上宣传后可以得到快速传播，从而刺激新老顾客购买，达到提高市场份额的目的。

③提高企业知名度。零售促销借助广告、公共关系等手段，除了能广泛宣传商品信息，还能帮助企业提高知名度，树立良好的社会形象。例如发生水灾、地震等自然灾害时，很多零售商会举行义卖，也会进行类似“每成交一笔，会捐赠 0.2 元”的道德行为，树立慈善形象。

（二）零售促销策略组合

1. 零售广告

零售广告是指由明确的付费主体，通过大众媒体进行的非个人的沟通传达方式。零售广告通过标准化的内容发布，可以吸引大量公众，使顾客在消费前对产品和服务有所了解，进而使企业采用自助服务和减少服务提供成为可能。然而，一般广告信息缺乏灵活性，且需要大量资金，而且覆盖范围可能超出零售商圈范畴从而造成浪费。

2. 零售公共关系

零售公共关系是指零售商利用各种传播手段，沟通内外部关系，塑造自身良好的形象，加深顾客印象而进行的一系列旨在提高品牌知名度和树立企业形象的促销活动，为企业的生存和发展创造良好环境的经营管理艺术。

3. 零售人员促销

零售人员促销是为达成销售而与一位或多位顾客进行的口头沟通。零售商利用人员促销的程度依赖于其传递的形象、所销售产品的类型、自我服务的水平及其对维持长期顾客关系的兴趣和对顾客的期望。

4. 销售促进

销售促进又称营业推广，是企业运用除广告、公共关系和人员促销以外的各种短期诱因鼓励消费者购买商品的促销活动。销售促进不同于持续的、常规的广告和人员促销，它是不经常、无规则的促销活动。一般用于暂时和额外的促销工作，主要包括展示、竞赛、抽奖、赠券、会员顾客的优惠计划等等。

（三）零售促销的模式

1. 传统促销模式

（1）主题促销

主题促销就是根据企业的现状和产品特色，设计出一种观赏性、娱乐性、体验性和具有审美意义的意境主题，吸引新顾客、保持老顾客，从而促进产品的销售，扩大市场占有率，比较常见的有开业促销活动、周年庆促销活动等。

（2）例行性促销

例行性促销通常是为了配合法定节假日、民俗节日及地方习俗、行事等而举办的促销活动。这类促销活动一般提前做好计划，每年的变化不大。有些超市或货仓式商店会每月举办 2 ～ 3 次例行性活动，以吸引新顾客光临，并提高老顾客的购买品项及金额。

（3）竞争性促销

为了防止竞争对手在某一促销时期将当地客源吸引过去，同一业态或同一区域商店往往会针对竞争对手的促销行为推出相应的竞争性促销活动。

2. 新时代促销模式

零售商善用科技赋能，往信息化、数字化、智能化方向进一步发展。随着新零售场景与技术的发展，零售商率先在促销模式中打通全渠道全场景，利用用户开展各种裂变营销和推广，快速实现低成本获客以及长期的用户运营，激发数字经济的潜能活力，打造数字经济新优势。

（1）新媒体促销

数字经济时代，个性化内容的获取使得促销和广告宣传方式产生新的变化。微博、微信、论坛、直播等一系列新媒体都可以作为商家促销的媒介，成为商家向消费者传递产品或服务的价值与价格之间关系的重要手段。在新媒体促销遍地开花的时代，促销策略根据媒介类型、产品特性、促销目标、促销对象的不同而各具特色，以下列举一些典型的新媒体促销模式。

①微博促销。以微博为代表的社区型网络平台，是一种基于用户关系信息分享、传播以及获取的平台，以其开放的发布和分享模式迅速占领了人们的日常生活。目前零售商通过这类平台开展的促销方式主要分为两种：一种是通过零售商的官方微博推送促销信息或转发抽奖信息，吸引消费者关注并转发商家促销信息；另一种是通过网络红人作为意见领袖进行推广宣传。根据新闻传播学理论，意见领袖是在人际传播网络中经常为他人提供信息，同时对他人施加影响的“活跃分子”，在大众传播效果的形成过程中起着重要的中介或过滤的作用，由他们将信息扩散给受众，形成信息传递的两级传播。零售商通过网络红人进行促销可以使信息在网络红人的粉丝群中快速地、有针对性地传播，利用名人背书效应增强沟通效果。发挥意见领袖的传播作用目前成为社区型、内容型社交媒体平台着重关注的方向。

②微信促销。以微信为代表的即时通信软件，有着更突出的“熟人社交”特点。微信辅以微信公众号精准的内容推送，成为深受商家青睐的促销媒介。目前比较成熟的微信促销方式主要有两种。一种是通过微信公众号向关注者投送商家的优惠信息等来吸引消费者，另一种是邀请顾客将促销信息等转发至微信朋友圈以获得优惠和折扣的方式，利用朋友圈“熟人社交”的特点，吸引消费者。

③通过网络直播促销。网络直播是利用视讯方式进行网上现场直播的一种新媒体形式。利用网络直播进行促销具有直观、快速、内容丰富、交互性强、地域不受限制等特点。按照传播心理学理论，直播时主持人与受众产生“准社会互动”，直播间滚动的弹幕

和评论增强了观众的临场感，触发了从众心理，提升了宣传力度。现场直播完成后，观众还可以随时进行重播、点播，直播的录像、截图等还可以作为内容继续在其他新媒体和传统媒体中进行传播，有效拓展了直播促销覆盖的时间和空间。特别是以直播助农开展农副产品的促销推广，为优质农产品开拓了销售市场，赋能乡村振兴。

（2）聚集性促销

以“双十一”和“黑色星期五”等互联网购物节为代表的聚集性促销作为“互联网 +”思潮下的新兴消费模式，不仅是零售业创新发展的缩影，而且是拉动消费的重要手段。聚集性促销是指由零售平台组织的，由多家企业共同参与的，多品类商品共同加入的大规模集中促销的总称（卢长宝等，2020）。电商平台发起的聚集促销活动不再拘泥于传统特定节日，目前已经成为带有鲜明仪式特征并能高度聚集人气的消费狂欢活动。

然而，互联网购物节这类聚集性促销成为线上消费的有力助推器的同时，也给电商平台和网络零售商带来新的销售困扰，特定时间的聚集性促销可能会进一步导致消费者的延迟购买行为，电商平台和网络零售商往往以牺牲数月的利润来换取折扣销售节当天的销量。传统以电商平台为主导的降价促销策略受到质疑，许多网络零售商开始积极寻求破解策略，如在购物节独立设计和组织各种促销，组织的促销活动中更加注重市场各利益主体协调，发挥平台治理的能动性和主动性，打造健康良性、高质量发展的平台经济。2020 年以来《规范促销行为暂行规定》等一系列政策措施出台，进一步规范经营者的促销行为，维护公平竞争的市场秩序，保护消费者利益，充分发挥购物节等聚集性促销对消费的促进作用。

零售视角 3－3

从聚集性促销新趋势看我国经济发展新动能

党的二十大报告指出，“把实施扩大内需战略同深化供给侧结构性改革有机结合起来”。2021 年 11 月 12 日零点，天猫“双十一”总交易额定格在 5 403 亿元。以“双十一”为代表的聚集性促销如何以消费“小切口”助力做好扩大内需“大文章”？

一是市场下沉，产业“上新”。庞大的人口基数、日益普及的互联网、人均可支配收入不断提高……种种发展新趋势催生了下沉市场快速增长的消费需求。国家邮政局数据显示，2020 年我国基本实现快递网点乡镇全覆盖，直投到村比例超过 50%。电商和物流是推动农产品进城、消费品下乡的重要平台。二是消费升级，加速“破圈”。以“双十一”为代表的聚集性促销使得全国消费者几乎同一时间集中下单。品质升级需求集中释放，直播带货成为重要销售方式，新国货成为消费新增长点……消费者多样化、个性化、高品质的商品追求，折射出我国消费升级的良好势头。电商平台纷纷将业务拓宽至线下服务领域，线上线下联动推广销售成为新趋势。三是不“卡脖子”，不“掉链子”。“双十一”既是购物盛宴，也是对产品供应链的大考。智能产业链柔性应对消费需求，数字化的新技术应用于传统产业链改造，以线上聚集的数据、技术、创意等发掘细分市场的用户需求，提高整个供应链应对变化的能力。

以“双十一”为代表的聚集性促销时段已经成为很多消费者认可和接受的重要购物节点，有助于进一步激活消费市场活力，促进消费市场升级。随着我国供给侧不断优化，聚集性促销将进一步带动成交量增长、服务优化、消费升级，不仅展现出我国消费市场的巨大潜力，也进一步提振消费信心。

资料来源：从“双十一”消费新趋势看我国经济发展新动能.（2021-11-11）. http://www.81.cn/yw/2021-11/11/content_10106792.htm.

（四）零售促销管理

零售商需要根据自身的市场定位做出战略性的促销决策，包括确定促销目标、编制总体促销预算、选择促销组合、执行促销组合、评估并修订促销计划，描绘一个总体促销计划过程并对每一个步骤做出阐释，具体包括以下五个步骤（伯曼等，2021）。

1. 确定促销目标

零售商的一般性促销目标通常包括下列内容：增进销售；激发冲动性和提示性购买；增加客流量；支持销售人员工作；展示和加强零售商的形象；将所提供的商品和服务告知顾客；宣传新的店址和网址；利用制造商的支持获利；增进顾客关系；保持顾客忠诚；使顾客向亲朋好友传递零售商的正面信息。

在制定促销战略时，零售商必须确认上述目标中哪些是最重要的，并阐明自己的目标，为选择促销类型、媒体和信息提供指导。设定促销目标需要有指导性的、量化的、可测量的方法和步骤，基于此，企业可以准备详尽的促销计划，并对结果进行评估。

在确定目标时，零售商可将目标按顾客群、销售员、销售区、品类、工作日等进行分解，以保证在促销执行过程中增加可控制点，及时发现问题，适时调整方式。一般情况下，持续时间大于 1 个月的促销活动为长期促销；持续时间为 1 ～ 7 天的促销活动则为短期促销。促销期长短的选择需根据促销目的来划定，一般情况下长期促销的促销方式必须对品牌及利润损失的影响较小，最关键的长期促销目标是赢得正面的口碑。

2. 编制总体促销预算

编制总体促销预算的方法主要有以下五种，零售商可以根据自己的目标要求和限制条件权衡每一种方法的优缺点。

剩余定额法是指零售商首先将除促销之外的市场营销组合要素所需的预算确定下来，再将剩余资金作为促销费用。这是最保守的预算方法。缺点是将促销看作零售战略组合要素中一个不重要的变量；支出与目标没有关系；若剩余资金很少或没有，促销预算就远远不足或根本没有。小型的、保守的零售商主要采用这种预算方法。

增量法是指根据以前的预算来分配资金。在某年预算的基数上加上或减去一个百分点，来确定第二年的预算，这种方法对小零售商很有用。增减多少有一个参考的数值，预算的调整是基于企业过去业绩对未来趋势的预判。这种方法很有效，但也存在比较大的缺点，预算很少能与特定目标相联系，这样仅依靠直觉难以评估促销效果。

竞争基准法是指零售商根据竞争对手的行动，增加或减少预算。这种方法对大型和小型零售商都适用。优点在于它使用了比较基准，以市场为导向，比较谨慎。缺点在于它是一种跟随型而非领导型策略，实践上竞争者的数据很难获取，且该方法假设互相竞争的企业是相似的，然而实际上竞争企业间促销预算的差异可能很大。

销售百分比法是指零售商将其促销预算与销售收入联系起来，设定一个促销费用对销售额的比率。这种方法的优点是，以销售额为基础进行调整，且将促销与销售额关联起来。缺点是与目标没有直接联系；促销没有用于引导销售，而是被动地受销售额高低的影响；在销售低迷时，相应的促销预算减少，而此时正确的做法可能是增加促销。这种方式在销售额较高时可能提供了过多的促销预算，在销售额较低时促销资金反而可能过少。

目标任务法是指零售商首先清晰地确定促销目标，然后编制预算以实现这些目标。例如，某零售商确定的目标是经过一个月的促销活动，将自己在商圈内的知名度由现在的 50% 提高到 70%。为实现该目标，商家针对所需完成的任务和所需的成本制定预算。

3. 选择促销组合

零售商需要确定如何将广告、公共关系、人员推销和销售促进整合为一套促销组合。预算有限的企业会利用店内展示、广告传单、目标直邮和公众宣传来增加客流量，预算充裕的企业则会更多地利用报纸、电视和新媒体广告。通常零售商会利用多种不同的促销方式取长补短。超市中最常见的促销方法是免费试用、频繁购物者优惠计划、主题销售和奖金奖券。高档商店比折扣店更注重人员推销，而不是广告和销售促进。选择与规划促销组合需要每一个具体环节的制定，包括活动的目的、活动对象、活动内容、活动时间、活动费用预算、供应商的协商和宣传方式等。

4. 执行促销组合

执行促销组合的内容包括：媒体决策、促销时机的选择、信息内容的确定、销售队伍的组建、促销商品的选择。

①媒体决策。选择媒体时需要对总成本、效率（抵达目标市场的成本）、前置准备时间及编辑的内容做通盘考虑。

②促销时机的选择。零售商选择促销时机时需要考虑广告的抵达率和频率。抵达率是指在特定时期内目标市场中接触到零售商广告的人数。频率是指在特定时期内零售商广告向可到达的顾客展示的平均次数。零售商可以广泛或集中地做广告。广泛性的广告覆盖意味着广告的抵达率高但频率低；集中性的广告覆盖则通常意味着广告被放在精心挑选的媒体上，并频繁地重复。

③信息内容的确定。广告的主题、措辞、标题、色彩、尺寸、版面设计和摆放位置都必须精心挑选。公众宣传发布的信息应该是书面的；在人员推销中，问候、销售介绍、演示及结束语应侧重实用性；在销售促进时，企业所要传递的信息必须认真组织，并应选择恰当的促销载体和促销形式。

④销售队伍的组建。零售商要详细设定对销售人员的资格要求，并完成人员的招聘、甄选、培训、付酬、管理和监督。销售人员需要分为承接订单者和获取订单者两类，分派到恰当的部门和岗位。商店人员必须了解促销活动的起止时间、参加商品、活动具体内容，以备顾客咨询；商店服务人员必须保持良好态度，并保持服装、仪表整洁，给顾客留下好印象，各部门主管必须配合促销工作，安排适当的出勤人数、班次、休假及用餐时间，以免影响购物高峰期间的顾客服务。

⑤促销商品的选择。零售商在选择促销商品时应考虑：商品的可获利性，即促销商品的销售额、竞争对手的促销力度和销售速度；制造商的支持程度，即制造商支持促销的形式、促销力度的大小等；消费者的可接受程度。促销商品确定后，零售商需要考虑以下五个方面：第一，促销商品必须有足够的库存，以免缺货而丧失销售机会；第二，促销商品的标价必须正确，方便顾客选购，并保证收银作业顺利进行；第三，商品陈列位置必须有吸引力，如畅销商品应选排头货架或者堆头，用大量陈列来体现量感，吸引消费者；第四，新商品促销应搭配品尝或示范等方式，以吸引顾客消费，增强顾客的购买信心；第五，促销商品应搭配关联性商品的陈列，以提高顾客对相关商品的购买率。

5. 评估并修订促销计划

促销效果评估包括事前评估、事中评估和事后评估。评估方法包括前后比较法、市场调查法和观察法。事前评估就是促销计划正式实施之前所进行的调查测定活动，其目的在于评估促销计划的可行性和有效性，或以此在多个计划中确定出最佳的方案。事前评估主要有征求意见法和试验法。事中评估就是在促销活动进行过程中对其效果进行评估，主要通过消费者调查的形式来了解促销活动进行期间的消费者动态（如参与者数量、购买量、重复购买率等）、参与活动的消费者结构、消费者意见（包括动机、态度、建议、要求与评价等）。事后评估就是在促销活动告一段落或全部结束后对其产生的效果进行评估，常用的方法有比较法和调查法。事后评估一般通过比较促销前后产品的知名度、认知度、销售量、销售额等变化来评价实际效果。

基本概念

商品分类（merchandise classification） 商品组合（combined commodity）
品类管理（category management） 自有品牌（private brand）
制造商品牌（manufacture brands） 零售促销（retail promotion）

思考题

1. 零售商品类组合如何进行规划？选择一家典型的零售商，分析其品类优化的方式特点及为企业经营带来的影响。

2. 零售商如何选择是否开发自有品牌？选择一家零售商的自有品牌进行分析，并给予其建议。

3. 全渠道零售商应该如何进行定价？

4. 零售商变动价格需要注意哪些事项？价格变动可能为企业经营带来什么影响？

5. 零售促销需要注意哪些方面？网易严选 2020 年宣布退出“双十一”促销，你怎么看待这一现象？

参考文献

［1］Al-Monawer N，Davoodi M，Qi L. Brand and quality effects on introduction of store brand products［J］. Journal of Retailing and Consumer Services，2021，61.

[2] Cheng R，Ma W，Ke H. How does store-brand introduction affect a supply chain with uncertain information?[J]. Journal of Intelligent and Fuzzy Systems，2018，34（1）：189–201.

[3] Hara R，Matsubayashi N. Premium store brand：Product development collaboration between retailers and national brand manufacturers[J]. International Journal of Production Economics，2017，185：128–138.

[4] Keller K O，Dekimpe M，Geyskens I. Adding budget and premium private labels to standard private labels：Established empirical generalizations，emerging empirical insights，and future research[J]. Journal of Retailing，2022，98（1）：5–23.

[5] Luo R. Store brands and retail grocery competition[J]. Journal of Economics & Management Strategy，2018，27（4）：653–668.

[6] 巴里·伯曼，乔尔·埃文斯，帕特拉莉·查特吉. 零售管理：第13版[M]. 北京：中国人民大学出版社，2021.

[7] 白玉苓，陆亚新. 零售学[M]. 北京：机械工业出版社，2020.

[8] 陈德人. 网络零售. 2版[M]. 北京：清华大学出版社，2015.

[9] 承上. 人工智能时代个性化定价行为的反垄断规制：从大数据杀熟展开[J]. 中国流通经济，2020，34（5）：121–128.

[10] 菲利普·科特勒，加里·阿姆斯特朗. 市场营销：原理与实践：第17版[M]. 北京：中国人民大学出版社，2020.

[11] 贺辉阳. 新电商数据分析[M]. 北京：人民邮电出版社，2020.

[12] 卢长宝，柯维林，庄晓燕. 大型网络聚集促销决策中前瞻性情绪的诱发机制：限时与限量的调节作用[J]. 南开管理评论，2020，23（5）：28–40.

[13] 罗明. 零售学[M]. 上海：上海财经大学出版社，2017.

[14] 迈克尔·利维，巴顿·A. 韦茨，杜鲁弗·格雷瓦尔. 零售管理：第9版[M]. 北京：机械工业出版社，2018.

[15] 万融. 商品学概论. 5版[M]. 北京：首都经济贸易大学出版社，2021.

[16] 王晓晔. 我国《反垄断法》修订的几点思考[J]. 法学评论，2020，38（2）：11–21.

[17] 泽沛达，成政珉，华强森. 未来十年塑造中国消费增长的五大趋势[R]. 上海：麦肯锡全球研究院，2021.

[18] 程莉，郑越. 品类管理实战. 4版[M]. 北京：电子工业出版社，2020.

[19] 张云，王刚. 品类战略[M]. 北京：机械工业出版社，2017.

[20] 周如祥. 品类制胜：新零售时代的门店制胜策略[M]. 广州：华南理工大学出版社. 2018.

第4章

零售商店的环境设计

学习目标

1. 掌握实体商店外观设计的主要内容。
2. 理解实体商店的内貌设计。
3. 掌握商店布局的原则与步骤。
4. 掌握商品陈列的原则、方法与技巧。
5. 掌握网店氛围设计的主要内容。

素养提升

消费升级；美好生活需要；精神文化需求；创新意识；技术驱动；与时俱进；传统文化传承；人文关怀；以美养德；绿色低碳；“四个自信”。

引导案例

“小米有品”全球首家线下店铺设计

小米旗下精品生活购物平台“小米有品”全球首家线下商业旗舰店的打造，标志着其正式涉足实体零售市场，开启新零售战略，并将成为“小米有品”线下店面的标杆。区别于其他生活方式店面，“小米有品”这家店定位为“智能”与“生活方式”的结合，让每个消费者零距离了解其高品质、高颜值、高性价比的产品，体验到智能家居的乐趣。围绕这一目标，设计团队以“精品智能生活方式地图”为设计核心，完成了这个500多平方米的综合体验空间的设计工作。

作为“小米有品”首家线下商业旗舰店，店面整体延续“小米有品”简约、现代的风格，以浅木色和浅灰色为主色调，木纹体验台自然融入，开放式的动线设计，整体给人以明亮、简约、居家的感觉，让顾客更愿意进入和长久停留。500多平方米的店面里，集中展示了“小米有品”17 大品类近 2 000 件产品，整个空间规划包含“单品展示区”“场景展示区”两种形式的 12 个分区。同时，为了让顾客更好地理解和体验产品在自己家中的实际使用效果，店面规划了起居室、卧室、厨房、餐厅、卫生间五个使用场景展示区，开创性地用“小米有品”智能及生活产品完整还原了人们的家居日常。通过有序的区域排布和丰富设计元素的植入，令顾客行走其中如置身琳琅满目的生活游乐场，一步一世界。

不同展示区融入不同的设计元素，带给进入者强烈的融入感：主入口和生活场景展示区上方的天顶运用独特的房檐元素，传达出属于家的空间感，局部镜面效果在扩大空间延伸感的同时，也寓意未来生活拥有无限的可能；旅行用品区，通透的拱形通道如同可穿越时空的隧道，带顾客走入运动与旅行组成的畅快时光；智能体验区域顶端设计有圆形光环，勾勒出整个区域的科技感，深入其中可以体验科技应用于生活的乐趣与便利，这也是“小米有品”希望带给人们的生活方式。

鉴于店面所在的商场外延无法过多改变，且店面只有 500 多平方米的可用空间，两个使用场景区设计在正对主入口两侧落地窗的位置，发挥起对外的橱窗展示作用，吸引更多顾客进店体验。为延续“小米有品”的爆品模式，店面主入口处设置了爆品展示区，使用异形展台集中陈列经千万顾客验证的口碑好物，令顾客在进店的第一时间得到最精华的产品推荐。

从入口处延展开，串联起三个出入口及各展示区的灰色水磨石地面造型规划出店内主要消费动线，通过与浅木色地板的颜色、材质形成差异，进而引导顾客自然而然地随着设计者的思路完成店内行走，充分接触每一个重点内容。

“小米有品”旗舰店特别设计了陈列货架，陈列货架有充足的收纳空间，且可调整尺寸，方便运营中更换摆放不同大小的货品。为充分利用店面空间，货品仓库、后台设备存放、员工休息 / 换衣间、顾客试衣间等后台功能被集合到 50 平方米的面积内，释放出更多有效空间以供商品展示。

资料来源：商业与美学相遇，揭秘小米有品全球首家线下店铺设计.（2019-06-06）. https://mp.weixin.qq.com/s/V5uO6E5za63443I1za9M5w.

思考：零售实体商店的外观设计需要考虑哪些因素？零售实体商店可以从哪些方面规划内貌设计以更好地满足消费者对美好生活的向往？

第 1 节　实体商店的外观设计

一、外形设计

设计精良的零售商店的外形可以向消费者传达有关美好生活的想象，以独特形象满足消费者的审美需求，吸引消费者并唤起消费者的购买欲望，影响消费者的购买决策，提升顾客忠诚度，实现利润的提高以及企业价值的提升（张全成等，2017）。设计一个独特美好的零售商店外形是零售商获得竞争优势、取得长远发展的重要手段。

（一）外形设计的原则

外形设计良好的零售商店可以让消费者眼前一亮，为此，零售商店的外形设计要遵循以下三个原则。

1. 易识记

易识记是零售商店外形设计的首要原则，既有利于吸引消费者进店，又缩减了消费者的寻觅时间，提高复购率；在消费者自发进行商店推广时，便于客观描述及辨别。

2. 一致性

零售商店的外形设计要和商店的所有构成要素（店员形象、产品风格、经营理念、品牌理念等）保持协调一致，还要与周围环境保持一致，不影响整体城市风貌。这有利于树立品牌形象，增强顾客的信任感。

3. 差异化

零售商店的外形设计要展示商店的经营特色，树立个性化的风格，使顾客易产生进店购物的欲望。

（二）外形设计的类型

根据零售商店经营商品的特点和开放程度的差别，零售商店的外形设计分为三种类型。

1. 封闭型设计

封闭型设计是指零售商店内外用门隔开，出入口尽可能小，面向大街的一面用橱窗或有色玻璃遮挡起来，从店外看不到店内，顾客进入商店后，可以安静地挑选商品，不受外界的干扰。这类设计适合经营奢侈服装、珠宝首饰、工艺、音响器材等高档商品的商店。

2. 半开放型设计

半开放型设计是指商店入口大小适中，并配有橱窗陈列，使外面的行人能够看清商店的内部摆设。经营者一般通过在橱窗里摆放具有代表性的商品吸引顾客进店消费。这种设计适合经营化妆品、服装等中等档次商品的商店。

3. 开放型设计

开放型设计是指商店正对大街的一面全部开放，没有橱窗，出入方便，没有任何障碍。经营水果、蔬菜和水产品等大众化商品的商店多采用该种形式，可以扩大客流量，提高顾客的购买频率和速度。

（三）外形设计的风格

从整体风格来看，商店门面可以分为现代风格与传统风格。现代风格的门面可让消费者体会到时代气息和流行风潮，为当前大多数商店采用。传统风格的门面给消费者以古朴典雅、传统丰厚的感觉，很多百年老店、经营民族特色商品的商店（旗袍、民族工艺品等）都适宜采用传统风格的门面。

零售视角4－1　新华书店新商店形象

二、招牌设计

商店招牌（signboard）是用来展示商店的名称和记号的重要媒介，也可以称为店标（即商店的标识），往往由标志、象征物、字体和装饰图案组成。对于寻找购买目标或游逛商场的顾客来说，最先吸引他们眼球的往往是那些大大小小、形形色色的商店招牌（钟科和王海忠，2015）。招牌的功能主要包括：引导与方便顾客来店；体现出经营与服务特色及企业文化；吸引顾客并引起顾客的兴趣；增强对商店的记忆性和传播力（周小曼等，2019）。所以，招牌的设计对商店的经营和发展至关重要。

（一）店名设计

商店招牌的命名要力求言简意赅、清新不俗、易读易记，并富有美感，使之具有较强的吸引力，其设计应遵循以下原则及方法。

1. 店名设计原则

（1）易读易记

零售商店的名称设计要易于上口，难发音、音韵不好的文字、生僻字和多音字都不适宜作为商店名称。例如，一家火锅店起名为“土垚火锅店”，其中的“垚”字大多数消费者都不认识，这就为商店的宣传推广带来了一定的麻烦。纵观当前经营成功的企业，其企业名称大都比较简洁易记，使消费者印象较深，如麦当劳、家乐福、惠普等。

（2）暗示经营产品的性能和用途

零售商店的名称如果能和代表产品某些方面的性能和用途联系起来，就可以帮助消费者明确商店经营的类型及经营特点，从而降低消费者的信息搜寻成本，方便消费者快速寻找到目标商家。例如，以“淑女屋”命名的服装店暗示商店经营女性服装，且所经营的服装产品展现的是女性的温柔气质，以此命名的商店更容易吸引有同样气质的女性群体。

（3）启发联想

中国文字博大精深富有深刻的内涵和寓意，店名应尽可能和一些具有美好寓意的文字结合起来，让消费者能获得愉快的联想和消费体验，进而提升忠诚度。例如，金利来公司的英文名为“goldlion”（金狮），汉语中把“gold”译为“金子”，把“lion”译为“利来”，这一名称朗朗上口，而且给消费者一种吉祥如意的感觉——金钱红利源源而来。

（4）符合文化价值观

商店命名还应充分考虑不同国家的文化价值观念，同样的植物或动物，在不同的国家具有不同的象征意义。例如，菊花在中国可作为注册商标，但在意大利被视为国花，在日本被视为皇家象征，在拉丁美洲国家则被视为妖花，所以在这些国家最好不要在商标里使用菊花意象。

（5）切忌违反法律

商店命名要避免侵权等违法现象。法律明确规定，禁止使用与国家名称、国际组织名称相同或相近的词语作为商标，禁止使用带有民族歧视性的、夸大宣传并带有欺骗性的词句作为商店名称。另外商店经营者在命名前要通过相关部门查询是否已经有相同或相近的店名注册。例如，美国有一家叫“伊丽莎白泰勒热情”的专卖香水的连锁店，连锁经营发展到第55家时被迫停卖，因其竞争者有一款叫“热情”的香水并起诉该连锁店，导致其不得不重新命名，且原广告促销活动也付诸东流了。

2. 店名设计方法

（1）与经营特色或主营商品属性相联系

这种方法可以反映经营者的经营特长，或反映主营商品的优良品质，使消费者易于识别商店的经营范围与特点，从而产生购买欲望。例如，盒马鲜生反映了经营产品的特色是生鲜产品。

（2）与服务精神或经营理念相联系

这种方法可以反映经营者的信誉，使消费者产生信任感。例如，如家快捷酒店的服务精神就是让消费者拥有像家一样的服务体验。

（3）与历史名人或文化典故相联系

这种方法能反映经营者的经营历史、经验和学识，通过对中华优秀传统文化的创造性转化、创新性发展设计的店名可以使消费者产生浓厚的兴趣和敬重感。例如，作为全国中药行业著名老字号的同仁堂。

（4）与享受意境和美好愿望相联系

这种方法可反映经营者愿意为消费者的生活增添乐趣与实惠，同时包含对顾客的良好祝愿，从而使消费者产生有益的联想，对经营者产生亲切感。例如，华润万家中的“华”字代表着中华，“润”字有着滋润、优惠的意思，而“万家”就是代表着千家万户，也就是给中华的千家万户带来好货的地方。

（二）招牌样式设计

1. 招牌字体设计

字体是设计中重要的视觉元素，文字字体的重新设计、形态的再变化，不影响文字所要表达的信息，但会在一定程度上影响传达的效果。对字体大小、结构、排版等方面进行设计需要综合考虑视觉美感、文字含义和招牌所传达的目的。招牌的字体设计应注意以下几点。

（1）商店名称的字形、凸凹、色彩、位置应相互协调；

（2）文字应尽可能精简，内容立意要深，同时又要上口、易记易认，使消费者一目了然；

（3）文字内容必须与本店所销售的商品相吻合；

（4）字体要注意大众化，中文和外文美术字的变形要容易辨认。

具有不同经营属性的零售商店在实践中形成了一些关于招牌字体设计的约定俗成的法则。例如：经营女性化妆品的专卖店，名字多用纤细、秀丽的字体，以显示女性的柔美秀气；经营五金工具的商店，其名字多用方头、粗壮的字体，以表示金属工具的刚劲坚韧。

2. 招牌材料设计

使用不同材料制作的招牌会带来不同的视觉感受，通过材料的视觉质感可以强化个性的传达，常用的材料有喷绘布、亚克力、金属、木材、玻璃，除此之外还可以使用天然石材、竹材、砖料等。除具备耐腐蚀、耐风化、耐污染的性能外，材料的可塑性、经济性以及材料的自然肌理也很重要，利用夜光材料可以在夜间发光的特性来设计招牌，既环保又节省成本。规模较大且要求考究的商店可使用铜质、凸出的空心字，令招牌闪闪发光，有富丽豪华之感；瓷质字永不生锈，且反光性好；塑料字有华丽的光泽，且制作方便，但容易老化、变形；木质字也有特殊的效果，但容易变形、断裂。

3. 招牌位置设计

依据连接和固定的构造方式，商店招牌的位置设计形式主要有以下四种。

（1）悬挂式放置

悬挂式放置是指将商店招牌直接悬挂在店外墙面或其他构件上，是最基本的放置方式，通常为商店招牌平行放置在店面正上方的位置，显而易见、一目了然。

（2）出挑式放置

出挑式放置为商店招牌从店外墙面悬臂出挑的形式。此种位置设计主要对悬挂式放置起到一定的辅助作用。如果商店处于交叉路口或相对狭窄的步行商业街中，在每侧墙壁靠上的位置放置出挑式招牌，使来自不同方向的顾客均能从远处看到。

（3）附属固定式放置

附属固定式放置是将招牌的字体图案（或连同底板）直接固定在外墙、雨棚或建筑物檐部上端。临街的小型商店以及规模较大且门前空地开阔的专卖店常选用此种形式固定招牌。

（4）单独设置式放置

单独设置式放置指将招牌以平面或立体的形式独立放置于商店前的地面上。这种招牌位置设计虽然能使顾客更加注意到商店的存在及商店位置，但因更多地占用了公共用地面积，妨碍行人且影响整体环境美观而逐渐被减少使用。

三、橱窗设计

橱窗（show window）是以商品为主体，通过背景衬托，并配合各种艺术效果，进行商品介绍和宣传的综合艺术形式。橱窗不仅仅是陈列商品的摆设，经过精心的设计后也是为消费者提供更多商品信息的重要途径。橱窗更是一种重要的广告形式，它不仅表现品牌个性，反映产品的风格、定位和价格信息，更为重要的是，它近距离地将真实商品展示在潜在顾客面前，比其他媒体更具说服力和真实感（Lombart et al.，2020）。从橱窗里，消费者可以获知季节的变化、流行趋势、节日的到来以及社会上重大事件的发生。因此橱窗设计要突出商品的特性，同时使橱窗布置和商品介绍符合消费者的一般心理行为，让消费者看后有美感、舒适感，对商品有好感和向往。

（一）橱窗设计方式

有别于其他的平面广告设计，橱窗设计利用视觉效果，以三维立体的形式来展示商品特性，通过利用背景道具来模拟真实的生活空间，令顾客可以 360° 全方位地观察商品、了解商品。橱窗的设计方式多种多样，常见的有以下几种。

1. 综合式陈列

将许多不相关的商品综合陈列在一个橱窗内，以组成一个完整的橱窗。由于商品之间差异较大，选择这种陈列设计时一定要谨慎，以避免杂乱无章。

2. 专题式陈列

专题式陈列是指围绕某一个主题，组织不同商店或同一商店不同类别的商品进行陈列，如绿色食品、丝绸之路等专题适用这种陈列方式。

3. 系统式陈列

系统式陈列就是按照商品的类别、性能、材料、用途等因素分别组合陈列在一个橱窗内。系统式橱窗陈列又可具体划分为：同质同类商品橱窗，即同一类型同一原料制成的商品组合陈列；同质异类商品橱窗，即同一原料不同类别的商品组合陈列；同类异质商品橱窗，即同一类别不同原料制成的商品组合陈列；异质异类商品橱窗，即把不同类别、不同原料却有相同用途的商品组合陈列。

4. 特写式陈列

特写式陈列是指运用不同的艺术形式和处理方法，在一个橱窗内集中介绍某一零售商店的商品，这种陈列适用于新商品和特色商品的广告宣传。具体包括两种：一是单一商品的特写陈列，以重点推销；二是商品模型特写陈列，适用于体积过大或过小的商品，以及某些易腐易烂商品。

5. 季节性陈列

季节性陈列是指根据季节变化将应季商品进行集中陈列。这种陈列满足了顾客应季购物的需要，有利于扩大应季商品的销售。

（二）橱窗设计特性

橱窗设计与商店的类型有很大关系，不同类型的商店，其橱窗设计特性也是不同的。总体上，橱窗设计应具备以下特性。

1. 陈列商品特色主打性

橱窗中陈列的商品要反映出商店的特点，且与实际经营相一致。对于季节性商品，要适时陈列，相关联的商品要配套或组合陈列。例如，冬季时商店橱窗中陈列的商品均使用冬季新品。

2. 陈列商品主题故事性

橱窗中的陈列商品要有主题，通过故事性将各种商品有机组合起来，传达品牌故事及价值。例如，以春节为主题进行橱窗商品陈列。

3. 橱窗陈列艺术性

橱窗也可以是艺术品陈列室，通过对商品合理搭配来展示商品的美感。要适应消费者的审美需要，运用多种艺术处理手法，一般运用对称与不对称、重复与均衡、主次对比、虚实对比、大小对比、远近对比等，把各种商品有机生动地结合起来，使商品的外观形象与内在品质得到更好的体现。

4. 橱窗灯光及色彩搭配适宜性

对灯光的一般要求是光源隐蔽、色彩柔和，避免使用过于鲜艳、复杂的色彩。橱窗的色彩要清晰明朗、丰富柔和，能增强商品的美感；在色彩的调配上，一般根据商品本身的色彩和季节的变化，合理灵活地运用单一色、邻近色、对比色等色彩搭配规律，处理好色彩上的对比关系、调和关系和冷暖色调的变化，给人以集中、深刻的印象。

5. 橱窗高度适宜

橱窗的高度应以常人身高为宜，橱窗的中心线最好能与顾客视平线相当，这样，整个橱窗陈列的商品都能在顾客的视线范围之内。一般橱窗底部的高度，以离地面 80 ～ 130 厘米，正常人的视线范围可见的高度为宜，大部分商品可以放在离地面 60 厘米的地方，小型商品以 100 厘米以上的高度陈列。如果用模型，则可以直接放在地上，不用增加高度。具体的尺寸也要根据街道宽窄、城市大小及所在的建筑物等条件灵活确定。

6. 橱窗商品更换及时

消费者浏览橱窗的目的是想获得最新的商品信息和资料，因此橱窗陈列的商品要经常调整、更换，确保是最新或主营的产品，必须能向消费者传达最新的市场信息，满足消费者求知求新的心理。

7. 橱窗卫生干净

橱窗陈列的商品要保持清洁、干净。保持卫生可以通过两种途径：一是经常打扫；二是设计橱窗时必须考虑防尘、防热、防水、防晒、防风、防盗等。

四、出入口设计

在零售设计中，商店的出入口是顾客进出的必经通道，对于展现人文关怀与提升软实力十分重要。出入口是决定零售商店客流量的关键，其设计应与商店的市场定位相吻合。另外，若商店出入口能与城市交通线路相结合，不仅能吸引大量持续人流，而且能调动顾客使用公共交通设施进行购物的积极性，使得商业发展趋向于低碳经济的发展模式，最终实现经济效益、社会效益和环境效益的统一。

（一）出入口设计原则

1. 方便出行

出入口要以消费者的活动特征来设计，根据商店所在位置、格局以及临街情况，以方便消费者出行为目标。最理想的出入口位置设计要与城市交通节点相结合，让商店的出入口靠近地铁口、城市公交站等位置，满足消费者便捷出行的需求。如果条件受限不能与交通线路实现有效联结，那出入口也要靠近停车场等公共场所，方便乘私家车而来的消费者。

2. 与周围环境相协调

零售商店出入口的设计要与周围环境相互协调。当前零售商店已经成为城市整体风貌的重要构成因素，因此出入口的设计模式要与周围建筑空间环境的特点相匹配。如果零售商店处于较为开阔的城市空间中，出入口的设计自由度高一些；如果零售商店位于密度较高的城市空间中，则出入口的设计必须遵循一定的要求。例如，要根据城市干道位置、街道界面的连续性和标志性、城市重要建筑和景观广场的位置、周边既有的建筑和历史文化的制约条件等因素进行综合考虑。

3. 为顾客服务

为了使顾客能够放心愉快地享受购物乐趣，零售商店可以在出入口附近准备一些必备物品，向顾客传递心意。比如，下雨天在出入口处为顾客准备放雨伞的篮筐或套雨伞的塑料袋。商店出入口可以设置一个临时柜台，用于出售一部分特价商品，进一步加强商店的热闹气氛。商店出入口处附近可张贴内部布局图，为顾客实现有效引导，特别是大型的商业购物中心，出入口处展示整体建筑介绍图很有必要。

（二）出入口设计特性

好的出入口设计会让顾客在踏进店门的那一刻就涌动出购物的激情，感受到舒适惬意的购物氛围。为此，在设计时要体现以下特性。

1. 标示性

出入口是商业建筑给予人们的第一印象，它影响到人们对建筑以及购物的整体印象。通过出入口的成功设计吸引更多的人流，带来更多的商机，也留给消费者一个良好的购物体验。

2. 可识别性

购物中心出入口大多形象鲜明醒目，易于识别。人们视觉上的反应与认同依赖于某种符号而存在，在购物中心出入口的周围或出入口的适当部位设置提示物和媒体，如雕塑、广告等符号，往往能激发人们的认识与联想，会更有效地发挥其标志作用。

3. 人性化

出入口设计不仅要符合正常消费者的安全、舒适的使用要求，而且也要考虑残疾人、老年人的使用要求，做好无障碍设计，消除人为环境中不利于行动不便者的各种障碍。

4. 艺术性

有些购物中心用一些雕塑、喷泉或者艺术绘画装饰出入口，富有艺术气息，以此吸引顾客，优化购物体验。例如，香港朗豪坊出入口处采用的雕塑象征动力与朝气蓬勃，成为显著地标。

第 2 节　实体商店的内貌设计

一、视觉：色彩与照明

色彩是视觉传达中十分重要的因素，是人们识别物象、认识世界的重要条件（Sample et al.，2020）。有效运用色彩的排列组合可以给予消费者耳目一新的感觉，并刺激其购买欲，而杂乱无序的颜色排列只会使人想要远离不愿意接近。色彩不仅可以对消费者的心情产生影响和冲击，还可以作为品牌的识别标志（Putri and Balqiah，2017），与其他品牌区分开来，许多品牌服装商在其商店的色彩运用上大量地使用其标志性色彩。

（一）商店色彩设计

1. 色彩的作用

（1）色相的作用

不同的颜色会让人产生不同的感觉，暖色系会令人产生热情、明亮、活泼等感受，冷色系会令人产生安详、宁静、稳重、消极等感觉。此外，就颜色的使用习惯而言，有些颜色具有热烈、欢快的气氛，有些颜色则属于消极、冷漠的。这些会因各地风俗习惯的不同而有差异，因此在制订色彩计划时，也应注意颜色的使用习惯并加以利用。

（2）明度的作用

明度高的色彩即亮色会显得活泼、轻快，具有明朗的特性；明度低的色彩即暗色则令人产生沉静、稳重的感觉，在配色时要根据展示的目的合理运用。

（3）纯度的作用

纯度即色彩的饱和度，纯度的差别会造成朴素或华丽的不同感觉，一般低纯度的颜色会产生朴素感和高雅的格调，高纯度的颜色则令人感觉华丽和热烈。

2. 色彩设计的技巧

（1）掌握色彩平衡感

通常按照由前到后、由明到暗的顺序排列。明度高的商品放在商店的前部，明度低的放在商店的后部，这样可以增加商店的空间感。对于同时有冷色、暖色、中性色系列商品的商店，一般是将冷暖色分别放在左右两侧，正对消费者陈列的一面可以放中性色，或对比较弱的色彩系列。色彩搭配需要给人一种和谐、愉快的感受，避免采用高纯度、高明度和过于刺激的色彩，否则容易造成视觉疲劳。比如红色和白色，颜色跳跃且有活力，但具有刺激性，并不适合大面积使用。因此，减弱视觉刺激的配色会让消费者看着更加舒服，可利用浅灰色代替白色，提高或者降低红色的纯度或者明度。

（2）把握色彩走向

在零售商店中，无论是色彩搭配还是商品摆放，都要讲究一定的规则，商店的色彩规划要从大到小，由商店总体色彩规划到陈列面色彩规划，再到单柜色彩规划，这样能做到整体上掌握商店的色彩走向，同时又可以把握细节。例如，美妆店将同色的美妆蛋陈列在相同区域。

（3）注意色彩适配度

①适时，指颜色要适合商品销售的季节。

②适品，指商店的装饰色应该与商品相协调，避免不和谐之感。

③适所，指商店的色调与商店的性质、风格相一致，否则会失去个性，影响形象。

④适人，指商店在进行色彩规划时，尽量充分考虑目标顾客对色彩的偏好和敏感程度，使顾客进店之后，能够产生一见如故的感觉，从而有一份轻松、愉快的购物心情。

（二）商店照明设计

1. 照明设计的作用

商店的灯光设计和布局能够引发消费者的心理感触，由此产生的市场效应十分显著，清新明亮的灯光设计和布局能够有效地吸引消费者的注意力，同时店铺照明可以有效引导消费者消费，增加人均消费（Donthu et al.，2021）。

（1）营造卖场气氛

好的灯光设计有助于在商店内制造兴奋的感觉。比如，暖色调的灯光可以增强商品本身暖色特质，而一些玻璃器皿、水晶饰品等通过灯光照射更加剔透，有高贵质感。

（2）吸引顾客进入

心理学上的“热带效应”表明人们通常喜欢明亮的场所并被其吸引。零售商店照明得当，不仅可以渲染商店气氛，还能突出展示商品，增强陈列效果，从而最大限度争取顾客的欢心。

（3）提升商品魅力

灯光给予具有光泽感的商品以“光辉感”，给予要强调色彩的商品以最接近自然的光，给予外形美观的商品以强调轮廓的光，从而使商品的魅力能最大限度地发挥。

（4）突出艺术个性

装饰照明通常应用于高端商店，以突出空间艺术个性。商店内要追求日常生活中没有的奢华的表现，演绎出愉悦的、消遣的感觉，或者是不同于日常的高级感和空间表现，可增加装饰照明。

2. 照明种类的技巧

（1）基本照明

商店面积较大，主要靠灯光照明。照明灯的数量和分布要合理，既保证有足够的亮度，又不可过于强烈，应给人以明亮、柔和、自然、舒适的感觉。基本照明主要解决营业区域的采光问题，要求亮度均匀不留死角，便于顾客浏览全场。

同时，要注意色温和照度的关系。色温就是光的颜色，不同颜色给人以不同的心理感受，最简单的冷色给人清爽、干净的感觉，而暖色则会带给人一种温馨、舒适的感觉。高照度、低色温通常会给人一种闷热的感觉。高照度、高色温往往给人带来清爽、兴奋等感觉。低照度、低色温这个组合的出现往往伴随着温馨和舒适这些形容词。低照度、高色温是比较少用的搭配，常常给人一种阴郁怪异的感觉，很少用到这种组合。

（2）特别照明

特别照明是为了突出商品的某种特质，增强商品对消费者的吸引力而设置的照明。在高档饰品、高档烟酒的柜台里，为了突出商品的昂贵，可以适当地布置一些玫瑰色的灯光，同时，玫瑰色的光有使人显得气色好的功用，在化妆品柜台区域也可以使用玫瑰色的光。为了突出奶制品的特点，奶制品陈列区可以使用白色的光，这样显得新鲜洁白而明亮。

（3）装饰照明

装饰照明是为了某种特定的主题效果或者是为了强调重点区域而进行的照明。这种照明方式一般不是很普遍，多为在特别节日时烘托气氛特意安装设计，更多的是为照顾顾客情绪，突出宣传效果等，多采用吊灯、壁灯、落地灯、彩灯、霓虹灯等。因此，不建议将此种照明方式用于日常照明设计，而是作为基本照明的补充。

二、嗅觉：气味感觉

气味也是店内刺激中不可缺少的一味“添加剂”。气味牵动着人的情绪和记忆，甚至可以对消费者的购买行为产生影响（钟科等，2016）。例如，餐馆利用食物的气味增加人们的食欲；化妆品店用一系列芳香气味吸引购买者；宠物商店用自然气味讨好购买者。

（一）气味设计的作用

研究表明，当消费者在一个气味令人愉悦的环境中购物时，积极情绪能够提升他们对商品的感知价值；而消极情绪的消费者在令人愉悦的环境中对商品的感知价值反而较低（钟科等，2014）。零售商店对气味的积极调节和有效干预，能够提高消费者对商品的感知价值，增强其购买意愿。

（二）气味设计的技巧

零售商店的气味设计有以下技巧。

1. 保持商店空气清新流通

商店要有良好的通风设计，采用一定的空气过滤装置。保持清新宜人的空气，一般可以采用多设窗户或换气窗，利用空气对流自然通风，加设门窗防尘帘，经常吸尘除尘，以及遍种花草、添置盆景等办法。有条件的商店还可以装设空气调节器，实行人工通风。

2. 预防霉烂气味以及商品串味

零售商店对商品应该经常检查，以防霉烂变质，散发不良味道，特别是生鲜商品区，要定时定点由专人检查，以免商品变质散发出腥臭味；其次，要注意不同香型的商品隔离布置，防止商品相互串味，相互影响。

3. 保持气味浓度适宜

人的嗅觉有一定的限度，在正常的嗅觉范围内，气味才能起到令人精神爽快、心情舒畅，从而刺激顾客进行消费的作用。如果超过了这个范围，人的嗅觉器官会感觉不舒服，促使人们想逃离，这样气味不仅没有起到吸引顾客的作用，反而起到驱赶顾客的反作用。

4. 说明不良气味情况

如果商店新开张或刚进行过装修，有很大的异味，但在短时间内又无法消除，应以张贴在店内的说明或告示牌的形式向顾客说明情况并表示歉意。顾客看到这个之后，心理上会觉得受到尊重而愉快，比较浓的异味引发的不适会被这种愉悦心情淡化。

三、听觉：背景音乐

（一）背景音乐设计的作用

零售商店背景音乐的编排与设计将随着声波的传递，直接体现出品牌文化与品牌定位。善用背景音乐可以营造购物气氛、宣扬品牌文化、疏导顾客情绪、提升顾客的购买意愿，进而促进商店的销售。

（二）背景音乐设计的技巧

1. 根据商店品牌定位、商品特点确定背景音乐

定位较高的商店尽量选择古典、高雅的背景音乐，这样更能受到有良好教育背景的购买人群的欣赏。零售商要突出人性化和亲和力，背景音乐就要选择旋律轻柔舒缓的歌曲，以营造温馨的气氛，使顾客有宾至如归的感觉，给顾客以舒适与温暖感，从而乐意购买该商店的商品。零售商要突出时尚，背景音乐就要选择最新流行歌曲或热情奔放的激昂歌曲。具有青春活力的音乐会让偏爱时尚的年轻顾客感受到背景音乐带来的情感力量从而增加对该商店的好感度。经营中老年顾客所用商品的商店，背景音乐就应播放一些怀旧歌曲或抒情乐曲，这样就能与顾客产生共鸣让购物成为一种美好回忆。

2. 根据营销时间段、顾客年龄确定背景音乐

动感强烈的迪斯科、欢快的流行歌曲可以在早上开门迎宾或客流量较大的时候播放，喜悦、欢快的乐曲更容易打动顾客的心。中午或客流少的时候可以选择播放舒缓悠闲的音乐，在这种优美的音乐环境中，人的心情会得到放松，自然而然地延长在商店里停留的时间。傍晚时，则要放一些舒缓的乐曲来消除顾客心中急于完成购物的焦急情绪，从而增加其逗留时间。促销活动期间或客流高峰期，可以选择节奏欢快的音乐，暗示顾客“该出手时就出手”。在快节奏的音乐环境中人们会不知不觉地加快购买速度，从而提高顾客流动率，增加收入。如果顾客中年轻人较多就要多选择一些新颖的现代音乐或流行歌曲，营造出流行前沿、都市时尚的气氛，做到与年轻人心境相协调。

3. 背景音乐的音量和风格要适宜

商店背景音乐既要富有风格，又要尽量不使身处商店购物的人们过于注意音乐。因此，扬声器要均匀分布，无明显声源方向性且音量适宜，不影响人们正常交谈。背景音乐要柔和得体，流行歌曲和传统歌曲需要经过改编，成为一种不太激昂、比较抒情平稳的音乐才能充当背景音乐，这样才能使顾客得以安心选购。背景音乐的音量可根据商店需要自行调节但以不影响场内交谈为宜。一般用稍高音量来提升销售气氛，而低音量则适合在平时方便顾客与营销员咨询沟通。音响的强度过高时，不但不利于人与人之间的交流，而且会使顾客产生一种急躁感、不安感，心情烦乱，甚至反感，销售人员也会心感浮躁，不利于工作。

第 3 节　实体商店的布局设计

一、商店布局设计的原则

新颖、活泼、更具吸引力的商店布局（store layout）可以直接或间接地提高商店的营业效率，进行商店布局设计时应遵循以下原则。

（一）促进购买

优秀的商店空间布局设计会突出良好的购物引导性，而良好的引导性又体现在消费者能通过某种标志或指引迅速找到需要的商品。要做到这一点就需要根据人的视觉习惯和视觉认知方式对卖场空间进行整体的布局设计。消费者进入商店的购买心理一般要经过感知—兴趣—注意—联想—欲求—比较—决定购买的整个过程（Fiore et al.，2000）。合理、独特、让人耳目一新的商店布局无疑会给消费者带来强烈的视觉冲击，突出产品诉求和即时促销信息，吸引消费者关注产品细节，刺激消费者的购买冲动，使其加速做出购买决策。

（二）便利顾客

零售商店设计要坚持以顾客为中心的宗旨，包括出入口的设计、功能的分区、行动路线的设计、收银台及休息区的设计等都需要以顾客便利为前提，以保证顾客进店率，利于增加营业额。

（三）加深印象

商店购物特征明显，环境舒适，光线明亮，令消费者把明亮整洁的购物环境与优质新颖的商品联系在一起，加深消费者对商店的印象，增强消费者的购买信心，吸引消费者再次进店购物。

（四）互动娱乐

商店布局的互动娱乐原则就是要让顾客参与到体验互动中去。如果让顾客沉浸在轻松愉快、自由舒适、妙趣横生的体验过程之中，顾客将会显示出前所未有的主动性，商店的销售额也会随之增加。在零售商店布局设计中可以借助科技赋能的方式营造娱乐体验性，如通过 AI 设备创建人机交互平台；或者通过 AR 等数字技术模拟生活场景，让顾客体验使用过程；或是建立一些休息站，为顾客提供放松、趣味设备等。只要不违背商店的管理原则，娱乐体验上可以做多种尝试。

（五）安全美观

购物活动正演变成一体性的综合活动。因此，零售商必须根据不同商店采用不同风格的布局，同时，不能忽略安全性这一至关重要的因素，商店设计需要考虑人员安全撤离和安全事故的防范。除此以外，在零售商店布局时要注意使用环保清洁的材料，在促进购买的同时也要倡导绿色消费，推动全民形成绿色低碳的生产方式和生活方式。

二、商店布局设计的步骤

（一）商店布局设计前的准备

商店布局设计前要对商店空间进行分类，商店空间按功能一般分为消费空间、行走空间、辅助空间等，消费空间可按商品的类型分成多种空间构成，行走空间起到串联的作用，辅助空间有待客区、体验区等（Donthu et al.，2021）。合理地划分空间以及控制各空间之间的关系及排列顺序，将对顾客产生有效的引导（Sample et al.，2020）。想要合理地划分空间，先要明确服务范围、划分商店空间、明确产品分类、控制设计成本等等。

1. 明确服务范围

商店的服务范围决定了要设有哪些空间，决定了对消费者最基础需要的满足。通常情况下较高级的商店会有更多的功能划分以体现自己的专业度。但过多的功能分区也会造成成本的增加。一般而言，主经营项目空间要更靠近入口，以提高零售效率，而一些体验性空间要放到商店深处，让消费者花更多的时间感受。

2. 划分商店空间

商店空间一般划分为以下几个部分。

销售空间：商品陈列区、导购员和顾客交流区。

商品空间：商品储存（非陈列）区。

店员空间：换衣、午餐、休息区。

顾客空间：洗手间、休息区、试衣间、餐厅、电梯、停车场等。

3. 明确产品分类

产品分类也会决定空间的划分，产品系列或风格相同的商品会尽量在一个空间中展出，不同类型的商品所陈列的空间也要有相呼应的气质和风格，以帮助顾客更快地寻找所需。

4. 控制设计成本

在激烈的市场竞争中，对店面布局设计的投资是很有必要的，但也要考虑设计成本。因此，为配合店面布局设计的灵活变通性，店面的设施可以尽可能采用能随时变化、可变性高的设计、材料、设施，以此避免改造时的浪费。

（二）商店布局规划类型

好的商店布局规划能合理分配商店中商品的分布，充分利用商店的每一寸空间，最大限度地提升销售额。商店布局规划时通常会标注出各部分尺寸、位置、永久性和临时性展位、固定展位和人流走向（Sample et al.，2020）。常用的商店布局规划类型主要有以下三种。

1. 格子式布局

格子式布局是最传统的商店布局规划类型，它指的是商品陈列货架与顾客通道都呈长方形分段安排，而且主通道与副通道各保持一致，所有货架相互平行或直角排列，如图 4－1 所示。这种布局常被运用在超市和杂货店。

格子式布局可以营造一种严肃而有效率的气氛；依据客流量需要而设计，可充分利用商店空间；由于商品货架的规范化安置，顾客可轻易识别商品类别及分布特点，便于选购；易于采用标准化货架，可节省成本；有利于营业员与顾客的愉快合作，简化商品管理及安全保卫工作。但是格子式布局不美观，商店氛围单调、冷淡，也不能引起顾客的兴趣；当较拥挤时，易使顾客产生被催促的不良感觉。格子式布局很少被服装零售店使用，因为单调的布局不能把顾客自然地吸引到商店中来。

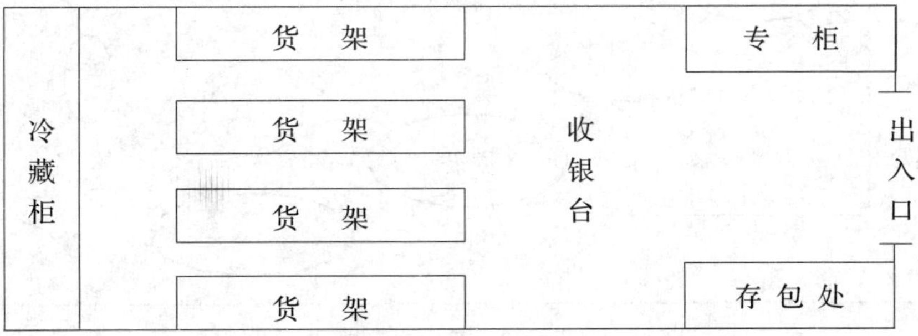

图 4－1　格子式布局

2. 岛屿式布局

岛屿式布局指的是通过设置通向商店的多个入口、打通各个分割部门的通道，从而达到吸引顾客浏览整个零售商店的目的，如图 4－2 所示。这种布局规划类型常被百货公司使用，岛屿式布局鼓励和刺激了冲动型购物。当消费者在岛屿式通道中闲逛时，其目光会不停浏览四周，不像在格子式布局中，消费者只能看到一条通道中展示的商品。

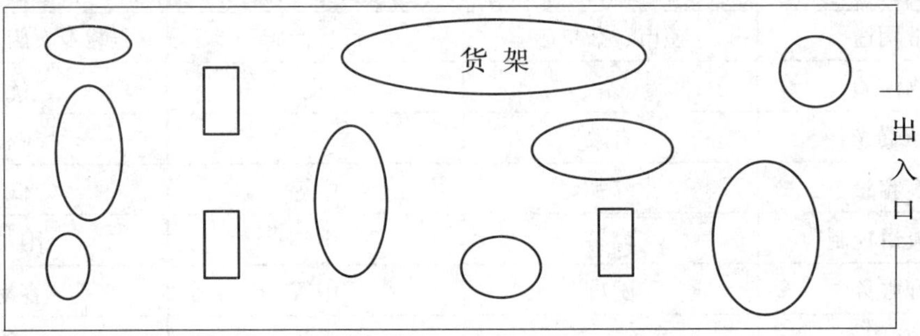

图 4－2　岛屿式布局

岛屿式布局富有创意，可以美化和装饰商店空间；使商店气氛更活跃，能够激发顾客的冲动购物欲望；能够满足顾客对某一品牌的全方位需求，对品牌供应商有很强的吸引力。但是，岛屿式布局会造成客户迷失，使得顾客因为无心寻找而放弃原有的购物计划；不利于最大限度地利用商店空间；如果现场人数较多，不利于营业员之间的相互协作。

3. 自由式布局

自由式布局是以顾客为出发点，试图把商品既有变化又有秩序地展现在顾客面前，如图 4－3 所示。布局模式表现为不对称地安排货柜、展示台和通道。自由式布局在服装专卖店使用最多。

通常这种布局的购物路线宽阔，有大面积的开放空间，再结合一些小道具和灯光，能营造出轻松、愉悦的卖场环境。在这样的环境中，消费者的购物体验大大优化，愿意在商店中投入更多的时间浏览，从而大大提高了各商品的曝光率。自由式布局的缺点在于空间利用率较低，其休闲、自由的浏览方式也会导致顾客流的减慢及有限的顾客容量；对商店的管理要求极高，特别是商品安全问题较大。

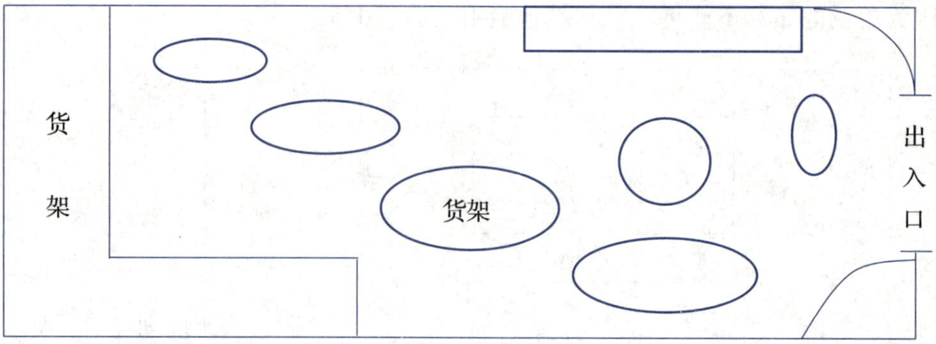

图 4-3　自由式布局

这三种商店布局规划类型并不是完全独立运用的，有的大型零售商逐渐将这三种商店布局规划类型进行结合。绝大多数的服饰零售商店使用自由式布局，即使是在使用了岛屿式布局的百货商店中设置的各服装品牌的销售区域仍使用自由式布局。下面从八个类目对三种布局规划类型进行比较，如表 4-1 所示。

表 4-1　三种布局规划类型的比较

比较类目	格子式布局	岛屿式布局	自由式布局
通常用途	超市、杂货店	百货商店	服装专卖店、精品店
购物体验	差	良	优
商品曝光	有限	高	较高
顾客容量	高	中等	低
顾客流量控制	容易	中等	困难
提升服务	困难	中等	容易
空间利用率	高	中等	低
成本费用	低	中等	高

资料来源：罗明. 零售学. 上海：上海财经大学出版社，2017.

延伸阅读 4-1

系统布置设计方法

1961 年理查德·缪瑟提出了系统布置设计（system layout and planning，SLP）方法，这是对以往系统内部功能区布局规划设计方法的重要变革，在全球产生了很大影响，应用也非常广泛。SLP 是逻辑性非常强的、将作业单位关系密切程度分析和物流分析相联结、探求恰当布局的一种方法，不但适用于工厂的扩建、新建或改建中对各类设施的位置布局设计，也适用于生产制造业中对办公地、仓库等的布置或调整，也可应用于商店、餐厅等服务业的位置布局设计。该方法以分析各功能区物流、非物流因素为主线，使用一系列说明性很强的表格和图例，通过条理化、结构化的程序设计模式对作业单位进行布局规划。

SLP 的五项基础数据（P、Q、R、S、T）：P（products）指产品和物料，该要素影响着系统的作业流程、功能区构成及各功能区的相互关系、产品搬运形式等。Q（quantity）指每种物品的数量，可以用重量、体积、件数等来表示。R（routing）指加工流程或搬运路线，它影响着各个功能区之间的关系、产品搬运路线、暂存地及储存地的位置等方面。S（service）指支持生产过程中的服务或辅助部门。T（time）指时间要素，指在何时、用多长的时间加工或处理产品，包括各作业单位的处理时间。SLP 方法的布置设计通常要经过四个阶段，即确定位置、总体区别、详细布置以及实施，每一步都必须规范地进行，才能保证方法的准确性。

SLP 方法通过结合图表分析和图形模型，以一定的权重将各作业单位间的物流关系和非物流关系进行加和，最终得出总相关关系布置作业单位。基于 SLP 方法可以分析零售店铺存在的设施布局问题，进而提出优化方案。

资料来源：邱慧，解瑞金，刘燕．基于 SLP 法的高校校园逆向物流回收点布局优化分析．物流技术，2022，41（4）：32–39.

（三）商店布局元素设计

1. 通道设计

消费者，尤其是女性消费者在购物的时候，很讨厌被人从后面蹭到或者是碰到，身体接触的情况会导致很多消费者选择放弃购物。所以在进行商店陈列设计的时候应该极力避免这种情况，提供足够大的个人空间。在进行商店通道布局的时候，应当考虑是否有足够空间让 2 ～ 3 个人并行。商店陈列时尽量不要把需要花时间挑选的商品陈列在行人来回走动的地方，比如门口或通道上，而是摆在靠里面的位置，以便消费者放心地挑选。

通道设计，包括主通道与副通道，应让顾客转遍店内每一个角落。主通道应具备如下条件：（1）进入店内的顾客 80% 都会通行；（2）必须延伸到店内最深处；（3）笔直没有障碍物；（4）店内最宽的道路。通道宽度方面，一般而言，普通零售店的主通道可保持在 0.9 ～ 1.5 米之间，副通道可保持在 0.6 ～ 0.9 米之间；超级市场的主通道可保持在 2.1 ～ 3.5 米之间，副通道可保持在 1.5 ～ 1.8 米之间；百货店的主通道可保持在 2.7 ～ 3.5 米之间，副通道可保持在 1.8 ～ 2.1 米之间。

2. 货架组合

货架组合即货位设计，货位是指商场中存放、陈列和出售商品的各个部位所占用的营业面积。货位的分布形式有直线式、斜线式和曲线式三种。

（1）直线式

直线式货位就是货架和通道呈矩形分段布置。它主要适用于超级商场和大型百货商店。其优点是顾客易于寻找货位地点，易于采用标准化货架；缺点是容易造成冷淡气氛，易使顾客产生被催促的感觉，使顾客自由浏览受到限制。

（2）斜线式

斜线式货位就是货架和通道呈菱形分段布置。其优点是可以使顾客看到更多的商品，气氛也比较活跃，活动不受拘束；缺点是不如直线式通道能充分利用场地面积。

（3）曲线式

曲线式货位的货位分布和顾客通道都是不规则的曲线形式。它是开架销售常用的形式，主要适用于大型百货商店、服装商店等。其优点是能创造活跃的店铺气氛，便于顾客选购浏览、任意穿行，可增加随意购买的机会；缺点是浪费场地面积，不便于寻找货位。

3. 收银台设计

收银台应设在显眼的位置，也就是顾客最能够注意到的地方，如商店的出入口处，或两层上下电梯间附近。一般是由收银台在出入口处分隔成出入口通道，呈“一”字形布置。结账通道即出口通道数量可根据商店规模的大小设置，然后根据营业规模的大小预测配置适量收银机。在条件许可的情况下，还应设置一条无购物通道，供那些没有购物的顾客出入，以免造成出入口处拥挤，同时对商品流出商店也可以起到有效的控制作用。如果收银台设在两层上下电梯间附近，收银员背后的区域一般应设置背景板或形象板，或是陈列摆放少量重点商品、新商品和促销品的货架，也可以展示顾客文明公约、各楼层经营项目背板或畅销商品排行榜等。这就要求该区域的灯光要比商店的整体照明度高，以形成明暗对比，突出商店的招牌形象以便于顾客记忆和宣传，或突出重点商品以促进销售。

收银台的高度应该不超过 0.7 米，宽度则应预留出足够的地方来放置顾客随手拿的其他物品，尤其是不止购买一件商品的顾客。结账通道的宽度一般设计为 1 ～ 1.2 米，这是可供两位顾客同时正常通过的最佳尺寸；长度则应根据正常情况下的客流量大小而定，一般是扣除了收银台本身的长度外，收银台与最近的货架之间的距离至少应该有 4 米，以保证有足够的空间让等候的顾客排队。至于收银台的色彩选择，首先要和商店整体的色调相互融合，同时要考虑背景的颜色，以及大多数顾客的消费心理，故适宜选择一些容易引发顾客产生欣喜和冲动感的颜色。

第 4 节　实体商店的商品陈列

一、商品陈列的原则

（一）一目了然

感觉是消费者认识商品的起点（Fiore et al.，2000）。因此，商品陈列（commodity display）应该使消费者一旦走到或站在柜台或展示架前就能对商品的全貌形成一个整体的感觉，并能很容易地了解到产地、规格、品牌、价格、质地等与商品相关的一些内容，从而激发消费者的购买欲望（Donthu et al.，2021）。

（二）多变少动

商店里的同一商品陈列的时间过长，会使人产生产品滞销的印象，使消费者产生商店经营不景气或商品质量不过关的联想。多变是指一种商品无论其销售如何都要经常更换陈列位置，这样可以给消费者以生意兴隆的感觉，增强消费者对商品和企业的信心；少动则指一类商品的陈列位置要相对稳定，以方便消费者寻找。如果个别类别的商品确实需要更换陈列位置，则应在相应位置上做出醒目标志。

（三）充实有序

陈列商品的数量充足，能给消费者以丰满、丰富的印象，使消费者产生有充分挑选余地的心理感受，进而激发购买欲望。充实有序的陈列能唤起消费者美好的情感体验。商品陈列充实有序要随时跟上商品更新换代的速度，不能让货架空缺，以促使消费者流连忘返。

（四）体验为先

消费者发生购买行为过程中的心理现象具有个性特征。同时消费者在购买行为中产生的感觉、知觉、记忆、注意、想象、情绪等心理活动过程也必然影响消费者的购买心理与行为，并构成影响消费者购买动机与购买行为的基础。商品陈列就是新生活的展示，把最新的材料和技术方法用于商品陈列，能够使消费者在体验新奇的情感中，感受到商店的实力和经营理念。

二、商品陈列的方法

商品陈列的方法主要包括以下八种。

（一）集中陈列

集中陈列是把同一种商品集中陈列于一个地方，这种方法最适合周转快的商品，是商品陈列中最常用和使用范围最广的方法。商品集中陈列可给消费者一个较强的品牌认知，增加消费者的注意时间，与小规模的分散式陈列相比，同一类别的商品结合在一起陈列，不仅其位置较为明显，且消费者较易找寻，亦可使消费者较快地实现各类品牌、大小及规格的比较。

（二）整齐陈列

整齐陈列是将单个商品整齐地堆积起来的方法。只要按货架的尺寸确定商品长、宽、高的排面数，将商品整齐地排列就可完成。整齐排列突出商品的量感，更能刺激顾客的感官，所以整齐陈列的商品一般是商店大量推销的商品，折扣率高的商品或因季节性需要顾客购买量大、购买频率高的商品。整齐陈列的货架一般可配置在中央陈列架的尾端，并注意高度应便于顾客拿取。对于大型综合超市和仓储式商场来说，一般在中央陈列货架的两端进行大量促销商品的整齐陈列。

（三）随机陈列

随机陈列是将商品随机堆积的方法。与整齐陈列不同，该陈列只要在确定的货架上随意地将商品堆积上去就可。随机陈列法耗费的时间很少，主要是陈列特价商品。采用随机陈列所使用的陈列用具，一般是圆形或四角形的网状筐（也有的下面有轮子），另外还要带有表示特价销售的牌子。随机陈列的网筐的配置位置基本上与整齐陈列一样，但是也可配置在中央陈列架的走道内，还可以根据需要配置在其需要吸引顾客的地方，目的是带动这些地方陈列商品的销售。

（四）盘式陈列

盘式陈列即把非透明包装商品的包装箱的上部切除，也可用斜切方式，将包装箱的底部切下作为商品陈列的托盘，以显示商品包装的促销效果。盘式陈列实际上是一种整齐陈列的变化陈列法。它表现的也是商品的量感，与整齐陈列不同的是，盘式陈列不是将商品从纸箱中取出来一个一个整齐地堆积，而是整箱地堆积。这样可以加快商品陈列的速度，也提示顾客可以整箱购买，所以有些盘式陈列只在上面一层作盘式陈列，而在下面的货架层则不打开包装箱，整箱地陈列。盘式陈列的位置可与整齐陈列架一致，也可陈列在进出口处的特别展示区。

（五）端头陈列

所谓端头是指双面的中央陈列架的两头，在超市中，中央陈列架的两端是顾客通过流量最大、往返频率最高的地方。端头还能起到接力棒的作用，吸引和引导顾客按店铺设计安排不停地向前走。引导、提示、诉求可以说是其主要功能，所以端头一般用来陈列特价品，或要推荐给顾客的新商品，以及利润高的商品。这就要求在端头陈列架配置商品时，一部分可以是跌幅很大的特价品，另一部分可以是高利润的商品或新商品。端头陈列可以进行单一商品的大量陈列，也可以是几种商品的组合陈列。由于中央陈列架的端头是非常引人注目的场所，如果将几种商品组合陈列，可以吸引更多顾客的注意。目前国内超市所使用的中央陈列架有许多是半圆形端头，这样等于白白浪费黄金的陈列空间。为发挥端头的商品陈列优势，可以将半圆形的端头去掉，放上一个单面货架，就可以进行端头陈列。

（六）岛式陈列

在超级市场的进口处、中部或者底部不设置中央陈列架，而配置特殊陈列用的展台，这样的陈列方法叫做岛式陈列。如果说端头陈列架使顾客可以从三个方向观看的话，那么岛式陈列则可以从四个方向观看到。岛式陈列的用具一般有冰柜、平台或大型的货柜和网状货筐。要注意的是，用于岛式陈列的用具不能过高，如果太高的话，就会影响整个商店的视野，也会影响顾客从四个方向对岛式陈列的商品的透视度。为了使顾客能够环绕岛式陈列台（架、柜、筐）选购商品，应给予岛式陈列以较大的空间。

（七）悬挂式陈列

将无立体感扁平或细长型的商品悬挂在固定的或可以转动的装有挂钩的陈列架上，就叫悬挂式陈列。悬挂式陈列能使这些无立体感的商品产生很好的立体感效果，并且能增添其他的陈列方法所没有的变化。

（八）不规则销售陈列

为了打破中央陈列货架整齐陈列的单调乏味感，零售商店可以使用每层搁板都能够自由调节的陈列货架，通过灵活地调节中央陈列货架搁板间距，副通道内的各个中央陈列货架的搁板形成错位安排，而事实上各个货架上陈列的商品并没有变化。然而对顾客来说却有一种新鲜感，产生中央陈列货架内的商品又有了新变化的错觉，从而被吸引走入副通道内选购。

三、商品陈列的优化

再好的商品倘若得不到相匹配的陈列位置和陈列空间，销售也会大打折扣。通过以下三个技巧，零售商店可以优化商品陈列，使商品摆放结构合理、有效，更加符合消费者需求。

（一）提升陈列布局的合理性

陈列布局的合理性是指在恰当的位置陈列适当的商品，如在最好的空间陈列能代表门店特色和形象、销售业绩较好的商品，在空间一般、客流量一般的地方陈列一般性商品，在空间较大、客流量较大的地方陈列季节性商品，这样可以吸引消费者的注意，刺激其购买欲望，增加购物概率。

（二）提升陈列方式的合理性

考虑货架的视觉效果，将高贡献度的商品陈列在与顾客视线相平、直视可见的位置，销售效果较好。产品陈列的高度对销售有直接影响。以 180 厘米的货架为例，货架上好的陈列位置是“上段”，高度在 130 ～ 180 厘米之间，主要陈列一些有意培育的商品；较好的陈列位置是“黄金段”，高度在 80 ～ 130 厘米之间，往往陈列高利润、自有品牌的商品，次好的陈列位置是“中段”高度在 50 ～ 80 厘米之间，可以陈列一些由于顾客需要而不得不经营的补缺商品；最不好的陈列位置在“下段”，是货架 80 厘米以下的位置，往往陈列体积大、重量高、低毛利、周转快的商品，也可以陈列具有较高品牌忠诚度、单位价值较低的商品。

（三）提升陈列空间的合理性

陈列空间的合理性主要指每个商品占有多少货架空间，衡量货架空间的方法有平面空间、立体空间、面积空间三种，对销售较好的畅销商品、主力商品应给予足够大的陈列空间，对销量一般的商品应适当减少其空间。

零售视角4-2　商品陈列新趋势——智慧货架机器人

第 5 节　网店氛围设计

一、网店色彩与文字设计

（一）网店色彩搭配

一个网页打开，首先映入眼帘的不是版式，不是文字，也不是图片，虽然这些元素很重要，但真正首先吸引消费者的却是这些元素的重要组成部分——色彩（Sample et al., 2020）。

1. 网店色彩搭配的基本准则

色彩搭配（color matching）既是一项技术工作，也是一项艺术性很强的工作。因此在设计页面的时候除了考虑产品本身的特点之外，还要遵循一定的艺术规律，从而设计出色彩鲜明、视觉独特的网店（柳武妹和梁剑平，2015），一般要遵循以下准则。

（1）特色鲜明

就电商的发展形势来看，销量高的网店比比皆是，网站页面各具特色，在竞争对手如此强大的情况下，更应该在网店的视觉体验上花更多心思。网店用色必须要有自己独特的风格，这样才能显得个性鲜明，从而给浏览者留下深刻的印象（Putri and Balqiah, 2017）。

（2）搭配合理

页面的设计虽然属于平面设计的范畴，但它又与其他平面设计不同，在遵循艺术规律的同时，还要考虑产品本身的性能特点是否适合。页面的色彩搭配一定要合理，给人和谐愉快的感觉，避免使用纯度很高的色彩，这样容易造成视觉疲劳。

（3）注重艺术审美

页面设计也是一项艺术工作，因此必须遵循艺术规律。基于网站本身的特点，遵循内容决定形式的原则，大胆进行艺术创新，设计出既符合页面要求，又有一定的艺术特色的网店。比起实体店，网店页面的更新更应该及时，避免审美疲劳以致消费者流失，更新频率高能够使消费者随时都有新的视觉体验，有助于提高购买率，可以形成购买的良性循环。

2. 网店色彩搭配技巧

（1）使用单色调

单色调是指色彩之间没有明显的层次，但明暗对比却不同，这种配色方式在网店的视觉营销中运用广泛。单色调并不意味着单调，通过调整色彩的饱和度和透明度也可以产生变化，使网站避免单调。

（2）使用邻近色调

邻近色就是在色带上相近的颜色，例如红色和黄色、绿色和蓝色就互为邻近色。采用邻近色可以避免色彩杂乱，易于达到页面的和谐统一。

（3）使用对比色调

对比色可以突出重点，产生强烈的视觉效果，通过合理使用对比色能够使网站特色鲜明，突出重点，具有点缀、聚焦的作用。在设计较大面积时，一般以一种颜色为主色调，对比色作为点缀，起画龙点睛的作用。

（4）背景色的使用

背景色一般采用素淡清雅的色彩，避免采用花纹复杂的图片和纯度很高的色彩作为背景色，同时背景色要与文字的色彩对比强烈一些。

（5）色彩的数量

网店设计使用多种颜色时需要注意统一和协调，避免表面看上去很花哨，但缺乏内在美感。事实上，网店用色并不是越多越好，一般控制在三种颜色以内，通过调整色彩的各种属性来形成变化（Wang et al.，2020）。

3. 网店色彩搭配方案设计

（1）红色搭配方案

色彩中加入红色会使其热力强盛，极富动感和喜悦气氛。红色与黑色的搭配在商业设计中被誉为商业成功色，在页面设计中也比较常见。在网店页面颜色应用中，使用红色为主色调的网店比较多（柳武妹和梁剑平，2015）。红色显得娇艳，销售美容化妆品、女装、婚庆等商品的网店适合用红色系搭配，容易营造出娇媚、诱惑、艳丽、热烈等气氛。

（2）黄色系搭配方案

黄色的明度最高，因此会给人留下明亮、辉煌、灿烂、愉快、高贵、柔和的印象，同时黄色与某些食物的色彩相似，容易引起味觉的条件反射，给人以甜美、香酥感。黄色是在页面配色中使用最为广泛的颜色之一，有希望与功名等象征意义，也代表着土地、权力，并且还具有神秘的宗教色彩，可在很多高档商品店铺使用，也可以用在表现喜庆气氛的网店。

（3）绿色系搭配方案

绿色介于冷暖两种色彩的中间，具有和睦、宁静、健康、安全的感觉。它与金黄、淡白搭配，可以产生优雅、舒适的气氛。绿色也是页面中使用最为广泛的颜色之一，其所传达的清爽、理想、希望、生长的意象，符合服务业、卫生保健业、教育行业、农业的要求，也经常用于一些生态特产、护肤品、儿童商品或旅游网店。

（4）蓝色系搭配方案

蓝色是最具凉爽、清新、专业的色彩。它与白色混合，能体现柔顺、淡雅、浪漫的气氛。蓝色给人以沉稳的感觉，且具有深远、永恒、沉静、博大、理智、诚实、寒冷的意象，同时蓝色还能够表现出和平、淡雅、洁净、可靠等（柳武妹和梁剑平，2015）。强调科技、商务形象的网店大多选用蓝色当标准色。深蓝色能给人稳重、冷静、严谨、成熟的心理感受，主要用于营造安稳、可靠、略带神秘色彩的氛围。蓝色很容易使人想起水、海洋、天空等自然界中的事物，因此常用在旅游类的页面中。

（5）紫色系搭配方案

紫色是波长最短的可见光波。紫色是非知觉的颜色，它美丽而又神秘，给人深刻的印象，它既富有威胁性，又富有鼓舞性。紫色通常用于以女性为对象或以艺术品为主的网店。另外，紫色是高贵华丽的色彩，很适合表现珍贵、奢华的商品。低纯度的暗紫色能很好地表达优雅、自重、高品位的意味。

（6）黑白系搭配方案

白色物理亮度最高，但是给人的感觉却偏冷。作为生活中纸和墙的色彩，白色是最常用的页面背景色，在白色的衬托下，大多数色彩都能取得良好的表现效果。白色给人以洁白、明快、纯粹、客观、真理、纯朴、神圣、正义、光明等感觉。网店商品展示整个页面以白色为主色调，给人以干净、清爽的感受。

黑色是全色相，即饱和度和亮度均为零的无彩色。较暗色是指亮度极暗、接近黑的色彩。这类色彩的属性几乎脱离色相，来自黑色，却比黑色富有表现力。因此，如果能把握好色相，设计师应尽可能地用较暗色取代黑色。黑色是一种流行的主要颜色，适合和许多色彩做搭配。黑色具有高贵、稳重、庄严、坚毅、科技的意象，许多男装、数码产品类商店的用色采用黑色与灰色，另外黑色也常用在音乐类产品的网店中。

（二）网店文字设计

在网店画面中，文字的表现与商品展示同等重要，它可以对商品、活动、服务等信息进行及时的说明和指引，并且通过合理的设计和编排，让信息的传递更加准确（Donthu et al.，2021）。在网店页面中添加必需的文字信息除了传递出文字本身的含义以外，还要让画面布局变得有条理，同时提高整体内容的表述力，从而利于顾客进行有效的阅读以及接收其主题信息。在实际的创作过程中，不仅需要考虑整体编排的规整性，同时还要适当地加入带有装饰性的元素，以提升画面的美观性，让文字编排更具设计感。

1. 网店文字编排设计的基本准则

在文字的编排设计中，为了使创作出来的网店画面能够达到理想中的视觉效果，应当对文字的编排准则进行深入的了解（王珊，2015）。根据排列要求的不同，可将编排准则归纳为三个部分。

（1）准确性

在网店页面设计中，编排文字的准确性不仅指文字所表达的信息要达到主题内容的要求，同时还要求整体排列风格符合设计对象的形象。只有当文字内容与排列样式都达到画面主题的标准时，才能保证版面文字能够准确无误地传达信息。

（2）易读性

所谓编排的易读性，是指通过特定的排列方式，使文字能在阅读上给顾客带来顺遂、流畅的感觉。在网店的画面设计中，可以通过多种方式来增强文字的易读性，如宽松的文字间隔、设置大号字体、多种字体进行对比阅读等，这些做法都能让段落文字之间产生一定的差异，使得文字的信息主次清晰，让顾客容易抓住重点信息。

（3）艺术审美性

艺术审美性是指文字编排在视觉上的美观度，美感是所有设计工作中必不可少的重要因素，网店设计要借用事物的美感来打动顾客，使其对画面中的信息和商品产生兴趣。为了满足编排设计的审美性，一般会对字体本身添加一些带有艺术性的设计元素，以从结构上增添它的美感。

2. 图文布局结构设计

在网店设计的过程中，为了把握好商品或者模特图片与文字的搭配效果，大多数时候都需要进行图文搭配设计（陈根，2019），具体包括以下三种布局方式。

（1）图文左右排列

图文左右排列一般包含左图右文与左文右图两种排列方式。如图 4 – 4 所示，把商品或模特图片与文字分别排列在版面的左边与右边，从而形成左图右文的排列形式。相较于文字来讲，图片拥有更强的视觉感染力，这种排列方式在很大程度上能够使版面产生由左至右的视觉流程，而此流程正好与人们的阅读习惯相符。因此左图右文的排列形式在结构上带给观者一种顺遂、流畅的感受。

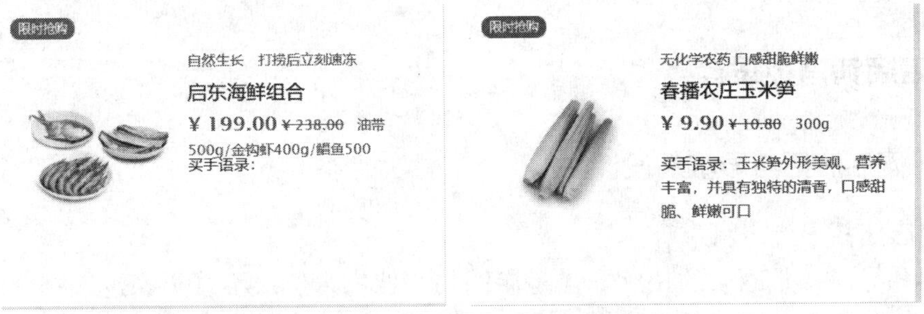

图 4 – 4　图文左右排列的网店页面设计

资料来源：春播网站．

与左图右文相反，左文右图将文字放在画面的左侧，把商品或者模特的图片放在右侧。在实际的创作设计中，借助图片的视觉吸引力，使画面产生由右至左的视觉流程，由于该视觉流程与观者的阅读习惯恰好相反，因此左文右图的编排形式能够在视觉上给人带来一种新奇的感觉，而这种排列方式也是网店的首页海报中常用的一种方式。

（2）图文上下排列

图文上下排列一般包含上图下文与上文下图两种排列方式。其中将文字与图片分别排列在视图的上部与下部，从而构成上文下图的排列形式。设计者将商品或者模特图像放在画面的下端，以使它的视觉形象变得更为沉稳，与此同时，排列在图片上方的文字则在视觉上给人带来一种上升感，借助两者之间的呼应关系，可以增强版面整体的表现力。

而将文字置于画面的上端，就构成上图下文的编排方式。在实际的网店装修过程中，通过将文字摆放在图片的下方，从形式上增强它们之间的关联性，同时借助特殊的排列位置，还能从视觉上增强文字整体给人带来的安稳、可靠的感受，从而增强顾客对版面的信息信赖度。例如，在展示多种商品的编排中，基本都是使用上图下文的编排方式进行设计的。

（3）文字位于图片内部

当要突出文字内容时，可以将文字放在图片的正中，这时文字的字号一般较大，不然会让画面看起来不协调，也无法起到突出文字内容的效果。如果文字的内容本身不多，可以考虑将文字安排在图片的角落。如图 4 – 5 所示，文字位于图片内部偏右部分，字号较大，起到强调作用。

图 4－5　文字位于图片内部的网店页面设计

资料来源：天猫完美日记旗舰店网站 .

二、网店店铺首页设计

（一）网店店招与导航条设计

1. 网店店招设计

店招和导航条是网店的招牌，也是店铺的最佳广告位，不管买家进入哪个网店页面，都能看到店招和导航条。作为网店的黄金展示位，店招的设计要遵循两个要求，一是要直观地透露店铺的经营范畴，二是要反映网店的特点和优势（周小曼等，2019）。因此，网店的店招一般会包括但不限于店铺品牌标志、理念、优势、收藏以及促销方式等，导航栏则要保证分类准确，店招设计时需要注意以下三条事项。

（1）文字和背景对比鲜明

店招上的元素应和背景形成对比，这样才能提高文字、品牌标志以及其他元素的辨识度，以此吸引消费者的注意并增强消费者的记忆点。

（2）与店铺整体风格统一

店招应与店铺首页的整体风格统一，保证店招与首页其他模块的色彩搭配、布局结构、文字排版看起来是和谐统一的。

（3）元素布局合理

店招中各元素的布局应是合理的，一般来说，店铺的品牌标志安排在店招的左侧或中部，因为买家的浏览习惯都是从左往右的。另外，品牌标志附近要有留白。促销信息可以根据品牌标志的位置出现在店招的右侧、左侧或中间，促销信息宜短不宜长，如果文字过多，买家会直接跳过。店铺收藏多位于页面的右侧，符合使用习惯。

2. 导航条设计

网店访客在面对庞大的信息量时会感到迷茫，因此，优秀的网店导航条设计能够提高用户搜寻信息的速度与效率。网店的首页导航条设计必须本着用户体验为佳的原则，既要将网店中的所有信息都在有限的导航条中体现，又要为用户反馈出重要的帮助信息。导航条的设计应遵循以下原则。

（1）反映网店经营结构

在设计网店导航条之前，事先应该对店铺整体的经营内容有一个全面的了解，并且将经营内容进行归类。一般来说，总导航在设计时应秉持简洁的原则，将网店的经营结构整体罗列出来，而分类导航则比较详细。

（2）结合企业业务目标

网页导航（website navigation）就是网站当下情况的一个缩影，用户通过导航就能大概地了解到网店销售哪些商品。因此，导航条很有必要随着该网店主营商品的变更，或是根据商品销量而变化，让呈现在用户面前的导航条始终与店铺本身的内容以及时下的热门贴合。

（3）遵从用户使用习惯

在做导航条设计的时候，企业可以把使用对象都看成是新用户或是没有耐心的用户，尽量降低导航条的学习难度。用户在页面停留的时间都是按秒来计算的，因此，导航条必须一目了然。

（4）避免重复分类

无论是文字还是图片，重复性的内容会很容易让用户产生倦怠感，因此要保证首页导航与分类导航之间无重叠内容。

（5）视觉体验清晰明确

由于用户只用几秒钟的时间扫视网站，所以导航条的视觉设计必须符合逻辑，用色彩给用户提供一种指引。网站可点击的部分尽可能地明显一些，避免大片亮色影响导航文字的可识别度。同时，在导航与文字内容的色彩搭配上也要考虑到一些色彩识别障碍者。

（二）网店横幅广告设计

1. 网店横幅广告设计准则

网店首页的横幅广告包括轮播图和海报，只不过轮播图可以展示多张图，而海报只能展示一张图，两者都主要用于店铺的最新单品、精彩活动或优惠推荐的展示（王珊，2015）。网店横幅广告通常是网店首页的首屏，即不滚动网页屏幕就能被用户看到的画面。在电子商务网站中，用户最急切需要获得的不外乎两点：吸引人的商品或店铺，以及网站能够给予他的信任感（Lee et al.，2018）。吸引人的网店需要各类宣传推广传递给消费者，因此网店横幅广告具有至关重要的作用。网店横幅广告的设计一般需要遵循以下准则。

（1）审美性

网店横幅广告必须具有良好的审美性，如果不能给浏览者带来美好的审美感受，就不会产生好的效果。审美原则要求所设计的内容健康、生动，符合人们的审美观念。

（2）目标性

横幅广告自身必须与网店目标相吻合，反映网店主题，表现网店风格。网店页面设计的目的是更好地体现网店内容，而首页的横幅广告位置称得上寸土寸金。因此，此处展示的文字应该短小精悍，信息清楚，目标明确。

（3）引导性

用户对网店品牌还不太熟悉的时候，进入首页会迷茫，此时，对用户视觉上的引导变得格外重要。引导的方法多种多样，比如醒目的大字或图片、吸引人的标题或是条理清晰的整体布局等。所谓引导，并不只是让用户购买商品，更意味着让用户点击进入其他页面，产生更多的消费。

（4）简洁性

设计网店横幅广告时要遵循简洁原则，明确主题，抓住重点，避免本末倒置、喧宾夺主，要让用户在短短的几秒钟之内就了解网站或商家发布的信息。这样单凭简短的文字是不够的，还可利用图片从侧面含蓄地衬托主题。图片素材应该保证对主旨表达有帮助，并且保持视觉风格一致。

2. 网店横幅广告设计技巧

在设计网店横幅广告时，需要将内置元素间的编排方式放在整体上来看。元素是指图片中包含的内容，包括人物、动物、物体等（Kireyev et al.，2016）。各元素的常用排列技巧通常包括以下五种。

（1）重复技巧

这是指在同一设计中，同一元素出现两次或以上，这种设计手法给人以节奏感，使画面看起来统一协调。

（2）近似技巧

这是指同一元素在形状、大小和色彩等方面有共同特征，近似使画面在统一中又富有变化，如图 4－6 所示。近似的程度可大可小，近似程度大就与重复异曲同工，近似程度小就会带来变化。

图 4－6　使用近似技巧展示的网店横幅广告

资料来源：天猫华为官方旗舰店网站 .

（3）对比技巧

对比可包括形状、大小、色彩以及位置的对比等，对比可给人以强烈的视觉效果，让人印象深刻。

（4）分割技巧

这是指将网店商品展示页面的图片元素的整体分割为不同的部分，分割包括自由、等形分割，按比例或按数量分割等。

（5）渐变技巧

渐变是一种有规律性的变化，是一种常见的视觉效果，如公路两边的行道树延伸到远方会出现近大远小的视觉效果，运用渐变可以使画面更加丰富。

三、网店商品详情页设计

商品详情页是电子商务网站中最容易与用户产生交集共鸣的页面，是买家了解产品性能、属性、材质以及其他特质的页面（陈根，2019）。详情页是否具有吸引力和说服力，对用户的购买行为具有直接的影响，关系到买家是否会下单，因此要想网店有销量，详情页的设计和优化必不可少。

（一）商品详情页设计的内容

商品详情页面的设计会涉及运营层面，在美观实用的基础上，将要表达的信息尽可能用直观的视角展现出来（Lee et al.，2018），在设计时一般包括以下四类内容。

1. 商品主图设计

当买家通过关键词搜索并打开搜索结果页后，首先看到的就是产品主图，主图是产品给予买家的第一印象（朱国玮和吴雅丽，2015）。根据第一印象效应，第一印象会在买家的头脑中占据主导地位，这也是不少网店不断优化产品主图的原因（钟科和王海忠，2015）。那么怎样的产品主图才能给买家留下好的第一印象呢？需要注意以下两点。

（1）主图背景类型

在视觉营销的时代，要想获得买家的点击，主图背景的设计必不可少。产品主图的背景有多种类型，具体有以下几种。

①纯色背景。纯白、纯灰是较为常见的纯色背景，纯白背景可以让产品看起来简洁美观，也更能突出产品本身。灰色背景能营造空间感，相比于纯白背景，有时灰色背景可以让产品看起来更有质感。除纯白色和纯灰色外，纯褐色、纯蓝色、纯粉色以及纯黄色等也能成为主图的背景色。

②生活背景。生活背景可以让产品显得不那么单调，能够营造真实感和生活情调。

③户外背景。服装类产品会较多地选择室外背景，如商业街、公园和建筑物等都可以成为背景。

（2）产品主图设计技巧

①搭配适当的文字。主图上搭配适当的文字是有必要的，但文字内容不能过多，要做到精简，花最少的文字表达出产品的信息，力求简洁精确，长话短说。

②表达直观。主图中描述产品功能、优势的文字内容要做到直观明确，那么什么是直观明确呢？简单来说就是让买家更容易看懂。对于有明确规格和型号的产品，如家用电器、家具等，这些产品从功能上来看有很多相似之处，因此主图要展示与同类产品有差异的功能，如果在价格上有优势也要体现。对于服装、鞋靴等产品，其主图的卖点在于款式，因此要在图片质感上下功夫，要让产品在模特身上体现好看、舒适的感觉。

2. 导航设计

商品详情页的内容比较多，所以跟随性的导航设计很有必要。跟随导航在商品详情页的出现能为用户提供很大的便利，但在大小上还需要设计师来掌握，隐形全面的导航才是用户真正喜欢的导航。

3. 增加分享按钮

社交媒体的力量在如今的营销中绝对不容小觑，所以分享按钮就变得必不可少。分享按钮通常被设置在展示图片或文字的下方，主要分享当前页面的商品。但其实，真正用于营销推广的分享并不应该仅限于商品本身。比如成功购买的记录，或是买家和卖家之间的有趣互动评价，都可以成为分享的内容，这也许比商品本身更有吸引力。

4. 设置评价意见模块

对网络缺乏信任感是大多数用户存在的情况，而他人的评价和建议能对当时的购买行为产生很大的影响。因此，顾客评价在电子商务中不是可选项，而是必选项。例如淘宝网将顾客对商品的评价进行了自动汇总统计，让用户在查看的时候更直观便捷。

（二）商品详情页设计的技巧

1. 商品展示图不宜过大

商品详情页中的图片展示是用户进入该页面后的第一个视觉点，设计时这张图片的尺寸应该尽可能放大，让用户对商品概况一目了然（Lee et al.，2018）。但设计时也应该考虑到文字信息对于用户的重要性，两者之间的比例要避免有很大的偏差，以减轻用户在视觉上产生的不适。可通过鼠标悬停时放大商品的细节功能解决图片尺寸大小的问题。

2. 满足用户的比价心理

"价比三家"是网络购物群体的消费习惯，因此，商品详情页的设计中也应该融入并满足用户比价的心理需求。顾客买东西大多基于个人感受，他们在意的可能并不是真正价格上的便宜，而是商家能让其觉得便宜。折扣或是优惠额度的显示能让消费者心理产生微妙变化，通过原价和折后价产生对比，再直接标明折扣，这种重复表达能加深用户对优惠力度的感受。

3. 优先功能用途的描述

很多商品详情页的品牌过于明显，这会让用户觉得商业色彩太浓，缺乏亲切感。商品详情页的描述第一屏通常会有新品或热门推荐，这种做法与商户最应该注重的用户体验完全背道而驰，这类行为会让用户产生反感。在设计时可以使页面中的内容都围绕着一个商品而展开，为用户营造出良好舒适的购物环境。

4. 保持页面连贯性

关于商品详情页，站在用户角度来说，需要清晰地了解到商品的全部信息，或者说能带来的好处，因此，商品描述的逻辑顺序变得格外重要，设计时要条理清晰，让用户能顺着线索找到自己需要的那一部分。

5. 页面不宜过长

页面长度在商品详情页的设计中是一个很常见的待解决问题，页面长度过长不仅会导致网页加载速度变慢，也会让用户产生视觉疲劳。尽量把相关事项交代清楚，不加入其他可有可无的成分。

四、网店陈列页面设计

与实体商店商品陈列相同的是，网店商品陈列也是为了达到美化店面、刺激消费者的作用，而不是把商品简单地摆放在一起（Kolesova and Singh，2019）。充分发挥陈列对销售的作用要求商品陈列做到以消费者为中心，以消费者的需求为导向，根据消费者的消费心理和行为习惯，采用科学的方式展示商品特性，从而达到树立形象、吸引人流、刺激消费、促进销售的目的。店家还可以通过对促销商品的特殊陈列，使网店显得生机盎然，具有强烈的感官刺激，并由此形成良好的价格和商品形象，以点带面，带动人流、促进销售（何迎朝等，2020）。

（一）网店陈列设计的内容

1. 设置新品及活动区域

网店的忠实消费群体浏览店铺的主要需求就是浏览最近的新品及店铺活动，因此，网店陈列区域一定要包含新品及活动促销区域（陈根，2019）。

（1）新品区域

这个区域一定是动态的，对于产品更新频率比较快的类目，相对来说比较好做，还有一个问题就是产品的数量，因为首页的空间是有限的，所以不能把所有新品都往上堆，而应该把主推新品往前放。为了增加新品的点击量，在横幅广告上部可以设置一些有助于提醒的因素，如："您还有'8 款'新品未查看"，这种提醒对增加新款的点击率十分有效。

（2）活动促销区域

在陈列设计该区域的时候也有很多技巧，包括以下几个方面。

①活动性质的横幅广告直接引导到新产品页面。原则是用色要少，元素要少，要把活动主题突出来，好的促销活动横幅广告需要让人有点进去的冲动。

②在首页开辟活动促销区域。卖家的促销目的主要是提高销量以及清理库存，可在首页非主要位置开辟一个活动促销区域，能容纳少量款式，偶尔开设秒杀或折扣活动，满足老顾客的低价购物需求。也可单独开辟一个模块陈列，并附上统一的促销识别符号，比如标题还有缩略图标记"促"等字样，同时标明原价和现价。

③在首页精选几款商品作为引导。被选出来的代表商品一定要能够吸引顾客，具有性价比优势，以产品缩略图或自制广告图展示，一排两到三个，保证协调连贯。

2. 展示主打产品区域

有些网店根据顾客养成的浏览习惯，在首页开头的地方推出网店的主打产品；而有些网店却会在每个产品详情页的首部都放上主打产品。虽然商家对自己的主打产品非常了解，但是为这些产品选择最合适的位置还需要经过不断地调整。

陈列主打产品需要注意以下几个方面：主打产品应集中展示；尽量放在新顾客进来的渠道口；主打产品的包装要显著；要展示主打产品的数据（如收藏量、购买量等）。

3. 合理安排关联模块

顾客在浏览网店时通常会在正常的购买过程购买了不在计划内的产品，这是一种即兴消费方式（Kolesova and Singh，2019）。而关联营销是一种促进即兴消费的手法，到了执行层面就是陈列上的设计，关联模块放哪些、放在什么位置都是设计时要考虑的问题。例如，将关联模块放在产品详情页的前面，这种做法极易引起顾客反感。合理的关联模块要放在顾客浏览界面的间隙，比如浏览完一个页面以后或切换到另外一个页面以后等，而不是阻碍顾客正常的浏览过程，强行插播广告。

4. 设置引起购物欲望的元素

特点鲜明的价格标签、收藏数量、浏览数量、购买数量等元素看似很不起眼，却能起到不俗的作用。因为从众心理的存在，如果顾客看到某款产品下边展示着大量浏览量和收藏量，一定会好奇是什么产品这么热门。

（二）网店陈列设计的技巧

1. 顾客可快速找到产品

顾客浏览网店一般有两种途径：一种是通过产品搜索，找到该网店的某产品；另一种是通过网店名称搜索，直接进入网店首页。进入网店首页后，如何让顾客快速轻松地找到产品呢？第一，搜索框和店内产品关键词；第二，清晰的图形化的产品类目导航；第三，首页三件套：新款、主推、热款。以上三种方式都可以自由选择组合。其中搜索框使用关键词的链接缩短了跳转流程，是针对网购经验丰富人群，或者资深网络群体的，这类消费者不需要直接展示，更喜欢自己去搜索。图形化的产品类目导航放在首页悬浮侧边或者副导航下面都可以让新顾客非常简洁明了地了解店内产品的目录。首页三件套基本涵盖了店内主流消费的产品。所以每个区域展示的数量要合理安排，不至于让新顾客迷失在大面积的产品中，忘记了产品目录。

根据产品的不同，选择不同的策略：如果产品差异不大，则需要引导其尽可能多地浏览产品；如果产品差异较大，则应侧重栏目的引导、小面积的覆盖（陈根，2019）。

2. 使顾客易选择

网店商家如果希望顾客迅速对产品做一个判断并进入浏览阶段，采取毗邻陈列无疑是最好的方式。可设计一个陈列模块，选择几款性价比高、特色突出的主打产品，并将必要的信息，如价格（或原价）、收藏数、购买数、图片等展示出来，让顾客迅速做出点击哪一个产品页面的决策。

实体零售商店的出入口一般会设置一个缓冲带，目的是让顾客更快地了解商店的结构，不至于被琳琅满目的产品弄晕。因此，在网店首页头部一定要有合适的产品图形化目录导航，提高网店的整体感，对于消费者也起到一定的缓冲作用，让顾客更好地做出购物选择。

3. 不要轻易更换动线和布局

比如网店首页动线是导航—副导航—活动广告图—新款区域—主打款区域—产品主分类—分类陈列，一旦这条动线确定下来就不要轻易去改变，因为很可能影响到老顾客的浏览习惯。当然如果有更好的布局方式的时候一定要好好规划，然后慢慢改动，让顾客慢慢适应。

4. 每个功能模块所展示的产品数量要合理

在首页放置的新款展示区域就是一个功能模块，在侧边展示的“浏览量最高的产品”或者“浏览过该款产品的人还浏览过”等也是功能模块。这种模块的数量是需要合理控制的，不是越多越好。要合理地展示一定数量的产品，像首页这种结构性很强的页面应尽量精简，而在分类页、详情页这类展示页面就要多放。

5. 每个陈列模块之间要有清晰的界限

每个模块都有其特殊的功能，就好比每个货架上展示着不同的产品一样，所以要有效地区别这些货架，让顾客从这个模块浏览到下一个模块的时候有一个概念，不至于一圈看下来都不知道看了些什么。通常采用带标题的横条或者用不同色块、图形化的展示区域来区别。

6. 不要滥用广告图

广告图在很多时候起到的是一种宣传作用，永远不要以为广告图能带来很多流量。同时广告图的位置很关键。如果广告图是挂在电商平台首页的硬广告，那么明显是有回报的。而如果在自家商店，大可不必用大幅广告，放几张小幅的宣传图片即可。在自家商店里占据大面积的空间来展示一两款产品是本末倒置的行为。

延伸阅读4-2　网店氛围设计大有乾坤

基本概念

招牌（signboard）

橱窗（show window）

商品陈列（commodity display）

商店布局（store layout）

色彩搭配（color matching）

网页导航（website navigation）

思考题

1. 零售商店的外观设计对消费者购买有哪些影响？试举一例你认为设计感较好的商店并说明其商店外观设计的精妙之处。

2. 零售商店的内貌设计需要注意哪些事项？

3. 商店布局应如何设计？生活中你发现有哪些商店布局的不当之处值得改进？

4. 商品陈列应当如何操作？试举出一例比较典型的商品陈列方法。

5. 网店的氛围设计需要注意哪些方面？思考一家你经常购买的网店并评价其氛围设计。

参考文献

[1] Donthu N，Kumar S，Pattnaik D，et al. A bibliometric retrospection of marketing from the lens of psychology：Insights from Psychology & Marketing [J]. Psychology & Marketing，2021，38 (5)：834–865.

[2] Fiore A，Yah X，Yoh E. Effects of a product display and environmental fragrancing on approach responses and pleasurable experiences [J]. Psychology & Marketing，2000，17 (1)：27–54.

[3] Kireyev P，Pauwels K，Gupta S. Do display ads influence search? Attribution and

dynamics in online advertising [J]. International Journal of Research in Marketing, 2016, 33 (3): 475–490.

[4] Kolesova S, Singh R. One vs. many: Who wins? An empirical investigation of online product display [J]. The International Review of Retail, Distribution and Consumer Research, 2019, 29 (3): 285–305.

[5] Lee J Y, Fang E, Kim J J, et al. The effect of online shopping platform strategies on search, display, and membership revenues [J]. Journal of Retailing, 2018, 94 (3): 247–264.

[6] Lombart C, Millan E, Normand J M, et al. Effects of physical, non-immersive virtual, and immersive virtual store environments on consumers' perceptions and purchase behavior [J]. Computers in Human Behavior, 2020, 110.

[7] Putri K D, Balqiah T. Do web atmospherics affect purchase intention? The role of color and product display [J]. Journal of Management and Marketing Review, 2017, 2 (2): 79–86.

[8] Sample K L, Hagtvedt H, Brasel S A. Components of visual perception in marketing contexts: A conceptual framework and review [J]. Journal of the Academy of Marketing Science, 2020, 48 (3): 405–421.

[9] Wang B, Liu S Q, Kandampully J, et al. How color affects the effectiveness of taste-versus health-focused restaurant advertising messages [J]. Journal of Advertising, 2020, 49 (5): 557–574.

[10] 陈根. 网店设计看这本就够了 [M]. 北京：化学工业出版社. 2019.

[11] 何迎朝，徐以汎，王凯. 店铺形象和店铺位置在 O2O 环境中还重要吗？[J]. 中国管理科学，2020，28 (6)：171–181.

[12] 柳武妹，梁剑平. 选择红色还是蓝色：背景色彩影响视觉新产品评估的现象、中介及边界体制研究 [J]. 南开管理评论，2015，18 (5)：97–109.

[13] 王珊. 市场感 +：网店旺铺视觉营销设计表现 [M]. 北京：电子工业出版社. 2015.

[14] 张全成，赖天豪，杨宇科，等. 消费者的多感觉交互：表现、形成机制及研究展望 [J]. 外国经济与管理，2017，39 (7)：80–90.

[15] 钟科，王海忠，杨晨. 感官营销研究综述与展望 [J]. 外国经济与管理，2016，38 (5)：69–85.

[16] 钟科，王海忠，杨晨. 感官营销战略在服务失败中的运用：触觉体验缓解顾客抱怨的实证研究 [J]. 中国工业经济，2014 (1)：114–126.

[17] 钟科，王海忠. 品牌拉伸效应：标识形状对产品时间属性评估和品牌评价的影响 [J]. 南开管理评论，2015，18 (1)：64–76.

[18] 周小曼，叶生洪，厉佳，等. 斜不胜正？品牌标识形状对消费者产品评价的影响研究 [J]. 外国经济与管理，2019，41 (2)：84–98.

[19] 朱国玮，吴雅丽. 网络环境下模特呈现对消费者触觉感知的影响研究 [J]. 中国软科学，2015 (2)：146–154.

第5章

零售服务管理

学习目标

1. 掌握零售服务的内涵、要素与种类。
2. 掌握零售服务的流程设计工具与服务质量改进模型。
3. 掌握零售业中服务失败的补救措施和顾客赢回策略。
4. 了解顾客关系管理的内涵与顾客忠诚计划。

素养提升

消费升级；扩大内需；顾客主义；用户至上；聚焦服务；精诚所至，金石为开；数实结合；科学理性；全流程服务；系统思维；辩证思维；创新思维。

引导案例

海底捞：一个以服务扬名的火锅店

海底捞成立于1994年，是一家以经营川味火锅为主的火锅店。在发展过程中不断融汇各地火锅特色，现在已经发展成为大型跨省直营餐饮品牌。海底捞坚持以顾客体验为中心，为顾客提供细致入微的个性化用餐体验，因此“海底捞”已成为优质服务的代名词。

（一）顾客至上，满足需求

海底捞的服务可谓是人人称赞，甚至会有诸如“受宠若惊”之类的夸张评价。这是因为海底捞非常重视顾客服务，坚定地秉承“服务至上、顾客至上”的服务理念，并不断创新服务方式，致力于为顾客提供个性化服务，营造轻松愉悦的用餐环境和用餐体验。

顾客在进入餐厅之前，就可以享受到海底捞的特色服务，例如泊车、免费小吃、美甲服务等。在点餐环节，服务员会将点餐时间完全交给顾客，待顾客选好后再出现，给予顾客足够的尊重；当顾客有过度消费倾向时，服务员会主动提醒或友善建议顾客可选餐品数量，以尽可能避免食物浪费。在就餐环节，服务员会提供消毒毛巾、皮筋、发卡、擦镜布、手机密封袋、用餐围裙等便捷工具，在细节上为顾客提供更贴心的服务、更愉悦的就餐体验。除此之外，海底捞员工还会为顾客庆祝生日。通常情况下，一名服务员负责四桌顾客，尽力满足顾客一切合乎情理的需求，包括主动添加饮料、汤底、打虾滑等。用餐结束后还会提供牙签和清新口气的薄荷糖。顾客离开时，店内每一位服务员都会说上一句："欢迎下次光临。"

（二）真诚管理，维护关系

海底捞的口碑在业内数一数二，其顾客满意度为企业创造了巨额财富。海底捞会按照忠诚度将顾客分为四类——潜在顾客、新顾客、老顾客和忠诚顾客。其中，忠诚顾客是指高度信任企业，并与企业建立了长期稳定关系的顾客，这类顾客是企业最为稳定的消费群体。因此，为了留住顾客、提升顾客忠诚度，海底捞不仅在顾客不满时主动提供优惠，还会为顾客提供日常贴心服务。

海底捞授予一线员工一些打折、换菜、送菜甚至免单的特权，员工可以根据实际情况使用特权。如果顾客在门店经历了不愉快的服务体验，海底捞还会主动为顾客提供补偿，例如赠送、优惠等，以此消除顾客的不愉快。

同时，海底捞非常重视会员管理。海底捞员工会主动记录自己招待过的所有会员的相关信息，包括会员生日、家庭关系、子女生日等等；并根据上述信息建立顾客档案，用定期联系、邀请顾客参加优惠活动、赠送纪念品等方式与顾客建立熟络关系，让顾客习惯海底捞的服务。这种管理方式的终极目的是让"海底捞"成为火锅的标签——当顾客想起火锅时，立即想起海底捞。海底捞建立的顾客关系为其带来了显著的聚客效应——其拥有的庞大消费群体能产生良好的口碑效应，吸引更多新顾客。

二十几年的风雨前行，海底捞已经在火锅餐饮行业闯出了一片天地，探索出了自己的经营模式和管理方式，取得了丰硕成果。然而，在这个"风水轮流转"的火锅餐饮行业，要想留住利己的"风水"，就需要有所突破。正所谓"苟日新，日日新，又日新"，始终聚焦顾客需求，超额满足顾客需要，并基于顾客需求进行创新，海底捞才能始终保持昂扬阔步的姿态向前走。

资料来源：郭名媛，魏亚男．海底捞：一个以服务扬名的火锅店．（2021-06-24）．中国管理案例共享中心．

思考：每一个企业都会为顾客提供服务，为什么海底捞成了优质服务的代名词？海底捞的服务有何与众不同之处？

第 1 节　零售服务的种类与设计

一、零售服务种类

（一）零售服务内涵

1. 零售服务的概念

零售服务（retail service）从概念上看是比较宽泛的术语，有狭义和广义两种理解。从狭义上讲，零售服务是指顾客服务，包括销售人员在顾客购买前、购买中和购买后通过互动所涉及的各种附加增值服务、零售企业政策及相关设施；从广义上讲，零售本身就是一种服务，零售企业为顾客提供分销服务，使顾客便利地得到所需的商品（李飞等，2010）。

随着科技进步，零售服务为商品在零售链条中的流通赋能，增强了零售企业与顾客的联系，缩短了零售企业到顾客的路径，降低了顾客的间接消费成本。总而言之，零售服务是指零售服务商在零售各个环节为零售链条提供的促进商品流通的增值性服务（Lucas，2022）。

2. 零售服务的特征

与有形商品相比，零售服务具有无形性、不可分割性、易变性、易消逝性四个基本特征。

（1）无形性

服务是无形的。在购买服务之前，它们看不见、尝不到、摸不着、听不见、唤不到。例如，想要理发的人在消费之前是看不到理发效果的。

（2）不可分割性

服务的提供与顾客的消费是不可分割的。服务的生产过程与消费过程是同步的，无论提供服务的是人还是机器。例如顾客去参加一次摇滚乐音乐会，其娱乐体验以及可获得的感知娱乐价值是在演奏过程中产生的。此外，顾客满意度很大程度上取决于自己对服务质量的瞬时评价，也就是说，顾客对服务质量的感受与员工的服务水平和态度密切相关。

（3）易变性

服务具有易变性，因为它主要依赖于提供服务的人和环境，也称为异质性。如同一道菜由两个不同的厨师烹调，其口味自然也是不一样的。当服务购买者意识到服务具有高度的易变性时，他们往往倾向于在选择购买服务之前向其他人咨询或通过其他方式来确认服务质量。

（4）易消逝性

服务具有易消逝性，是指服务不能储存以备将来销售或使用。当需求处于稳定状态时，企业在需求出现之前就可以配备服务人员。当需求上下波动时，企业难以保证服务的适时性，因此很可能影响顾客的消费体验。例如，对于公共交通公司而言，根据交通高峰时段的顾客需求来计算所需的设备量，要比根据全天平均需求计算所需的设备量多得多。

3. 零售服务的重要性

（1）获取忠诚顾客

零售服务是企业争取更多顾客、巩固购买者队伍、提升核心竞争力的重要手段。

当实体产品的质量、性能相似时，其随同的销售服务将成为产品的核心竞争力之一（Hosseini-Motlagh et al.，2022）。对于品质相似或相同的产品，如果企业能提供比竞争对手更多、更好的销售服务，那必定能吸引更多的顾客，并通过服务提升顾客满意度与忠诚度。反之，即使企业提供的是优质产品，若其服务与竞争对手相差过多，也很可能会因此失去大量顾客。

（2）保持竞争优势

零售服务是企业获取长期竞争优势的最佳途径。在当今市场剧烈变动的环境下，单靠产品更新、技术进步、低劳动力成本、政府保护性管制等措施，都不能使企业获得长期稳定的竞争优势。只有满足顾客需求，向顾客提供优质服务，加强与顾客之间的联系，提高顾客的满意度与忠诚度，才能获得大量忠诚顾客，提高市场份额，从而获得并巩固企业的长期竞争优势（王能民等，2023）。

（3）掌握市场信息

零售服务能广泛收集顾客意见和市场信息，为企业营销决策提供依据。提供服务的过程既是收集顾客意见和市场信息的过程，又是信息反馈的过程，对企业掌握市场动态并依据市场动态制定营销决策具有重大意义。

（二）零售服务要素

零售服务要素是指能够满足顾客一项或多项服务需求的服务设施、流程和员工技能等基础组成部分（徐皓等，2011），并按照可获取性、便捷性、支持性和信息性分成四个服务维度（Kent and Omar，2003）。其中，可获取性是主要的维度，因为这是顾客最可见、最直接关注的服务维度（Kent and Omar，2003）。

顾客的需求和期望是零售服务的中心（Kent and Omar，2003）。图 5－1 为零售服务的概念框架，顾客的需求和期望被四个服务维度包围，每个服务维度的要素存在一定的重叠。例如售后服务这一要素既体现支持性也体现便捷性；人员服务既体现了可获取性也体现了支持性。

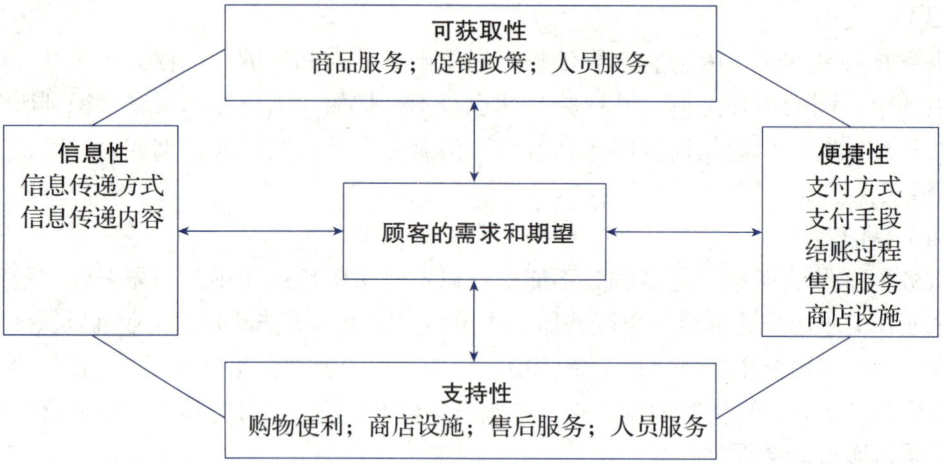

图 5－1　零售服务的概念框架

资料来源：Kent T，Omar O. Retailing. Palgrave，2003.

1. 可获取性

可获取性反映了零售企业的一系列服务决策，包括提供产品种类选择、分配商品陈列位置和顾客接触产品分类的难易程度。零售企业的每一个服务决策都必须在满足顾客需求的背景下做出，并且必须与其他决策相结合，每个决策都有可能影响顾客忠诚度。

2. 便捷性

便捷性是指服务为顾客节省了购买过程中的时间投入，并与许多因素密切相关。其中一些因素，如商店位置，并不会在短期内得到改善。其他因素，如营业时间、商场中商品的摆放位置、收银台的数量与结款方式、商品偿付等因素更容易进行改进。零售企业可以提供有关商品供给与缺货情况的信息为顾客带来便利，也可以提供企业其他销售点的商品信息。

3. 支持性

支持性体现在零售企业为在售商品负责的意愿。具有支持性的服务包括零售企业为顾客提供商品的退货政策、安装、调试与修理以及信息提供等。在某些情境下，服务的支持性和可获取性存在重叠：对于汽车零售而言，售后服务中提供机油、易损的部件和部件维修既体现了服务的支持性也体现了服务的可获取性（Kent and Omar，2003）。

4. 信息性

信息性指零售企业将不同的服务要素联系在一起并提供给顾客，能够减少或者防止由于商品获取失败所造成的不良影响。一方面，零售企业及时向顾客提供如商品缺货信息、促销政策和支付方式等信息，可以减少顾客因商品缺货、价格变化和支付手段差异所带来的不满。另一方面，顾客对商品和服务需求变化的适时信息可以使零售企业通过预测何时需要对订购、服务和促销政策做出调整，从而防止顾客不满。

零售服务的组成维度及要素如表 5－1 所示。

表 5－1　零售服务组成维度及要素

维度	要素
可获取性	1. 商品服务：商品陈列合理、涵盖全面的商品类型； 2. 促销政策：特价、缺货登记、导购、咨询、展示和试用等； 3. 人员服务：服务及时、服务能力、可信赖程度、服务态度、仪表举止和服务主动
信息性	1. 信息传递方式：一对一的新产品信息传递； 2. 信息传递内容：产品变动信息、产品问题与召回信息、修理和维护信息
支持性	1. 购物便利：停车方便、存放物品方便和营业时间便利； 2. 商店设施：休息设施，餐厅、干洗、卫生间、银行、取款机、购物车、停车区； 3.售后服务：送货、商品安装、调试、维修、退换货、赔付； 4. 人员服务：服务及时、服务能力、可信赖程度、服务态度、仪表举止和服务主动
便捷性	1. 支付方式：现金、支票、信用卡、购物账户卡； 2. 支付手段：分期付款； 3. 结账过程：速度、付款灵活和准确； 4. 售后服务：送货、商品安装、调试、维修、退换货、赔付； 5. 商店设施：休息设施，餐厅、干洗、卫生间、银行、取款机、购物车、停车区

资料来源：Kent T，Omar O. Retailing．Palgrave，2003.

（三）零售服务类型

零售服务类型可以从不同的角度划分。

1. 按照销售过程分类

按销售过程分类，零售服务可分为售前服务、售中服务和售后服务。

售前服务是在商品出售以前进行的各种准备工作。售前服务是一种超前的、积极的顾客服务活动，其作用在于给顾客树立良好的第一印象以增加顾客购买的可能性。售前服务将零售企业的信息迅速、准确、有效地传递给顾客，同时了解顾客潜在的、尚未满足的需求，并在企业能力范围内尽量调整经营策略去满足这种需求。

售中服务是售货人员向进入销售现场或已经进入选购过程的顾客提供的各项服务，目的是通过服务表现出对顾客的热情、尊重与关心，协助顾客深入了解商品并促使顾客做出购买决策。

售后服务是商品售出后继续为顾客提供的服务，它是商品的延伸，也是对顾客感情的延伸。售后服务是为了解决顾客因使用本企业产品而产生的一切问题和麻烦，解除顾客的后顾之忧，降低使用风险，从而增加顾客购买后的体验感与忠诚度，让顾客成为企业的长期顾客。

2. 按零售企业提供的服务内容分类

按零售企业提供的服务内容分类，零售服务可分为标准化服务和个性化服务。

标准化服务是指零售企业按照既定的规则或程序，为每一位顾客提供相同的服务。大多数零售企业会提供一系列标准化服务，以满足广大顾客的需求，如咨询服务、免费停车和退货服务等。标准化服务的优势在于成本相对较低，服务一致性相对较高。因此，避免了因服务人员的个人因素导致的服务质量不稳定。标准化服务的劣势是缺乏灵活性，对员工授权较少，难以激发员工的工作积极性和主动性。

个性化服务是指零售企业通过提供定制服务来满足不同顾客的个人喜好。例如，连锁企业给顾客定制嵌入顾客照片的钥匙扣，皮鞋店根据顾客的脚型定制皮鞋，服装店根据每个顾客的身材特征量体裁衣。个性化服务的优势是具有很强的针对性，容易突出服务特色，提高顾客对零售企业服务表现的评价。个性化服务的劣势是会提高成本，降低服务效率，且该方式对服务人员的素质要求较高，容易受到服务人员的个人因素影响。

3. 按投入的资源分类

按投入的资源分类，零售服务可以分为硬服务和软服务。

硬服务是指零售企业通过提供一定的物资设备、设施为顾客服务。例如，商店向顾客提供休息室、电梯、停车场、寄存处、购物车、试衣室、空调环境等，使顾客在购物过程中感到方便。

软服务是指零售企业服务人员对顾客提供的服务需要服务人员与顾客进行面对面的接触。服务人员的形象和服务水准对零售企业的形象有着最直接的影响，也是顾客评价企业服务质量的一个重要方面。由于软服务具有易变化的特点，因此管理难度会更大。

4. 按零售服务的功能分类

按零售服务的功能分类，零售服务可分为基本服务、通用服务和支持服务（刘向东等，2022）。

基本服务包括营销和交易服务。前者帮助零售企业将商品信息传递给顾客，为零售企业带来客流；后者为商品提供展示服务，为零售交易的发生提供场所。两项服务在零售业兴起之初便成为支撑零售交易完成的重要环节，也是零售企业与顾客之间的桥梁。

通用服务包括支付和物流服务，提供针对商品在资金层面和物理层面的转移服务。二者作为社会性的基础服务，以多元化的表现形式渗透于各项社会活动之中，安全高效地保障了商品与货币的交付过程，并通过自身的迭代发展推动了零售行业的变化与融合。

支持服务包括技术赋能和运营支持，以赋能零售链条的参与者，提升零售效能，创造挖掘零售市场的潜在价值。技术赋能服务通过数据分析帮助零售企业提高运营效率；运营支持服务是以较低的成本和更高的专业性为零售企业提供第三方服务，如自媒体的运营维护等。

二、零售服务设计

（一）零售服务设计的内涵

1. 零售服务设计的概念

零售服务设计（retail service design）是指零售企业将服务的设计工具与模型运用到零售服务的总体规划与业务流程中（Zeithaml et al.，1990）。为了更好地获得顾客青睐并在竞争中保持优势，零售企业需要不断向市场提供新的或改进的服务以满足顾客需求、达到顾客期望（Kent and Omar，2003），才能为顾客提供更好的消费体验，提高顾客忠诚度并实现企业和顾客的双赢。零售企业可以运用流程设计工具和质量改进模型等工具，对零售服务进行设计与改进。

2. 零售服务设计的原则

顾客期望是指顾客希望企业提供的产品或服务能满足其需求的水平（Olson and Dover，1979），它是零售服务设计的原则和参考点（Zeithaml et al.，1993）。零售企业在设计服务时，了解顾客需求是首要的也是关键的一步（Kent and Omar，2003）。

消费者心理学认为顾客的需求在售前、售中和售后会发生变化（Eagly et al.，1993）。因此，零售企业要根据顾客在不同阶段的需求设计不同的服务，只有设计出满足顾客不同阶段需求的零售服务，才能达到顾客期望（Dunne et al.，2013）。

（1）售前阶段

售前阶段顾客常常处于“迷失状态”，这个阶段的顾客通过信息搜索寻找可能满足其需求的产品或品牌信息，直到顾客认为已经了解信息或体验产品（购买者对产品的实际体验的阶段）才完成决策并结束售前阶段。因此，零售企业在销售之前要积极主动地实施零售服务活动，清除顾客购物前的障碍。此时零售企业服务设计的重点强调服务的信息性和可获取性。

（2）售中阶段

在售中服务阶段，顾客有多方面的需求。首先，顾客为了进一步消除选购的疑惑，可能需要更多的产品信息与试用；其次，顾客在选购过程中希望得到更多的重视；最后，顾客对购物的便利性也有需求。因此，零售企业服务设计要考虑服务的可获取性、便捷性、支持性和信息性，让顾客了解商品、感受服务，增加顾客对企业的好感，提高顾客的购买意愿。

（3）售后阶段

在售后阶段，顾客更关心商品的可靠性、人员服务的质量和保养维护的信息。因此零售企业不仅要跟进产品的服务（如配送、安装、测试等），还要加强零售服务的信息分析，实现快速反应、缩短反馈期的目的，进而提高顾客的整体满意度和忠诚度。此时零售企业服务设计应该重点强调服务的支持性和信息性。

延伸阅读 5－1

服务设计的渊源

早期的服务设计研究主要集中于对服务系统设计的探讨。系统设计常见于制造业，莱维特（Levitt，1972）[①] 较早提出并将其应用于服务业，在此基础上建立了工业化的服务设计方法。肖斯塔克（Shostack，1982[②]，1984[③]）最先将"服务"和"设计"两个词放在一起研究，把服务设计定义为服务系统的设计，并提出将有形的产品与无形的服务相结合的设计理念，奠定了"服务设计"（service design）理论的雏形，还首次将服务设计与零售服务蓝图应用到营销和管理层面。

（二）零售服务的流程设计工具

零售企业使用流程设计工具尽可能为顾客设计出一系列符合顾客期望、满足顾客需求的服务流程。常见的零售服务流程设计工具包括顾客旅程图与零售服务蓝图，两者从不同的角度描述了员工对顾客的服务流程。其中，顾客旅程图关注顾客在服务流程中的体验（李飞，2019b），从顾客的角度来看待服务流程，强调前台服务，具有移情的效果；而零售服务蓝图"证明"零售企业的现实情况，提供了一张基于零售企业提供服务流程的客观图画，将服务流程从表面到核心都展现出来，并将服务流程与顾客旅程联系起来。

1. 顾客旅程图

（1）顾客旅程图的概念

顾客旅程图（customer journey map）通常用顾客与服务互动的接触点作为旅程的架构，以顾客体验的内容构建旅程故事，以顾客的需求为导向，对不同服务接触点的行为和情绪进行解读，能够帮助设计者明确目标顾客的痛点，定义产品的机会点。顾客旅程图捕获了顾客的代表性体验，从顾客的角度出发也就是服务体验的前台。在创建顾客旅程图的过程中，需要使用顾客的叙述和数据，将其体验按照时间顺序绘制出来，包括顾

① Levitt T. Production-line approach to service. Harvard Business Review，1972，50（5）：41-52.

② Shostack G L. How to design a service. European Journal of Marketing，1982，16（1）：49-63.

③ Shostack G L. Designing services that deliver. Harvard Business Review，1984，62（1）：133-139.

客做了什么，思考感受到了什么，以及他们在旅程中和哪些对象产生了交互，最终得到一段自然的、本能的旅程。顾客旅程图可以帮助零售企业从顾客的角度看到和评估他们所拥有的体验，移情是顾客旅程图的核心。

顾客旅程图的含义有五点：第一，它是顾客的一个经历，而非仅仅是接触点，是接触点连接起来的完整旅程；第二，不是关注单个接触点的体验，而是关注整个旅程的体验，每个接触点满意并不一定旅程满意；第三，描述旅程的语言是基于顾客的视角，例如“我想进行产品换代”；第四，涉及线上线下多种渠道的接触点；第五，旅程持续时间较长，同时是可以重复的（李飞，2019b）。

（2）顾客旅程图的构成

顾客旅程图的构成包含顾客画像、顾客旅程、顾客在旅程各接触点的行为和评价（李飞，2019b）。淘宝购物的顾客旅程图如图 5－2 所示。

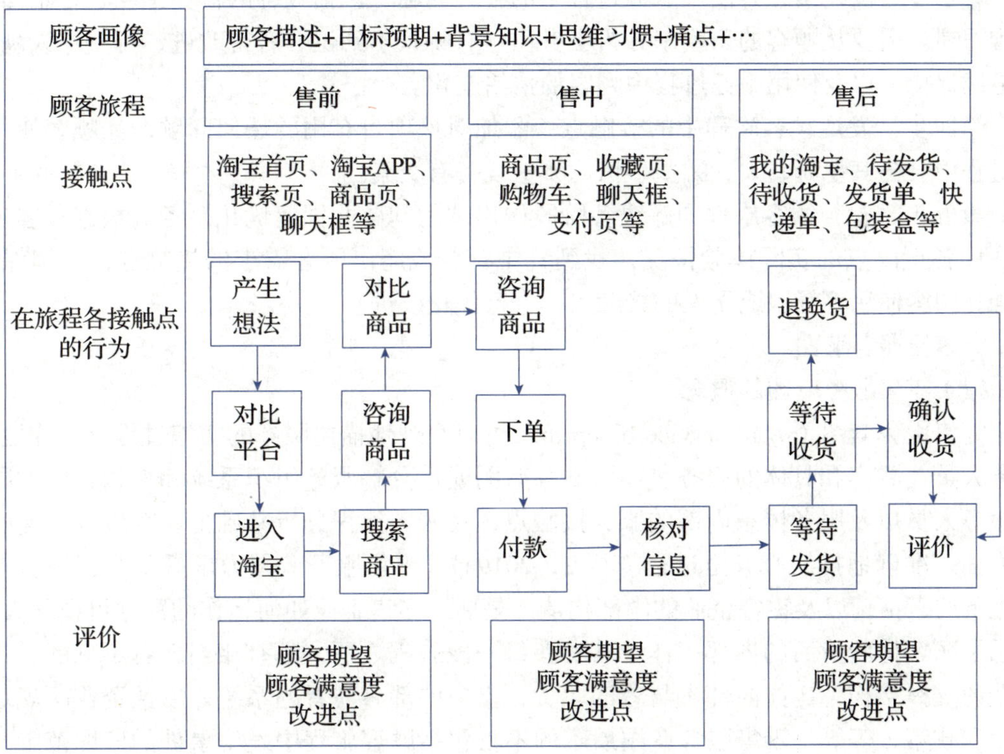

图 5－2　淘宝购物的顾客旅程图

资料来源：案例拆解 | 从用户旅程地图拆解一家 11 年天猫老店的精细化运营策略.（2021-03-06）. https://www.sohu.com/a/454382434_114819.

顾客画像是一类顾客特征的合集，这些特征包含了这一类特定顾客的需求、目标、想法、感觉、观点、预期和痛点等特征。以服务过程中真实顾客特征为原型，通过对目标顾客定性、定量研究将顾客特征进行聚类分析得出的目标顾客的综合原型即顾客画像。顾客画像并不是一个人，而是使用产品和服务的一类人的抽象特征集合。

顾客旅程主要是指顾客使用产品或服务所经历的时间进程。

顾客在旅程各接触点的行为主要是指顾客在使用产品或接受服务过程中，与产品或服务的提供者之间的互动关系节点。这里引申为顾客在接受服务过程的前、中、后不同阶段与服务提供者、后台操作者、内部支持系统之间的相互关系，是顾客在使用服务中的“真实瞬间”。

评价通常包含两个部分：一是在使用服务之前对服务、服务提供者的预期或期望获得什么样的信息、服务或者体验；二是顾客在使用产品服务的过程中，与服务提供者或服务本身接触的每一个瞬间实际获得的体验、情绪和感觉。

（3）制作顾客旅程图的流程

第一步，选择目标顾客的顾客画像。分析顾客类型并说明选择理由，尽可能详细并准确地描述该顾客，并备注如何得到这些信息。

第二步，标注顾客使用服务的整个过程。明确顾客旅程的起点和终点，整个过程要从顾客的角度来标记，切勿从服务本身或接触点的角度来标记。

第三步，罗列出顾客使用服务过程中的各种问题。包括顾客的目标预期、背景知识、思维习惯。需要从顾客的角度来分析服务质量有哪些不到位、有待改进，哪些令人满意、应继续保持，以及使用服务过程中顾客的情绪变化。

第四步，发现顾客旅程中的接触点。添加对该项目有用的任何问题，如顾客使用服务过程中会与其他哪些人、哪些事情、哪些设备有交集。

第五步，整合顾客旅程图解决各阶段中出现的问题并据此优化服务。根据顾客在旅程图中各接触点的实际体验情况，找到其中符合或超出顾客需求的接触点，继续保持；发现让顾客使用不舒服或受挫的接触点，进行优化改进。

2. 零售服务蓝图

（1）零售服务蓝图的概念

零售服务蓝图（retail service blueprint）可以直观地描述服务的实施过程、实施地点、服务人员、顾客和具体的服务。零售服务蓝图通过分解服务组织系统和架构，鉴别顾客与服务人员以及服务体系内部的服务接触点，在服务流程分析基础上研究服务传递的各个方面，准确地描绘服务全过程（李飞，2019a）。零售服务蓝图力求揭示和记录所有表面之下的事情，以及零售企业的内部构造，是展示零售企业如何运作的数据可视化表达，展示了顾客体验背后的内部工作。其实在每一段旅程之下，都有相当多看不见的、错综复杂的支撑结构，比如内部参与者的职责，支持内部参与者的系统，以及企业所规定的程序和政策，等等。零售服务蓝图展示的不仅包括顾客旅程中发生事件的广度范围，更有支撑旅程可以完成的所有深入细节。

（2）零售服务蓝图的构成

零售服务蓝图的构成包含有形展示、顾客行为过程、前台服务、后台服务和支持系统五项内容，以及外部互动线、可视线和内部互动线三条分割线。这一结构包含了顾客层面、营销层面、流程层面和资源层面，揭示了服务运营管理的基本过程和规律（李飞，2019a）。

有形展示是指顾客常常在购买之前通过有形线索或者有形展示来对服务进行评价，并在消费过程中以及消费完成后对服务进行评价。顾客行为过程包括顾客在购买、消费和评价服务过程中的步骤、选择、行动和互动。服务是与顾客行为平行的部分。顾客能看到的服务人员表现出的行为和步骤是前台服务。在幕后支持前台行为的雇员行为称作后台服务。支持系统部分包括内部服务和支持服务人员履行的服务步骤和互动行为。

外部互动线描述顾客和前台工作人员的互动，箭头穿过互动分界线表明顾客与前台工作人员发生互动。可视线分割前台工作与后台工作。内部互动线区分服务人员和其他支持服务工作人员，箭头穿过内部互动线代表服务人员与其他支持服务工作人员发生互动。

以一次促销路演为例，如图 5－3 所示，顾客在参与路演时所遇到的广告推送、经过的路演现场、促销海报、价格标签、堆头和赠品等均为有形展示。顾客行为指顾客参与路演的全部活动，包括了解广告、观看路演、对比促销、挑选商品和购买商品。推送、问候、介绍促销、推荐商品和结算为前台工作；宣传、安排接待人员和促销人员、准备路演工作等为后台工作。支持过程部分包括制订宣传计划、设置广告推送系统、招募工作人员和采购物资与工具等。

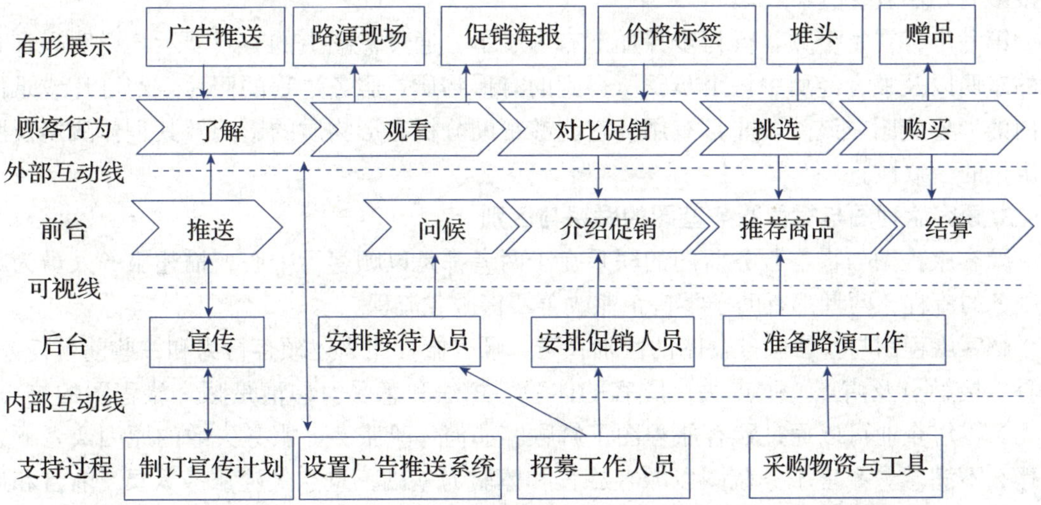

图 5－3　简单的促销路演服务蓝图

资料来源：李飞．全渠道服务蓝图：基于顾客体验和服务渠道演化视角的研究．北京工商大学学报（社会科学版），2019，34（3）：1-14.

（3）零售服务蓝图的建立

第一步，要识别零售服务过程，并对建立零售服务蓝图的目标做出分析。蓝图可以在不同层次上进行开发，因此在建立零售服务蓝图之前需要明确服务的目标。以零售配送为例设计蓝图，如仅需描述宏观的配送服务流程，可以在基本的物流配送概念上建立零售服务蓝图；若需要描述地区零售物流的配送人员排班、送达日期或储存业务，则需要建立有具体配送流程细节的零售服务蓝图，由于两种物流配送零售服务蓝图的目的不同，因此蓝图建立的层次也不相同。

第二步，要识别细分顾客对服务的需求，建立零售服务蓝图需要对顾客进行细分，把握不同顾客对服务的需求。市场细分的一个基本前提是每个细分部分的需求是不同的，因而对服务或产品的需求也相应变化。假设服务过程因细分市场不同而变化，这时为某位特定的顾客或某类细分顾客开发蓝图将非常有用。在抽象化概念的水平上，将各种细分顾客纳入一幅蓝图中是可能的。

第三步，从顾客角度描绘服务过程。该步骤通过顾客旅程图描绘顾客在购物、消费和评价服务中执行或经历的选择和行为。如果描绘的过程是内部服务，那么顾客就是参与服务的雇员。从顾客的角度识别服务可以避免把注意力集中在对顾客没有影响的过程和步骤上。该步骤要求必须确认顾客是谁，有时为确定顾客如何感受服务过程还要进行细致的研究。此外，如果细分市场以不同方式感受服务，就要为每个不同的细分部分绘制单独的蓝图。

第四步，描绘前台与后台服务雇员的行为。绘制外部互动线和可视线，然后从顾客和服务人员的观点出发绘制过程，辨别出前台服务和后台服务。

第五步，把顾客行为、服务人员行为与支持功能相连，绘制内部互动线，然后识别出服务人员行为与内部支持职能部门的联系。在这一过程中，内部行为对顾客的直接或间接影响方才显现出来。

第六步，在每个顾客行为步骤加上有形展示。通过蓝图上的有形展示，说明顾客看到的东西以及顾客经历中每个步骤所得到的有形物质。服务过程的照片、幻灯片或录像在内的形象蓝图在该阶段非常有用，它能够帮助分析有形物质的影响及其整体战略及服务定位的一致性。

3. 顾客旅程图与零售服务蓝图的联系与区别

顾客旅程图与零售服务蓝图的联系在于两者都是以顾客为中心，描述服务人员为顾客服务的流程，两者都有助于零售企业改善零售服务流程。

顾客旅程图与零售服务蓝图的区别在于，顾客旅程图描述顾客行为和一些前台任务、工具、接触点及痛点，重点关注顾客的体验、想法和感受，移情是顾客旅程图的核心。因此，零售企业可以通过顾客旅程图了解顾客如何体验服务、服务失败的原因或者顾客为什么不满意。零售服务蓝图以顾客旅程和体验为基础，重点关注服务人员（前台和后台）、组织如何支持顾客旅程（有形展示和支持过程）及整个服务流程的流程和操作。零售服务蓝图并不是用来记录客户体验的，它以客户体验为起点，将其解构，来展示背后的组织是如何支持这段旅程的。因此，零售服务蓝图看起来与顾客分离，与设计师们一遍遍被告知的最高优先级——同理心分离。这里有必要指出，零售服务蓝图并非力图移除设计的移情部分，也不会和顾客旅程图的目标相冲突，它只是聚焦于体验的另一个不同维度：产生体验的底层。它客观回答了“什么是零售企业的有形和无形组成部分，从而使旅程得以存在”。

如果零售企业并不了解顾客如何体验其所提供的服务，那么此时顾客旅程图就是一种很有效的揭示方法，不仅对零售企业而言有形可见，同时也在顾客中建立共鸣。顾客旅程图可以描述出在某个人身上曾发生过的丰富故事，而这类故事如果没有叙述下来，往往是很难捕捉到的。这种叙述是一种很有效的工具，可以凝聚和团结一个真正以人为中心设计的团队，并且可以自成体系。而如果零售企业已经对顾客的体验有了很好的理解，或明确了顾客或者内部团队的特有痛点，那么零售服务蓝图应该是企业的下一步选择。它可以使零售企业深入了解如何提供服务体验以及企业内部是如何工作的（或好或坏）。零售服务蓝图能够有效促进跨职能协作，将不同组织的知识融入一个中心。因此，零售企业要想深入地了解服务流程中哪些问题环节导致了顾客的不满，就需要使用零售服务蓝图对服务流程进行分解。

（三）零售服务的质量改进模型

零售企业借助零售服务蓝图对服务流程进行分解，找到哪些环节导致顾客的不满后，还需要对服务流程的问题环节进行改进，以提高零售服务的质量。零售服务的质量取决于顾客满意度（Fernie et al.，2015），顾客满意度衡量零售服务是否达到或超出顾客期望（Farris et al.，2010）。换句话说，服务质量是顾客对零售服务的一种主观感知（白玉苓和陆亚新，2022），因此，零售企业"自认为"按照顾客的需求所设计的服务未必是顾客所期望的服务，零售企业认可的"高质量"服务也未必是顾客认可的高质量服务。

具体而言，如果顾客对企业提供的服务感知接近于他对这家企业的服务期望，他的满意程度就会高，也可以说这家企业的服务质量较高；如果顾客在这家企业感受到的服务与他的期望差距较大，他就会产生不满，也意味着这家企业的服务质量较差。因为顾客在售前、售中和售后有不同的需求（Eagly et al.，1993），所以零售企业在改进服务质量时应区分不同购买阶段，并借助 GAP 模型分析不同阶段顾客所期望的服务与感知的服务之间的差距（白玉苓和陆亚新，2022）。

1. GAP 模型的概念

GAP 模型（the GAP model）是改进服务质量的重要工具（Parasuraman et al.，1985），其核心是服务质量差距（又称为"期望-感知"差距），即服务质量取决于顾客所感知的服务水平与顾客所期望的服务水平之间的差距（GAP 5），并由四种指标来表示（如图 5－4 所示）：

认知差距（GAP 1）是零售企业对顾客期望的认知与顾客期望之间的差距。零售企业有时不能正确地感知顾客的需求。例如，零售企业可能认为顾客需要贴身的人员服务，但顾客需要的是不受打扰的购物过程。

服务质量标准差距（GAP 2）是零售企业对顾客期望的认识与其制定的顾客服务标准之间的差距。零售企业可能正确感知了顾客的服务需求，但没有建立正确的服务标准，如零售企业了解到顾客需要收银员实行快速服务，但没有针对需求建立具体的量化标准，因此收银员的速度可能不能满足顾客需求。

交付感知质量差距（GAP 3）是零售企业的服务标准与实际提供给顾客的服务之间的差距。即使零售企业建立了良好服务的标准，高质量的服务也未必能水到渠成。服务标准必须有适当的资源（人、系统和技术）支持。以收银为例，零售企业建立快速收银的标准后，首先要对收银员进行培训、激励，对收银员的表现进行奖惩。其次要对开放的收银台数量进行调整，若收银台数量不能满足顾客流量需求，即使收银员可以实现快速收银，仍会造成顾客排队。最后，还需要对收银系统进行升级，若收银系统运行迟缓，将不能满足顾客对快速收银的需求。

沟通差距（GAP 4）是零售企业提供给顾客的服务与告知顾客的承诺服务之间的差

距。零售企业通过宣传对顾客承诺服务可能会提高顾客对服务的期望。例如，零售企业宣传商品齐全、价格低廉，但顾客到达后却发现畅销品缺货、价格偏高，这就会降低顾客对服务的期望。

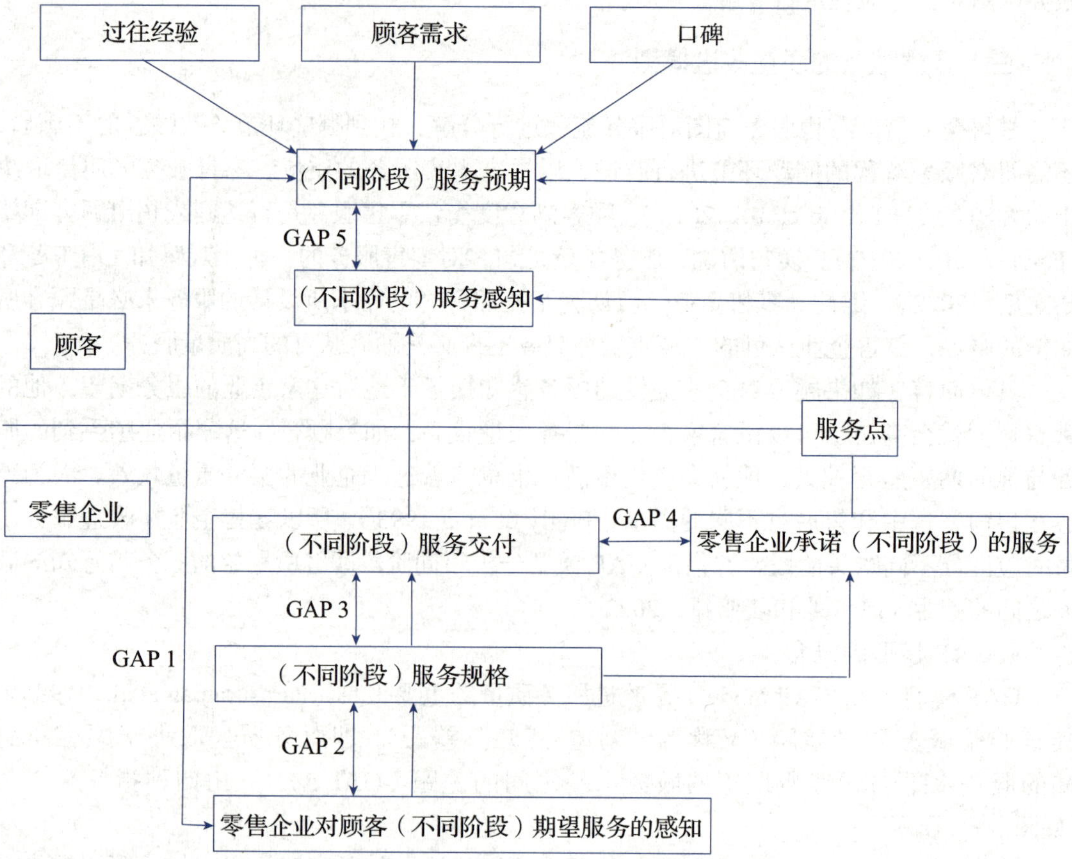

图 5－4　服务质量差距

资料来源：Parasuraman A，Zeithaml V A，Berry L L. A conceptual model of service quality and its implications for future research. Journal of Marketing，1985，49（4）：41-50.

2. 消除差距改善服务质量

零售企业根据 GAP 模型消除服务差距，改善服务质量，可分为以下几步。

首先，消除认知差距必须建立在了解顾客的需求和期望上。认知差距的产生主要取决于顾客期望的变化，顾客期望会因不同因素影响而产生变化，如竞争企业所提供的服务质量会影响顾客期望，经济的稳步增长使顾客对服务的期望增加。零售企业可以通过市场调研，如结合数字技术分析顾客的购买偏好、兴趣变化，了解顾客对服务水平的期望变化，要求服务人员记录顾客的诉求。

其次，建立并不断改善服务质量标准以满足顾客不断变化的期望。为了消除服务质量标准差距，零售企业应确定服务质量目标的服务流程，并确保服务质量标准在企业内部的实施。零售企业以调研的信息与顾客诉求为依据不断创新、改善服务标准。

再次，零售企业要通过自上而下地推行服务质量标准消除交付感知质量差距，企业高层必须作出承诺，为改善零售服务提供所需的人力、财力和物力。只有高层作出承诺，管理层才能在职权范围内实施服务质量标准，从而消除交付感知差距（Ferni et al.，2015），使服务质量水平令顾客感到满意。

最后，零售企业给顾客的信息应准确地反映服务质量，如准确无误地展示商品及告知商品的可获得性、价格标记准确、交付时间固定。避免因企业外部与内部之间的沟通差距导致顾客与零售企业的沟通差距。

第 2 节　零售服务补救及顾客赢回

一、从零售服务失败到零售服务补救

（一）零售服务失败的内涵

1. 零售服务失败的概念

即使是服务最好的、最理解顾客需求的零售企业，也会出现服务失败的情况。零售服务失败（retail service failure）是指零售企业在服务方面没有达到顾客期望，或零售企业提供顾客评价不满意的服务行为的情况（Harrison-Walker，2012）。只要顾客认为其需求未被满足，或是零售服务低于其预期水平，就预示着零售企业有可能发生服务失败。服务失败的大小可以表述为由于服务失败而给顾客带来的损失程度的大小。

2. 零售服务失败的类型

从社会交换理论[①]的角度来看，零售服务失败类型是指顾客因服务失败导致的服务交换过程中所遭受损失的类型，具体表现为结果失败、过程失败和流程失败（范秀成和刘建华，2004；Gao et al.，2022）。

结果失败涉及顾客实际从零售服务中得到（或损失）的经济利益，是指零售企业没有能够满足顾客的基本需求，或者说没有完成核心服务。例如因某种原因，顾客向某家酒店预约房间失败。过程失败涉及顾客在获得零售服务的过程中得到（或损失）的经济利益，是指零售企业在提供零售服务的过程中出现了瑕疵，或提供方式出现某种程度的损失。例如员工在与顾客面对面互动时态度冷淡或行为不礼貌。流程失败涉及顾客因零售服务交付流程的设计问题得到（或损失）的经济利益，是指将商品交付给顾客时出现的服务缓慢或错误交付，如商品在配送过程中丢失、损毁，或者货物配送出错（Gao et al.，2022）。

零售服务失败发生时，零售企业可以通过零售服务的流程设计工具与质量改进模型对服务进行改善，通过零售服务补救解决服务失败对顾客的影响。

---

① 社会交换理论认为人类的一切行为都受到某种能够带来奖励和报酬的交换活动的支配，因此，人类一切社会活动都可以归结为一种交换，人们在社会交换中所结成的社会关系也是一种交换关系。

零售视角 5-1

自助服务中的“自助”与“无助”

自助服务定义为在没有服务企业员工直接介入的情况下帮助消费者生产服务的技术界面（Meuter et al.,2000）[①]，包括旅馆的自助登记和退房系统、托运行李、停车缴费、租借充电宝和零售自助结账等。毫无疑问，方便、快捷的自助设备大大优化了顾客的购物体验。大多数时候，年轻消费者都是自助设备的主要使用者，他们追求时尚，购买力不俗，追求创新的消费场景，有引领消费潮流的内在需求。而自助设备可以灵活布置，24小时工作，可以提供全天候的消费服务，不仅营收颇有保障，而且节省了大量的人力成本。当前，行业技术日新月异，这也为零售行业的服务升级、管理升级带来了契机。

然而，与传统服务一样，在自助服务中服务失败也不可避免。一方面，自助服务对顾客的参与能力提出了更高的要求，特别是在需求旺盛时期，顾客对自助服务的操作能力往往决定了其是否能够得到满意的结果。例如不少顾客发现，使用那些完全“没人管”的自助设备时，不仅心里没底，容易出错，而且购物高峰期更容易排队。另一方面，由于自助服务具有非人际特征，当发生服务失败时没有服务人员在现场，顾客难以获得及时有效的帮助。自动化、信息化、智能化系统的投入，虽然减少了企业的成本。但对顾客而言，并没有获得更好的体验。从面对面沟通到电话沟通，再到文字沟通，又到现在与“虚拟人”沟通，零售企业与顾客的距离越来越远了，顾客观念的转变跟不上这么快的变化，心理的不适应感阻碍了偏爱情感的产生。

资料来源：彭艳君．国外自助服务补救研究述评．中国流通经济，2015，29（2）：65-71.

（二）零售服务补救的内涵

零售服务失败会让顾客产生不满情绪并降低顾客忠诚度（Gao et al.，2022），为了维护顾客关系，零售企业应通过服务补救对顾客进行挽回。狭义的服务补救指在服务失败发生之后，服务提供者对顾客抱怨所采取的反应和行动（Crönroos，1984）。广义的服务补救是狭义服务补救的扩展，指针对服务系统中可能导致失误或已发生失误的任一环节所采取的一种特殊措施（Smith et al.，1999）。广义的服务补救认为并非所有顾客都会抱怨不满，所以服务补救不仅要对顾客抱怨的服务环节进行补救，还要对服务流程中可能导致服务失败或已经发生失败的环节进行定量分析与评估，并采取恰当的管理措施予以解决（Smith et al.，1999）。

零售企业实行零售服务补救（retail service recovery）可以将因服务失败而引发的顾客不满降至最低（李欣和于渤，2004）。恰当、及时的零售服务补救措施以及真诚、主动的零售服务补救行为，可以减少顾客的不满情绪，有效化解矛盾，赢得顾客的满意，避免商业服务危机，树立企业形象并提高零售企业的声望。

---

① Meuter M L，Ostrom A L，Roundtree R I，et al. Self-service technologies：Understanding customer satisfaction with technology- based service encounters. Journal of Marketing，2000，64（3）：50-65.

(三) 零售服务补救的策略

从广义的服务补救定义来看，服务补救既要及时回应顾客因服务失败而产生的不满，又要识别潜在的服务失败。零售服务补救的策略（如图 5－5 所示）实施可以分为以下四个部分。

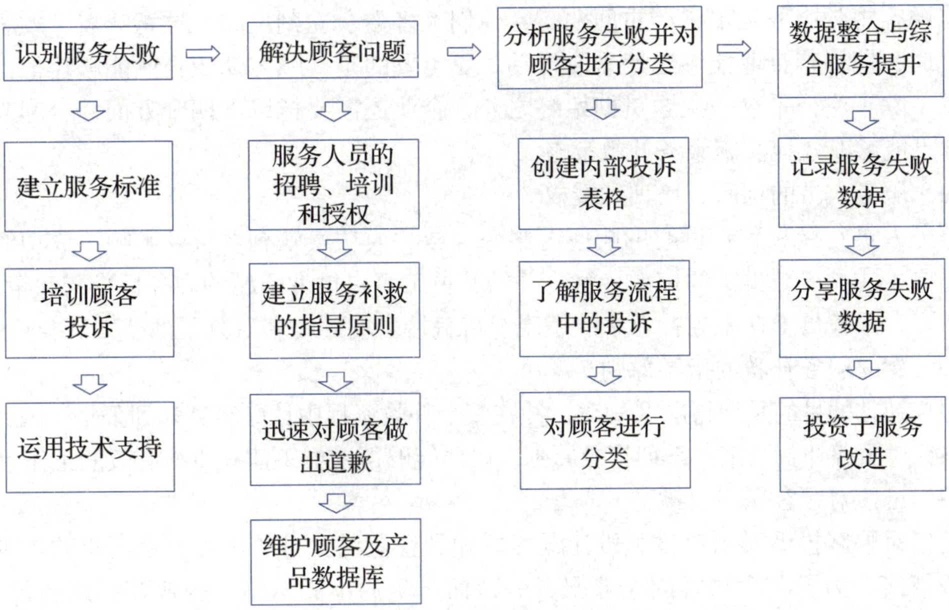

图 5－5　服务补救策略

资料来源：Zemke R，Bell C. Service recovery：Doing it right the second time. Training，1990，127（6）：42–48.

1. 识别服务失败

对于零售服务组织来说，成功实施服务补救的最大障碍在于并非所有的不满顾客都选择向企业投诉。因此，为了更好地向顾客实施服务补救以减少顾客的不满情绪，零售企业应主动识别服务失败。

（1）建立服务标准

服务的无形性使顾客在接受服务之前无法确切地知道服务的水平究竟是怎样的。换句话说，顾客对许多服务的期望都是模糊的，这也导致在服务失败时他们不会投诉或者抱怨。对此，企业可以通过制定服务标准来使模糊的期望清晰化。服务保证就是一种常用的形式。

（2）培训顾客投诉

有些顾客之所以不进行投诉，是因为他们认为投诉不会有什么作用，还有些顾客则是因为不知道应该如何进行投诉。因此零售企业不仅要鼓励顾客积极投诉，还要培训自己的顾客知道如何投诉。

（3）运用技术支持

相对于书面文字而言，口头交流往往能够更好地向顾客表达理解和同情，电话也能避免面对面抱怨时的尴尬。随着数字技术的发展，一些零售企业开始利用网络为服务补救提供支持。细心的顾客能够在很多产品和宣传单上发现企业提供的电子邮箱或者公司网站。企业可以在网站上建立数据库，为顾客提供信息搜索并解决问题的渠道，也可以开通专门的网页处理顾客的咨询与投诉。这些不仅为顾客提供了更多选择，还有助于企业降低成本。

2. 解决顾客问题

当顾客感觉服务发生了严重问题时，他们大多数会立刻反映。这意味着，顾客在抱怨的同时，期待着企业能够迅速采取行动。更重要的是，顾客期望企业能够让他们感受到公平。除了将公平这一主题贯彻始终之外，企业还需要把以下四个方面结合起来，以便使自己能够有效地实施服务补救策略。

（1）服务人员的招聘、培训和授权

服务人员在接收到投诉时的响应对服务补救的成功实施有着重要影响。成功的服务补救需要关注顾客与员工的初次接触，并给予员工解决投诉问题的服务标准与政策依据。一般而言，服务员工在服务补救中的表现，将直接影响到顾客对公平的感知。

（2）建立服务补救的指导原则

服务补救的目的是赢得顾客满意，并在整个补救流程中让顾客感知到公平。因此，企业应该针对服务补救制定一系列指导原则，以便能够帮助员工建立直接有效的工作参考。

（3）迅速对顾客做出道歉

迅速对顾客投诉做出道歉可以让顾客感知到企业对自身的重视，从而有效减少顾客的不满情绪。为了减少顾客因企业服务失败而产生的不满情绪，企业要利用各种快捷、方便的方法尽快为顾客提供人性化服务补救。

（4）维护顾客及产品数据库

数字技术的发展使企业存储信息的容量及处理信息的能力得到了极大的提高。将企业的数据库与服务热线和网站连接起来，在顾客投诉的同时记录下顾客的相关资料和服务经历，可以为企业迅速解决问题提供依据。

3. 分析服务失败并对顾客进行分类

当企业尽一切能力弥补了服务过失并挽留住顾客时，服务补救并没有结束。企业还应该记录、分析并继续跟进，以保证下一次提供此项服务时能够做得更好。以下三个方面可以帮助零售企业对服务失败的数据进行有效的整理和分类。

（1）创建内部投诉表格

投诉表格是企业内部用来记录服务失败的表格，包括记录由此做出的服务保证内容。它不是在顾客前来投诉时给顾客填写的表格，而是由企业员工亲自填写，目的在于推动组织从服务失败中学习，并确保顾客的投诉能够得到妥善解决。

（2）了解服务流程中的投诉

当顾客在服务流程中产生抱怨时，通常会向他能找到的最近的服务人员反映。这就要求企业应把一线员工纳入服务质量与顾客满意度的管理，以确保服务人员能够把这些投诉信息传递给组织。

（3）对顾客进行分类

在服务补救研究中，一般都假设顾客的补救期望和偏好是同质的（Kumar et al.,

2015），是由行为、关系或者环境因素唤起的。但随着经济全球化的发展，越来越多的零售企业开始跨国化经营，网络技术的发展也使零售企业能够将服务交付到世界上的各个角落，这使得零售企业要为不同国家、不同种族和不同文化的顾客提供服务。因此，对顾客提供服务补救需要对顾客进行提前分类，提供针对性的服务补救，让顾客感知到企业对他们的重视，以此减少顾客的不满。

4. 数据整合与综合服务提升

既然顾客会对那些他们认为重要的问题提出投诉，那么不妨把投诉看成是一种重要的市场信息。然而，考虑到顾客很少会在服务失败发生时主动进行投诉，因此企业需要借助其他信息来源以便不断改进服务。对数据进行管理就是为了确保组织能够收集到相关的、可信的、及时的信息，并与投资决策者分享这些信息。

（1）记录服务失败数据

在识别服务失败并对服务进行改进的流程中，企业不仅需要来自顾客投诉方面的数据，还需要借助有参考意义的相关资料，如顾客、员工及竞争者的调研资料，关键利益群体顾客和员工的建议以及服务交付质量等方面的信息。企业需要把这些信息与收集到的投诉和抱怨信息结合到一起用于服务改进。

（2）分享服务失败数据

当企业从各种途径收集到信息后，应该确保在服务的改进中充分运用到了这些信息。也就是说，企业应该采取如培训等措施，让服务人员接触并掌握这些信息。

（3）投资于服务改进

零售企业应该不懈地追求服务的提升，在必要的改进项目上不吝投入资本。但是，当企业决定要在服务改进方面有所投入时，应该先比较一下各种投资选项对顾客满意度、重复购买、服务成本以及市场份额所带来的影响。

二、顾客赢回

（一）顾客赢回的内涵

在服务失败的情况下，顾客仍可能在收到企业某种形式的补救后流失，除此之外，产品、价格等因素也会导致顾客的流失（Kumar et al.，2015）。为了减少顾客流失，企业应快速辨别流失顾客类别并针对流失原因采取对应的顾客赢回策略（Kumar et al.，2015）。

顾客赢回（customer win-back）是指企业通过系统的、积极有效的营销努力与那些明确提出结束业务关系的顾客重新建立关系的过程。顾客流失会对企业形象造成负面影响，企业实施顾客赢回策略努力挽回流失顾客可以减少顾客的不满，提升企业形象，提高顾客的忠诚度，并增加企业收入。从管理意义来说，顾客赢回是企业顾客关系管理的一个方面，具体表现为企业与流失顾客间关系的重构。从企业运营来说，顾客赢回的目标是赢回有价值的顾客，重新建立顾客关系。

（二）顾客赢回的策略

顾客赢回的策略可以分为四个步骤：第一，识别顾客流失状态；第二，分析顾客流失原因；第三，实施顾客赢回努力；第四，顾客赢回评估。

1. 识别顾客流失状态

顾客流失（customer defections）是指顾客与企业结束关系或将要与企业结束关系。顾客流失状态的识别可以使用R-F-M模型，即近期购买（recency）—购买次数（frequency）—购买金额（monetary amount）模型来对流失顾客进行识别（马宝龙等，2011）。顾客购买得越频繁，购买金额越大，未来购买本企业产品或服务的可能性就越大。而如果顾客交易次数越少，那么顾客结束交易的可能性就越大；如果顾客流失的时间越长，赢回流失顾客的可能性就越小。因此，及时识别顾客的流失状态，有助于企业在顾客赢回中占据主动地位。在数字时代，零售企业还可以结合数字技术建立顾客关系管理信息系统获取有效的顾客数据，建立消费预警机制，凭借数据分析识别顾客流失状态。

2. 分析顾客流失原因

流失的顾客可以分为五类：第一类是被推走的顾客，这类顾客偶尔使企业出现负利润，企业可能通过不续约等手段使顾客自动离开；第二类是非故意推走的顾客，这类顾客通常是那些不满意的顾客或者遭遇服务失败的顾客；第三类是被拉走的顾客，即因为竞争对手提供更高的价值而流失的顾客；第四类是被买走的顾客，指那些本身就缺乏忠诚，或是单纯因竞争对手价格更优惠而流失的顾客；第五类是迁移的顾客，因顾客居住地改变或生命周期发生转变而流失的顾客。在这五类顾客中，只有被拉走的顾客和非故意推走的顾客是值得赢回的。

造成顾客流失的原因分为主观因素和客观因素。主观因素是指顾客主观上产生不满，它也是导致顾客流失的根本原因。导致顾客产生不满的原因主要包括：①产品因素，如产品质量低劣或不稳定、品种单一或不全、样式单调或陈旧等；②服务因素，如服务流程繁琐、服务项目不全和服务渠道不畅等；③价格因素，如价格缺乏弹性、优惠力度不足等。根据尼尔森[①]全球顾客忠诚度调查结果，顾客更换零售企业的原因中，价格因素占41%，产品因素占26%，服务因素占15%，其他因素占18%。顾客流失的客观原因则包括顾客因地理位置变化、工作变化、社会政治和自然灾害等客观因素而切断与企业的联系。在使顾客流失的因素中，企业应考虑主观因素所带来的顾客流失，其中零售服务中可以控制的主观因素为价格因素、服务因素。

3. 实施顾客赢回努力

实施顾客赢回努力（win-back effort）主要包括价格促销和心理补救两大类（唐小飞等，2009）。

价格促销通过调整价格来吸引顾客，是指经销商或渠道参与者在某个特定时期以降低某种商品的价格或者增加相同单价下的商品数量来进行营销的一种手段，包括价格折扣、降价、优惠券、赠品促销、捆绑式促销等。通常情况下，企业选择通过降低产品价格赢回顾客、扩大市场占有率，但长期的低价销售会减少企业收入并影响企业的正常运行。价格促销可以分为激励和补偿。激励是指企业运用各种手段刺激顾客需求，引导顾

① 尼尔森是全球著名的市场监测和数据分析公司，1923年由现代市场研究行业奠基人之一的阿瑟·查尔斯·尼尔森先生创立，总部位于英国牛津。

客产生有利于企业的行为。例如，许多公司会提供优惠券、赠品，还会对一些老顾客提供额外的优惠奖励。补偿是指对于服务失败导致的顾客流失，企业主动承担责任并对顾客损失进行赔偿，如提供保证书、维修承诺等。

心理补救即企业为获得顾客的满意信任、情感支持而进行道歉、提供服务和解决问题等（Hart et al.，1990）。与获得价格促销相比，心理补救更重视与顾客的情感交流，企业通过满足顾客情感，令顾客感到满意从而维持与企业的长久合作关系。心理补救可以分为沟通和说服。沟通是指由企业组织专业的服务人员与顾客进行联系，重新赢回顾客信任。比如服务人员以面对面、电话访问等形式与顾客交流并了解顾客需求。说服是指企业介绍自身产品和服务的优越性，运用各种手段令顾客保持与企业的关系，如提供质量证明、专家评价等资料。

通常情况下，心理补救比价格促销更令顾客感到满意。价格促销可以在短时间内赢回顾客，明显减少顾客流失率，但在后期效果逐渐下降；而心理补救策略在实行初期成效不明显，顾客赢回率较低，但在后期逐渐上升。对价格敏感型顾客而言，价格促销是一项有效的赢回策略，具有吸引力的价格能够显著正向影响顾客赢回意愿，特别是在顾客受价格因素影响而流失的情况下作用更显著。然而，价格促销会提高顾客对价格的敏感性，淡化顾客对企业的信任情感等内在动机。此外，价格促销容易导致企业绩效相对较差且不稳定。因此，尽管价格促销在赢回流失顾客方面是一把利器，但这把利器是“双刃”的。企业应该慎用价格这一赢回策略。

4. 顾客赢回评估

顾客赢回评估即对整个赢回过程进行控制并对赢回努力进行评估，为今后提供借鉴。在这一阶段，企业要对重新赢回的顾客进行定期访问、问卷调查等，询问顾客与企业重新建立关系后的感受，从而与顾客保持密切联系，并且要不断激励顾客在本企业的消费，感谢顾客选择本企业产品，观察在实施赢回努力后顾客与企业交易的频率与数目，通过多方综合分析后评估赢回成果。顾客赢回评估包括两方面的内容：一方面是对整个赢回过程的控制，另一方面是对赢回策略的评价。关于第一个方面，企业应该组建专门的顾客赢回团队，对整个赢回过程进行控制。关于第二个方面，评估作为该组织的一种职能，须加以体现。

零售视角 5-2　一些关于获取新顾客与维护老顾客的统计

第 3 节　零售顾客关系管理

一、顾客关系管理概述

（一）顾客关系管理的内涵

1. 顾客关系管理的定义

顾客是企业的重要资产，是企业核心竞争力的重要体现。对顾客的获取和维持已经成为企业活动的重心。顾客关系管理（customer relationship management）简称CRM，是一种以顾客为中心，以信息技术为手段，并对工作流程进行重组，以顾客需求来驱动整个组织的运作的管理思想和总体战略（杨永恒等，2002），是一个组织机构获取顾客、开发顾客和维护顾客所要实施的全部过程（Swift，2001）。

获取顾客是企业通过宣传、促销、会展、人员访问等方式主动吸引潜在顾客并使其成为长期顾客的营销行为，是建立顾客与企业关系的起点。在顾客获取过程中，企业应当正确评估潜在顾客成为长期顾客的可能性，并对顾客终身价值做出尽可能准确的估计。

开发顾客是指企业通过分析、研究顾客需要什么产品，在什么时候、以何种付款方式来满足具体的服务需求，并据此运用分销、促销、服务等营销战略和策略来改进服务并赢得顾客。

维护顾客是指企业通过维持已经确立的顾客关系，使顾客不断重复购买产品的过程。企业不断加深顾客对企业的情感态度，将重复购买行为与情感态度结合起来，使得顾客既有较多的重复购买行为，又对企业产生支持和信任等积极情感，最终成为企业的忠诚顾客，这种忠诚顾客是企业的重要资产。

企业通过顾客关系管理深入分析顾客及其相关资料，为顾客提供量身定做的产品与服务，以深耕及拓展顾客关系，建立企业与顾客之间的“学习关系”，即企业在与顾客的接触中，了解顾客使用产品或服务过程中遇到的问题和对产品或服务提出的建议，帮助顾客在解决问题的同时增进顾客与企业之间的情感关系。

2. 理解顾客关系管理

顾客关系管理包含以下几个层次的内容（杨永恒等，2002）。

第一，顾客关系管理并不是一种简简单单的概念或方案，它是企业战略的一种，贯穿企业的每个部门和经营环节，其目的在于理解、预测和管理企业现有的或潜在的顾客。顾客关系管理涉及战略、过程、组织和技术等各方面的变革，以使企业更好地围绕顾客行为来有效地管理自己的经营。

第二，信息技术是顾客关系管理的赋能者。一些新技术，如数据挖掘技术、大数据分析和人工智能等，有效地促进了顾客关系管理的数据获取、顾客细分和模式发掘。简而言之，数字技术的引入使得顾客知识的积累和共享更为有效。

第三，顾客关系管理始于对顾客行为和特性的深入分析，以取得对顾客及其偏好、愿望和需求的完整认知，然后应用这些知识去制定营销战略、编制营销计划和发起营销活动。同样，管理顾客关系也意味着与顾客之间的互动接触，因此，顾客关系管理需要设计一个由许多接触点构成的网络，来建立、培养和维持与顾客之间长期互利的接触。

第四，顾客关系管理的目的是实现顾客价值的最大化和企业收益的最大化之间的平衡，即顾客与企业的双赢。事实上，顾客价值最大化与企业收益最大化是一对矛盾统一体。坚持以顾客为中心、为顾客创造价值是顾客关系管理的基础。而企业是以盈利为中心的组织，追求利润最大化是企业存在和发展的宗旨。顾客价值最大化意味着穷尽企业的资源和能力去全面满足所有顾客的需求，如此势必增加企业的成本，挫伤企业的盈利能力。不过，企业为顾客创造的价值越多，越可能增加顾客的满意度，提高顾客忠诚度，从而实现顾客赢回，增加顾客为企业创造的价值，使企业收益最大化。

第五，不同的顾客具有不同的关系价值，企业必须将最多的精力放在最有价值的顾客身上。虽然那些低价值的顾客在数量上占有绝对优势，但对公司的销售和利润贡献却很小。顾客关系管理并不是主张放弃这些价值较低的顾客，而是强调仔细甄别良性顾客关系和恶性顾客关系，并加以区别对待。企业通过对关系的有效识别，发展与特定顾客之间良性的、长期的、有利可图的关系，坚决剔除不具有培养前景的恶性顾客关系。

可以说，顾客关系管理是关系营销[①]的自然延续（Frow and Payne，2009），并没有改变关系营销的宗旨——通过建立长期的顾客关系来营造企业长期的竞争优势（杨永恒等，2002）。顾客关系管理的出现，把对关系的管理从营销领域扩大到整个企业范围，从一个局部的战略演变成企业的整体战略。在实现形式上，顾客关系管理坚持关系营销的基本理念，吸收了数据库营销、全面质量管理和流程再造等领域的思想，在先进信息技术的支持下，使得企业对顾客关系的管理更加主动、积极和可靠。我们可以将顾客关系管理看作关系营销的一种高级形式，或者将关系营销看作顾客关系管理的一种初级形式（Frow and Payne，2009）。

3. 零售顾客关系管理的特点

零售企业实施顾客关系管理不仅能保持、发展与顾客的良好关系，而且使企业从顾客关系中获得最大的长期回报，即零售企业通过顾客关系实现企业长期价值最大化（Kent and Omar，2003）。顾客关系管理是企业达成自身长期价值组合增长的战略、手段和途径。

在零售行业发展中，顾客关系管理呈现出三个特点：一是将顾客关系作为经营管理的战略方向；二是构建售前、售中、售后完善的服务体系与顾客管理体系；三是以顾客需求优化零售企业管理工作，提升管理效力。基于顾客关系管理加强零售企业发展各个职能之间的联系，并以顾客为出发点整合企业发展过程中的资源，使零售企业能够根据顾客的需求做出反应，从而提升零售企业的综合管理能力、降低营销成本。

（二）顾客关系管理的目标

1. 维持顾客忠诚

零售行业传统的营销模式中主要以促销、返利的形式维护顾客。但在当前的经济发展形势下，顾客在消费过程中不仅关注产品的质量、价格、性价比，而且关注营销人员的服务。高质量的服务能使顾客对产品质量和企业形象有所改观，有利于企业将顾客转化为长期顾客。

2. 构建新型营销关系

在现代经济发展中，顾客关系管理既受到了企业的青睐，也得到了顾客的认可，原因在于其依托现代社会发展形势与顾客构建了新型关系。这不仅增加了企业的经济利润，也使顾客在物质与心理上获得了满足。例如，企业在顾客消费过程中，掌握了许多顾客信息，利用这些信息对顾客的消费需求与消费水平进行重新定位，并对顾客按类划分，

① 关系营销一般指顾问式营销（关系营销），指企业在营利的基础上，识别、建立、维护和巩固与顾客和其他伙伴之间的关系，以实现参与各方的目标，从而形成一种兼顾各方利益的长期关系。

针对每种类型采取不同的营销手段，以保障企业与顾客的双赢。

3. 降低营销成本

传统零售企业营销过于重视企业内部发展需要，忽视了企业外部顾客的需求，这导致了企业制定的营销策略无法满足顾客需要，营销成功率也大打折扣。通过顾客关系管理，企业对顾客进行精准服务与营销，利用产品、服务、利益等手段鼓励顾客长期消费，有效减少了企业与顾客之间的沟通成本，并增加了零售经济利润（Li et al.，2022）。

延伸阅读5-2　AI-CRM：数字时代的顾客关系管理

（三）顾客关系管理的作用

1. 助力构建良好的顾客关系

零售企业必须站在顾客角度，了解顾客如何考虑得失并进行购物决策。零售企业要最大化顾客终生价值，就必须了解顾客的购买动机。零售企业真正去理解顾客是如何与之建立起购买关系的，将有助于企业更有利地参与竞争。只有当顾客下一次仍愿意购买该企业的产品（或服务）时，零售企业才算成功地应用顾客关系管理了。具体而言，零售企业除了调查现有顾客的特征外，还需要调查那些未发生购买行为的顾客的特征，分析顾客没有购买产品的原因。首次购买的顾客可能更关注品牌，重复购买的顾客则可能更关注服务。总之，顾客愿意重复购买零售企业的产品就说明他已与零售企业建立起了良好的顾客关系。

因此，假如零售企业还处在一个建立顾客关系的基础阶段，那么它亟需弄清楚是什么带来了新顾客；假如零售企业已经建立了顾客关系，那它最重要的是去理解顾客与零售企业间建立起了怎样的关系。

2. 了解顾客关注的关键价值

顾客在购买产品时，关注的可能只是以最佳的价格购买能够满足其需求的产品或服务。什么产品或服务才能满足顾客需求？这是由顾客而非零售企业决定的。因此，零售企业必须根据与顾客建立起的联系，不仅找出对顾客最重要的价值是什么，还要考察构成这些价值的影响因素。比如，顾客关注的价值是质量、价格、方便程度还是三者兼而有之？企业目前所采取的行动如何影响其产品和服务在顾客心目中的价值？找出这些因素后就可以分析出什么样的行动更能有效地加强企业与顾客之间的联系。理解了在顾客与企业的联系中哪种联系对顾客最为重要，就可以知道企业应该采取哪种特别的方式来加强与顾客之间的联系，最后的结果是企业管理的不再是产品，而是顾客关系。

了解顾客关注的关键价值领域最有效的办法是进行调查，调查顾客、雇员及专家。调查的方法可以采取集中调查、Delphi 法[①]、头脑风暴法[②]以及启发式方法[③]等。将收集

---

① Delphi 法是一种结构化的决策支持技术，它的目的是在讯息收集过程中，通过多位专家独立的反复主观判断，获得相对客观的信息、意见和见解。

② 头脑风暴法是一种为激发创造力、强化思考力而设计出来的方法。此法是美国 BBDO 广告公司的创始人首创的。

③ 启发式方法是一种在信息有限和时间有限的情况下解决问题的方法，通过试错、经验或猜测等方法达到或接近目标。

来的数据加以整理，以发现一系列关键价值驱动因素，从而决定企业可以在哪些方面加以改变。

3. 帮助零售企业分析竞争状况

分析竞争状况可以帮助零售企业掌握自己在市场中的定位。企业通常会有两个努力的目标：一是最大化从当前顾客获得的收益；二是增大顾客总量。竞争对手同样也会朝这两个目标奋斗。通常，零售企业拥有多个竞争对手，了解主要竞争对手以及它们如何吸引、维护顾客关系对自身发展至关重要。

分析竞争对手除了传统的方法外，也可以通过顾客关系管理分析顾客获得信息。比如，企业与顾客保持联系，了解在顾客心目中企业的竞争对手有哪些。如果顾客停止从企业购买产品或服务，企业必须了解原因。例如顾客是否从别处购买相同的产品或服务？还是从别处购买相似的产品或服务？或者他们根本就不再消费此类产品或服务？从顾客对这些问题的回答可以找出企业的关键竞争对手以及这些对手是凭借何种方式满足顾客需求并把顾客吸引走的。通过对竞争强度的分析以及与竞争对手的比较，企业会更明确自己所处的市场地位及其在顾客心目中的形象，也会了解到自己的主要弱点以及下一步努力的方向，做到比竞争对手更能满足顾客的需要。

零售视角5-3　顾客关系管理：暖心服务，与顾客成为朋友

二、顾客忠诚计划概述

（一）顾客忠诚计划的内涵

1. 忠诚顾客的概念

长期、反复购买和使用某一企业的产品与服务的顾客称为该企业的忠诚顾客，忠诚顾客可以分成五类（彼得，2004）。

垄断型忠诚顾客并不是热衷于计划，而是除了选择现有的零售企业之外，没有其他选择。

节约型忠诚顾客始终在寻找更加有利的忠诚计划。由于商店转换成本较高，他们仍保持着对现有零售企业的忠诚度。

激励型忠诚顾客已经将忠诚看成是购买零售企业产品和服务应得的附加产品，当零售企业推出的忠诚计划对这些顾客有强大吸引力时，他们就会参加忠诚计划。

习惯型忠诚顾客是重复购买的顾客，往往由于时间和生活方式的原因成为零售企业的忠诚顾客。

忠实型忠诚顾客对零售企业有很深的感情，不会轻易转向其他企业的产品和服务。他们的重复购买率高，而且明显地体现在情感上。他们会经常向亲友推荐零售企业的产品和服务，几乎是企业的兼职营销人员。即使零售企业的某一点让顾客感到不满意，他们也不会因此离开，而是会向企业反映问题，督促企业改进。

2. 顾客忠诚与顾客忠诚计划的概念

顾客忠诚是忠诚顾客与企业在长期互惠的基础上形成的信任、承诺、情感维系和情

感依赖而产生的个人特征（Uncles et al.，2003）。

零售顾客忠诚计划是一种结合数字信息技术的顾客关系管理手段（Uncles et al.，2003），指零售企业对于消费相对频繁的顾客提供的一系列购买优惠、增值服务或其他奖励方式。零售顾客忠诚计划有两个目标（Uncles et al.，2003）：一是增加销售收入，通过奖励忠诚顾客刺激消费，促进商品销售，刺激顾客消费和增加从零售企业购买的产品范围来增加销售收入；二是防御企业竞争，通过情感投入加强品牌和忠诚顾客之间的联系，保持现有的顾客基础，留住核心顾客，以降低其他企业通过价格促销等竞争手段带来的损失。

（二）顾客忠诚计划的开发与管理

1. 顾客忠诚计划的开发

开发顾客忠诚计划必须体现出零售企业的独特性，并通过塑造独特性建立长期的顾客忠诚。零售企业要在核心吸引力的基础上，通过开发奖励方式、拓展功能、设计外观等途径，使顾客获得期望的价值，从而选择参与忠诚计划。独特性的设计主要是为顾客提供独有的资源，提升其转换成本，包括程序转换成本（时间和精力损失）、经济转换成本（积分利益损失和金钱损失）和情感转换成本（个人情感损失和品牌情感损失）。零售企业通过提高程序转换成本的方法，增加转换时间和精力的损失，使已经参与某项忠诚计划的顾客在转换新的忠诚计划过程中感受到不便，常用于维持节约型忠诚顾客和习惯型忠诚顾客。经济转换成本的提高可以通过建立梯级忠诚计划来实现，即顾客的参与度越高，其所获得的各方面的利益越多，这样在打算抛弃现有忠诚计划时顾客会充分考虑积分利益的损失，常用于维持节约型忠诚顾客和激励型忠诚顾客。情感转换成本的提高是重点，因为与前两者相比，情感因素更不容易被竞争对手模仿，常用于维持激励型忠诚顾客和忠实型忠诚顾客。

2. 顾客忠诚计划的管理

为了使顾客忠诚计划能够顺畅、按计划甚至创造性地持续运行，零售企业要有良好的管理系统。顾客忠诚计划的管理思路是建立起来的忠诚系统能够比较清晰地区分出上述五类忠诚顾客并区别对待。一个层级体系建立起来的时候最失败的地方就是没有体现出区别对待，这样导致所有的顾客对这个体系都失去信心。因此企业要设计出具有明显差异化的层级价值。具体而言，对于忠实型顾客，零售企业一定要提供最适合他们的价值，让其他类型的忠诚顾客为了得到有价值的区别对待而转型成为忠实型顾客，让顾客与企业紧紧地联系在一起，兼做零售企业的营销人员。

（三）顾客忠诚计划的常见策略

1. 积分计划

（1）独立积分计划

独立积分计划是指零售企业为顾客对自己的产品和服务的消费行为以及推荐行为提供积分，在一定时间段内，根据顾客的积分额度，提供不同级别的奖励。

在积分计划中，是否能够建立一个丰厚的、适合目标消费群体的奖励平台，成为计划成败的关键因素之一。很多超市和百货商店发放给顾客的各种优惠卡、折扣卡都属于这种独立积分计划。

独立积分计划对于那些产品价值不高、利润并不丰厚的零售企业而言有很多无法克服的弊端。首先是成本问题，自行开发软件、进行数据收集和分析，这些都需要很高的成本。其次，很多积分计划的进入门槛较高，能够得到令人心动的奖励积分的额度过高，而且对积分有一定的时效要求。这样做虽然符合“80/20”法则①，将更多的优惠服务于高价值的顾客，也有助于培养出一批长期忠实的顾客，但企业也会因此流失许多消费水平没有达到标准的顾客。另外，随着积分项目被越来越多的商家广泛使用，手里持有多张积分卡的顾客会越来越多。这些顾客在不同的商家那里出示不同的会员卡，享受相应的折扣或者积分优惠，但对每一家都谈不上忠诚。

（2）联盟积分计划

联盟积分计划是指众多的合作零售企业使用同一个积分系统，这样顾客凭一张卡就可以在不同商家积分，并尽快获得奖励。相比于独立积分计划模式，联盟积分计划模式更有效、更经济、更具有吸引力。

积分联盟是一种以企业联盟和顾客加入为基础，以消费积分换取对消费者的回报作为利益驱动机制的一种新型营销模式。顾客加入联盟后为了获得企业对其消费的回报，必须不断消费累积积分，从而成为联盟中的忠诚顾客，联盟主体企业为了吸引更多的顾客，会不断增加联盟企业的数量，同更多的企业签订合作协议，使之成为联盟中的长期伙伴，逐渐形成一个跨地区、跨行业的营销网络，这一网络的形成又吸引更多的顾客加入联盟。

积分联盟本质上是一种利益共享的合作行销网络，零售企业通过培养固定的顾客群体，建立一种稳定的且人性化的产销关系，形成规模消费而回馈给顾客，从而提高顾客的满意度并维持忠诚顾客。

2. 会员制

会员制是一种人与人或组织与组织之间进行沟通的媒介，由某个组织发起并在该组织的管理运作下吸引顾客加入。零售企业通过会员制策略定期与顾客联系，为顾客提供具有高感知价值的利益，并以此维持顾客长期忠诚。

零售企业实行会员制比积分计划更加易于与顾客保持联系，可为零售企业带来综合性的效果。一方面，会员制可以增加企业与顾客的互动交流。通过互动式的沟通和交流，可以发掘出顾客的意见和建议，有效地帮助企业改进设计，完善产品。另一方面，会员制可以抵制同行企业的竞争（Uncles et al.，2003）。用会员制这种相对固定的形式将顾客组织起来，并提供有针对性的专属服务，在一定程度上讲，就是一道阻止竞争者入侵的藩篱。

作为顾客忠诚计划的一种相对高级的形式，会员制既是一个“顾客关怀和顾客活动中心”，也是一个“顾客价值的创造中心”。零

零售视角5-4　远大购物中心：凭票入场的白金会员日

① 80/20 法则，又称帕累托法则、帕累托定律、最省力法则或不平衡原则等。此法则是由约瑟夫·朱兰根据维尔弗雷多·帕累托本人当年对意大利 20% 的人口拥有 80% 的财产的观察而推论出来的。

售企业通过会员制为顾客创造价值、提供高品质服务，不断保持顾客对企业的忠诚度。

基本概念

零售服务（retail service） 零售服务设计（retail service design）
顾客旅程图（customer journey map） 零售服务蓝图（retail service blueprint）
GAP 模型（the GAP model） 零售服务补救（retail service recovery）
顾客赢回（customer win-back） 顾客关系管理（customer relationship management）

思考题

1. 零售服务组合的要素是什么？
2. 描述你所经历过的服务失败与服务补救过程。
3. 选择一家你熟悉的公司，描述一下你将怎样为该公司设计理想的顾客赢回策略。
4. 解释这两句话的逻辑含义：“抱怨是一件礼物”和“抱怨的顾客是朋友”。
5. 描述你曾经在一家零售企业的购物体验。你对这家零售企业的服务过程满意吗？

案例分析

多点 DMALL：数字赋能零售蝉联“年度优秀零售服务商”

在 2022 年 8 月 5 日举行的“2022 联商网大会”上，多点 DMALL 作为一站式全渠道数字零售解决方案服务商，再次摘得“年度优秀零售服务商”荣誉。多点 DMALL 连续 2 年获得这一奖项，既是对多点 DMALL 作为中国领军商业 SaaS（Software-as-a-Service）提供的完整数字化解决方案的认可，也是对多点 DMALL 赋能零售数字化转型成果的嘉奖。多点 DMALL 承担了零售服务功能，协助零售企业完成以顾客为中心、线上线下一体化、全面数字化的转型升级。

多点 DMALL 凭借精准营销、会员运营、社群运营、运力调度、商品联动、支付数字化场景、履约阈值调整、拣货仓内优化、物流配送、数据监控等零售全链条全场景数字化，帮助零售企业协调自身的营销、交易、支付与物流，助力零售企业为顾客提供涵盖售前、售中、售后全流程的一体化服务，全方位提升顾客满意度，最终通过数字化创新助力零售企业在遭遇新冠疫情等黑天鹅事件时实现破局突围、逆势增长。

在营销方面，重百[①]借助多点 DMALL 对会员进行标记与追踪，精准完成 550 万会员数字化，通过会员标记，重百可以掌握、学习顾客的购买偏好、习惯与需求，以顾客满足实现顾客的联动与唤醒。借助精确的顾客数据，重百真正实现了“会员运营”。重百根据会员需求，做精准化、数字化商品营销。比如重百超市将每个月的 1、2、3 日作为其母婴会员日，专门针对重百一部分的母婴会员需求，做母婴用品的专享服务。可以说，通过多点 DMALL 的数字赋能，重百的营销更精准，降低了营销成本，也能精准找

① 重百的全称为“重庆百货大楼股份有限公司”，始建于 1950 年，是中国十大百货商店贸易联合会成员企业。

到需要强化黏度的会员。而中百超市[①]则凭借“一码到底”——个人专属二维码进行精确到人的营销及团队管理，实现一对一满足顾客需求。通过这种精确的零售服务，顾客可以在售前获得更准确有效的促销信息，大幅度降低自己购物的时间成本，优化购物体验。

在交易方面，无论是为上海麦德龙快速上线“虚拟门店”，新增“云仓”覆盖更多区域顾客，还是支持物美全面调整人货场、组织、流程，达成燕郊全城履约，实体零售在新冠疫情中的逆风上行，无不来自夯实的基础：以顾客为中心的数字化创新。而顾客需求习惯变化倒逼实体零售全渠道经营，以及国家政策对数字经济和数字化转型发展的大力扶持，都使得零售业全面数字化势在必行。多点 DMALL 手机自由购、自助购等智能购工具提供无接触式服务，线上提供到家服务，使得零售企业在新冠疫情阶段可以应对、充分满足顾客需求。对于顾客而言，灵活的交易服务也大大提高了新冠疫情期间的购物便利度。

在支付部分方面，传统零售企业支付技术开发能力较弱，缺乏支付数字化经营意识和数字化经营工具，导致顾客支付体验不顺畅、支付营销单一等问题。因此，为了解决合作企业的支付痛点，多点 DMALL 提供了数字化支付整合服务，依托技术创新能力，帮助企业完成了支付数字化升级，基于数字化支付场景帮助企业丰富了权益合作。支付渠道数字化解决方案包括依托技术创新能力，围绕支付数字化场景，提供线上小程序、APP、线下支付服务解决方案。多点 DMALL 致力于帮助零售企业完成支付数字化升级，全面覆盖企业“线上 + 线下”支付场景，同时通过数字化支付场景帮助零售企业实现支付立减、品牌营销、朋友圈广告等营销形式，给予企业多方位数字赋能，助力零售企业降本增效、增加顾客及收入。

在物流方面，对于大多数零售企业而言，最难改造的部分是供应链效率。多点 DMALL 协助零售企业在物流仓储方面实现数字化升级，并协助投入建设社区服务点、提货站，给顾客提供更立体、多元化的服务网络——商品的到家、到店，及社区便民服务。多点 DMALL 通过数字赋能物流配送，实现商品更短时效到门店，从而整合供应商配送，降低物流成本，提升效率。

多点 DMALL“手把手传授”，助力零售企业改变运营方式、思维和行为，协助零售企业掌握数字化运营，包括会员端、商品端、供应链端的运营，实现零售企业的数字化转型。零售企业通过数字化升级可以更好地发现、提供满足更多顾客需求的商品与活动。可以说多点 DMALL 承担了零售服务功能，与零售企业共同服务顾客，实现了合作共赢。

资料来源：再获“年度优秀零售服务商”多点 DMALL 成零售业数字化转型最优解.（2022-08-05）. https://baijiahao.baidu.com/s?id=1740314052948764639&wfr=spider&for=pc.

思考题

1. 多点 DMALL 如何通过数字化赋能实现零售服务？

2. 多点 DMALL 为什么能在新冠疫情期间帮助零售企业实现零售额的增长？

3. 既然有零售服务商的存在，零售企业还需要进行零售服务吗？结合零售本质与零售服务谈谈你的想法。

---

① 中百超市是一家百货店，属于山东潍坊百货集团股份有限公司，以立足潍坊市区、辐射周边县市为发展思路，基本实现对潍坊市场的网络覆盖。

参考文献

［1］Dunne P M，Lusch R F，Carver J R. Retailing（8th ed.）［M］. Cengage Learning，2013.

［2］Eagly A H，Chaiken S. The psychology of attitudes［M］. Harcourt Brace Jovanovich College Publishers，1993.

［3］Farris P W，Bendle N，Pfeifer P，et al. Marketing metrics：The definitive guide to measuring marketing performance（2nd ed）［M］. Pearson Education Inc.，2010.

［4］Fernie J，Fernie S，Moore C. Principles of retailing（2nd ed.）［M］. Routledge，2015.

［5］Frow P E，Payne A F. Customer relationship management：A strategic perspective［J］. Journal of Business Market Management，2009，3（1）：7–27.

［6］Gao J，Yao L，Xiao X，et al. Recover from failure：Examining the impact of service recovery stages on relationship marketing strategies［J］. Front Psychol，2022，13.

［7］Grönroos C. A service quality model and its marketing implications［J］. European Journal of Marketing, 1984.

［8］Harrison-Walker L J. The role of cause and affect in service failure［J］. Journal of Services Marketing，2012（26）：115–123.

［9］Hart C W，Heskett J L，Sasser Jr W E. The profitable art of service recovery［J］. Harvard Business Review，1990，68（4）：148–156.

［10］Hosseini-Motlagh S M, Johari M, Pazari P. Coordinating pricing, warranty replacement and sales service decisions in a competitive dual-channel retailing system［J］. Computers & Industrial Engineering, 2022, 163.

［11］Kent T，Omar O. Retailing［M］. Palgrave，2003.

［12］Kumar V，Bhagwat Y，Zhang X. Regaining "lost" customers：The predictive power of first-lifetime behavior，the reason for defection，and the nature of the win-back offer［J］. Journal of Marketing，2015，79（4）：34–55.

［13］Li Z, Wang D, Yang W, et al. Price, online coupon, and store service effort decisions under different omnichannel retailing models［J］. Journal of Retailing and Consumer Services, 2022, 64.

［14］Lucas R. Customer service skills for success（8th ed.）［M］. McGraw Hill，2022.

［15］Olson J C，Dover P A. Disconfirmation of consumer expectations through product trial［J］. Journal of Applied Psychology，1979，64（2）：179.

［16］Parasuraman A，Zeithaml V A，Berry L L. A conceptual model of service quality and its implications for future research［J］. Journal of Marketing，1985，49（4）：41–50.

［17］Smith A K，Ruth N B，Janet W. A model of customer satisfaction with service encounters involving failure and recovery［J］. Journal of Marketing Research，1999：356–372.

［18］Swift R S. Accelerating customer relationships：Using CRM and relationship technologies［M］. Prentice Hall，2001.

［19］Uncles M D，Dowling G R，Hammond K. Customer loyalty and customer loyalty programs［J］. Journal of Consumer Marketing，2003，20（4）：294–316.

［20］Zeithaml V A，Berry L L，Parasuraman A. The nature and determinants of customer expectations of service［J］. Journal of the Academy of Marketing Science，1993，21（1）：1–12.

［21］Zeithaml V A，Parasuraman A，Berry L L. Delivering quality service：Balancing customer perceptions and expectations［M］. The Free Press，1990.

［22］白玉苓，陆亚新. 零售学［M］. 北京：机械工业出版社，2020.

［23］彼得·J. 麦戈德瑞克. 零售营销：第2版［M］. 北京：机械工业出版社，2004.

［24］范秀成，刘建华. 顾客关系，信任与顾客对服务失败的反应［J］. 南开管理评论，2004（6）：9–14.

［25］李飞. 全渠道服务蓝图：基于顾客体验和服务渠道演化视角的研究［J］. 北京工商大学学报（社会科学版），2019a，34（3）：1–14.

［26］李飞. 全渠道客户旅程体验图：基于用户画像、客户体验图和客户旅程图的整合研究［J］. 技术经济，2019b，38（5）：46–56.

［27］李飞，陈浩，曹鸿星，等. 中国百货商店如何进行服务创新：基于北京当代商城的案例研究［J］. 管理世界，2010（2）：114–126.

［28］李欣，于渤. 服务质量评价特征及服务补救策略［J］. 管理科学，2004（3）：72–76.

［29］刘向东，何明钦，刘雨诗. 数字化零售能否提升匹配效率？：基于交易需求异质性的实证研究［J/OL］. 南开管理评论：1–29［2023–02–14］.http://kns. cnki. net/kcms/detail/12. 1288. F. 20220228. 1314. 002.html.

［30］马宝龙，李飞，王高，等. 随机 RFM 模型及其在零售顾客价值识别中的应用［J］. 管理工程学报，2011，25（1）：102–108.

［31］唐小飞，贾建民，周庭锐，等. 遭遇员工态度问题和不公平价格的顾客满意度补救研究：基于顾客赢回管理的一个动态纵向评估模型［J］. 管理世界，2009（5）：107–118.

［32］王能民，徐菁，王梦丹. 制造商与零售平台物流协同共建策略：基于不同权力结构的研究［J/OL］. 系统工程理论与实践：1–34［2023–02–13］. http://kns. cnki. net/kcms/detail/11. 2267. N. 20221205. 1653. 004.html.

［33］徐皓，樊治平，刘洋. 服务设计中确定服务要素组合方案的方法［J］. 管理科学，2011，24（1）：56–62.

［34］杨永恒，王永贵，钟旭东. 客户关系管理的内涵、驱动因素及成长维度［J］. 南开管理评论，2002（2）：48–52.

［35］赵燕飞，王勇. 消费者渠道偏好下考虑实体零售商公平关切的平台供应链服务水平决策研究［J/OL］. 管理工程学报：1–14［2023–02–27］. DOI：10.13587/j. cnki. jieem. 2023. 05. 010.

第6章

零售物流与供应链管理

学习目标

1. 理解零售与物流的关系，掌握零售物流的内涵。
2. 了解零售物流系统的各组成部分，熟悉各部分的主要功能。
3. 了解零售物流与供应链管理之间的关系。
4. 了解数字技术和互联网发展对零售物流发展的促进作用。
5. 运用所学知识分析零售物流、零售供应链的未来发展趋势。

素养提升

创新驱动；新发展理念；双循环发展格局；产业链供应链韧性；降本增效，物流强国；碳达峰，碳中和；数字中国；数实融合；博弈思维；数字化，信息化，网络化，智能化。

引导案例

利群：持续强化供应链体系，打造零售物流新标杆

在加快构建以国内大循环为主体、国内国际双循环相互促进的新发展格局的背景下，在零售领域打造高效运营的供应链物流体系是推动高水平对外开放、加快建设贸易强国的必然要求。利群作为连锁零售企业的代表，在供应链物流领域的探索长期处于行业前沿。作为一家跨地区、多业态、综合性的大型零售商业集团，利群打造了自主可控的数字化、智能化供应链体系，并经过20多年的持续投入，建成了高效的零售物流体系，成为集团实现规模化扩张的坚实基础与核心优势，为品牌发展不断注入新动能。

积极应对零售环境变革带来的冲击

近几年，连锁零售企业也在纷纷布局线上，但在经济下行、消费萎缩的影响下，行

业整体面临的压力非常大，因此建设高效畅通的流通体系，着力提升行业供应链韧性，才能增强国内大循环内生动力和可靠性。随着连锁零售行业近10年来的发展变化，利群身处其中感受颇深，因此进行了一系列变革来应对这些冲击：第一，在传统百货店加入更多的购物中心元素，如餐饮、文化、儿童娱乐等，使传统百货店“购物中心化”；第二，2C（对商家）、2B（对客户）业务共同发力，以线下为主、线上为辅进行双向融合，打造“以自营模式为主、线上线下协同发展”的经营格局，为消费者提供全方位的优质服务；第三，深入整合供应链资源，发力供应链体系，除满足公司自身零售体系的仓储配送需求外，还向社会上其他零售企业、大型农贸市场、生产制造商、便利店、企事业单位及学校、部队等提供社会化物流配送服务，构建优质高效的零售服务业新体系。经过上述不断探索，利群持续发挥供应链资源优势，落实企业供应链整合的战略规划，大力发展外销、外贸出口和跨境电商业务，扩大品牌区域代理权，加大品牌代理合作力度，加快新渠道拓展，增强国内国际两个市场、两种资源的联动效应，提升贸易合作质量和水平。

降低成本系列方法在物流配送中心的应用

整个供应链体系的建设过程中，物流中心是重要的中间支撑环节，其技术升级发展非常快。为了推进物流中心的智能化建设，利群首先结合自身2C、2B业务兼具的连锁零售行业特点，以及人力成本高与人员不稳定等行业共性问题，对欧美较为成熟的物流技术进行了全方位考察，建设了适合利群需求的、国内领先的零售物流中心。在生鲜物流中心，针对人工叉车作业效率低、低温对人体伤害较大等问题，利群打造了同行业第一个采用四向穿梭车自动储存系统与自动分拣系统相结合的无人化系统，还为冷藏冷冻库内搬运车辆全部配备北斗全球定位系统等。总之，物流自动化与信息化的最终目的是提高效率、降低成本。利群通过结合不同业务的特点，引入大批国内及国际先进的现代化物流装备，大大提高了货物搬运速度和存取效率，物流作业效率至少提高40%，并且节约了场地和人力。

物流信息技术的应用

利群一直高度重视供应链信息化建设。例如，在华东区供应链及现代物流总部项目的常温物流中心率先引入具有3D视觉识读功能、可以进行混合拆箱的拆垛机器人，并结合自动化立体库、环形穿梭车（RGV）、输送分拣系统等打造了连锁零售企业第一套自动化无人作业系统，全面实现了订单的智能分配、智能拣选。利群供应链信息平台由销售系统、物流系统、财务结算系统等支撑，并衔接上游供应商系统、下游客户终端系统，各系统之间通过后台服务器的连接，完成商流、物流、资金流的信息流转和管控，形成了一个完整闭环的供应链信息系统平台，实现供应链一体化运作。

资料来源：利群：持续强化供应链体系，打造零售物流新标杆：访利群集团董事、副总裁狄同伟丨变局之下，连锁零售物流配送体系创新发展.（2022-9-6）. https://mp.weixin.qq.com/s?__biz=MjM5NDU4NzcwMw==&mid=2650518128&idx=1&sn=36bb74a6da918b0999f2100ac1265269&chksm=be8a672889fdee3e121fdfdf0377b0f2a0900f9d5fe393107f1631e8ad55b707a4dbc949bf7a&scene=27.

思考：利群是如何应对零售环境变革带来的冲击的？为了建成高效的零售物流体系，利群做了哪些方面的努力？

第 1 节　零售物流及零售物流系统

一、零售与物流交互融合

“物流”一词于 1979 年引入中国，背景是改革开放后，物资工作者代表团赴日本参加国际物流会议，回国后在《国外物流考察报告》中首次使用“物流”这一术语。立足新发展阶段，构建新发展格局，坚定不移贯彻落实新发展理念，物流能够充分发挥作用，为畅通国民经济循环、推动形成强大国内市场、促使国内市场和国际市场更好连通做出新贡献。

在计划经济时代，政府居于经济运行的核心地位，零售企业的生产经营受政府指令性计划主导，形成了“政府本位主义”。随后，在计划经济向市场经济转型的过程中，零售企业开始居于市场经济运行的主体地位，用户开始被动地接受零售企业的产品，零售企业成为创造财富的主体，并形成“企业本位主义”。在“政府本位主义”时代和“企业本位主义”时代，零售企业大都采用传统商业思维，多以重资产运营模式为主，加之互联网技术的发展限制，因此，现场交易成为企业的不二之选。在这种情况下，由于零售企业受到物理空间（一般实体零售店的辐射范围为 1 ～ 10 公里）、经营范围、店铺选址、商品品类等要素的限制，商品从零售企业到顾客的流动（即物流）集中于消费者到店购买、到店自取等方式，如图 6 - 1 所示。零售与物流之间的关系虽然密切，但其主体仍然仅限于企业与消费者双方，零售企业仅履行零售的义务。

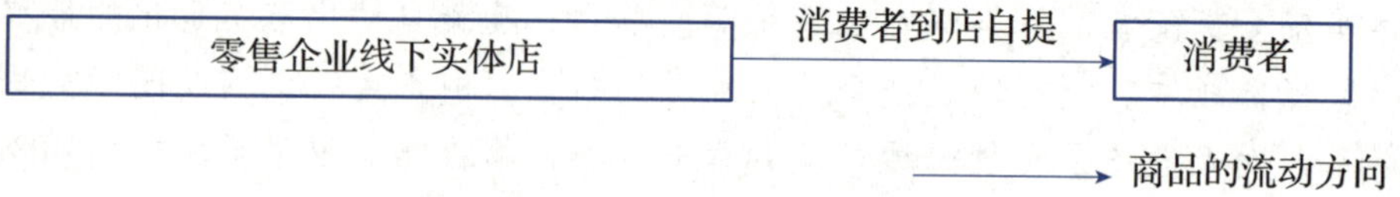

图 6 - 1　传统零售物流

随着互联网的不断发展以及电子商务政策环境的不断优化，零售企业纷纷注入“网络”的基因。零售企业以互联网技术为手段，加速了线上与线下的结合，并开始搭建“店商 + 电商”的经营格局，采用轻资产经营模式，实行网络交易。线上交易与线下交易的快速融合从根本上增加了零售的交易场所和交易时间，丰富了交易品类，加快了交易速度，减少了中间环节，对零售企业产生了深刻影响。在这种交易方式下，零售企业的辐射范围也扩大至全省、全国乃至全世界。与此同时，零售企业为了改善消费者体验，更好地满足消费者需求，纷纷进军物流领域，建设自己的物流体系。例如京东作为一家零售企业，不断地建设和完善自己的物流体系，并融入各种技术提升其物流水平；阿里巴巴不断扩大自身的物流版图，建立菜鸟网络，保证线上零售的物流服务水平。由此可见，在互联网时代，零售业与物流业已经成为密不可分的整体，零售企业不再单纯地履行零售这一义务，而是在努力发展自己的零售业态的同时，不断建立和完善自身的物流体系，以实现二者的协同发展。

零售企业进军物流领域使得商品的流动方式不再局限于单一的消费者自取。消费者可以线下购买线下自取，也可以线上购买线下自取，还可以线下购买然后通过第三方或者自营物流实现商品的有效流动，如图 6－2 所示。以沃尔玛为例，消费者可以选择在线下实体商城进行商品购买，在超市内带走商品；也可以选择在沃尔玛的网上商城进行下单，自己到店提货；还可以在网上商城下单，通过第三方物流或即时物流进行商品配送。在互联网时代，零售企业通过不断加强自身物流体系的建设，为消费者提供更加优质的服务，这促进了零售企业的繁荣发展。

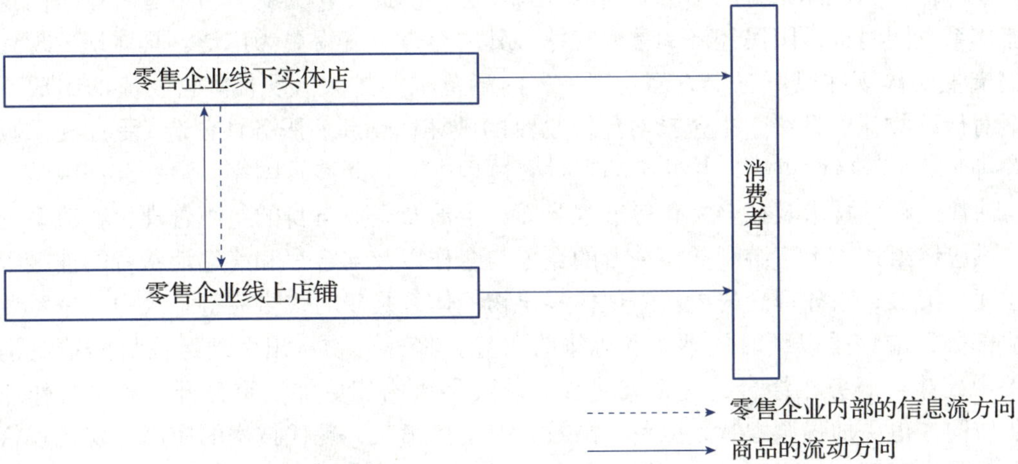

图 6－2　互联网时代的零售物流

随着信息技术发展日益蓬勃，"数字红利"加快释放，互联网深度融入百姓生活（王思北和余俊杰，2021）。借助互联网技术，零售企业打破了零售对于时间和空间的约束，模糊了线上与线下的界限，缩短了用户与企业以及用户与用户之间的距离，实现了零售的创新发展。同时，零售的不断发展也催生了物流的不断优化与升级，零售与物流逐渐融为一体，零售企业越来越注重二者的协调发展，二者的关系越来越密切，"线上零售＋线下零售＋物流"也因此实现了深度融合。

二、零售物流的内涵

零售物流（retail logistics）是物流的一个分支，也是现代零售企业取得规模化发展的重要支撑，而零售物流是伴随着现代零售业的变迁与物流技术的发展而逐渐成熟的。物流部门要处理的商品数量与种类急剧增多，商品的储存、包装、配送等一系列活动变得更加复杂。而 20 世纪 80 年代后期，现代信息技术与互联网技术的飞速发展使零售商从这一困惑中解脱出来。POS 技术、条码技术、电子数据交换（EDI）以及现代包装分拣机的运用，大大缓解了零售业的物流压力，丰富了零售业的物流功能，使整个零售业供应链更加顺畅，零售物流的概念也逐步被接受。

零售物流就是零售商计划、执行与控制商品从产地到顾客移动的实体流程，完成包括商品的采购、运输、仓储、流通加工以及相关的信息处理等环节，以达到顾客满意的目标（Savaskan and Wassenhove，2006）。传统的零售物流可以从多方面理解：第一，零售物流活动需要运用管理理论与方法对其进行计划、组织、领导及控制；第二，零售物流是一种顾客服务，它的目标是在正确的时间把正确的货物采用正确的方式送到正确的零售地点，以追求顾客满意的最大化；第三，零售物流是由一系列功能因素有机结合而成的系统，它不是单单追求运输、库存等个别功能的最优化，而是从整体出发，找出最佳组合以达到合理化状态。

然而，随着零售和物流的不断发展，零售物流也逐渐有了新的内涵。从实质上来说，没有现代物流体系，就不会有新的零售业态，因此，作为支撑新型零售业态的现代物流体系，同时也是国民经济的重要支撑，其内容也应变得更为广泛。具体地，现代零售物流主要体现在以下三个方面：第一，内涵范围的扩大。现代零售物流的组成不仅包括对传统物流的升级，也包括对传统物流的破坏性创新、服务性创造（更加注重顾客体验等）以及颠覆性重构，并处于动态发展过程中。它既涉及国家政治和经济政策、环境、法律、科学技术及社会文化等宏观层面，也涉及企业自身的组织管理、物流系统运行、供应链渠道中上下游利益相关者的竞争与合作以及与客户和终端消费者的连接等微观层面。第二，服务理念的更新。现代零售物流体系是新时代供应链系统中一个重要的组成部分，应该是以新时代理念和思维为引导，将标的物从出发地运往目的地或消费者手中，并与服务相结合的一系列过程。现代零售物流更加注重公开、竞争合作、共享、协同，也更加强调智慧、绿色、高效、安全。第三，现代技术的应用。现代零售物流是基于互联网、物联网、人工智能、云计算等信息技术，并与传统物流的机械化、自动化、标准化相结合，从而满足用户个性化需求，充分调动资源潜力，并有效支持零售商业创新的物流模式。这一模式有助于建设高效畅通的流通体系，极大地降低物流成本。

三、零售物流系统及其组成

习近平总书记在党的二十大报告中指出："加快发展物联网，建设高效顺畅的流通体系，降低物流成本。"因此，本书认为零售物流系统是基于物联网和相关信息技术，在集成环境下进行物流作业信息收集、传送、分析与处理，以满足消费者个性化物流需求为目标，提升物流效率，降低物流成本，推动物流智能化、安全化、绿色化运行的现代物流系统。根据国家市场监督管理总局、国家标准化管理委员会 2021 年修订的《物流术语》（GB/T 18354—2021）国家标准中对物流的定义，零售物流系统包括零售物流信息子系统、零售物流运输子系统、零售物流仓储子系统、零售物流流通加工子系统、零售物流包装子系统、零售物流装卸搬运子系统、零售物流配送子系统。如图 6－3 所示，七大系统并不是各自独立运行，系统间相互交融、相互协调、相互配合，实现采购、入库、装卸搬运、出库、运输等环节的有效衔接。

延伸阅读6-1 《物流术语》（GB/T 18354）

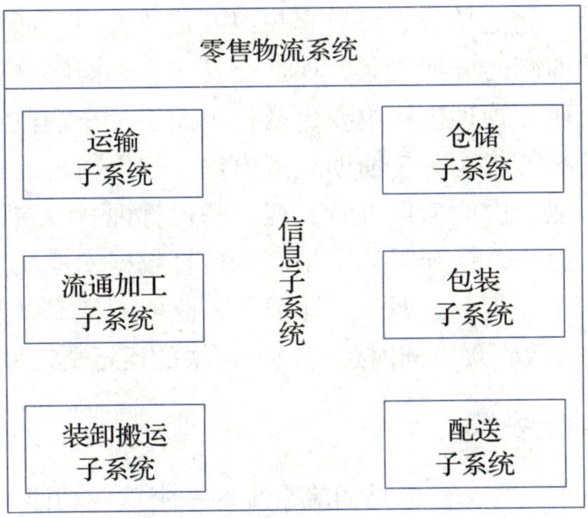

图 6－3　零售物流系统构成

(一) 零售物流信息子系统

零售物流信息子系统是零售物流系统的主要组成部分，其功能贯穿物流各子系统业务活动之中。零售物流信息子系统利用现代化物联网自动识别技术、移动通信技术以及云数据平台技术等，通过对物流业务全流程的数据采集分析与管理，确保物流活动的高效处理，降低物流成本的同时提高物流效率。

零售物流信息子系统主要包括以下几个模块，如图 6－4 所示：①信息服务模块。信息服务模块是零售物流信息子系统的重要部分，主要具有信息收集、传递、处理及应用功能。其中信息收集包括物流各作业环节信息、客户信息等的采集，从源头对供应链节点信息进行控制管理。②在线交易模块。通过零售物流系统，实现线上物流信息查询，线上商品、商家、客服、客户等的管理，提高物流服务的质量和效率。③资源整合模块。

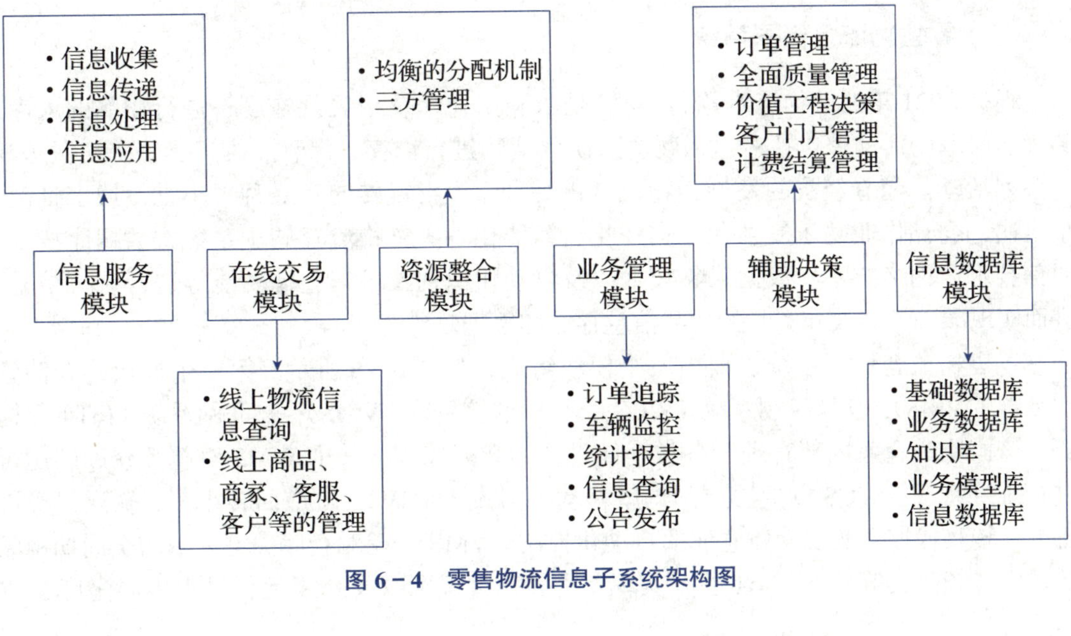

图 6－4　零售物流信息子系统架构图

物流交易包括三个主体：物流单位、订单客户以及接单客户。而资源整合就是通过对三方信息综合分析，构建均衡的分配机制，保证交易三方都能够合理收取物流费用。④业务管理模块。零售物流业务管理模块主要包括订单追踪、车辆监控、统计报表、信息维护、信息查询及公告发布等功能。⑤辅助决策模块。零售物流的辅助决策模块主要包括订单管理、全面质量管理、价值工程决策、客户门户管理、计费结算管理等，通过各项决策支持逐步优化物流业务，提升服务质量。⑥信息数据库模块。零售物流信息数据库模块主要包括基础数据库、业务数据库、知识库、业务模型库以及信息数据库等五种数据库系统确保数据得到有效管理，同时也为以上模块的运行奠定坚实基础。

（二）零售物流运输子系统

运输是物流的核心业务之一，也是物流系统的一个重要功能。根据 2021 年的《物流术语》对运输的定义：利用载运工具、设施设备及人力等运力资源，使货物在较大空间上产生位置移动的活动，可以看出，运输能够有效缓解供需双方所处地理位置的局限性，产生空间效用。运输活动实现了物品生产与消费之间的有机联系，满足了国民经济和社会的需要。零售物流运输子系统以减少物流成本和缩短运输时间为目的，通过集成各种运输方式，应用电子数据交换（EDI）、地理信息系统（GIS）、全球定位系统（GPS）及通信与网络等关键技术，实现高效、安全、准时的作业过程。

零售物流运输子系统按功能要求可划分为以下几个模块：订单管理、配载作业、调度分配、GPS 车辆定位系统、车辆管理、人员管理、数据报表、基本信息维护、系统管理等。区别于传统运输，零售物流运输子系统通过路网数据、历史订单、算法模型等，实现运输任务的合理分配，借助车辆调度平台，对智能运输单元（运输车辆、手持终端、车载终端智能设备）进行运输任务动态调度。此外，通过对智能终端设备实时信息的大数据分析，实现对货物运输车辆、在途库存和金额、客户满意度等的实时监控和全程管理，如图 6－5 所示。

（三）零售物流仓储子系统

根据 2021 年的《物流术语》，仓储是指利用仓库及相关设施设备进行物品的入库、储存、出库的活动，包括对进入物流系统的货物进行堆存、保管、维护、分拣、搬运等一系列活动。随着经济的发展，物流从单品种、大批量转向多品种、小批量或多批次、小批次，仓储作业趋于复杂化、多样化、智能化。零售物流仓储子系统将数据库技术、通信技术、网络技术、数据采集技术以及自动化识别技术与仓储功能等进行有机结合，进而实现准确、高效和实时的物品信息存储和管理效果。

零售物流仓储子系统主要由三个模块组成，如图 6－6 所示。第一个模块由仓储管理系统（WMS）、仓储控制系统（WCS）、视频监控系统（VMS）、物联网系统（IoT）等构成，该模块为仓库内部管理和各类仓储设备的智能控制。其中 WMS 对整个仓库的运行进行统筹管理。WCS 负责协调和调度移动机器人（AGV）、轨道回转小车、输送线等设备的运转和操控，实现立体仓库的自动化控制。VMS 实现对仓库关键区域的全周期视频监控、视频采集等任务。IoT 主要实现货物、托盘识别以及仓库运行过程中温湿度、洁

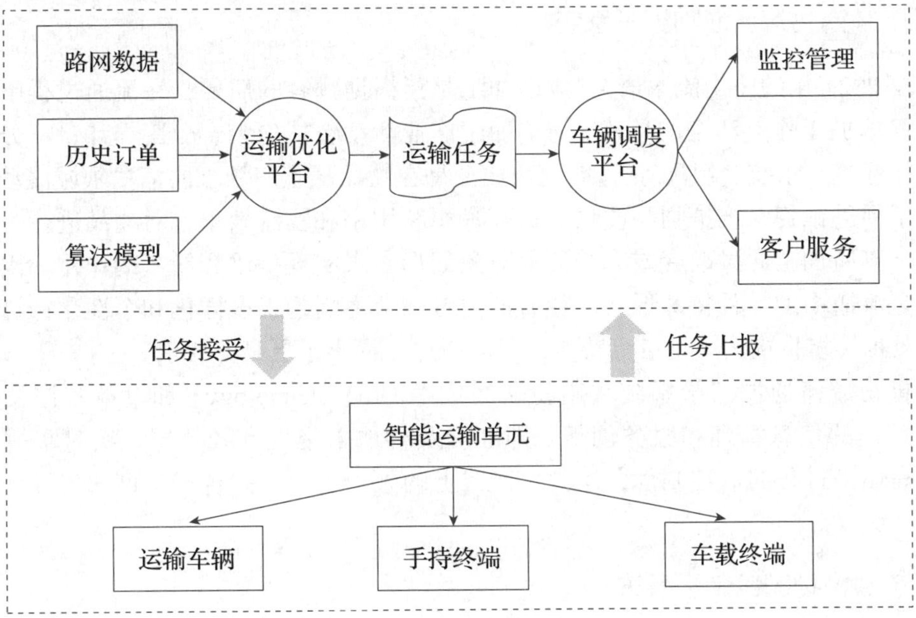

图 6－5　运输子系统架构图

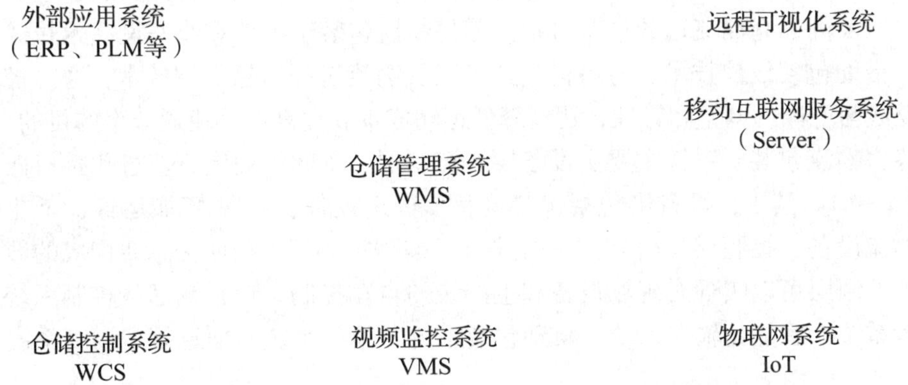

图 6－6　仓储子系统架构图

净度、空气流通速度、消防等环境要素的远程感知和掌握。第二个模块由 WMS 和移动互联网服务系统（Server)、远程可视化系统构成。该模块以可视化为手段，通过 Web、数字孪生、移动终端应用（APP、微信公众号、小程序）等多种方式对仓库运行进行远程可视化展示、远程监控、案例展示等。第三个模块由 WMS 和外部应用系统组成。WMS 可以与外界的应用程序进行集成，并针对不同的用户需要，分别设计相应的应用程序接口（API)，实现信息的集成和交互。不同的外部应用程序取决于不同的立体仓储的应用场景，对制造业来说，通常是企业资源计划（ERP)、产品全生命周期管理（PLM）与 WMS 进行流程管理、产品结构、物料流转任务等信息交互。

（四）零售物流流通加工子系统

根据 2021 年的《物流术语》，流通加工是指根据顾客的需要，在流通过程中对产品实施的简单加工作业活动的总称（简单加工作业活动包括包装、分割、计量、分拣、刷标志、拴标签、组装、组配等），即流通加工是在物品从生产领域向消费领域流动的过程中，为了促进销售、维护物品质量和提高资源利用率和物流效率，对物品进行一定程度的加工。流通加工通过改变或完善流通对象的形态来实现桥梁和纽带的作用，因此，流通加工是流通中的一种特殊形式。随着消费者需求不断趋于多样化和个性化，订单结构呈现多品种、多批次、小批量等特点，对流通加工提出了更高的要求。

零售物流流通加工子系统利用物联网技术（IoT technology）和设备监控技术加强对加工过程的信息管理和服务创新，即准确及时地采集生产线数据，实时掌握加工流程，提高加工过程的可控制性，减少生产线上的人工干预，并合理制订加工计划和进度安排。

（五）零售物流包装子系统

根据 2021 年的《物流术语》，包装是指为在流通过程中保护产品、方便储运、促进销售，按一定技术方法而采用的容器、材料及辅助物等的总体名称。可以看出，包装本身在服务于流通经济过程中具有明显的依附性和交叉性，其贯穿原材料供应、产品制造环节，以及商品仓储流通的整个过程。零售物流包装子系统在物联网技术快速发展的基础上，借助包装设计技术、材料科学技术以及物流过程信息处理技术，通过控制中心对运输路线与产品的调整和管理，达到降低运输成本和提高产品流通效率的目的。

零售物流包装子系统主要由设备层、控制层、车间管理层、信息化接口四部分组成（见图 6－7）。其中，设备层包括包装设备、输送设备、AGV 智能运输、工业机器人等各类物流设备；控制层是由 PLC 控制器（可编程控制器）和现场总线构成的数字化控制网络，控制层可以实现对现场设备和生产线的自动控制，包括输送线控制系统、立体仓库调度系统、智能化输送系统、自动包装系统、检测系统、信息管理调度系统等；车间

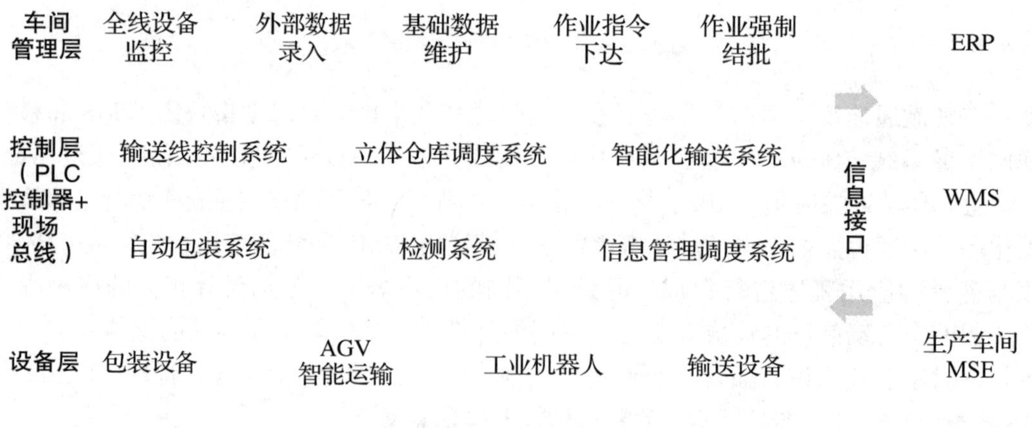

图 6－7　包装子系统架构图

管理层主要实现全线设备监控、外部数据录入、基础数据维护、作业指令下达、作业的强制结批等。此外，系统还包括与多个信息系统的接口，如企业资源计划系统（ERP）、仓库管理系统（WMS）以及生产车间 MSE（制造执行系统）等。

（六）零售物流装卸搬运子系统

根据 2021 年的《物流术语》，装卸是指在运输工具间或运输工具与存放场地（仓库）间，以人力或机械方式对物品进行载上载入或卸下卸出的作业过程；搬运是指在同一场所内，以人力或机械方式对物品进行空间移动的作业过程。可以看出，装卸搬运是随运输和仓储而产生的必要物流活动，是对运输、仓储、包装、流通加工等物流活动进行衔接的中间环节，也包括在仓储作业中为进行检验、维护、保养所进行的装卸活动，如货物的装上卸下、移送、拣选、分拣等。在物流活动的全过程中，装卸搬运是出现频率最高的一项活动，也是造成货物破损、散失、损耗的主要环节。

零售物流装卸搬运子系统会将装卸货物、储存智能上架、拆垛补货、单件分拣、集成化物品等任务信息收集并传递到智能决策子系统，智能决策子系统将任务分解成人员、物品需求计划，合理选择与配置装卸搬运方式和装卸搬运机械设备，尽可能减少装卸搬运次数，节约物流费用，以获得较好的经济效益。根据系统功能要求，零售物流装卸搬运子系统主要由输送机、智能穿梭车、智能装卸搬运信息系统、通信系统、控制系统和计算机管理监控系统等部分组成。

（七）零售物流配送子系统

根据 2021 年的《物流术语》，配送是指根据客户要求，对物品进行分类、拣选、集货、包装、组配等作业，并按时送达指定地点的物流活动。配送可以看作运输服务的延伸，不同于运输服务，配送是短距离、小批量、多品种、高频率的货物转移服务，也是物流活动的“最后一公里”。零售物流配送子系统利用互联网和信息平台，借助先进的空中接口技术，通过条形码扫描、仓库管理系统、货物追踪系统、电子数据交换系统等工具，在掌握物流配送过程中产品的流转状态的基础上，实现物流配送过程的动态监控，达到降低物流配送成本、缩短配送时间、提升客户满意水平的目的。

零售物流配送子系统主要由以下模块组成（如图 6－8 所示）：①订单信息处理模块。基于智能算法对产品的物流运输需求进行匹配，包括接受物流配送申请及订单收集、货运量的统计分析、客户信息档案库建立等，通过云端将订单分配给物流配送平台，物流配送平台依据产品运输的时效性，通过智能匹配算法进行优化，从而控制物流成本、提高效益。②产品跟踪模块。通过 GPS 技术对产品物流配送过程中的地形图数据、道路图形和车辆位置等进行跟踪，并将跟踪过程中的数据进行空间分析、数据统计、图像数据查询等，达到物流过程中的轨迹回放、位置显示、定位信息接收处理的目的，从而实现物流配送过程的在线监控。③配送路线优化模块。采用

小贴士6－1　安踏晋江仓打造新型智慧仓储系统

全球移动通信系统（GSM）技术根据物流配送订单信息，自动生成配送路线图表，根据动态的运行图进行车辆的调度，从而合理安排配送车辆和路线，达到最优化的配送路线，缩短配送时间，降低配送成本。④信息管理模块。通过地理信息系统（GIS）技术采用地图匹配算法，将产品及物流配送车辆跟踪过程中的相关定位数据准确地与电子地图进行匹配，构建网络拓扑关系，确保物流车辆定位在电子地图上相应位置，通过物流管控系统平台监控端实现精准的在线监控。⑤数据维护模块。主要是对管控平台的数据进行日常维护和更新，包括系统运行日志管理、安全管理、用户权限管理、岗位人员信息维护等，也包含对物流路线中电子地图信息的更新。

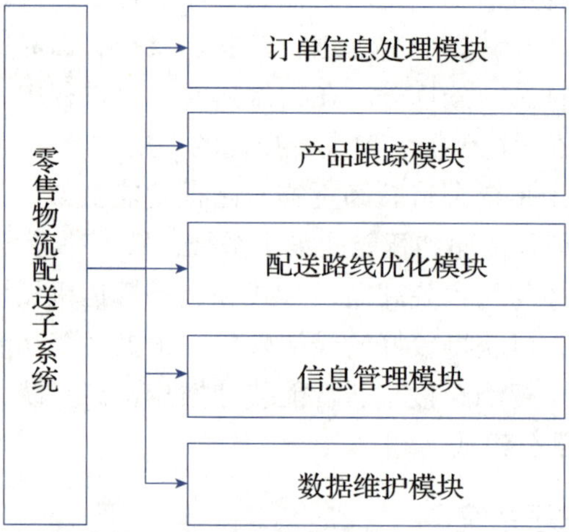

图 6－8　零售物流配送子系统架构图

第 2 节　零售供应链管理

一、零售物流与供应链管理

（一）零售物流与供应链的关系

供应链是物流运营的平台。目前，物流管理的范围已经扩大到整个供应链，企业对物流的关注已经延伸到了整个供应链环节。供应链与零售物流之间的关系主要体现在以下几个方面。

1. 零售物流服务于供应链

零售物流不等同于零售供应链，零售物流管理也不等同于零售供应链管理。零售物流是零售供应链（retail supply chain）中的一部分，除了物流活动以外，零售供应链活动还包括采购、生产制造等。物流解决的是物资的合理流动问题，并协同商流、信息流和资金流共同服务于供应链环节的采购、生产、分销与客户服务等。零售供应链活动中，有相当大的部分涉及物流活动，物流活动组织的效率很大程度上影响了供应链运营的效率。

2. 零售物流活动的优化已经延伸到了整个供应链

随着传统企业管理走向供应链管理，企业的物流活动也拓展到了整个供应链环节。也就是说，企业对物流活动的优化已经不局限于企业自身，而是要从零售供应链的视角来考虑整条供应链上物流活动的优化，这时物流也称为供应链物流。供应链物流以物流活动为核心，协调供应领域的采购、生产制造和销售领域的客户服务与订货处理业务，包括对涉及采购、外包、转化等过程的全部计划和管理活动以及全部物流管理活动。更重要的是，它也包括了与渠道伙伴之间的协调和协作，涉及供应商、制造商、销售商和第三方物流企业等。

3. 零售物流的形态会随着供应链的变化而变化

十余年来，随着商业的加速变革，特别是电商的高速发展，传统商业纷纷从线下走到了线上。近年来，线上和线下又走到了一起，并进一步融合，例如天猫商城与银泰商业的线上和线下融合、京东与永辉超市的线上和线下融合的 O2O 模式、盒马鲜生等新零售商业模式。一方面，电子商务使得供应链渠道更加扁平化，让品牌商与消费者的直接对接成为可能，物流的形态也从传统的 B2B 物流走向了 B2C 物流，从合同物流走向了快递。另一方面，随着供应链线下和线上渠道的进一步融合，消费者可以线上下单线下提货或者由商家提供送货上门服务，物流的形态又从传统的 B2B 物流、基于电商的 B2C 物流走向了面向周边消费者的末端 B2C 物流配送。例如，盒马鲜生为周边 3 ～ 5 千米范围内的消费者提供生鲜配送服务。

（二）零售供应链管理内涵

根据 2021 年的《物流术语》，供应链管理是指从供应链整体目标出发，对供应链中采购、生产、销售各环节的商流、物流、信息流及资金流进行统一计划、组织、协调、控制的活动和过程。而在新零售时代，满足消费者需求是企业经营成功的关键，提高消费者满意度既是提升留存率与忠诚度的先决条件，也有助于降低消费者对价格的敏感度和企业交易成本。因此，零售供应链管理的目标应是在满足消费者需求的前提下，对供应链中物流、信息流、资金流进行系统性的计划、协调、控制和优化，以求在最优的成本下，将消费者所需的产品按时、如数、保质地交付消费者，同时增强供应链的弹性，以便迅速应对市场波动和管理中断风险。

基于此，本书认为零售供应链管理是指在深度洞察消费者需求的基础上，以零售企业为核心，运用网络、数字技术等，提高供应链的智能化、弹性化、绿色化水平，通过对各个运营环节进行优化与调整，以合理的成本、最快的速度以及适度的灵活性，实现供需匹配、产销协同，进而不断提高消费者认可度与满意度，从而获得更多的供应链利润。

二、零售供应链数字化管理

（一）零售供应链数字化概述

《2020 年中国现代供应链发展报告》显示，新技术的广泛应用不断打破供应链行业的壁垒，在颠覆式创新成为常态的背景下，人工智能、大数据、智联网等新技术将与供应链进行深度融合，供应链形态由智慧供应链演变为“云链”，从而实现真正意义上的平台化、生态化、数字化和场景化。基于此，本书认为零售供应链数字化是指以零售企业为主导，通过物联网、5G、云计算、大数据及人工智能等新技术，改造或创建供应链，汇集物料流、成品流、信息流、资金流、服务流、逆向流等全链条数据，实现端到端的可视化与数字驱动，达到提前决策、提高效率、节省成本、控制风险的目的。零售供应链数字化具有以下特征。

1. 数据化

零售供应链数字化通过各种场景传感器、采集设备的广泛应用，获取大量采购、生产、销售、库存、配送进度等数据，更清楚地掌握信息流、产品流、资金流、物流等实体或虚拟轨迹信息。

2. 生态化

零售供应链数字化改变供应链中原有的链条式串联结构，使各利益相关方、各环节、各元素形成多维、非线性的交互关系，构成复杂又动态的网状生态结构；合作伙伴更易于共享信息与知识，敏捷化、协作性更强。

3. 消费者驱动化

零售供应链数字化打造了以消费者为中心的平台，推崇消费体验至上的理念，简化交易环节，提升交付效率，优化购物体验；同时通过数据挖掘与趋势分析，提供大规模定制化服务，并调整经营方式以响应和满足需求。

4. 数智化

零售供应链数字化通过认知技术、自动化设备以及人工智能技术的应用，主动感知外部需求与内部状态的变化，建立跨部门的集成供应链机制与平台，构建自我学习、自我调节和自主决策的模式。

延伸阅读6-2　发展数字化供应链　推动居民消费升级

（二）竞争环境下零售供应链数字化模型构建

考虑两个销售可替代产品的零售企业组成的供应链系统（下标 $i=1, 2$ 表示某一特定企业），每个企业都可以选择数字化转型或使用现有的技术。为了获得不同企业的需求函数，遵循英金和帕里（Ingene and Parry，2004；2007）的研究，对一个代表性消费者使用类似的效用函数，如下所示：

$$U=\sum_{i=1,2}\left(a_iq_i-\frac{bq_i^2}{2}\right)-\theta q_1q_2-\sum_{i=1,2}q_ip_i \tag{1}$$

式中，a_i 代表两个企业的基本市场需求；q_i 代表企业向市场销售的产品数量；参数 b 表示边际效用的变化率，为了不失一般性，将其标准化为 1；参数 θ（$0 \leqslant \theta \leqslant 1$）表示竞争的强度，即两个零售企业产品的可替代性，参数 θ 越大，竞争越激烈，产品可替代性越强；p_i 表示产品的价格。根据式（1），市场逆需求函数为：

$$p_i=a_i-q_i-\theta q_{3-i} \tag{2}$$

考虑到现有技术下需求小、产品性能不理想的现状，企业将决定是否数字化转型。一旦企业采用新一代信息技术，产品的性能将得到改善，进而将吸引更多的消费者购买，基本需求将扩大。假设当两个企业都没有数字化转型时，基本需求为 $a_1=a_2=a$。此外，如果企业决定数字化转型，基本需求将扩大到 $a+m$，其中 m 可以代表产品性能改进的水平，并且是外生的。如果企业 1 选择数字化转型，而企业 2 选择不转型，两个企业的基本市场需求分别是 $a_1=a+m$ 和 $a_2=a$。如果两个公司都选择数字化转型，那么对它们的基本要求可以扩展并表示为：$a_1=a_2=a+m$（Liu et al.，2014）。尽管数字化转型有扩大市场的好处，但当做出技术改进的决定时，企业将产生成本，由于产品性能改进 m 是外生给定的，因此将该成本设为参数 K。为简化模型，将生产过程的其他成本标准化为零。

通过上述问题的分析，构建零售企业 i 的利润函数：

$$\max_{q_i} = p_i q_i - KI_1 \tag{3}$$

式中，$p_i q_i$ 是销售产品的收入；KI_1 是企业在做出数字化转型决定时所产生的成本。I_1 是一个指标函数，当企业 i 选择改进技术时，I_1 为 1，否则为 0。

三、零售供应链弹性化管理

（一）零售供应链弹性化概述

当今，全球化退潮带来全球价值链布局调整，严重威胁供应链安全。新冠疫情加剧了各种不确定性，极大地冲击了供应链运行。习近平总书记在党的二十大报告中明确指出："提高公共安全治理水平。坚持安全第一、预防为主，建立大安全大应急框架，完善公共安全体系，推动公共安全治理模式向事前预防转型。"因此，提升兼具常态与非常态的零售供应链弹性化管理水平，提高突发公共事件应对能力，意义重大。

弹性是供应链的基本属性，如同复杂性、动态性、交叉性等特性，供应链弹性是供应链面对冲击时所表现出来的自适应能力和自修复能力。基于此，本书认为零售供应链弹性化致力于增强零售供应链抵御冲击时的自适应能力和恢复原状的自修复能力，其关键在于增强风险意识、提升应对能力，以集聚的信息、资源和能力支撑供应链成员抵御冲击、修复损失，有效增强供应链柔性、弹性和鲁棒性，降低供应链运营风险。其中，增加冗余和提高能力是实现零售供应链弹性的关键要素（赵林度和王新平，2016）。

1. 增加冗余

当零售供应链发生断裂导致某项资源无法发挥功效时，储备的其他资源能够起到替代作用，迅速弥补该项资源的失效。这些冗余资源包括超额的库存或备份的生产能力、多元化战略（产品多元化和客户多元化等）、多点储存及运输路线备份、产品的多样性及可替代性、采购备份、多源采购、应对供应链断裂的预备时间和资金储备、供应链断裂应急计划（长期和短期计划）等。

2. 提高能力

提升与零售供应链断裂直接相关的、日常运营活动中一般性的能力。这些能力包括对供应链断裂的警觉、供应链断裂的快速响应、供应链断裂后资源整合与流程重构的能力等，以及从供给管理、需求管理、财务管理、人力资源管理、产品管理、关系管理、信息管理等日常的运营活动中，培养更具一般性的能力来提高供应链弹性。

（二）基于期权契约的零售供应链弹性化模型构建

由于突发公共卫生事件具有不可预测、发生突然、溯源困难、危害巨大以及传染性强等特征，新冠疫情初期严重的应急物资匮乏致使防疫工作所需产品、服务无法对应急响应机制做出有效反应，导致弹性管理工作举措失当，而期权契约是一类被广泛应用于分析政企应急物资采购合作问题的协议形式（张琳和田军，2022；刘阳等，2020）。考虑由一个购买方（政府相关部门）和一个零售商（应急物资提供商）组成的供应链，提供的产品为短寿命的物资（非耐用型应急救灾物资），一旦突发事件发生，短期内急需大量的该类物资，所以假定零售商无法及时通过新的订单来补充库存。由于卖方与买方签订期权契约的主要目的是应对突发事件，而不是盈利，所以假定突发事件不发生时，即使执行期权能够盈利，买方也不会执行期权。相反，如果突发事件发生，买方就会立即执行期权，以约定的价格购买约定数量的物资，应急的特征决定了不会考虑执行期权会不会造成损失。此外，如果突发事件发生后，买方不能容忍缺货，言外之意，当预先订购的数量不满足救灾实际需求时，买方会以其他方式进行补货（通常临时购买大量的物资，价格往往难以具有优势）。

由于突发事件的发生具有较大的随机性，假定买方对应急物资的需求 x 为随机变量，其密度函数和概率分布函数分别定义为 $f(x)$ 和 $F(x)$。在每个储备周期内，政府根据往年的历史数据预估其订货量 Q_B。在每个应急物资储备期初，买方以单位价格 s 购买 Q_B 单位的应急物资的期权，该期权的单位执行价格为 g，一旦突发事件发生，买方将执行期权契约，购买应急物资，如果订购的物资少于突发事件导致的需求，则购买方不但会以单位执行价格 g 执行所有的期权，还会以单位价格 P 临时从市场上获取该类物资。当所有的救灾需求都满足的情况下，假定救灾物资的单位满意价值为 U。由于临时购买的物资的单位价格 P 通常较高，零售企业可以通过采购并储存高于契约订购数量的应急物资以获得额外的预期利润，或者通过其他渠道采购该类物资满足买方需求，其中 Q_s 为零售商的备货量，单位采购价格为 W，该类物资的单位批发价格为 C。在契约被执行或者过期之前，零售企业负责应急物资的库存管理，对于企业储备的非耐用型应急物资，假定采用寄售式轮动储备方式定期更换与投放市场，采用寄售式轮动管理库存的单位成本为 I，物资具有充分的流动性，当突发事件不发生，买方不执行期权，物资的残值为 V。主要参数之间的关系是 $P > W > C$ 和 $P > s + g > W$。

延伸阅读6-3　期权契约

基于期权模型的思想和上述对问题的分析，构建购买方和零售企业的利润函数。

购买方的收益函数 $\prod_B$ 为：

$$\prod_B = Ux - sQ_B - g\min(Q_B, x) - P\max(x - Q_B, 0) \tag{4}$$

式中，第一项为购买方的救援收益；第二项为签订期权契约的成本；第三项为实际执行期权契约的成本；第四项为补货成本。

零售企业的收益函数 $\prod_s$ 为：

$$\begin{aligned}\prod_s = & sQ_B + g\min(Q_B, x) - (C + I)\ Q_s + P\max(x - Q_B, 0) \\ & + V\max\ (Q_s - x, 0) - W\max(x - Q_s, 0)\end{aligned} \tag{5}$$

式中，第一项为签订期权契约时的收益；第二项为买方实际购买部分所带来的收益；第三项为零售商的采购和库存成本；第四项为买方补货过程中零售商获得的收益；第五项为物资的残值；第六项为零售商从市场渠道备货的成本。

四、零售供应链绿色化管理

（一）零售供应链绿色化概述

习近平总书记在党的二十大报告中指出："推动经济社会发展绿色化、低碳化是实现高质量发展的关键环节。"推进产业链供应链现代化，必然要求贯彻落实绿色发展理念，形成以节约资源和保护环境为普遍形态的生产方式，实现我国经济的可持续稳定发展。

零售供应链绿色化是将绿色或环境意识与经济发展两者并重的可持续发展的一种有效途径，即在零售供应链管理中考虑和强化环境因素，考虑供应链中各个环节的环境问题，注重对环境的保护，促进经济与环境的协调发展，并从环境的角度对供应链进行改进，形成一个环境共生型的供应链管理系统。这种供应链管理建立在维护环境和促进可持续发展的基础上，改变原来经济、消费与物流的单向作用关系，在抑制供应链对环境造成危害的同时，形成一种能促进经济和消费生活健康发展的供应链系统。具体来说，就是通过零售企业与上下游企业的合作及企业内各部门的协调沟通，从产品的设计、材料的选择、产品制造、产品的销售及回收的全过程考虑环境整体效益最优化，同时提高企业的环境绩效和经济绩效，从而实现零售企业和所在供应链的可持续发展。零售供应链绿色化管理强调了全局和长远的利益，突出了对环境全方位的关注，体现了企业的绿色形象，是一种新的管理趋势。零售供应链绿色化具有以下内涵。

1. 零售供应链绿色化是对传统供应链范畴的扩展

在实现传统供应链目标的基础上强调供应链的环境属性，要求整个供应链的能源、资源消耗最少，环境污染最少。一方面，通过与零售企业上下游企业的纵向合作及企业内各部门的沟通，从绿色需求调查、绿色设计、绿色采购、绿色生产、绿色营销、绿色消费、逆向物流等环节考虑经济、环境整体效益最优化；另一方面，通过供应链与供应链间的横向合作获得资源环境与经济双重绩效，实现各供应链的共赢，最终达到零售供应链自身可持续发展的目的。

2. 零售供应链绿色化具有闭环特性

在使用寿命结束之后通过回收处理系统，产品的部分或全部的材料或零部件再次进入供应链系统，提高系统的资源利用率，降低系统的环境影响。零售供应链中流动的物流不仅是普通的原材料、中间产品和最终产品，更是一种“绿色”的物流。在生产过程中产生的废品、废料和在运输、仓储、销售过程中产生的损坏件及被用户淘汰的产品均须回收处理。报废产品或其零部件经回收处理后可以再使用，可重新销售或可作为原材料重复利用，零售供应链没有终止点。

3. 零售供应链绿色化关注产品的整个生命周期

零售供应链绿色化从原材料生产、制造到回收处理，关注产品生命周期的全过程。在产品设计一开始，就充分考虑产品在供应链下游有可能涉及的影响因素，并考虑材料的回收与再利用，尽量避免在某一产品设计完成后才意识到因工艺、制造等因素的制约造成的对供应链中其他环节和成员的影响，应对产品的设计、制造、销售和回收与再利用并行加以考虑。

4. 零售供应链绿色化包含五个子系统

生产系统包括从资源投入到产品制造的全过程；物流系统包括原材料和产品的运输、仓储等环节的物流过程；消费系统包括消费者最终消费的过程；环境系统包括资源的获取与废弃物的回收与再生；社会系统主要从规则、文化和伦理等方面提供引导、激励、约束，进而使得其行为主体活动实现与环境相容。绿色供应链的运营建立在物流、信息流、资金流、知识流运动的基础之上，与传统供应链不同的是，知识流是零售供应链绿色化的重要组成部分，绿色供应链更强调供应链内的知识活动。

5. 零售供应链绿色化包括供应商、制造商、零售商、消费者和回收商等成员

供应商作为绿色供应链的起点，是产品原料的来源，原材料的绿色化是提高整条供应链环境绩效的保证；制造商往往是一条供应链的核心，绿色制造实施的质量对于整条供应链的绿色化程度起着至关重要的作用；零售商通常起到承上启下的作用；消费者的态度对绿色供应链的绩效有着直接的影响，这关系到绿色产品的被接受程度；回收商的存在实现了绿色供应链的闭环式循环，一般由一些专业性的企业和组织来完成废旧产品的回收及再利用，有时制造商和零售商直接承担回收其产品的责任。

（二）零售供应链绿色化模型构建

假定零售企业或者企业中的物流部门在没有采取绿色供应链思想管理物流活动时，期望收益是 R，要想改变企业原有的物流管理方式，必须使企业获得不少于原有期望的收益。

1. 单个企业的绿色物流管理

因为采用绿色物流技术和工艺的成本由企业承担，大量的收益由社会享受，因此需要政府对外部性进行校正，差异化税收政策或者补贴可以在一定程度上缓解绿色物流管理中的收益外溢。由此，由绿色物流管理活动 x 产生的总收益 $R_{(x)}$ 为：

$$R_{(x)} = R + GS - C_{(x)} \tag{6}$$

式中，GS 为政府对绿色物流管理企业的财政补贴或者差异性税收的收益；$C_{(x)}$ 为企业采用绿色物流管理而额外产生的成本。一般而言，政府的补贴会小于企业产生的额外成本，同样也小于绿色物流管理产生的社会效益，此时的 $R_{(x)}$ 小于 R。

品牌效应是一种长期收益，短期内企业因为绿色物流而产生的品牌收益极少。而企业进行绿色物流管理在前期需要大量的固定资产投入，后期还需要大量的维持成本。由此式（6）可以扩展为式（7）：

$$R_{(x)} = R + GS + \sum_{t=1}^{n} R_{t(B)} - \left(C_{F(x)} + \sum_{t=1}^{n} C_{t(x)}\right) \tag{7}$$

式中，$\sum_{t=1}^{n} R_{t(B)}$ 表示由绿色品牌产生的收益。一般而言，该类收益在早期呈现较少的特点。因为消费者需要一定的时间接受一个新产品，同时消费者的忠诚度也需要时间培育，所以 $R_{t(B)}$ 呈现先小后大的特点。$C_{F(x)}$ 为企业采取绿色物流管理产生的前期固定成本，$\sum_{t=1}^{n} C_{t(x)}$ 为企业为绿色物流管理而投入的可变成本。

2. 绿色物流联盟

绿色物流管理需要整个供应链体系的协调，需要一整套的标准来约束整个行业内众多企业的行为。这种标准的出台者可以是政府，也可以是在行业内有重大影响力的企业。假定物流市场存在一个影响重大的零售企业，其他企业还需要调整物流作业流程与该企业更环保的作业流程相匹配。由此，式（7）会分化成式（8）和式（9），即

$$R_{L(x)} = R + GS + \sum_{t=1}^{n} R_{t(B)} + R_C - \left(C_{F(x)} + \sum_{t=1}^{n} C_{t(x)} + C_C\right) \tag{8}$$

$$R_{F(x)} = R + GS + \sum_{t=1}^{n} R_{t(B)} + R_S - \left(C_{F(x)} + \sum_{t=1}^{n} C_{t(x)} + C_D\right) \tag{9}$$

核心零售企业在主导绿色物流标准建设时会成为领导者，会与跟它有业务往来的企业形成一个采用统一标准的物流联盟。领导者由此会获得因为对联盟的影响而产生的社会影响力收益。同时，这种影响力可以作用于物流活动之外，使领导企业进行多元化经营。现行的核心零售企业向物流配套服务端延伸和第四方物流服务发展就是一个很好的例证。因此式（8）表示由于绿色物流标准形成的联盟中的领导者因为拥有对联盟的影响力和控制力而获得收益 R_C，R_C 可以是领导者借助对联盟的控制力而获得的剩余价值，也可以是领导者借助核心领导声誉进行其他业务的收益。R_C 的大小取决于该领导者对联盟的影响程度和联盟业务涉及的范围。

领导者构建以绿色物流标准和关联业务为基础的联盟体系时，需要进行联盟建设投资，这种投资可以是标准体系的推广成本，也可能是关联企业由于不愿承担绿色物流建设成本，而减少与领导者的业务往来，从而对领导者造成的损失，这些成本与损失可以用 C_C 表示。作为追随者，加入以领导者为核心的绿色物流联盟可以获得排他性的业务关系。同时，一个良好的联盟会在社会上产生更好的声誉，这种声誉可以给联盟中的所有企业带来商机和品牌收益，式（9）把追随者从联盟中获得的收益用 R_s 表示。当追随者在联盟中因为更牢固的业务关系获得收益时，也会丧失一些经营的独立性，因为企业的作

业流程和相关标准需要与联盟同步。当联盟与其他企业或联盟竞争时，追随者的企业战略会受到联盟战略的影响。这种由于追随者丧失一定自主性而产生的损失用 C_D 表示。

第 3 节　数字技术驱动零售供应链数智化转型

一、数字技术驱动零售供应链转型升级的必然趋势

数字技术的发展预示着元宇宙（metaverse）时代的来临，元宇宙的万物交互、虚实融生、去中心化三大特性为零售供应链主体的信息交互带来了全新的体验与更多的可能性，推动着零售供应链向着虚实空间进行加速融合发展。随着数字技术的快速发展，零售供应链具有如下三大发展方向。

（一）数据融合化

数据是驱动元宇宙发展引擎的燃料，零售供应链虚实融合的实现需要数据的互通联结。在数据融合化的背景下，社会网将成为零售供应链主体行为的依托，互联网则是零售供应链信息流动的通道，物联网则是零售供应链主体的感官。一方面，基于分布式计算、高性能计算、云计算、雾计算、图计算、智能计算、边缘计算、量子计算等“算力”体系，数据分析处理能力将进一步提升，数据得到充分挖掘并加工转化为智慧，信息赋能零售供应链主体将得到实现；另一方面，多种类型的信息交融取代了简单图像和场景的叠加，互动感的增强将使零售供应链主体的体验感极大提升，对信息的感知与利用能力随之增强。

（二）领域协同化

从本质上来看，智能零售供应链应用元宇宙领域的“数字孪生”技术，将其在现实世界智能工业中的应用推广至人类社会的社交与生活场景，用人类社会的秩序和规则代替零售业业务逻辑和知识，构建了全新的零售供应链系统和环境。未来，零售供应链将充分应用元宇宙的概念，在产品制造、物质流通、信息互联等各大领域实现普及与应用（吴江等，2022），不断构建优质高效的零售服务业新体系，推动零售服务业同先进制造业、现代农业等领域深度融合。针对细分零售供应链主体群体的有效识别及其与信息交互的行为规律的挖掘总结是零售供应链主体信息行为研究在领域协同化的趋势下的必要关注点。

（三）虚实一体化

未来的元宇宙是一个全渗透、全时空存在的环绕式流量生态 / 互联网形态，成为超越现实世界的数字映射。因此，零售供应链在元宇宙视域下，数字世界具象到空间位置和时间序列的基础单位，每个零售供应链的数字单元的创造和传播有更丰富的信息和更高的效率，加之人脑和数字世界进行即时双向信息交互，这些使得零售供应链主体的认知行为将发生重大改变。通过延展认知，零售供应链主体不再将认知活动局限在“大脑

内”，而是延展到体外的数字世界，主体与机器逐步融为一体，彼此的界限将进一步模糊。零售供应链主体将无时无刻不在虚实相融的环境中生产和生活。总结而言，零售供应链主体不仅具有独一无二的身份，也具有各种场景下的行为能力；元宇宙不仅能够复刻真实世界里的场景和社交，也能将数字创作在真实世界里制造出来，理论上形成“互为映射”的关系模型；元宇宙不仅拥有超越互联网时代的物品与财产所有权、社会关系以及极度沉浸式的感知与体验，还将会产生全新的零售供应链主体信息互动机制。

二、数字技术驱动零售供应链转型机制

零售供应链数智化转型既是数字科技与生产发展深度融合的微观转变，又是零售供应链从传统生产体系向数字化体系转型的创新标志。特别是在全球经济贸易不确定性陡增、经济下行压力加大和经济结构转型加快的环境中，中国的零售供应链反而更加积极求变创新，将“数字技术+”作为零售供应链在逆境中的首要战略行为（杨德明和刘泳文，2018），赋能自身高质量发展。因此，在双循环新发展格局战略背景下，我国亟待加快零售供应链数字化转型，催生零售供应链新模式，创新零售供应链新业态，深度创新与变革国内零售供应链，推动零售供应链的基础能力和现代化水平提升，补齐零售产业链供应链短板，维护产业链供应链安全，对接逆全球化和全球价值链重构，打通产业循环。

目前数字经济已经从数字技术创新与融合发展、数字技术应用与产业化发展转向数字经济与实体经济深度融合发展阶段。数字技术“赋能效应”越发显著，不仅能实现数字技术的产业化发展，还有助于推动传统零售产业的数字化、网络化和智能化转型，以及通过零售产业融合形成新模式和新业态，具体机制如图6－9所示。

（一）数字技术驱动零售供应链实现关联效应

通常情况下，数字技术革命首先从数字产业逐渐扩散到联系最为紧密的行业，通过高协同性和正反馈效应形成具有强烈互动的产业集群，再通过横向或纵向产业关联，进一步降低其他产业采用新技术范式所需要的成本。因此在理论上，零售供应链企业可以将规模调整到长期平均成本的最低点以实现规模经济。然而，由于受到资产存量和内部交易成本等因素的限制，零售供应链企业的平均生产成本呈现出先降后升的特点，这也意味着工业时代的零售供应链企业规模无法无限扩大。随着数字技术对现有零售供应链的数字化、网络化和智能化改造，传统的零售供应链之间的关联关系得以扩展。在数字经济背景下，零售企业的生产成本表现为高固定成本和低边际成本。其中，高固定成本主要来源于零售供应链企业的研发支出、基础设施建设以及对消费者的补贴；低边际成本则是指产品一旦生产出来，几乎可以零成本进行无限复制（荆文君和孙宝文，2019）。由于低边际成本甚至零边际成本，厂商倾向于无限扩大生产规模，而生产规模的扩大会降低平均固定成本，使企业的长期平均成本下降，进而实现生产上的规模经济。此外，过去规模经济指的是供给端，然而，随着数字技术的应用，不仅生产者更容易实现规模经济，消费者也可以实现规模经济，进而形成生产者与消费者之间的良性互动，产生正反馈效应，进一步使供需双方降低成本。

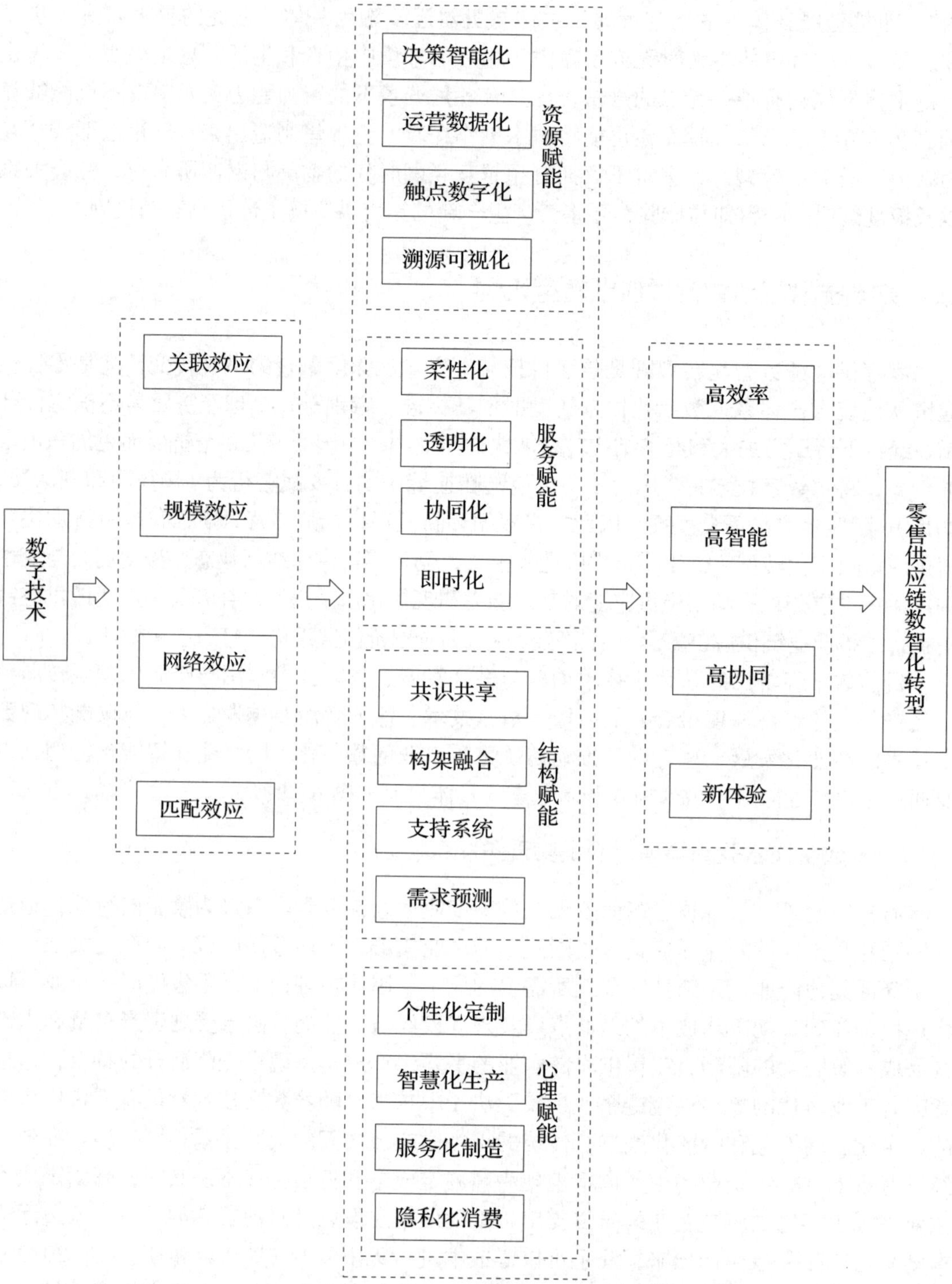

图 6－9　数字技术驱动零售供应链转型机制

（二）数字技术驱动零售供应链实现规模效应

作为多重技术集成的复杂系统，数字技术系统内部各个环节所对应的产品及服务本身已经形成了一个较为独立的产业生态体系。目前，以大数据（big data technology）、云计算（cloud computing）、人工智能（artificial intelligence）和区块链技术（blockchain technology）为核心技术的数字技术具有一定的技术关联性，传统零售供应链通过平行供给多种产品来实现生产上的规模经济。显然，产品的相关性是传统意义上的规模经济的基础。产品相关性越强，规模经济的特征就越明显。与传统经济不同，数字经济是将产品的相关性降到最低，例如植入的广告与产品本身可以没有任何相关性，这就极大拓展了规模经济的应用范围。同时，这种规模经济又是建立在网络效应基础之上的，而市场占有率和用户数量是实现规模经济的基础。由于零售供应链拥有着海量的用户群体，网络化的零售平台企业可以最大化地拓展经营范围，除了出售那些满足大众需求的大批量产品以外，还可以通过定制化生产，最有效地形成“长尾效应”。因此数字技术推动零售供应链发展，颠覆了传统生产模式下牺牲个性化换取规模化的做法，进一步实现零售供应链的规模效应。

（三）数字技术驱动零售供应链实现网络效应

关联效应与规模效应的基础与支撑是网络效应。根据梅特卡夫定律，网络具有强外部性和正反馈效应，网络的价值与联网用户数的平方成正比。随着连接到信息与通信网络的家庭数量的急剧增加，数字技术的网络外部性逐渐显现。当网络用户超过特定临界点时，就会触发正反馈，网络价值呈现爆发式增长态势（裴长洪等，2018）。例如阿里巴巴等零售供应平台的庞大消费群体使得信息的传播与共享越发充分，创造的网络价值越大，越能够吸引更多的零售供应链企业与消费者进入。此外，网络效应改变了传统的零售企业的边际成本定价模式，这意味着边际效用递减规律不再生效，而边际递增效应和网络联动效应将成为数字经济时代促进数据要素流动的新动力机制。

（四）数字技术驱动零售供应链实现匹配效应

在适应新时代消费者的大规模、多样化、个性化、排浪式消费需求的同时，数字技术也催生出一些新的零售供应链模式，如从零售供应链各端分散到多端融合再到“平台链主”和“商业链主”的分工协作。数字技术本身具有的连接功能可以将供求信息转化为数据，并利用大数据进行供需的有效整合与精准匹配，从而解决了协调或交易成本问题，大大提高了零售供应链中资源的配置效率。以京东零售供应链平台为例，京东通过建立起仓储网络、综合运输网络、配送网络、大件网络、冷链网络及跨境网络在内的高度协同的六大网络，打造了大规模、高智能的物流仓配网，具备数智化、广泛、灵活等诸多优势。其背后是 5G、人工智能、大数据、云计算及物联网等底层技术，并持续提升自身在自动化、数智化及智能决策方面的能力，真正实现全链条、一体化的供应链。从流量运营到供应链运营，京东平台把零售供应商的供给与消费者需求进行多元匹配，实现了价值创造交换，进而刺激供给、拉动需求，有效实现了供需动态平衡。匹配质量的提高增加了使用外部性的价值，它使零售供应链更容易找到消费者，并且减少了匹配两者所花费的时间。因此，数字技术不仅使得原有的交易匹配效率更高，也使得原本无法实现的交易在数字技术平台上得以实现。

三、数字技术驱动零售供应链生态圈构建

充分应用各项数字技术，使得各项数字技术对零售供应链的赋能作用最大限度彰显，进而实现零售供应链的高效率。零售供应链的发展是各项数字技术共同作用的结果。一方面，大数据分析、区块链、人工智能和物联网等数字技术都在破除彼此的约束方面发挥着重要作用，因而各项技术并非互不相通，技术集成可以发挥更大的赋能效果（如图 6-10 所示）；另一方面，技术集成的背后是数据资源、信息资源，新零售通过技术集成而形成的资源才是零售企业提升竞争力的真正源泉。

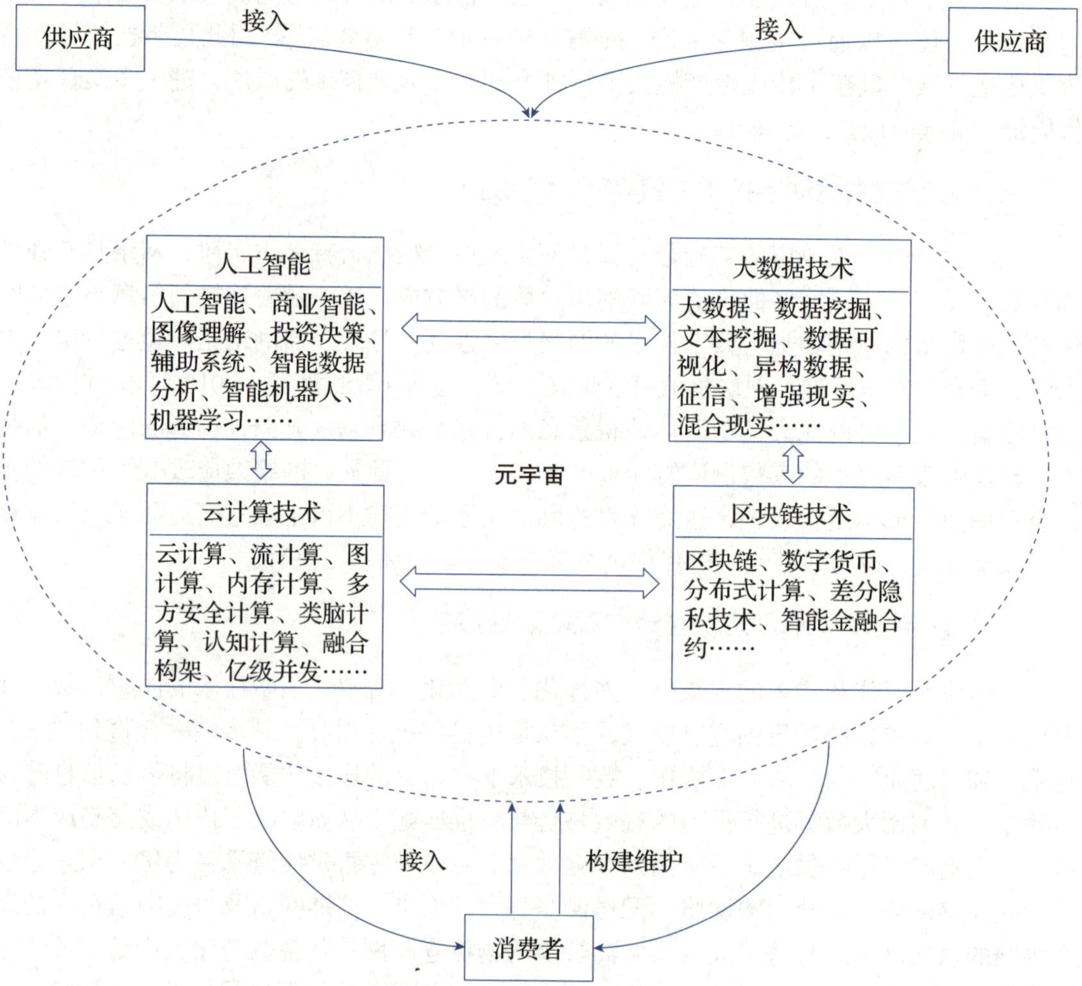

图 6-10　数字技术驱动零售供应链生态圈构建

（一）数字技术通过资源赋能实现零售供应链高效率

在资源赋能层面，人工智能是零售供应链的“大脑”，它为数据采集和处理过程增加了有效性和准确性，从而有效实现了零售供应链产业的决策智能化；云计算技术充当了零售供应链的“触角”一职，它以极低的成本敏锐地将整个线下零售供应链的业务行为捕捉

到区块链平台上，实现人与物、物与物之间数据的交流和传输，将零售供应链产业的数字化变为现实；当云计算技术将零售供应链的各类商业行为数据化之后，大数据平台担当起整个零售供应链生态的“心脏”，它将众多商业数据、消费者数据等集合在一起，并将其转化为有效的信息资源，这是零售供应链产业运营数据化的关键所在；区块链是零售供应链的“骨骼”，它为客户动态管理和信息追溯模型设定增加了可溯源性，从而有效实现了零售供应链产业的数据来源可靠化。显然，数字技术不单单从成本收益方面赋能零售供应链，还从各个节点获取信息、运营数据分析以及决策分析中赋能零售供应链，高效率驱使下的零售供应链形成了触点数据化、运营数据化、决策智能化的新业态。因此，优化数字技术基础设施布局、结构、功能和系统集成，建设现代化零售业基础设施体系，对于推动零售业高质量发展至关重要。

（二）数字技术通过服务赋能实现零售供应链高智能

在产品（服务）赋能层面，数字技术尤其是区块链技术，基于其特有的机制不仅能支持零售供应链信息的实时传输与共享，更能提升零售供应链乃至整个价值链的协同与柔性。区块链赋能下的零售供应链将实时对商品生产、管理、运输、仓储、销售等环节进行监管，从而有效改善传统零售中心化系统的弊端。在生产节点上，商品的生产资料、生产管理过程都将被分布式储存；在仓储节点上，仓库位置、产品信息、产品来源以及不同零售商所需货品等信息也在零售的大数据中呈现；在商品运输节点上，零售的生产商、承运商及零售商等利益相关者也能随时知晓商品运输的始点、终点，在途货物的信息，运输车辆情况及驾驶员情况等；在销售节点上，区块链能实时上传各销售节点的销售信息，同时，区块链赋能下的新零售还能有效进行销售过程的管控和销售数据的分析。此时，零售供应链从传统的单一商品产出、简单商品交易、单一渠道路径、单向信息传递的模式，转变为透明、柔性、协同、即时反应的“产品 + 服务”综合产出。尤其在零售供应链的物流端，基于区块链赋能的零售供应链系统在每一个环节都清晰可见，零售供应链不再限于供应链的内涵，而是既具有明显的数据属性，又包含服务属性，同时强调零售供应链的协调与统一。

在服务赋能层面上，智能决策旨在依据无人系统感知得到的动态环境信息，通过人工智能等技术解决需求计划与生产计划优化、产销协同、补货策略制定、库存安排、物流网络规划等复杂的决策问题。无人驾驶技术在定位、环境感知、路径规划、行为决策与控制方面，也综合应用了多种人工智能技术与算法。

（三）数字技术通过结构赋能实现零售供应链高协同

在结构赋能上，区块链等数字技术的集成为零售供应链提供了一个信息交互的平台，比如区块链的共识共享特征、去中心化特征以及安全与隐私保障特征，大数据的数据可视化，云计算技术的物联网、融合构架，人工智能技术的智能数据分析、深度学习等为零售供应链高协同的功能支持、顾客需求、工作需要等方面提供了技术基础。首先，区块链为零售供应链高度协调与统一提供支持系统，满足了消费者的全渠道购物诉求，可以持续跟踪服务顾客的购前、购中和购后的全程；其次，大数据为零售供应链高度协调与统一提供需求预测系统，大数据的应用可以提高预测精度，进一步节省数倍的运营成本；最后，人工智能为零售供应链高度协调与统一提供个性化服务，保障零售企业在顾客售前、售中及售后过程中与顾客的接触服务，以及对全渠道各类数据的把控需要。零售供应链高度协同需要链上的客户端、供应端，以及链上的每个节点加强沟通并实现一体化运行，注重整个价值链上流程的系统化，从而落实真正的协同运作，最终实现多方共赢。

因而，在数字技术结构赋能下零售供应链具有以下三个主要特征：一是“全程”，数字技术可以帮助零售供应链跟踪消费者从开始接触一个品牌到最后购买的全过程，包括搜寻、比较、下单、体验与分享等过程；二是“全面”，数字技术可以帮助零售供应链全面掌握购物数据，并在此过程中使其及时与消费者互动，从而掌握消费者在购买过程中的决策变化并向消费者提供个性化建议；三是“全线”，数字技术可以帮助零售供应链掌握从实体店铺到线上渠道的业务活动，打破信息与数据壁垒，实现更多线上与线下的数据协同。

小贴士6-2　打造透明化供应链

（四）数字技术通过心理赋能实现零售供应链新体验

数字技术通过心理赋能新零售进而满足消费者诉求的主要途径有以下三个：首先，大数据等通过数据分析可以快速准确地为消费者推荐心仪的产品，实现个性化定制服务；其次，区块链在商家与顾客之间搭建起了信任的“桥梁”，区块链技术的匿名与安全性使得消费者不用担心信息泄露，实现消费者的隐私性消费；最后，在消费升级趋势不断明显的数字经济时代，数字技术的发展及应用为顾客提供了更优质的产品和服务，实现了智能化生产，在一定程度上增加了消费者的购买欲望。综上所述，数字技术赋能下的零售供应链可以为消费者带来更优质的服务、坚实的保障及全新的体验。随着消费群体和消费理念的变化，零售供应链还须继续依托数字技术进行变革，以满足新的发展趋势，获得新的增长。

小贴士6-3　奥康提升供应链服务

基本概念

零售物流（retail logistics）　　云计算（cloud computing）
物联网技术（IoT technology）　　元宇宙（metaverse）
大数据技术（big data technology）　　人工智能（artificial intelligence）
零售供应链（retail supply chain）　　区块链技术（blockchain technology）

思考题

1. 怎样理解零售与物流之间的交互融合关系？
2. 零售物流系统由哪几个部分构成？

3. 零售物流与供应链之间关系是什么？

4. 数字技术如何促进零售供应链的转型升级？

5. 新时代零售供应链的主要特征是什么？

案例分析

从“零售+物流”的视角看京东

京东作为同时具备实体企业基因和属性以及数字技术和能力的新型实体企业，在各项实体业务上全面推进，并以扎实、创新的新型实体企业发展经验助力实体经济高质量发展，筑就持续增长力。

京东零售集团：备受用户信赖、以供应链为基础的友好交易零售平台

京东零售集团坚持“以信赖为基础、以客户为中心的价值创造”的经营理念，持续创新，不断为用户和合作伙伴创造价值。京东零售集团致力于在不同的消费场景和连接终端上，通过强大的供应链、技术以及营销能力，在正确的时间、正确的地点为客户提供适合他们的产品和服务。京东致力于为用户打造极致购物体验。京东是中国消费者信赖的家电购买平台，为大中城市和乡镇市场的消费者提供丰富多元、满足各种个性化需求的高品质家电和一站式优质服务。京东手机与品牌商、运营商保持了长期紧密的合作，共同推动了5G生态发展，为消费者打造一站式购机服务体验。京东超市目前已经成为众多知名国际快消品牌的全渠道零售商。京东超市打造的“全城购”项目拓展了全渠道业务，已经成功在全国多个城市、区域建立起了完善的全品类即时消费的零售生态。全品类发展的京东生鲜通过七鲜超市、七鲜生活等业态，线上线下相结合，为消费者创造最佳体验。

京东物流集团：成为全球最值得信赖的供应链基础设施服务商

京东集团2007年开始自建物流，2017年4月正式成立京东物流集团。京东物流是中国领先的技术驱动的供应链解决方案及物流服务商，以“技术驱动，引领全球高效流通和可持续发展”为使命，致力于成为全球最值得信赖的供应链基础设施服务商。京东物流始终重视技术创新在企业发展中的重要作用。基于5G、人工智能、大数据、云计算及物联网等底层技术，京东物流正在持续提升自身在自动化、数字化及智能决策方面的能力，不仅运用自动搬运机器人、分拣机器人、智能快递车等在仓储、运输、分拣及配送等环节大大提升效率，还自主研发了仓储、运输及订单管理等系统，支持客户供应链的全面数字化，通过专有算法，在销售预测、商品配送规划及供应链网络优化等领域优化决策。凭借这些专有技术，京东物流已经构建了一套全面的智能物流系统，实现了服务自动化、运营数字化及决策智能化。截至2021年9月30日，京东物流在全国共运营41座大型智能仓库。

京东物流在京东中的重要作用

京东的本质是一家以供应链驱动创新的科技公司。如果说电商是京东的火车头，供应链就是京东的铁轨。京东物流着力构建协同共生的供应链网络，以供应链产业平台为依托，聚焦于提供全供应链服务以及搭建供应链技术平台，以全供应链服务和供应链技术平台为落点，乘产业互联之风，驱动产业的质效升级，实现了产业链上下游的高效协同、高速增长和价值共创。京东物流所打造的全球智能供应链基础网络希望将短链、智能、共生的无界物流嵌入生产、流通、消费的每一个环节当中，从而为京东零售提供坚实基础。

资料来源：菜鸟、顺丰、京东物流：无“智”难行？.（2022-08-29）. https://baijiahao.baidu.com/s?id=1742453478106236035&wfr=spider&for=pc；京东智慧物流体系全面升级，带领中国物流走向世界.（2018-11-14）. https://baijiahao.baidu.com/s?id=1617079214993432372&wfr=spider&for=pc.

思考题

1. 结合案例和本章内容，谈谈京东物流为什么能取得成功。
2. 你认为京东物流的产品服务体系包括什么？
3. 数字技术如何促进京东零售物流的转型升级？

参考文献

[1] 王思北，余俊杰．奋力谱写网络强国建设精彩华章：我国网信事业发展成就综述［N/OL］．人民日报，2021-09-23．https://baijiahao.baidu.com/s?id=1711694616668250993&wfr=spider&for=pc.

[2] Savaskan R C，Wassenhove L V. Reverse channel design：The case of competing retailers［J］. Management Science，2006，52（1）：1-14.

[3] 吴江，曹喆，陈佩，等.元宇宙视域下的用户信息行为：框架与展望［J］．信息资源管理学报，2022，12（1）：4-20．

[4] Ingene C A，Parry M E. Mathematical models of distribution channels［M］. Springer Science & Business Media，2004.

[5] Ingene C A，Parry M E. Bilateral monopoly，identical distributors，and game-theoretic analyses of distribution channels［J］. Journal of the Academy of Marketing Science，2007，35（4）：586-602.

[6] Liu B，Cai G，Tsay A A. Advertising in asymmetric competing supply chains［J］. Production and Operations Management，2014，23（11）：1845-1858.

[7] 赵林度，王新平．供应链弹性管理：测度与策略［M］．北京：科学出版社，2016．

[8] 张琳，田军．协议企业应急物资生产与原材料预储决策研究［J/OL］．中国管理科学：1-11［2022-12-29］．https://doi.org/10.16381/j.cnki.issn1003-207x.2020.2158.

[9] 刘阳，田军，冯耕中，等．基于期权契约的政企联合储备应急物资模型与利润分配机制研究［J］．中国管理科学，2020，28（8）：162-171.

[10] 杨德明，刘泳文．“互联网+”为什么加出了业绩［J］．中国工业经济，2018（5）：80-98.

[11] 荆文君，孙宝文．数字经济促进经济高质量发展：一个理论分析框架［J］．经济学家，2019（2）：66-73.

[12] 裴长洪，倪江飞，李越．数字经济的政治经济学分析［J］．财贸经济，2018，39（9）：5-22.

第7章

社交零售

学习目标

1. 掌握社交零售的内涵，了解社交零售的发展历程。
2. 明晰社交零售的模式及常见形式。
3. 了解社交零售的运行机制及未来发展趋势。

素养提升

乡村振兴；“互联网+农业”；脱贫攻坚；以人为本；质量迭代；科技创新；诚信意识；技术伦理；数字经济；产业融合；高质量发展。

引导案例

拼多多：乡村振兴下农产品的社交零售模式

“互联网+农业”为乡村振兴注入新动能，越来越多的互联网巨头开始大胆跨界在农业领域布局新的业务，挖掘新的发展价值。拼多多锚定农业发展的新蓝海，开启互联网时代的新发展路径，勇于探索脱贫攻坚和乡村振兴机制性衔接的创新模式。

2020年，受新冠疫情冲击，很多农产区发生滞销。海南著名的桥头地瓜往年是完全不愁卖的优质红薯，由于新冠疫情大量滞销，2020年春节期间单日最高销量仅有300多公斤。为了解决农产品滞销问题，同时响应习近平总书记打赢脱贫攻坚战的号召，拼多多建立“抗疫助农”专区，充分发挥“拼团+分享”推广模式的优势。参加了拼多多“抗疫助农”专区后，原本滞销的桥头地瓜三天就达到了8.6吨的累计销售额。在此期间，1 200万个农户通过拼多多解决了由于新冠疫情冲击所带来的农产品滞销问题。拼多多之所以能成为种植专业合作社的救命稻草，不仅得益于拼多多在习近平新时代中国特色社会主义思想的指导下探索实践消费扶贫机制，也得益于拼多多长期采用的“拼团＋分享”的推广模式。

拼多多以水果等农产品的拼好货形式起家，主打价格低廉，面向的消费群体主要是低收入人群或者中高龄人群。毕竟消费升级理念与消费者对高性价比商品的追求不矛盾，因此拼多多瞄准了下沉市场巨大的消费潜力，抓住了目标消费者的消费心理，一方面推动农产品“产地直发”和“工厂直供”，另一方面大力推广“拼团＋分享”的社交零售模式。具体而言，用户在拼多多选购时，组团购买商品的价格比直接购买模式的价格便宜。因此，为了获取更低廉的价格，用户通过将待成团的产品链接分享给家人、朋友，以及微信群、QQ 群等网络社交群中，鼓励他人共同购买完成组团，以使自己可以低价购买心仪的产品。拼多多的用户通过分享给朋友、家人、邻居等发起拼团，使其可以用更低的价格购买商品，从而快速低成本地获取大量用户。消费者一般并不知道商品最低价到底是多少，但拼多多的商品设置了两种价格，分别是单独购买价和拼团购买价，两种价格形成的反差，直接刺激消费者选择拼团购买方式。拼多多用户分享商品的主要媒介是国内使用人数众多的微信聊天软件，借助微信 10 亿多用户的流量池分享拼团、砍价等链接，在微信大环境中实现用户的社交裂变。拼团、砍价、免单等都是平台的一种运营手段，这样的方式提高了用户的互动性，也增加了用户使用 APP 的时长，让平台留住更多的流量。

运用社交零售模式，基于微信内部的流量以及拼团带来的流量“裂变”，增加农产品在消费者中的曝光率，成为拼多多做农产品电商业务的壁垒。在拼团方式下，用户不确定时间的零散需求在三五成群的拼团中归集到同一时间，形成一定规模的需求量。规模性带来了成本的优势，成为能够吸引流量的低价能力，同时，在组织货源或调整生产方面获得了可计划性，有机会实现订单式供应。拼多多借低价拼单获得快速引流，用户则得到了更有性价比的果蔬。2018 年，拼多多宣布成为全国最大的互联网农货上行平台之一，实现 653 亿元的农产品及农副产品订单总额。2019 年，拼多多开始做农货节，集合了近百万新农人，助力数千个农产区直连消费者，通过“万人团秒杀”、多多果园等现象级入口，直连城市小区和田间地头。从上游种植、农产品标准化及品牌化，到包装、物流等产业链环节，拼多多全面介入并推动农产品货源规模化、标准化、品牌化，为社交零售模式下农产品巨大体量供应积累了良好口碑，增强了用户的复购意愿，降低了平台的退换成本。2020 年，拼多多的农产品交易额增长至 2 700 亿元。以拼多多为代表的裂变式的社交拼团模式依靠用户“口口相传”形成裂变式传播，以极低的成本带动新用户增长，是移动电商、社交媒体相结合的商业模式的创新，成为零售电商行业与平台电商、自营电商并驾齐驱的“第三极”。

资料来源：拼多多的助农“战疫”.（2020-02-27）. https://baijiahao.baidu.com/s?id=1659650068257261780&wfr=spider&for=pc.

思考：除了拼多多的社交零售模式，你还知道哪些社交零售模式？请你畅想未来社交零售会如何发展。

第 1 节　社交零售的内涵及发展历程

一、社交零售的内涵

（一）社交零售的定义

社交零售（social retail）是使用社交媒体与客户交流并同时通过实体和数字渠道进行销售的做法。社交零售以人际关系为纽带，在当今互联网时代，常见的形式是借助社交平台传递特定信息，以“社交互动”“粉丝种草”“用户裂变”等手段在互联网零售平台上辅助购买商品，同时将互动、关注、分享等社交化元素应用于交易过程中的购物模式。在这个过程中，对于每个消费者来说，基于某种利益分享后，其消费者的身份转化为消费商，并不断裂变，最终形成强大的社交零售生态圈。

延伸阅读 7－1

社交是什么

马克思交往理论认为，社交指的是人在生产及其他社会活动中发生的相互联系、交流和交换。在通信不发达的年代，人们的社交活动受到时间、空间的限制。比如，在没有电话的年代，人们想进行长时间对话必须在同一个空间内进行；远距离的情况下沟通只能通过书信，一次沟通可能需要一两个月的时间。所以，在这种历史条件下，社交指的是特定时空下的沟通。然而，伴随着网络的飞速发展，人们的社交方式也在发生深刻的变革。如今移动互联网具有通达全球、随时随地可用以及整合所有沟通媒介的特点，这些特点打破了空间、时间对社交的限制，人们可以随时随地进行在线交流。这使得社交的模式在时空结构、实践方式等方面都发生深刻改变，重塑了现代社会的社交活动。进一步而言，当代社交尤其是网络社交，即一种以文本、虚拟图像为主要交流符号，通过社交网络进行信息沟通的交往方式。

资料来源：贺金波，陈昌润，贺司琪，等. 网络社交存在较低的社交焦虑水平吗？. 心理科学进展，2014，22（2）：288-294.

社交零售是一个较新的概念，社交零售的定义可从以下四个特征更好地加以理解。

1. 社交零售必须借助社交渠道

社交零售需要借助社交渠道，利用用户之间的信任关系，形成一个流量闭环，从而促成交易。流量闭环包括获取客户（引流）、维护客户（运营）、客户分享（裂变），最终达到客户变现（转化），获取利润。其中，获取客户是形成流量闭环的源头。对于零售企业来说，老客户就是其形成流量闭环的源头。零售企业在维护老客户时，商家通过提供一定的返利激励老客户，使老客户利用社交关系吸引新客户，这时就可以借助社交渠道。例如，饭店建立顾客关系管理系统，只要老客户在朋友圈转发一条关于饭店的广告，他就能够获得一道免费的菜品。对客户来说，在朋友圈转发信息很简单，很多客户都会在朋友圈转发，因为每向饭店成功推荐一位客户就会收到饭店提供的优惠。所以，很多人就会在朋友圈转发信息，同时，被邀请的客户只要继续转发也能获得一定的返利。借助社交渠道就可以达到双赢的局面，不仅客户得到了一定的返利，商家也很有可能从中得到新的客户。

2. 社交零售需要以人为本

成功的商业模式必然要以人为本，满足消费者的需求（罗珉和李亮宇，2015）。例如，可口可乐经久不衰的原因之一是它满足了人们的口腹之欲；海底捞生意红火是因为它提供给消费者难以忘记的用餐体验。而社交零售模式在以人为本的基础之上建立社交连接，这是社交零售快速崛起的原因，也是传统零售企业拓展社交模式的原因。传统零售企业向社交零售企业学习，通过把握“人”这个核心，满足了人们的需求，并建立社交零售模式，有助于企业在复杂多变的市场环境中站稳脚跟。通过社交能够建立用户信任关系，建立社交关系是每一个社交零售商的必经之路。

3. 社交零售可能使消费者身份发生转变

“互联网 +”时代，消费者参与企业活动会给技术和服务带来突破性创新变革（汪涛等，2010）。在拼多多出现之后，淘宝网、京东商城等传统电子商务平台迅速学习拼多多“拼团 + 分享”的社交零售模式。淘宝卖家增设分享获取额外优惠的促销活动，用户在淘宝上浏览产品信息时，将信息分享到自己的社交网络中，与社交网络中的亲友组成一个团购队伍，享受更加优惠的价格。消费者不但可以轻松地找到他们所需的商品，还可以将商品分享给他人，从而赚取一些收入。在这个过程中，受到奖励而产生分享行为的用户，其身份发生转变，从消费者转变为消费商。

延伸阅读7-2　如何理解消费商

4. 社交零售的结果是用户裂变

裂变是以一个单点为基础，根据一定的利益和规则，裂变出更多的点，然后再进行严格的复制，成功地从一个点中复制出另外的点。如今，社交零售的核心就是裂变，裂变思维的目的就是从一个用户中裂变出多个用户。用户是裂变的根源，社交活动是裂变的途径。通过社交，商家能够实现用户的快速裂变，打造出强大的社交零售生态圈。如今，人们越来越青睐物美价廉的商品，当消费者被“拼团优惠”或者“分享返利”吸引时，消费者就愿意把产品分享给其他人，经过多层分享，最终产生用户裂变。从消费者行为学的角度来说，当消费者从拼多多上享受到团购的优惠之后，他们就会将拼多多的软件自发推荐给更多的人（赵金实和霍佳震，2010）。具体而言，当一个消费者把需要“拼团”的商品链接同时分享给两个人，他同时承担了消费和促进消费的功能，从消费者变成了消费商；与此同时，收到商品链接的两个人浏览商品消息，发现了自己心仪的商品，然后再将链接分享给另外两个人，如此延展下去，接收到商品链接的人数就会成为 2 的 N 次方。这为拼多多带来流量的同时，也推动了买家基数的指数级增长。

（二）社交零售的特征

1. 全民传播

社交零售占有“信任”的先天优势，把自己的使用体验分享给自己的亲朋，无论是基于情感还是其他，起初的意愿无论是什么，都不得不选择尝试购买。而在产品高度同质化的今天，很难说谁的产品一定好过别人很多。对于企业方或者操盘手来说，这种传播的针对性不一定是最好的，但是销售转化率高，企业成本低。例如，某打车平台将部分推广费用让渡给用户，而享受了优惠的用户又通过该打车平台的不同“分享活动”将品牌推荐给了其他新用户。换言之，用户在享受优惠的同时也成了该打车平台的推广专员，这激发了用户对平台的自发社交分享，让该打车平台在一年内成为社交零售的黑马。可见，基于熟人关系建立的营销，沟通成本会降低，效率则大大提高（Abeza et al.，2020）。

2. 利益共享

社交零售是一种结合本地用户迅速传播的能力实现快速获客，进行口碑营销的新型电商模式（Ajorlou et al.，2018）。传统零售的口碑传播速度慢、层级多；基于电商的社交零售的传达路径更短，效率更高。企业通过消费者传播进行产品销售，这种模式既减少了用户在互联网商城中耗费的时间，又提升了商家的营销效率，可以说是一种双赢的模式。在社交零售的运作中，商家依托消费者的个人社交网络，通过让利行为刺激消费者向消费商转化，鼓励消费商通过自己的社交网络分享传播商品，促成交易。这种运作方式既为商家带来了销量和利润，也促使消费者转化为消费商并且节约了购物成本，同时还为消费者与亲朋好友的分享提供了优质的产品和服务。由此可见，社交零售模式实现了多方面的共赢。

3. 社群共创

传统零售通常是“哪里有市场哪里才有人”，而在社交零售中则是“哪里有人哪里就有市场”。社群是基于一个目标、需求和爱好，具有共同价值观和喜好的人聚合在一起的群体（马跃如和余航海，2018）。社交零售通过对不同的社群进行区分，让人们在不同的社交网络中进行融合式渗透。无论是古风圈还是电竞圈，又或者是军事爱好圈、文学爱好圈，不同兴趣爱好的人群聚集而形成的社群为动漫产品、游戏衍生品、军事模型、文学书籍等商品的消化以及目标受众的触及提供了天然渠道。商家不仅要维持传统零售模式的布局和铺设，还要多维度地触及或者接近特定的社交群体。以“宝妈群”为例，群中个体因育儿问题聚集在一起，宝妈们就是婴幼儿类产品的直接对口消费者，同时群中每个人又扮演不同的社会角色，有多重身份。对于品牌方来说，社群是一个使消费者从“有限空间”到“多维度”触及商品的渠道。除此之外，找寻新的利基市场对于营销者来说也有重要意义，随着年轻群体在社会中扮演的角色越来越重要，更加细分的市场、小众的文化开始兴起，找到这部分暂时“隐藏”起来的市场，对于品牌方来说十分有利。

二、社交零售的发展历程

随着电子商务和社交媒体迅猛发展，二者交互作用便产生了社交零售新模式，由此拉开了社交零售时代的序幕。社交零售的发展经历了四个阶段：萌芽阶段、探索阶段、高速发展阶段（朱小栋和陈洁，2016）、创新发展阶段。

（一）萌芽阶段（2006—2010 年）

在互联网技术蓬勃发展时，社交电商的概念早已出现（Friedrich et al.，2021）。社交电商（social e-commerce）可以理解为基于互联网的商业应用，利用支持社交互动和用户生成内容的社交媒体和互联网技术，帮助消费者在在线市场和社区中做出决策和购买产品、服务的过程（Huang and Benyoucef，2013）。网络社交化关系的出现激发了用户在互联网上的分享意识。随着网络技术的进一步发展，社交化元素开始融入互联网行业，国内出现了社交电商平台，如贝壳、怪兽等等。不过由于当时国内早期的电子商务发展还不完善，其他各个方面的条件也不够成熟，国内的第一批社交电商平台多以失败告终。

（二）探索阶段（2010—2011 年）

国外有些网站采用瀑布流（一种多列等宽不等高的页面布局方式）的形式展现图片内容，通过向用户提供新图片并鼓励用户分享图片的模式，解决了传统电子商务网站的问题，如仅提供商品陈列、索引，操作界面呆板等。消费者乐于接受视觉感观的享受（Gibbs et al.，2022），因此这种瀑布流的呈现方式显著提高了用户的购买效率。国内一些创业者纷纷效仿瀑布流的展现形式，并在该模式上进行了一些本土化的创新，这个时期涌现了国内第二批社交电商平台，如蘑菇街、美丽说等。

（三）高速发展阶段（2011—2015 年）

社交电商于 2011 年后进入高速发展的阶段，这一时期涌现了大量的社交电商平台，为了适应本土化的需求，其商业形式、运营模式、管理模式等变得多种多样，再加上移动电子商务和微博、微信等移动社交媒体的迅猛发展，社交电商开始变得移动化。

（四）创新发展阶段（2015 年至今）

伴随着微博、微信、小红书、抖音、快手等社交平台的发展与火爆，诸多企业、商家开始借助社交网络红利获客拉新，拓宽零售渠道。2015 年，社交电商进一步规范化经营。拼多多横空出世，以其为代表的新型社交电商充分利用社交网络的力量，借助亲友间分享，广泛吸引消费者，以此建立起拼团砍价社群。淘宝、京东等专注渠道的传统电商意识到了社交的商业影响，纷纷布局社交板块，推广“拼购”模式。伴随 2015—2016 年的直播浪潮，淘宝、蘑菇街等传统社交电商平台开始探索“电商 + 直播”的模式，这吸引更多平台加入。以快手、抖音为代表的短视频社交平台迎来广泛市场。如今，元宇宙概念兴起，社交形态正在酝酿一场变革，这也将使得社交零售演变富有更多可能性。

第 2 节　社交零售的模式

目前，常见的社交零售模式可分为拼团型社交零售、社区型社交零售、内容型社交零售、会员分销型社交零售以及直播型社交零售五种（陈杰等，2019）。

一、拼团型社交零售

拼团型社交零售通过特色、低价商品吸引社交流量参与拼团、砍价消费。拼团平台下的拼团工会等大量社群帮助渠道商、品牌商完成销售指标，帮助消费者组团拿到更低价格。社群是拼团型电商的重要特色之一。在拼团型社交零售模式下，消费者作为发起者通过微信等社交工具将具有相同购买意愿的亲朋好友组织起来，以低于售价的优惠价格购买具有相同价值的产品。传统团购模式与拼团型社交零售模式在一定程度上有相似之处，但是拼团型社交零售模式更侧重于消费者通过社交工具进行分享交流，或者说是在传统团购模式的基础上加强社交功能。

（一）拼团型社交零售的常见形式

1. 拼团购物模式

拼团购物模式是一种多人参与购买的形式，对于参与者而言，购买商品的价格低于单人购买的价格。用户在平台参与拼团并支付产品费用后，将拼团信息通过微信、QQ等社交渠道分享给好友，邀请好友参与拼团。若拼团人数达到拼团标准时，就可以按优惠的价格获得商品。如果拼团人数不达标，平台会将预先支付的费用原路退回。拼团购物模式已经发展至较为成熟的阶段，并形成了多种参团方式，如抽奖团、秒杀团、团免团、超级团等，不同类型拼团的运行方式与目标也存在差异，如表 7 - 1 所示。

表 7 - 1　不同类型拼团的运行方式与目标

拼团类型	运行方式	目标
抽奖团	参与者每人支付产品的部分金额，在达到团购标准之后，系统抽奖，中奖者获得产品，未中奖者支付的钱款将被退还	吸引具有赌博心理的用户，实现引流
秒杀团	在规定的时间内组团抢购某类低价产品，若未完成抢购，则钱款退还消费者	吸引追求低价的用户
团免团	新用户会获得一张团长免单券，在卡券中点击此免单券即可进入商品列表，选中自己需要的商品后直接下单，此券可以抵用商品应付金额，免费开团，随后邀请好友参团。拼团成功后，开团人即可免费获得该产品	沉淀新用户，鼓励用户下第一单，提升某产品的销量
超级团	平台每天推出一款超低价精品团购，用户组团参与并支付，即可低价获得高品质产品	提高用户活跃度，激发老用户活力，增加新用户

2. 游戏拼团模式

游戏可以提升活动的趣味性，提高用户的活跃度。例如淘宝提供盖楼游戏的拼团模式，既可以让用户休闲娱乐、消磨时间，也可以让用户在玩游戏的过程中获得收益。此外，用户可以每天登录签到获得奖励，并通过邀请好友参与指定商品的拼团、参与浏览商品等方式来完成游戏任务，最终获得优惠的购买价格。这种集拉新、复购于一体的游戏模式在提高用户活跃度、增强产品推广上有很好的效果。

（二）拼团型社交零售的优势

拼团型社交零售具有以下优势。

1. 用户黏性大

拼团型社交零售借助人们在社交生活中更信任熟人评价的惯性，对用户族群进行精准划分，并使低价等商品信息利用社交流量传播，社交渠道是面向用户的，用户通常都会拥有自身群组，可在不同讨论组中对信息与口碑进行分享。基于对社交群组的消费者进行划分，商家可比较容易地接触到大量具有相似用户画像的消费者群。商家进一步对一类具有相似画像的消费者的兴趣、爱好和习惯等信息进行分析，可制订更精确的营销计划，从而打造以品牌用户为中心的社群经济，深度运营用户社群，将用户转化为品牌资产，实现零售效率提升。这提高了用户忠诚度与黏性，使得商品获得更高转化率与更高复购率。

2. 流量增长迅速

拼团型社交零售的根本是通过消费者裂变实现流量快速增长。微信小程序、微信群、朋友圈和微信公众号联合起来，诞生出一个完整和成熟的社交生态圈。拼团驱动成为零售社交化的热潮，以推荐分享为主的社交零售正逐步蚕食传统的线上与线下零售。另外，拼团型社交零售模式能够轻易触及下沉市场的巨大流量。依托“人人是消费者，人人也是传播者”的社交时代人群特征，利用社交平台的优势发挥品牌影响力和社群的延伸作用，商家可以轻易实现流量的沉淀和裂变。

（三）拼团型社交零售的劣势

拼团型社交零售目前具有以下劣势。

1. 商品质量难以保障

拼团型社交零售平台为了吸引更多商家入驻，入驻门槛相较于传统零售平台更低，因此存在不良商家为了利益最大化，放弃对产品质量的要求，以次充好，真假混卖，这严重打击了消费者对于拼团型社交零售平台的信心，同时也影响了正品卖家的销售。由于其商品质量问题频发，拼团型社交零售平台的品牌形象与低质量挂钩，这增加了平台吸引新用户的难度，影响了平台美誉度。

零售视角7-1　拼多多的拼团型社交零售模式

2. 基础服务相对滞后

在物流体系方面，拼团型社交零售平台没有自己的物流系统，而是通过商家自主选择快递公司合作进行商品邮递，即第三方物流，在时效性及快递管理上远不如京东等零售平台。另外，其评价系统存在许多灰色地带，部分卖家通过刷评价等方式炒作信誉及商品质量，欺骗消费者。可见，拼团型社交零售平台需要加强对供应链、物流、售后等环节的管理。

二、社区型社交零售

社区型社交零售的本质是社区 O2O，是一种电商模式的创新衍生，以真实社区为中心，社区团长（通常是社区住户或周边店铺经营者）为中转枢纽，通过微信群、小程序、APP 等移动工具提前一天进行团购预售，由团长把同一个小区人群的相同需求共同收集整理，提前支付预定货品后由供应商统一发货至小区自提点，用户凭借提货凭证次日上门提货的一种购物模式。该模式向消费者提供了一种新型的购物体验，它打破了原来商家和消费者的双向互动，变为商家、消费者与消费者群的多向互动，是一种社交与购物并重与融合的新模式（周永庆和吴礼勇，2018）。

（一）社区型社交零售的常见形式

1. 以零售店为核心的社区型社交零售

零售店或商业中心的营运能力所能覆盖的空间范围，或者可能来店购物的顾客所分布的地理区域称为商圈。这种以零售店为核心的传统零售模式借助“线上＋线下”的方法，在传统企业转型的过程中找到了一条独特的路径。该模式中用户一般在线上团购平台下单，线下实体零售店提供产品供应链、物流仓储及售后支持。阿里巴巴旗下盒马鲜生上线的社区零售项目——盒马邻里采用自营自提店的方式，提供 2 万多种商品，价格定位与覆盖区域介于盒马鲜生与盒马集市之间。用户可以提前一天在盒马鲜生 APP 上下单，并选择距离自己最近的自提店，第二天早上八点开始自提。以零售店为核心的社区型社交零售模式采取“预售＋自提”的模式，将团长的社群与线下零售店互相导流，既为消费者提供相对低价、新鲜、便捷、优质的高性价比产品，又形成了固定的流量入口留住顾客。

2. 以居民区为核心的社区型社交零售

根据消费者购买目标的确定程度，可以将消费者划分为确定型消费者、半确定型消费者、不确定型消费者。然而，对于传统零售企业，难以区分消费者的类型。因此，传统零售企业会对消费者进行全覆盖的促销宣传，导致相对转化率低，宣传成本高。以居民区为核心的社区型社交零售利用消费者的社交关系链做传播，将促销信息通过群成员向不确定型消费者宣传。传统零售企业的业务主管可以邀请消费者加入专属的优惠群，通过定时提供促销、预留货品等方式提高促销的转化率。例如，天虹超市组建了拼购、亲子等群，并在每个群里配备邻里大管家，实现与居民的实时零距离沟通。群成员有任何需求都可以在群里发布，小至买奶粉，大至举行聚会，管家都会及时响应。为了鼓励社区居民走出家门，天虹超市每周还会在社区生活中心举办四五场不同主题的社交活动，如“零售君探店时”等主题活动。此外，天虹超市通过对轻食潮饮、家居服饰、儿童广场的搭配，满足周边居民的基本需求。可见，天虹超市的社区生活中心比一些商圈型购物中心更加亲民，也符合国际上成熟社区购物中心的运营逻辑。

（二）社区型社交零售的优势

社区型社交零售模式是零售渠道的一种组合式创新，通过把团购渠道由全网拼单转为线下社区拼单，实现以社区为单位的快速覆盖。社区型社交零售模式具有以下三个主要优势。

1. 节省经营成本

社区团购通过连接供应商、团长及用户，在人力、租金、物流等多方面、多环节降低运营成本。比如，社区团购的供应链是由供货商经中心仓、网格仓再到团长，运输迅速，各节点的储存时间短，以此节省仓库的租金费用以及生鲜产品运输过程中的腐损成本；以销定采的售货方式和团长的加入减少了传统销售过程中消费者线下选购的物理空间和时间成本，减少了库存积压和线下固定租金；利用下沉市场的用户裂变可以快速提升企业知名度，通过社区内线上传播渠道和熟人效应，无需过多的媒体推广费用，从而降低了社区团购的营销成本，相比于传统电商，减少了引流和获客成本。低成本的社区团购的最终目的是为消费者提供高性价比的产品和高质量的用户体验，成功打造价格优势。

2. 市场需求广阔

受产品质量、冷链物流和用户购物体验等因素的影响，我国生鲜电商的发展受到了多方面的阻碍。早年间，由于普通生鲜产品的毛利低于运输平均履约成本，生鲜电商出售的高品质高价格的产品只能满足高消费人群；生鲜电商的产品价格与传统商店的生鲜产品的价格相比无法形成竞争优势，因此也无法满足普通家庭的消费需求。社区团购通过自身的创新模式深入生鲜电商，打开了电商的最后一片蓝海。通过对供应链的精简和优化，社区团购解决了生鲜产品季节性、易腐性、易损性、非标准化造成的一系列问题。

3. 客户维护便捷

社区团购通过精准定位，将业务聚焦于下沉市场。三四线小城镇的下沉用户的主要特点是熟人社交、对价格敏感、对实体店信任度高和线下可选消费场景少，而社区团购很好地贴合了下沉市场的生活消费场景。社区团购以价格优势瞄准价格导向型用户，弥补其收入低、购买力水平低的劣势。社区团购通过团长进行社区内的宣传营销等服务，团长作为社区的一员，对社区内的居民及其消费生活模式相对熟悉，可以针对社区属性与用户建立联系。微信群的社交模式解决了消费者不熟悉不信任的问题，减少用户对品牌的依赖性，从而基于熟人关系高效、低成本引流，传递高性价比产品的良好口碑，增加用户黏性，实现更多的用户留存。

（三）社区型社交零售的劣势

社区型社交零售模式在目前的发展中具有以下三个劣势。

1. 市场垄断问题频现

团购的风口吸引了众多互联网巨头，阿里巴巴、腾讯、美团等纷纷开拓社区团购业务并投入大量资金向全国扩张。然而，在社区团购为消费者提供便利的同时，部分竞争者为占据市场采用低价倾销、价格欺诈等方式对个体企业、菜贩群体进行打压，这种不良扩张打破了市场的正常价格体系，破坏了诚信消费营商环境。一些拥有雄厚财力的互联网巨头利用自身优势，通过先进的数字技术、大量的数据资源以及人工智能，对消费者进行精准用户画像，并利用垄断优势快速复制商业模式，对新兴企业进行打压，对传统行业进行侵占，甚至存在垄断趋势，扭曲社会资源配置，影响经济发展。社区团购的核心产品是人们的必需品，因此当大型电商平台与线下商超联动，并聚焦于普通大众时，会对传统菜场和小商贩造成严重的打击。

2. 服务质量良莠不齐

由于社区团购的急速扩张缺少对信息、产品和质量的严格把控，市场中激增的社区团购平台和其线下对接的各个服务点在大范围占据市场的过程中出现了良莠不齐的情况。比如，在部分社区团购平台中，商品信息介绍较为简单，除广告宣传和基础介绍图片外，对于商品的生产厂家、产地信息、生产日期以及保质期等具体产品信息的介绍存在不准确或缺失的现象；在客服方面，服务平台也不能对产品信息进行准确的回复；在线下服务方面，自提点的不断激增使最后一公里的便捷配送产生新的问题。自提点由商店、快递点等扩大到理发店、服装店、居民家中以及车库，分散的货品存放点和无保证的商品储存环境对生鲜产品的卫生和安全都造成了一定的影响。

3. 团长能力参差不齐

社区型社交零售的商业模式太过于依靠社区团长，这在管理上容易产生隐患。比如，当货品提供方出现问题时，团长不具备解决问题的能力，会影响社交群体的稳定性。毕竟是由社交带来的不良的购物体验，会对整个群体产生影响，没有社交的支撑，又脱离了好的消费体验，群体有可能迅速解散。社区型社交零售通过团长触及社区用户，多平台百团大战导致团长管理难、招募难，团长的忠诚度难以有效保证。

零售视角7-2 美团优选的社区型社交零售模式

三、内容型社交零售

内容型社交零售是以分享为主导，借助社交媒体及互联网社交平台，建立在社交关系基础上，形成弱社交关系，将关注、分享、讨论、互动等社交行为应用于电子商务活动中，通过文字、图片、视频的形式传递产品信息，由内容驱动成交，以鼓励用户消费特定产品并最终实现线上交易的一种创新型零售模式。对于内容型社交零售而言，其形式是先有内容，后有社交关系。从消费者角度看，内容型社交零售的消费者起初只是关注内容，并没有明确的消费商品的意愿。可以说，内容型社交零售首先应该满足精神需求，然后满足物质消费，进而以精神需求带动物质需求。从内容型社交零售运营者角度看，首先要关心的是消费者的精神需求，如对美的需求，然后提供可以满足精神需求的物质，如化妆品、服装等与美相关的物质。

（一）内容型社交零售的常见形式

1. 内容电商化社交零售

内容电商化社交零售是指运营主体首先创作垂直领域内容，通过建立自有 IP 矩阵，在积累一定粉丝量的基础上接入商品服务，进行流量变现，形成“意见领袖—粉丝群”型的人际关系。具体而言，内容电商化社交零售主要是依靠明星、网红、博主等意见领袖通过公众号、微博、小红书等社交平台创造内容吸引用户，然后向用户推荐商品，其典型代表有小红书、礼物说。小红书、礼物说引入了很多明星和网红，粉丝关注或加入喜欢的明星或网红社群，明星和网红分享自己的购物体验，并向粉丝推荐商品。消费者基于对明星、网红等的信任，购买他们推荐的商品。之所以称为内容型社交零售，是因为这种社交关系是陌生人关系，消费者主要通过关注内容进而关注某个明星、网红或博主，关系的建立和维系所依靠的是高质量的内容。

2. 电商内容化社交零售

电商内容化社交零售是指运营主体在原有的电商模式上，建立内容宣传矩阵，通过内容宣传扩大品牌影响力和粉丝黏性，增加用户转化率。在流量至上与内容为王的博弈中，优质内容的内涵与外延随着新一代消费者对品质、悦己、个性的追求而不断加深、拓展。基于此，2016 年起，淘宝在战略上做出两大调整，具体包括提出“电商内容化”发展方向、开始使用千人千面的推荐机制等。在“电商内容化”的探索期，淘宝上分散有买家秀、微淘、淘宝头条、网红直播、达人秀、淘宝二楼等内容板块。2021 年 4 月，淘宝逛逛正式落地，让原本分散四处的内容被重新聚拢，用真实种草打破营销滤镜，从根源上建立起一个优质的内容社区生态。以买家秀为例，淘宝生态本身就具备极强的内容生产能力，而在淘宝逛逛中，分散的用户生成内容（UGC）、细分的消费圈层内容便得到了更集中的展示和分发。一个有意思的细节是，在淘宝逛逛上，普通用户发带链接的商品必须是一年之内购买的，以淘宝上真实的消费行为作背书，保证评价的真实性。消费者用真实的购物行为发布内容，意味着淘宝逛逛摒弃了急功近利的商业化变现方式，从服务交易走向信任消费。

（二）内容型社交零售的优势

内容型社交零售模式具有以下两个主要优势。

1. 沟通交流更加顺畅

内容型社交零售的意见领袖可以用文字、视频、图片等形式实现消费者与零售商的良好沟通。一方面，意见领袖可以在内容型社交零售平台上分享商品的测评、使用感受、使用方法等内容以供消费者参考。另一方面，意见领袖也可以发布消费者对于某些产品的意见供零售商参考。这种基于内容的社交零售模式提高了零售商与消费者之间的透明度。此外，用户可以在意见领袖发布的内容下进行互动探讨，与意见领袖交换意见，从而形成一个真实的口碑分享社区，如小红书、口碑等内容型社区。

2. 数据类型更加丰富

内容型社交零售平台不仅有大量的文本型数据，还有大量图片与视频型数据，可以帮助零售商更精确地了解消费者的需求。消费者在内容型社交零售平台通过文字、图像、视频等方式与意见领袖互动，会产生不同类型的数据。此外，平台中消费者播放、点赞、收藏等还会产生大量的用户行为数据。通过恰当的分析工具，可以更加精确地分析出消费者的个人喜好。

（三）内容型社交零售的劣势

内容型社交零售模式具有以下两个主要劣势。

1. 信源质量不稳

内容型社交零售平台很难保证信息的真实性和有效性。首先，无论是意见领袖还是消费者的分享，因为个人对产品的体验感受不同，所以分享的信息一定程度上会带有主观色彩。这就导致对于同一个商品而言，可能会有大量矛盾的信息，因此使得用户难以抉择。此外，粉丝效应带来的利益诱使人们追求“一夜爆红”，因此，存在一些意见领袖以“炫富”“吸引眼球”为目的分享信息，降低了信息的有效性。

2. 信息茧房效应

内容型社交零售平台利用算法推荐进行用户画像、精准推送以促进用户消费，却使得用户接收的推荐内容同质化。长此以往，同质化信息会导致用户审美扭曲、思维固化、认知肤浅，甚至模糊或淡化对现实社会的感知。

零售视角7-3　小红书——如何实现内容型社交零售

四、会员分销型社交零售

会员分销型社交零售是一种 S（大供货商）2B（会员）2C（顾客）的零售模式，零售平台通过整合商品、仓储、物流、售后客服、IT 系统等要素，为会员提供平台化支持，会员利用社交工具向消费者传播商品信息完成销售。

（一）会员分销型社交零售的常见形式

1. 朋友圈信息的直接发布模式

直接发布模式是会员分销型社交零售的初始形式，2012 年底开始兴起的第一批微商采取的就是直接发布信息的方式，以文字说明配图片的基本方式将产品所有的相关信息描绘出来，形成对产品的直接印象。最开始的微商直接发布产品是有一定节制的，每天更新的产品信息也是有数量限制的，每天更新 3 ～ 5 条信息，微信用户对微商还心存好奇，并不反感这种形式，但是 2013 年和 2014 年微商真正开始野蛮生长，每天无数次更新产品信息，内容也不再加以节制，动辄十几条的信息让人眼花缭乱，占据了朋友圈的大部分篇幅。

2. 多元传播平台的综合发布模式

由于传统的霸屏模式难以为继，后来微商采取了间接的方式。例如在发布日常生活状态的过程中代入产品的信息，很多代购会借自己的旅行照片来推销产品，将自己的衣服、饰品、背包、水杯等信息发布到朋友圈，这种方式的信息发布相比于直接生硬地发布信息显得柔软，让人的心里更加容易接受。为了获得客户的信任，微商利用多个平台营销产品（附带微博地址或者淘宝链接），这种基于多元传播平台的综合模式提高了顾客对微商的信任度。

3. 主推产品重点推送模式

互联网信息泛滥的时代，信息的筛选耗费了大量时间与精力。相比淹没于浩如烟海的信息中，人们更乐于接受清晰准确的产品推广定位。重点推送可以在精准定位和扩大传播效果上寻求一种平衡。当今是信息碎片化的时代，受众的注意力很难高强度集中，一味盲目地推送自己的产品信息，不进行分众传播，用户收到太多自己不感兴趣的推送后，会形成视觉审美疲劳，产生厌烦的情绪。

（二）会员分销型社交零售的优势

会员分销型社交零售具有以下两个主要优势。

1. 客户源稳定

运用微信等社交平台实现会员分销型社交零售的一个好处就是可以打感情牌。在商场等实体店买东西，买卖双方讨价还价完全没有情面可言。但是，在朋友圈就不一样，朋友之间有感情基础在，就算平时不卖、不买东西，也会时不时聊聊天沟通感情。在聊天过程中，无意中提到自己进到了什么新货。只要朋友确实有这个需要，质量和价格又过得去。好朋友想必也乐意买，还乐意介绍给他的朋友们。在朋友间树立良好的口碑，朋友介绍给他们的朋友，这样销路就打开了，朋友也就变成了熟客。

2. 创业成本低

面对近年来就业岗位有限，大学生就业难的现象，国家大力扶持大学生创业，但是实体店压力大，进军淘宝、天猫、京东等成熟电商平台成本高、营销难，又有大卖家的压制，新商家很难突破，而投资小、零成本、范围广的会员分销型社交零售模式使广大大学生看见了商机。

（三）会员分销型社交零售的劣势

会员分销型社交零售具有以下两个主要劣势。

1. 商业模式较脆弱

微商的出现给部分人群创造了巨大的经济收入，也为缓解大学生就业压力提供了创业的平台，但是微商是依托于社交关系和熟人之间发展起来的模式，所以在面对刷屏、欺骗、假货等情况时，简单的人际关系就“变味”了。一旦产品存在售后问题，作为朋友还是希望卖家可以提供一个完美的解释或者妥当的处理办法，但是大多数微商并不能完美地解决问题，同时原来的朋友会因为感到被欺骗而选择不再相信对方，友谊也就到此结束了。对于卖家而言，熟人买卖非常难做，价钱给的高于心不忍，价钱给的太低不仅自己不赚钱还会被朋友埋怨朋友的钱也赚，朋友关系也就到头了。

2. 易引发顾客反感

朋友圈存在的初衷肯定是为了能够及时、快速地获得朋友的生活信息，那么在朋友圈里推送产品信息，肯定会遭到抵触。再者，一些不具备相关从业经验的群体不注意广告推送的方式，包括时间频率，而是一味地把信息一股脑地推送，从而引发受众更强烈的反感。

五、直播型社交零售

随着直播技术的快速发展，直播与社交的融合成为一种新的社交模式。这种新的模式改变了人们的原有社交习惯，越来越多的人已经习惯通过视频进行社交，如通过微信视频联系或者通过直播 APP 进行社交。因此也有越来越多的零售平台开始将零售与社交直播相结合，并产生了这种新型的直播型社交零售模式。直播型社交零售是指通过网红意见领袖在短视频直播过程中向粉丝群体推荐商品进而完成商品销售。

(一) 直播型社交零售的常见形式

直播具有很强的实时性、娱乐性、互动性，这些性质吸引了大量的观众并形成以主播为核心的社交群体。在直播加零售组成的新型社交零售模式中，主播激励直播间的用户分享直播信息，邀请好友参加直播活动并分享购物心得，可以快速实现粉丝裂变。

直播型社交零售借助社交工具实现营销的目的，现如今直播有多种多样的营销方式供大家选择，下面我们来看看直播型社交零售的常见形式。

1. 店铺直播

基于店铺，主播可对每一个在售产品进行介绍、展示，消费者可以指定主播要介绍的产品。不过，在这种模式下，直播产品仅仅是直播间的在播商品，主要依靠产品与观众进行互动。

2. 基地走播

在这种模式下，直播基地的货物充足且丰富，主播只需在基地搭建好直播场地就可以开播，同时还可以根据观众需求筛选合适的款式，内容辨识度较高，互动玩法也更多。

3. 砍价模式

在主播介绍完产品信息之后，收集有意向购买的消费者数量，然后问货主报价，主播砍价，在这个砍价过程中，观众不仅可以围观，还能参与砍价的过程，互动感十足。

4. 秒杀模式

通过和品牌商合作，有能力的带货主播既能帮品牌商带动销量，也能在此过程中为粉丝谋取福利，以更低的折扣价买到产品。但这要看主播的带货能力，受品牌方青睐的主播能拿到更低的折扣。

5. 原产地直播

主播在产品的原产地进行直播卖货，既能帮助观众了解产品品质，又能为当地创造新的销售渠道，性价比很高。这种模式多数是农产品的直播带货，而且每天的直播内容都差不多，因此观众看久了会失去期待。

（二）直播型社交零售的优势

直播型社交零售具有以下三个主要优势。

1. 更能增强商品的真实感和与消费者的互动性

与传统电商不同，电商直播模式是多维度立体化的，更加直观，更加真实，互动性也更强。消费者不仅能通过图片来了解商品，还能通过短视频、主播对产品的体验更直接地看到商品的方方面面，在很大程度上打破了消费者对货物看不见、摸不着、感受不到的现状。在直播间与主播的互动中消费者可以实时讲述自己的问题和需求，主播看到可以及时作出回应，大大降低试错成本，让消费者融入购物场景中，增强了商品的真实感和消费者的互动性。

2. 更容易促成用户下单

首先，由于每场直播时间有限，紧张的时间和紧张的商品讲解很容易使用户产生同理心态。因为同主播一样产生紧张刺激的感觉，用户就很容易在这种刺激下下单。其次，树立品牌形象，积攒粉丝效应。主播长期带货，如果商品质量良好，没有明显问题，主播和粉丝之间就很容易产生消费信任感，这种信任感也是影响商品回购率的主要因素。

3. 更能扩大品牌的知名度

现在很多品牌的直播间都会请来网红甚至是明星到直播间为品牌站台，和观众互动。很多消费者对于自己喜欢的主播推荐的产品一般都会支持购买。如果主播的带货能力够强，能够通过语言、动作、情绪提高消费者的购买欲望，再加上本身产品质量的加持，那么通过电商直播带来的收益是超乎想象的。零售商在提升自己商品销量的同时也提高了品牌知名度。

（三）直播型社交零售的劣势

直播型社交零售具有以下三个主要劣势。

1. 主播素质良莠不齐

2020 年 7 月人力资源社会保障部发布的九大互联网新职业中，设置了互联网营销师，并下设了直播销售员的岗位。尽管如此，由于直播行业的快速发展，市场对主播需求旺盛，2021 年直播行业仍有 181 万的人才缺口无法补齐，加之有关部门尚未制定主播准入门槛，导致主播行业从业无规范可循，由此造成了主播素质良莠不齐。部分素质低劣的主播为了吸引流量无所不用其极。虽然有关部门和直播平台一再重申纪律，同时加大了监管的力度，但还是有主播频繁打擦边球，穿着暴露、语言粗俗等现象经常出现，甚至出现了偷逃税款等违法的行为。这些主播甚至包括一些知名艺人和头部网红，他们的不良行为给社会大众，特别是青少年群体带来了极大的负面影响。

2. 线下线上差别定制

即便直播相对于之前二维图片的方式增加了主播展示功能，在直观化上已经有了进步，尤其是服装类产品会根据不同身材类型的主播进行穿搭，但看不清产品的细节，摸不到产品的质感，无法准确感知产品，依然是许多消费者心里的一道坎。而且直播间里的灯光、设备等会对产品产生影响，导致消费者买回去发现货不对板，买卖双方不能建立长期的交易关系，整个行业自然不可能景气。

3. 演戏炒作套路太多

所谓的演戏炒作卖货是利用团队冲突、家庭矛盾、卖惨等违反公序良俗的剧情表演来吸引眼球，欺骗消费者，达到提高销售业绩的目的。比如，在直播销售中上演砍价戏码，商家宣称不能再降价后，主播故意制造冲突强迫商家改价，或者自称亏本补贴，擅自改价。在此表演的过程中往往还伴随着争吵、喊叫，甚至有在直播间大打出手等过激行为，意图在吸引大量观众围观的同时，达到诱导下单的目的。还有些直播间则宣传家庭矛盾和家庭困难，利用消费者的同情心达到引导下单的目的。类似这样的演戏和炒作都具有欺骗的性质，而且表演期间充斥挑衅、讽刺等违背公序良俗和文明风尚的内容。

零售视角 7-4　抖音的直播型社交零售平台

第 3 节　社交零售的运行机制与未来发展趋势

一、社交零售的运行机制

基于社交零售内涵以及五种社交零售模式，社交零售的运行机制如图 7－1 所示（潘建林等，2020），具体可以划分为以下三点。

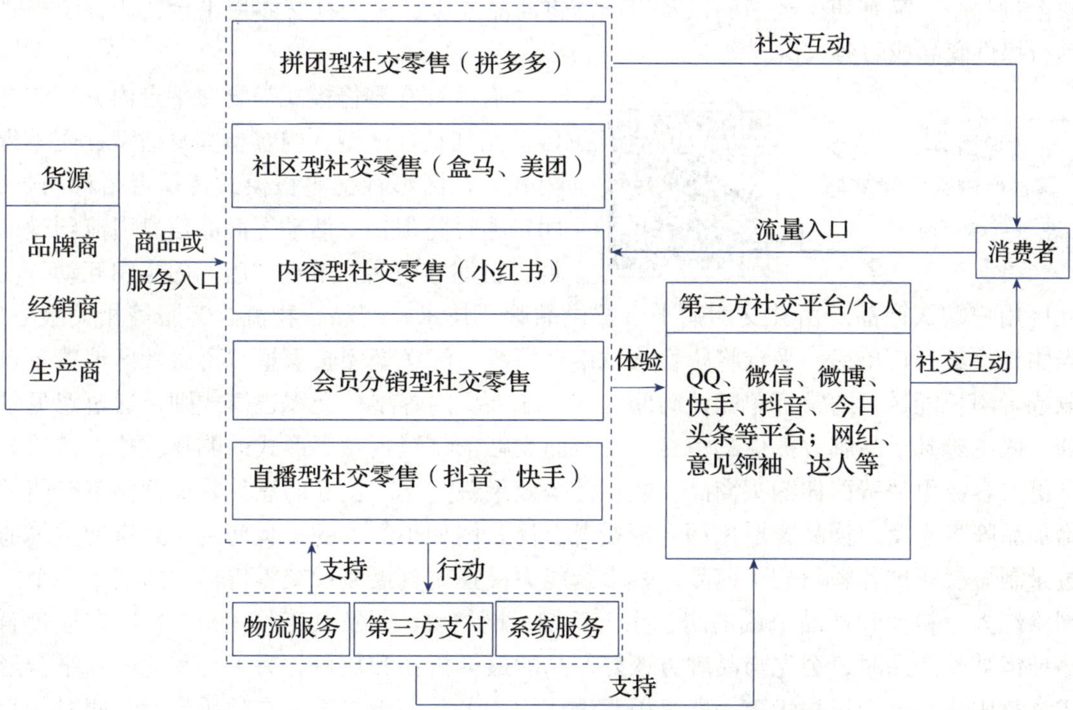

图 7－1　社交零售的运行机制

（一）通过现代物流完成订单配送

任何一种社交零售模式都需要以现代物流配送为基础。拼团型、内容型、会员分销型、直播型社交零售均需要通过物流配送将商品进行跨地区运输，并通过快递的形式进行配送；社区型社交零售以同城快递、云闪送为主要的配送方式，如沃尔玛提供上门配送的服务，也可以通过美团、饿了么等平台的骑手及时完成消费者的订单配送。

（二）通过电商平台实现互动参与

消费者首先通过关注社交信息，对相关商品或服务产生兴趣。其次，消费者通过感知相关商品或服务的信息直接进入或者通过链接间接进入相应的社交零售平台，打通流量入口。再次，消费者在平台或者社群的互动推荐下，产生互动行为，如点击商品详情页、浏览消费者购后评价等。最后，消费者通过前期的互动，主动搜索、询问商品信息，行为高度聚焦特定商品。

（三）通过第三方社交平台或个人带动群体购买

各大社交零售平台直接向消费者或者通过第三方平台、个人间接向消费者传递“社交＋商品”的信息要素。第三方社交平台包括QQ、微信、微博、快手等社交导向型平台，个人则泛指有一定社交网络的个体，特别是网红、意见领袖等有社会效应的特殊群体。在这种情况下，消费者往往是基于非计划性的社交感知相关商品或服务信息。消费者通过在平台直接留言、发表评论或者通过微信、抖音等第三方平台发布购物体验等社交信息，或借助网红、意见领袖效应进行更为广泛的推荐，实现社交零售流量循环。在整个过程中，品牌商、经销商以及生产商将商品或服务嵌入社交零售平台，为整个模式运行提供商品或服务入口。

零售视角7-5　社交零售促进数字经济与实体经济融合

有些社交零售模式需要在平台内分享或自传，尤其是社区型、内容型和直播型社交零售模式。社区型社交零售模式传播者俗称团长，团长通过将促销、活动等商品信息引流到微信群，也即虚拟店，带动“店”内组织互动，使社区用户购买商品。由社交团购平台提供品牌、技术、产品、物流、客服等相关服务，当团长收集到订单后，平台将货物从城市仓库统一配送至团长家里，再由社区消费者自取或者团长配送，通常订单物流时间为3～4天。内容型社交零售模式则是通过意见领袖、博主等基于品牌方提供的信息，发布图文帖子、短视频等形式的购物攻略、体验分享等内容吸引消费群体购买商品，实现营销效果最大化。良好的意见领袖营销策略能够增加品牌曝光度，让品牌形象深入消费者群体。例如小红书的美妆博主、穿搭博主等通过录制短视频推荐粉丝购买商品，其带货能力极强。直播型社交零售模式形成了一个由网络红人、粉丝和产品组成的闭合生态系统，网络红人（及其工作团队）在决定通过直播推销某款产品时，会先与品牌方谈好产品的最低折扣和数量。为了与其他电商平台形成竞争优势，这个折扣优惠一般是极具诱惑力或者独一无二的。在随后定时、限时的直播中，网络红人负责将产品推销出去，再由粉丝买单。

二、社交零售发展趋势

根据咨询公司埃森哲 2021 年的报告，全球社交电商市场预计到 2025 年将扩张至 1.2 万亿美元。元宇宙促使各行各业的数字科技升级，零售业与元宇宙相接是大势所趋。元宇宙的出现将进一步改变社交零售的形态，彻底改变消费者的生活方式和购物习惯。

（一）虚实融合突破时空束缚

元宇宙是现实物理世界在数字虚拟世界的延伸与拓展，是镜像的物理世界与再造的虚拟世界统一于一体的数字场域。元宇宙弥合了地理边界，加速了信息传播，让现实中天各一方的人们在虚拟世界中即时、当面社交，获得超越时空的非凡体验。元宇宙可以实现非同步信息交互，借助数字孪生、人工智能等技术，以全景立体的方式为消费者重现历史人物与场景；元宇宙为消费者扩充现实，消费者借助虚拟分身在有限的时间内可以感受多维生命历程；元宇宙使消费者可以模拟计划在未来实现的可能形态，从而降低消费者决策的不确定性。元宇宙打造了一个全时全域的多维消费空间，让零售企业无论在现实生活中还是虚拟世界里，无论何时何地，都有机会与消费者见面、联系、互动，这为社交零售语境下企业与消费者之间的关系重构提供了新的机会。

（二）人机融合重塑产业生态

元宇宙为人工智能与人类智慧优势互补、复合发展提供了崭新平台，其中人类负责宏观把控全局、处理复杂情况、决策重大问题，人工智能提供关键技术支撑。这使得元宇宙可以对业务、流程、模式和员工能力等进行重新设计和调整，构建能够满足消费者需求的、开放的、充分利用外部数据的数字化系统，促进社交零售乃至整个零售业产业链、供应链、价值链融会贯通，使上游与下游、生产与消费、供给与需求对接更顺畅、供求更平衡，资源配置更加精准优化。元宇宙将超越现有社交零售中文字、图片和视频等二维的信息交互方式，通过脑机接口、VR 眼镜等构建更具可视性、更立体化、更有想象力的信息展现形式。基于元宇宙开源和分布式的数字生态整体架构，人与机器、机器与机器将实现高度互动，社交零售的内容生产模式将由用户生成内容（user-generated content，UGC）模式转向人工智能生成内容（AI-generated content，AGC）模式，元宇宙的搜推算法有望结合消费者所处场景，以 AGC 模式为核心，实现实时场景下的搜索、推荐和千人千面的个性化内容生成。

（三）数实融合开拓全新场景

元宇宙作为前沿数字科技的集成体，不仅能继承当前社交零售的需求市场，还将开拓更加广阔的应用场景，有效促进数字科技与实体产业深度融合，推动数字经济高质量发展。元宇宙将开辟社交零售在多元人文场域的应用模式，利用沉浸式技术，如虚拟现实（virtual reality，VR）、增强现实（augmented reality，AR）和混合 / 扩展现实（mixed/

extender reality，MR/ER），极大地增强消费者的临场感、沉浸感、互动感和真实感。在区块链、非同质化通证（non-fungible token，NFT）等数字技术的驱动下，元宇宙将在现有网络空间的基础上提供更加形象化、生动化的虚拟活动场景，形成新型社交零售与服务体系，超越现有社交零售建立的商品与兴趣的连接，通过创设崭新的互动内容和形式建立与消费者的情感连接。元宇宙中海量丰富的资源、生动沉浸式的环境和多元交互的互动方式，将促进虚拟兴趣社区、智慧城镇、商业综合体智能化等发展需求的强劲释放，推动人类认知能力、行为方式和社交形态的深层变革。

总之，元宇宙进一步增强零售的服务属性、内容的重要程度和人际关系的影响力，促使零售的内涵和外延发生变化，使电商与社交网络的边界愈加模糊，凸显个性驱动、服务（体验）驱动、需求驱动、数据驱动的社交零售底层商务逻辑的重要性，使得零售进入数实融合、以虚助实的泛在时代（陶大程等，2022）。

基本概念

社交零售（social retail）
社交电商（social e-commerce）
用户生成内容（user-generated content）
人工智能生成内容（AI-generated content）
虚拟现实（virtual reality）
增强现实（augmented reality）
混合 / 扩展现实（mixed/extender reality）
非同质化通证（non-fungible token）

思考题

1. 你如何定义社交零售？怎样理解社交零售与传统电商的区别？
2. 社交零售具有哪些特征？
3. 什么是拼团型社交零售？请举出一个典型的拼团型社交零售案例，并评述其优缺点。
4. 什么是内容型社交零售？简述内容型社交零售的常见形式。
5. 发挥想象力，探讨未来社交零售的形式并描述出来。

案例分析

瑞幸咖啡如何用裂变方式实现社交零售的突破

瑞幸咖啡总部位于厦门，成立于2017年6月，从2017年10月第一家门店开业起，仅4个月的时间瑞幸咖啡便在中国开了800多家门店，截至2019年年底，其直营门店达到4 507家，超越了星巴克在中国线下门店的数量，成为中国最大的咖啡连锁品牌，实现了2019年1月在战略发布会上宣布的“在门店总数上超过4 500家，在门店和杯量上全面超越星巴克”的目标，成为在中国拥有咖啡门店最多的咖啡品牌。瑞幸咖啡以“让每一个顾客轻松享受一杯喝得到、喝得值的好咖啡”为品牌愿景，以“创造一个源自中国的世界级咖啡品牌”为品牌使命，通过充分利用移动互联网和大数据技术的新零售模式，与各领域顶级供应商深度合作，致力于为客户提供高品质、高性价比、高便利性的产品。

在经营模式上，瑞幸咖啡采用线上线下相结合的方式，通过开发自身APP、利用微信小程序等方式方便客户线上下单，线下则采用门店配送或自提的方式，运用大数据、人工智能等技术吸引消费者，满足消费者多样化的需求。区别于星巴克的高端路线，瑞幸咖啡将目标用户精准定位于职场白领和年轻一代消费者，将品牌愿景设定为做每个人都喝得起的、喝得到的好咖啡，强调性价比，以便捷性等服务特点迎合现代快节奏的社会生活。截至2020年底，瑞幸咖啡快取店占全部门店的比例超过90%，且大部分集中在写字楼等人流量大的地方，更贴近客户，与其平价咖啡的战略定位相契合。瑞幸咖啡几乎是以“烧钱”的方式进行资源的投入和门店的扩张，以“白送”的方式吸引第一批消费者并完成其销量目标。以其最具特色的促销手段为例，从新用户注册可免费获得一杯咖啡开始，以裂变的方式不断扩张，用户邀请另一新用户注册两人都可免费获得一杯咖啡，再继续分享给其他人，由此无限裂变循环。在品质上，瑞幸优选上等阿拉比卡豆以保证咖啡的优良品质。在价格上，一杯星巴克咖啡的售价在32～42元左右，而将促销考虑在内，一杯瑞幸咖啡的售价在16元左右，便宜了超过一半的价格。因此，优越的性价比为瑞幸咖啡成功获得年轻群体的青睐打下了基础，也为其开展裂变营销做好了铺垫。

截至2022年7月，瑞幸咖啡私域用户已达180多万，其中110万已经加入9 100多个围绕门店组织的用户福利群，入群人数还以每月60多万的速度在增长。这些用户每天下单超过3.5万杯，提醒信息还会再度促单10万杯以上。供给端4 000多家门店遍布大街小巷，需求端4 000万交易用户远超竞争对手；拉新之后，就是留存、复购，最大化用户价值。瑞幸咖啡如何做到这样的成绩呢？通过以下几项措施，瑞幸咖啡将用户牢牢锁定。

一是通过瑞幸咖啡微信公众号将用户引导到私域平台。在前期，瑞幸咖啡就已通过“邀请好友免费喝一杯”裂变积累了大量的用户。在后期，基于庞大的用户基础，瑞幸咖啡更加注重用户的沉淀和转化，引导用户进入私域平台，进而提高复购率。点击瑞幸咖啡公众号，用户可以发现菜单栏的福利里面设置了入群“专属48折券”链接。用户点开链接，就会转到带有企业微信号二维码的文章，扫码加好友后会自动发入群的二维码。而公众号的对话消息也会弹出加入社群的消息，尽可能将用户都沉淀到企业号、社群，当然也会引流到视频号。碰上正好抽视频号关注福利的时候，公众号会有推文推送。在主页介绍也绑定了视频号。毕竟微信的商业闭环强大，调动一切环节来提高用户留存复购率是瑞幸咖啡经营的重要环节。

二是开展社群营销。在用户进入社群后，就是高效高频地接触用户，培养用户的消费习惯，提高复购率。瑞幸咖啡的社群一般是根据用户的定位自动生成在其附近的社群二维码。当然用户也可以点击链接自己选择门店。进群后，企业微信可以立即在群里自动发送欢迎词，告知用户福利券已发放，以及一份社群指南，里面还包括其他福利指引，如邀请好友添加企业微信号可获得更低折扣券，社群福利时间表等。其中就有部分新用户会在各种“利诱”之下不知不觉就下单了；而部分老用户在多次下单后慢慢地被培养了习惯，后期无须指引，就主动下单，整体复购率就会有很大提升。

三是小程序形成整个销售链路闭环。瑞幸咖啡整个营销套路的成功，小程序功不可没。微信用户目前已超过12亿，瑞幸咖啡利用“邀请得杯”的促销传播方式，实现了病毒式传播。消费者为了获得20元的优惠，会愿意不断分享给身边好友。这时候，一传十,十传百，宣传效果呈指数级增长。当新用户进入小程序后，也会收到关注公众号的引导，重复上述步骤，这时候，新用户同样落入“圈套”，成为瑞幸咖啡的私域用户群体，再次开展拉新活动。

总而言之，瑞幸咖啡营销策略的关键动作如下：优惠活动刺激用户关注；公域，如线下门店、公众号、户外广告，通通引流到私域（企业微信、微信、群组、小程序）；通过视频号领取优惠，让用户形成习惯；通过小程序邀新获得优惠、组队获得优惠等方式，让用户主动进行传播；数据化分析也是重中之重，以此更好地对活动做出调整优化。瑞幸咖啡的社交零售经验充分表明零售企业只有拥有和掌握了自己的消费者，才能够更好地规避风险，实现业绩增长。

思考题

1. 瑞幸咖啡如何开展特色社交零售吸引消费者？
2. 瑞幸咖啡开展社交零售最大的优势是什么？又通过什么方式实现消费者留存？
3. 瑞幸咖啡通过降价促销去推动消费者裂变传播会带来什么隐患？

参考文献

[1] Ajorlou A，Jadbabaie A，Kakhbod A. Dynamic pricing in social networks：The word-of-mouth effect［J］. Management Science，2018，64（2）：971–979.

[2] Abeza G，O'Reilly N，Finch D，et al. The role of social media in the co-creation of value in relationship marketing：A multi-domain study［J］. Journal of Strategic Marketing，2020，28（6）：472–493.

[3] Gibbs J K，Gillies M，Pan X. A comparison of the effects of haptic and visual feedback on presence in virtual reality［J］. International Journal of Human-Computer Studies，2022，157.

[4] Huang Z，Benyoucef M. From e-commerce to social commerce：A close look at design features［J］. Electronic Commerce Research and Applications，2013，12（4）：246–259.

[5] Friedrich T，Schlauderer S，Overhage S. Some things are just better rich：How social commerce feature richness affects consumers' buying intention via social factors［J］. Electronic Markets，2021，31.

[6] 陈杰，丁晓冰，张凯. 2019年度中国社交零售报告［J］. 知识经济，2019（35）：12–26.

[7] 罗珉，李亮宇. 互联网时代的商业模式创新：价值创造视角［J］. 中国工业经济，2015（1）：95–107.

[8] 马跃如，余航海. “互联网+”背景下社群旅游的兴起、特征与商业模式构建［J］. 经济地理，2018，38（4）：193–199.

[9] 潘建林，汪彬，董晓晨. 基于SICAS消费者行为模型的社交电商模式及比较研究［J］. 企业经济，2020，39（10）：37–43.

［10］陶大程，赖家材，黄维，等．产业元宇宙［M］．北京：人民出版社，2022.

［11］汪涛，何昊，诸凡．新产品开发中的消费者创意：产品创新任务和消费者知识对消费者产品创意的影响［J］．管理世界，2010（2）：80-92.

［12］周永庆，吴礼勇．新零售：打造商业新生态［M］．北京：中国铁道出版社，2018.

［13］赵金实，霍佳震．基于消费者行为的零售商双边博弈策略研究［J］．南开管理评论，2010，13（3）：22-25.

［14］朱小栋，陈洁．我国社交化电子商务研究综述［J］．现代情报，2016，36（1）：172-177.

第8章

全渠道零售

》学习目标

1. 理解全渠道零售的内涵及特征。
2. 了解全渠道零售的产生原因及影响。
3. 熟悉全渠道零售的实施路径。
4. 明晰全渠道零售的发展策略。

》素养提升

消费升级；数字赋能；系统观念；辩证思维；协调发展；价值共创；乡村振兴；新发展理念；“双循环”新发展格局；高质量发展。

引导案例

苏宁易购：线下龙头企业的全渠道探索之路

苏宁易购1990年12月成立了第一家空调专营店，2010年2月正式上线B2C网购平台，2015年运用互联网、物联网、AI等新技术展开全渠道布局。苏宁易购通过打造“实体店＋电商＋社交”三位一体的消费场景，实现了企业的全渠道转型，如今已成为综合性零售集团。

苏宁易购集团线上拥有苏宁易购商城和苏宁易购天猫旗舰店，同时开发运营多种小程序电商渠道，还创立了苏宁拼购、苏宁推客等新型零售业态，构成了苏宁易购的社交运营矩阵，为其带来了丰富的流量转化；线下拥有自营门店和苏宁易购零售云加盟门店，涵盖3C电器、大卖场、母婴、百货等业态，围绕消费者找、买、逛的全场景消费需求，升级门店经营模式，实现互联网运营与门店经营的高效融合。从全渠道竞争格局看，苏宁易购凭借线下渠道优势居首。全国家用电器工业信息中心数据显示，2021 年一季度，在所有渠道形态中，苏宁易购依靠自身的线上线下全场景覆盖模式，以 22.1% 的市场份额，持续蝉联家电市场份额第一。

苏宁易购构建了一个覆盖线上线下、多层级、全方位、可触及消费者生活各方面的线上线下一体化全场景零售业态。在百货方面，苏宁把“全民焕新节”打造成一个涵盖了家电、生鲜食品、时尚服装、日用品等全品类、全客群、全场景零售的购物狂欢节。苏宁小店以便利店和独立 APP 相结合，满足消费者购物、餐饮、本地生活服务等各类需求，是苏宁易购战略中的社区本地化入口、线上引流手段、解决最后一公里配送的线下网点，也是苏宁易购全渠道、全业态智慧零售生态圈的流量入口。苏鲜生超市突破了电商最后一公里的发展瓶颈，提升生鲜食材配送的消费体验，是苏宁易购打通线上线下渠道，打造“生鲜 + 餐饮 + 超市”消费方式的复合业态精品超市。消费者通过苏宁易购 APP 中的“身边苏宁”，可实现在线下单，覆盖范围急速达服务，且商品类目与苏宁超市线上同步，店内配置开放厨房，满足消费者日常用餐需求。

纵观国内零售行业几十年的发展，苏宁易购白手起家，一步一个脚印，通过十年的努力，打下了家电行业的江山，树立了自己的品牌符号，夯实了在家电零售业的地位。而今电商从方兴未艾到如日中天再到颓势初现，苏宁易购也经历了线上化的变革及全渠道零售大潮的洗礼，通过与竞争对手的不断竞争、自我驱动砥砺变革，继续维持和提升用户心目中老牌零售商与服务商的地位。

资料来源：吴宁芬．十张图解读中国全品类全渠道巨头：苏宁易购“一体两翼”业务模式的独到之处.（2019-09-04）. https://www.qianzhan.com/analyst/detail/220/190902-c048e1a8.html.

思考：全渠道零售的内涵是什么？全渠道零售与传统零售的区别有哪些？传统零售企业实现全渠道零售的实施路径是什么？

第 1 节　全渠道零售概述

一、全渠道时代的来临

（一）传统实体店遭遇困境

随着电子商务在中国市场的进一步发展，纯线下实体零售店铺经营的局限性也逐步显现。电子商务在 2005 年前后进入快速发展阶段，在其展现强大爆发力的同时，也给线下实体零售带来了强烈冲击。移动互联网以及智能手机在 2011 年后快速普及，消费者养成了通过移动终端购物的习惯，这使得传统实体零售企业的生存发展变得愈发艰难。传统实体店既有运营经验的局限，又存在门店租金、人工成本居高不下的问题，因此传统线下零售商的销售额和利润额逐渐下降，甚至亏损，面临经营危机。突如其来的新冠疫情更是让传统实体零售企业雪上加霜，以沃尔玛、大润发、华润万家、永辉超市为代表的海内外实体零售巨头频频关店。

（二）传统电商面临瓶颈

伴随智能手机快速普及，越来越多的消费者使用移动网络购物和移动支付，但线上网络零售的发展状况并非一片风光，尽管线上零售企业在发展初期的销售额增长快速，但亏损的企业也不在少数。虽然线上零售企业数量持续增加（截至 2022 年 6 月底，商务大数据重点监测的互联网零售平台店铺数量为 2 411.9 万家），但线上网络零售消费者的增幅放缓，导致线上零售企业获客的成本大大升高。除消费者饱和问题之外，电商专业人才匮乏、诚信问题不断、价格战频发等现象也都压缩了零售市场的发展空间。

（三）全渠道零售成为必然

以信息技术为特征的互联网和移动网的发展，在为传统实体零售企业和网络零售企业带来巨大冲击的同时，也带来巨大的发展机会。伴随线上线下经营面临危机，消费者逐渐养成线上购物习惯以及人才、技术、物流等行业壁垒降低的现状，不论线上还是线下零售企业都开始了全渠道探索之旅，人类迎来了全渠道零售时代。全渠道零售既影响着居民的生活方式和消费方式，也影响着零售企业的生存和运营方式。全渠道零售有助于促进实体经济与数字经济深度融合，对在供给端建设现代化产业体系，以及在需求端满足人民日益增长的美好生活需要均发挥着重要作用。总之，全渠道零售时代来临，既是无人能阻挡的历史潮流，也是历史发展的必然。

二、全渠道零售的内涵

（一）全渠道零售概念的来源

全渠道零售（omni channel retailing）最早出现于 2009 年美国国际数据集团（IDG）的零售研究报告中，该报告认为全渠道购买者是多渠道购买者动态演进的结果（Parker and Hand，2009）[①]。2011 年第 12 期《哈佛商业评论》发表的《购物的未来》一文不仅指出零售商通过网站、实体店、服务终端、直邮和目录、呼叫中心、社交媒体、移动设备、上门服务等多种渠道与消费者互动，还赋予了这种形式一个新的名称“omni channel retailing”（Rigby，2012）[②]。之后 2012 年第 1 期《哈佛商业评论》简体中文版将该文中“omni channel retailing”词组翻译为“全渠道零售”(戴瑞・里格比,2012)[③]。自此“全渠道零售”一词的出现率大大增加，已逐渐成为学术界和实业界关注的热点问题，给整个社会都带来了深远的影响。目前，实业界提出的“新零售”“智慧零售”“无界零售”等词汇还不是国际公认的学术概念，而“全渠道零售”已经成为国际上认可的学术概念，并且已经演化出相应的理论框架。

（二）全渠道零售定义的演化

全渠道的概念伴随着互联网渠道，特别是移动互联网渠道的出现而形成。因此，全

① Parker R，Hand L. Satisfying the omni channel consumers whenever and wherever they shop. IDC Retail Insights Report，2009.

② Rigby D. The future of shopping. Harvard Business Review，2011（12）：64-75.

③ 戴瑞・里格比．购物的未来．哈佛商业评论，2012（1）.

渠道零售一定具有互联网、移动网和社交网络的烙印。2010—2013 年，全渠道零售为零售渠道管理范畴，定义的范围仍局限在零售渠道的类型，大多是指营销组合的要素——渠道或销售的概念。2014—2017 年，其范围扩展至亚营销管理范畴，全渠道零售涉及产品、价格、分销和传播四个要素，但核心仍然是指这些要素围绕着线上线下分销渠道来设计，并没有改变营销管理的范式。2018 年之后，全渠道零售扩展到零售营销管理范畴，涵盖了营销组合的每个要素。准确地说，全渠道零售是指面对目标消费者的整个购买过程和消费旅程，零售商在旅程每个阶段通过生产、定价、分销和传播等多种线上线下渠道类型的有效组合，并构建与其匹配的关键流程，整合重要资源，满足消费者的全渠道参与设计生产、全渠道定价、全渠道购买和全渠道沟通的需求，进而提升消费者价值和满意度来获得竞争优势（李飞，2019）。

总之，全渠道零售中的“全”是指决策时考虑所有渠道的意思，不是必须采用所有渠道的意思；全渠道零售中的“渠道”，是指产品设计、制造、服务、定价、分销（店址和店铺环境）与传播的所有渠道，不是仅仅指分销或销售渠道；全渠道零售中渠道流动的“东西”（客体），不仅有商品（包括有形商品的物流和无形商品的信息流），还有与其伴随的资金（支付）流和信息（传播）流；参与全渠道零售的主体不仅涉及零售商和消费者，还涉及银行、物流商等相关主体，同时各主体渗透进营销组合的每一个要素之中，这与单纯线下零售有很大的不同（李飞，2019）。

（三）零售渠道的演化历程

全渠道零售中的“渠道”翻译自英文“ channel”，是指商品或服务从某一经营主体（生产商或流通商）向另一个主体（个人或组织）的转移，用于最终消费的非生产性商品和服务所经过的路径。零售渠道演化可分为四个阶段，分别是单渠道零售阶段、多渠道零售阶段、跨渠道零售阶段、全渠道零售阶段（李飞，2019）。

1. 单渠道零售阶段

单渠道零售（single channel retailing）是指零售商仅仅选择通过单一渠道（包括线下实体渠道、目录渠道、线上渠道、移动渠道等）向消费者提供商品和服务的行为。在单渠道零售阶段，销售渠道主要以实体店铺为主，即坐店经营为主要模式。

2. 多渠道零售阶段

多渠道零售（multi-channel retailing）是指零售商选择两种或两种以上的渠道（包括实体渠道、目录渠道以及电子商务渠道等），向消费者销售商品或服务所涉及的一系列活动（Levy and Weitz，2009）。此时，零售商在多个渠道之间没有进行渠道整合，消费者也无法进行跨渠道购买活动。也就是说，不同的渠道针对不同的购买人群，渠道之间不存在交叉。实际上，随着消费者需求的不断升级，零售商逐渐开始整合多个销售渠道，以提供给消费者更好的体验。在多渠道零售阶段，实体店铺、网上商店共存，销售渠道由单一坐店经营模式转向多渠道结合模式。

3. 跨渠道零售阶段

跨渠道零售（cross channel retailing）是指零售商通过两种或两种以上的渠道销售商品和提供服务的过程。其中，零售商能进行部分的渠道整合，消费者能够进行不完整的跨渠道交互购买。也就是说，零售商可以采取多条非完整的零售渠道以完成整个销售过程的所有环节，每条渠道承担整个零售过程的部分功能。在跨渠道零售阶段，零售商通过多渠道整合开展经营活动，实体店铺、网上商店交织，线上线下融合无缝衔接。例如，消费者在线上挑选商品完成支付，在线下提取商品。

4. 全渠道零售阶段

全渠道零售是指零售企业通过多渠道整合协同，在不同渠道传递相同的品牌形象、价值与标准化的服务，向顾客提供超越时间和地点束缚、可使用任何技术进行交流传播的渠道，最终为顾客带来多渠道无缝对接的一体化体验的行为（周高云等，2019）。渠道类型包括有形店铺（实体店铺、服务网点）和无形店铺（上门直销、直邮和目录、电话购物、电视商场、网店、手机商店），以及信息媒体（网站、呼叫中心、社交媒体、电子邮件、微博、微信、抖音、小红书）等。全渠道零售涉及多种零售形态，发展全渠道零售能使零售商通过系统管理现有渠道和客户触点，从而提升顾客消费体验。由此可见全渠道零售是单渠道、多渠道和跨渠道零售发展的结果，在全渠道零售阶段，各类零售渠道协同并存、融合互通。零售渠道从单渠道、多渠道、跨渠道向全渠道演化的过程，可以看作是传统的以零售企业为中心的渠道管理理念，逐渐向以消费者为中心转变的过程（齐永智和张梦霞，2014）。

三、全渠道零售的特征

传统零售的商业逻辑是“场—货—人”，即先找店铺，然后进货，再通过传统营销手段将商品销售给消费者。而全渠道零售是将“场—货—人”逻辑重构为“人—货—场”（江积海和阮文强，2020），其根本目的是提高交易的效率，最大限度满足消费者的需求，为消费者提供更优质的商品和服务。具体来说，全渠道零售具有以下特征。

（一）以消费者为中心

与传统零售经营以企业效率为中心不同，全渠道零售以消费者为中心。企业通过多种渠道与消费者形成持续性互动，最大限度地把握消费者的消费习惯、挖掘消费者的潜在需求，同时还向消费者提供多元化的购买方式和退货方式，方便消费者做出满足个性化需求的购买决策，提升消费者购物的便利程度。

零售视角8-1　全渠道零售下的体验营销

（二）商品与服务融合

全渠道零售注重提供专业化的商品与服务。随着消费升级，消费者个性化、多样化、专业化的诉求将驱动更多的垂直领域进行细分（李忠美，2020）。在全渠道零售环境下，企业将产品和服务融合时，正是全新价值产生的契机，亦是为消费者带来便利、实现消费者价值最大化的最佳选择。

（三）线上线下一体化

零售企业通过线上线下统筹运营实现了全场景融通，将 VR、AR、MR 等虚拟技术与具有专业化知识的销售人员相结合，实现了消费者线上线下无缝购物的切换。零售商通过深化线上线下一体化零售与服务，借助大数据、人工智能技术等赋能场景服务，跟踪和积累消费者购物全过程的数据，与消费者及时互动，为消费者提供无缝化的购物体验。

零售视角8-2　孩子王："商品+服务+社交"的大店模式

（四）商业共享

全渠道零售强调优化供应链，协同创造价值。企业通过共享共建的零售模式融合线上线下，打通渠道与销售模式，发挥行业伙伴各自差异化的资源能力优势，为零售企业提供全面解决方案，从而打造和谐、共赢和共享的商业生态。

零售视角8-3　国美电器的共享零售——实现全场景数字化

第 2 节　全渠道零售的产生动因及影响

一、全渠道零售的产生动因

（一）技术进步的驱动

全渠道零售的发展是零售革命和业态变革的结果，因此符合零售革命或零售业态形成的一般规律，即"一般性原因"，同时也有着自己独特的表现形式，即"关键性动因"。

1. 一般性原因

纵观人类历史上的零售变革，技术驱动是零售变革的一般性原因。技术发展经历了工业、信息和智能三次大革命。其中，工业革命包括蒸汽、电力和核能三次小革命；信息革命包括电脑、互联网和移动网三次小革命；智能革命包括计算、感知和认知三次小革命。总的来看，技术发展共经历了三次大革命和九次小革命。这三次大革命和九次小革命几乎都引发了零售革命、新业态的产生以及业态内的变革。一方面，技术革命会直接导致零售革命的形成，如网上商店的出现。另一方面，技术革命会间接导致零售革命的形成，如在网上商店出现前的零售革命都是技术、消费、生产和竞争等因素综合作用的结果，且每次都有一个主要的推动力量（李飞，2019）。

全渠道零售主要是由信息技术发展带动的。以互联网技术为主的信息技术迅速发展，不仅突破了信息传递的空间限制，也实现了信息传递的即时化。事实上，顾客购买过程中大多数环节都表现为信息的沟通过程，如今的信息渠道近似于零售渠道。由此，每一次信息传递方式的变化都会催生出一种新的零售渠道，带来一次零售渠道的变革，如网上商店、移动商店、社交网站零售、视频网站零售等新模式都与信息技术的进步有关。

2. 关键性动因

全渠道零售与互联网、移动网、大数据、云计算等信息技术的发展息息相关。随着移动网、社交网、大数据等信息技术的发展，信息路径数量大大增加，零售渠道类型日渐丰富，推动全渠道零售不断发展。

（1）信息路径数量大大增加

20 世纪 90 年代至今，随着互联网和移动网的发展，电视、收音机、计算机、手机、智能穿戴设备等成为信息传播的路径。这不仅使信息传播路径大大丰富起来，还使得信息传递变得即时化、随身化、多元化。在人们随时随地可以上网的同时，信息技术的发展又可以随时监控人们的行为数据，海量数据更容易被采集和高效率地分析，数据可以被企业分析利用并用于零售决策。

（2）零售渠道类型日渐丰富

这里的“渠道”包括生产设计渠道、定价渠道、分销渠道和传播渠道。信息的多渠道传递以及条形码技术的进化为零售营销渠道的发展以及全渠道零售的发展提供了一定的条件。条形码技术是集编辑、印刷、识别、数据采集和处理于一身的新兴技术，其自身也有一个发展的过程。尤其是二维码的应用使空间实现拓展，通过扫描二维码，在手机终端就可以看到商品的文字和图像等信息，还可以下单并完成支付，将线上和线下密切地连接起来。二维码在零售行业有着革命性的应用领域，例如商品防伪、食品溯源、拍码购物、信息导航、移动巡检、名片识别、信息发布等等。如今，顾客的购物过程已逐渐演变为搜集、分析、比较、下单、付款、确认收货和售后反馈的过程，对于顾客来说信息渠道就是购买渠道，新出现一种信息渠道，就等于出现了一种新的营销渠道，从而带来零售营销渠道的日益丰富化（李飞，2019）。

（二）全渠道购物群体的崛起

随着全渠道信息传递时代的来临，全渠道购物群体已经崛起，他们同时利用包括商店、产品目录、呼叫中心、网站和移动终端在内的所有渠道，随时随地浏览、购买、接收产品，并期待着能够贯穿所有零售渠道和接触点的一屏式、一店式的购物体验[①]。如图 8－1 所示，消费者浏览公开的社交软件时产生需求，之后通过官方旗舰店搜索商品，接着消费者发朋友圈征求意见，利用比价软件判断商品折扣的高低，通过手机支付的方式选择在性价比最高的 APP 下单，最后到实体店提货，并在使用后到品牌社区发表评论。

由此可见全渠道消费群体具有信息获取多元化、需求更加多元化和购买选择多渠道化三个特点（王先庆等，2018）。

1. 信息获取多元化

在传统实体零售模式下，消费者只能通过在实体店进行亲身体验来了解商品的功能、质量等信息。如今，随着互联网及移动互联网的高速发展，消费者可以通过电视、网络、移动终端等多种渠道获取商品信息，还可以利用这些渠道对不同的商品进行对比，从而做出最终的消费决策。

---

① 珊娜·杜巴瑞. 全渠道购物者崛起. 中华合作时报，2012-08-24.

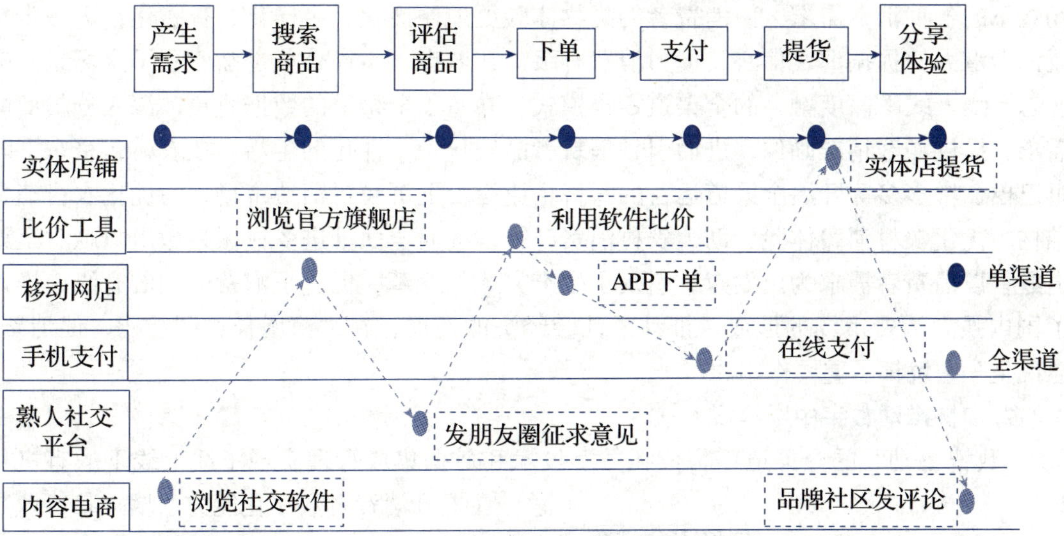

图 8－1　消费者全渠道购物流程

2. 需求更加多元化

在传统实体零售模式下，日常生活所需是居民消费的主要部分。如今，越来越多的消费者更加注重自身的个性化需求。以服装产品为例，诸多定制化平台纷纷涌现，不仅为消费者提供产品定制服务，还可以让消费者参与到服装的设计与生产环节。消费者需求更加多元化，让传统实体零售企业在运营和发展过程中面临更多的挑战。

3. 购买选择多渠道化

在传统实体零售模式下，消费者对不同商品进行比较选择的空间相对有限。如今，消费者既可以到线下实体店进行现场体验，也可以通过网络渠道进行搜索；既可以现金支付，也可以电子支付；既可以线下实体店自提，也可以通过物流收货；等等，这些都体现出消费者可以选择渠道的多样化特点。在这样的消费环境下，零售企业若要获取消费者的认可，就需要建立全渠道零售模式。

总的来看，通过互联网和手机搜索、浏览、分析、传递信息已经成为人们生活方式中越来越重要的一部分。全渠道消费群体能够通过尽可能多的渠道完成购买过程（全渠道的信息搜集、全渠道的商品比较和选择、全渠道的购买和下单以及全渠道的反馈和评论），更重要的变化是人们的生活方式与购物过程交融在了一起。这就要求零售企业来考虑是否选择全渠道的信息提供、全渠道的商品展示和说服、全渠道的销售和引导以及全渠道的倾听和回应等策略，以匹配全渠道消费群体的购买和消费需要。

二、全渠道零售的影响

（一）全渠道零售宏观层面的影响

1. 助力消费升级

全渠道零售致力于打造以消费者为中心的无缝衔接的购物体验，满足消费者在不同场景下的各种消费需求，使消费者的购物体验更加便捷化、多样化、智能化，进一步释放消费潜力，提振消费信心，助力消费升级。在城市，零售企业逐渐建立了全场景、多业态、线上线下深度融合的全渠道零售模式，并基于全渠道的数据收集，深入分析商圈需求，提供顾客精准画像，进而引领消费者品质化、个性化的生活；在农村，京东、阿里巴巴、拼多多等开展全渠道运营的零售企业纷纷下沉乡村消费市场，为优化农村消费结构、优化农村消费体验、助力农村消费升级，进而全面推进乡村振兴做出贡献。全渠道零售以消费者需求为出发点，引发了生产方式的变革，促进了消费转型的升级，推进了国内强大消费市场的形成，推动了社会经济的发展，在“稳增长、调结构、促消费、惠民生”中发挥了重要作用。

2. 加快推动数字中国建设

“数智驱动”的全渠道零售依托数字技术和数据集成管理实现了线上线下的有机相融，在提升消费者数字化能力、增强各行业数字化运营水平等方面发挥着重要作用。在消费者层面，全渠道零售借助数字技术赋能，能够培养公众数字化消费意识，提升数字化应用水平，引领数字化生活方式；在行业层面，数字经济时代的零售呈现出泛零售形态，涉及众多行业、企业，全渠道零售企业以数字化信息流主导商流、物流、资金流全面优化，进而全面触达各个领域，实现了整个商业系统的数字化建设和资源协调共享，在助力各行业数字化转型方面发挥重要作用。此外，全渠道零售企业在全面打通渠道获取消费数据和行业数据的同时，倒逼多方主体在商品流通、公共数据服务、数字基础设施建设和平台数据垄断治理等方面精准施策，进一步推进了整个行业乃至社会的数字化进程。总之，全渠道零售将成为未来形势所趋，全面助力各行业数字化转型，全面激发中国超大规模市场潜力，进而加快推动数字中国建设。

延伸阅读8-1　农村电商全面爆发

（二）全渠道零售微观层面的影响

1. 提升消费体验

随着数字科技在零售领域的发展运用，各零售渠道之间的界限日益模糊，边界逐渐消失。全渠道零售突破时空、形态限制，虚拟店铺和实体店铺不断融合与重叠，线上线下、虚实融合的跨渠道、多环节零售流程实现无缝衔接，进而形成无界购物环境，消费者可以在任何时间、地点，以任何方式实现无缝购物。全渠道零售模式下，零售企业的位置、规模、服务类型、价格、既往服务质量等信息都是透明的。由于零售企业能够将不同的渠道和服务有效整合在一起，在购物的整个过程中，消费者将通过各种渠道更大范围、更高频率地接收这些信息。在掌握这些信息后，消费者更能做出符合自身需求的理性选择，

延伸阅读8-2　杭州第一家无感支付智慧门店

会根据自己的需求和偏好，将购买旅程的各个环节分配到各个渠道类型之中，利用多种渠道功能组合来完成自己的整个购买旅程，在购前、购中以及购后阶段都更加省时、省力、省心，零售便利化水平显著提升。

全渠道零售以消费者为中心，注重体验与服务，给消费者带来更高的体验价值。全渠道零售改变了消费者的购物方式和消费模式，消费者不再局限于单一购物渠道，而是喜欢更多地穿梭于各个渠道间，通过渠道的全面化与组合化获得愉悦的全方位购物体验。全渠道零售通过渠道整合能够向消费者提供全面的商品信息，通过对线上线下消费数据进行系统分析，与消费者及时互动，掌握消费者在购买过程中的决策变化，及时给消费者提出个性化建议，面向消费者开展精准化营销，为消费者提供线上、线下一体化服务，方便消费者做出满足个性化需求的购买决策，进而重塑消费体验。在全渠道零售形态下，消费者能够实现不同场景的依次购物，顾客旅程体验感获得明显优化，全渠道零售更好地契合了新的消费行为。这就给消费者带来了更高的消费体验价值，同时，消费者对产品或服务质量的认知也得到增强，消费者的感知价值得到提升，满意度不断提高。

2. 实现降本增效

全渠道零售是零售渠道从单渠道、多渠道、跨渠道发展演化而来的高级阶段，全渠道零售是未来零售业的发展方向。全渠道零售的发展对传统零售企业提出新的要求，传统零售企业在认清自身缺陷的基础上加快向全渠道零售转型升级，才能更好地迎合市场需求。全渠道是一个复杂的系统，能够通过整合各种渠道和资源，对“人、货、场”进行重塑，其价值提升主要体现为人、货、场运营能力的全方位提升。在全渠道零售模式下，零售企业在消费者整个购物过程中通过各个渠道与其保持连接，能够综合利用多种渠道类型，实现渠道之间优势互补，针对消费者的全渠道购买旅程，提供全渠道的零售旅程，可以有计划地为消费者设计和安排这个旅程，让那些在购买旅程某个阶段成本低、效率高的渠道方式承担这个阶段的功能（李飞，2019）。全渠道零售通过提供全方位精准服务，可以增加消费者黏性，有助于提升消费者的忠诚度；通过新增渠道（如虚拟商圈）和渠道互动（如 O2O 线上导流线下购买）可以推动市场扩大；通过多阶段跨渠道能够加速消费者下单和收货过程，进而提升消费频率；通过改善零售企业的业务流程和经营管理水平，提升零售企业的营销能力，降低零售企业在顾客购买旅程各环节的零售成本，增加销售收入及效益（黄漫宇和李圆颖，2017）。

只有针对全渠道零售系统的三个核心子系统（商品系统、营销系统和履约系统）设计全渠道策略模式，才能形成系统视角下的全渠道零售模式。传统零售企业要加强加快商业模式创新变革，从价值主张、价值创造、消费者及企业价值实现方面创新商业模式，采取全渠道整合营销，对零售企业的组织架构进行调整优化和布局，从战略、运营、具体执行等层面实现高度配合，通过数字化改造，在购物场景设置、品类配置、供应链管理、服务体验等方面展开革命性变革，加快构建全渠道零售生态系统，提升零售企业经营效率。

第 3 节　全渠道零售的实施路径与发展策略

一、全渠道零售的实施路径

全渠道零售是一个全新的理论问题，也是一个新的实践问题。从理论与实践发展路径的对比来看，在时间进度上全渠道的理论发展是先于实践的。也就是说，在理论上对零售业的讨论全面进入全渠道之后，一些企业才陆续开始全渠道的实践探索，比起多渠道时期的多渠道实践进展速度，大部分企业的全渠道实践是远落后于理论的，有些企业甚至时至今日仍未启动全渠道战略。但无论零售商是否做好准备，全渠道时代已然来临。

在全渠道零售战略转型的升级过程中，传统零售企业开始朝线上发展，纯电商企业也开始向线下渗透，双方都在积极探索。但是，由于没有经验可循，尚没有成功案例可依，零售企业只能在探索中前行。在全渠道零售的探索过程中，我国优秀的零售企业也形成了一些比较具有代表性的模式。银泰百货、永辉超市和京东是全渠道零售革命浪潮的第一批参与者，也是各自零售业态的代表性企业，同时正处于从多渠道向全渠道转型的过渡期。因此，通过银泰百货、永辉超市和京东的全渠道零售实践案例，可以具体分析出传统零售企业和传统电商企业全渠道零售战略的实施路径。

零售视角8-4　银泰百货的全渠道之路

零售视角8-5　永辉超市的全渠道转型之路

零售视角8-6　京东的全渠道零售战略

众多零售企业在新技术的驱动下对商业模式和发展方向不断创新，完成了全渠道零售的转型升级。虽然不同类型企业的转型之路存在一定差异，但无论是传统线下零售企业还是线上电商企业纷纷依托互联网、大数据、人工智能等各种先进技术对商品的生产、流通和销售过程进行改造，达到全渠道覆盖，使得零售效率大幅提高。

（一）新渠道布局

新渠道的建设可分为自建和借用两种模式，零售企业需要根据自身企业的具体情况来选择新渠道建设的方式。新渠道的布局范围要覆盖消费者信息搜索的渠道，即网络平台、移动终端、社交媒体、线下体验等，任何一条新的信息流都有可能成为一条新的渠道。

1. 自建

在全渠道零售的战略实施过程中，信息的获取将成为核心推动力之一，自建渠道可掌握信息的主动权。在互联网时代，实体零售商将 B2C 电商视为发展全渠道零售的主要方式，很多实体零售商纷纷投入巨资创建自己的 B2C 网站。银泰百货早期建立起银泰网，并以会员模式作为运营核心。该模式成为线上渠道间和线上与线下实体店间的信息整合桥梁。后来，随着移动智能终端的日益普及，实体零售商开发应用程序成为建立全渠道零售新渠道的主要方式。永辉超市首先选择自建线上渠道——永辉微店 APP。永辉微店业务布局完成后更名为“永辉全球购”，继续发挥着自建渠道的作用。

全渠道零售环境下，传统电商还开辟了电商发展新路径——开设线下体验店，在物联网等信息技术的基础上，推动了数字经济和实体经济深度融合。其目的是提升商品的销售量、加强消费者对于电商品牌的认知，宣传品牌、拓展业务，增强电商品牌的实力。对于电商企业来说，只有利用数据的动态化将供给端与需求端连接，才能更好地将消费者与产品进行匹配。体验至上的全渠道零售时代，消费者获得商品信息的渠道、需求以及选择的多元化，使得线上零售商为破局电商平台的瓶颈，开始注重线下体验店的建设。2014 年起京东发力下沉市场，布局县级城市的线下服务实体。到 2016 年底，京东已开设超过 1 700 家“京东帮扶站”，覆盖了全国 15 万个行政村。截至 2022 年 9 月，京东还开设了京东居家线下体验店、京东电器超级体验店、京东汽车超级体验中心等多种体验店，在入局线下实体经济过程中，电商企业要利用自身技术优势，借助智能化的信息工具，了解消费者真正的需要，并以此为依据捕捉消费者感兴趣的商品。因为新生代消费者尤其看重体验，所以线下体验店加入了更多的有趣元素，吸引消费者的关注，激发消费者强烈的购买意愿。

2. 借用

随着对渠道认知的加深，实体零售商们认识到，自建渠道并不是发展全渠道零售的唯一途径，还可以通过入驻天猫、淘宝等第三方电商平台开展全渠道运营。伴随移动互联网的高速发展，能够为零售企业实现线上线下一体化运营的移动工具纷纷涌现，实体零售企业还可以通过微信等平台联手进行线上渠道的拓展。此外，如今电商直播的火爆为零售企业提供了新的渠道和模式。实体零售企业通过抖音、快手等直播平台丰富线上渠道的同时也促进了第三方服务平台的发展。

对于大多数中小型传统零售企业而言，可以选择借用渠道的方式，根据零售商本身的特点选择入驻相应的第三方平台，利用第三方平台的流量优势，为线下实体店引流或为线下实体店提供线上服务。通过零售商的案例也可以看出，在新渠道布局的过程中，银泰百货新渠道布局起步于网络平台，永辉超市则起步于移动平台，但两者都进行了网络平台、移动平台、社交平台等全渠道的布局，在自建渠道后仍选择强势入驻第三方平台，如表 8－1 所示。

表 8－1　银泰百货与永辉超市的新渠道布局

		银泰百货	永辉超市
新渠道布局	网络平台	自建银泰网 入驻天猫银泰旗舰店	自建永辉超市官网 入驻京东全球购 开设永辉全球购旗舰店

续表

		银泰百货	永辉超市
新渠道布局	移动平台	自建银泰 APP 入驻喵街 APP	自建永辉微店 APP（后更名为永辉全球购） 自建永辉生活 APP 入驻京东到家
	其他平台	自建喵客（售货员社交零售媒体）	永辉超市公众号

资料来源：汪旭晖，赵博，刘志．从多渠道到全渠道：互联网背景下传统零售企业转型升级路径：基于银泰百货和永辉超市的双案例研究．北京工商大学学报（社会科学版），2018，33（4）：22-32.

（二）O2O 运营

全渠道建设重要的并不在于有多少条新渠道的布局，覆盖了多少消费者的信息接触点，而在于为消费者提供商品和服务体验的环节中，线上和线下的渠道间形成闭环，不能把消费者的购物行为封闭在单一渠道内。零售商在全渠道战略实施过程中，充分利用线下和线上渠道各自的资源，实现全渠道基础上的 O2O 运营。

零售商都在致力于打造线下实体店铺的核心优势，紧抓“商品＋服务＋体验”、调整商品结构、优化供应链、创新商业模式，为消费者提供更全面优质优价的商品，满足消费者多样化、个性化的需求（汪旭晖等，2018）。同时线上渠道则更好地发挥出为消费者提供更便捷的商品信息搜索、更好的购买体验和与消费者互动的作用。尤其是与消费者的互动，信息只有通过互动才能在消费者与零售企业间流通起来，实现线上和线下渠道真正的整合。此外，在 O2O 运营中零售企业应打造实体服务独特的吸引力，促使消费者愿意线上下单、线下提货，有效地实现线上线下协同。银泰百货与永辉超市的全渠道基础上的 O2O 运营如表 8－2 所示。

表 8－2　银泰百货与永辉超市的全渠道基础上的 O2O 运营

		银泰百货	永辉超市
线下建设	调整商品结构	零售品牌西选是跨境电商精品超市，主要满足消费者的高品质需求	永辉超市分级推出红标、绿标和精标店，均突出生鲜为主的竞争优势
	优化供应链	银泰百货定制	永辉全球购致力于全球产地直采，涉及美妆、母婴、个护、家居、保健等品类
	创新商业模式	集货，全球买手店，打造淘宝线上品牌的线下试衣间；意选，意大利和法国跨境电商轻奢精品店；西有项目，为客户提供意法轻奢精品和意法轻奢的生活方式；In Junior，母婴淘品牌集合店	创新打造超级物种：高端超市＋餐饮＋APP 的整合体
线上线下协同		西选，设立实体体验区，顾客扫二维码网上购买，保税区直邮配送；集货，定位为淘宝线上品牌的线下试衣间，线上线下同质同价；意选，天猫商城及实体店双入口购买	永辉微店（现更名为永辉全球购），顾客可以在 APP 下单和支付，超市实体店提货或京东合作物流送货上门；永辉生活，顾客定位范围内的永辉超市、bravo 和超级物种均可下单和支付，依托京东合作物流送货上门

资料来源：汪旭晖，赵博，刘志．从多渠道到全渠道：互联网背景下传统零售企业转型升级路径：基于银泰百货和永辉超市的双案例研究．北京工商大学学报（社会科学版），2018，33（4）：22-32.

（三）数字化融合

零售商的全渠道战略规划描述出全渠道零售模式是在信息流通基础上和大数据技术应用下，为消费者在所有渠道（线上和线上间、线上和线下间、线下和线下间）提供“消费者想要的，零售商能提供的”商品和服务，即实现以消费者为中心的全渠道数字化融合，具体可包括信息融合、服务融合和渠道融合三个方面。银泰百货与永辉超市以消费者为中心的全渠道数字化融合如表 8－3 所示。

表 8－3　银泰百货与永辉超市以消费者为中心的全渠道数字化融合

		银泰百货	永辉超市
以消费者为中心的全渠道数字化融合	信息融合	银泰百货会员，与银泰网、喵街、天猫旗舰店等各渠道信息交叉共享	永辉生活 APP、永辉全球购 APP 与永辉京东到家的渠道间数据不共享
	服务融合	银泰百货网络购物退换货在相应网络退回，实体店购物退换货在实体店退回	永辉超市网络购物退换货在相应网络退回，实体店购物退换货在实体店退回
	渠道融合	部分线上渠道与实体店打通形成闭环，各线上渠道间不融合，且存在渠道冲突和渠道间稀释效应	单条线上渠道与实体店打通形成闭环，各线上渠道间不融合，且存在渠道冲突和渠道间稀释效应

资料来源：汪旭晖，赵博，刘志. 从多渠道到全渠道：互联网背景下传统零售企业转型升级路径：基于银泰百货和永辉超市的双案例研究. 北京工商大学学报（社会科学版），2018，33（4）：22-32.

二、全渠道零售的发展策略

（一）选择全渠道战略的时机

全渠道战略不是零售企业转型升级的“备胎”，而是战略变革的必然方向。通俗地说是“理解要执行，不理解也要执行”，实际上是一个“边理解边执行，边执行边理解”的过程。全渠道战略的距离并不遥远，零售企业应在建立全渠道决策的视角下，着眼于线上线下所有渠道类型，从新渠道布局的路径出发，开始全渠道战略的实施。

企业的最终目的是获得利润，因此，零售企业在进行全渠道战略布局时，应先思后行，放眼全局，从长期发展的战略角度出发，找到全渠道布局的最佳时机，真正挖掘到全渠道零售的价值，让全渠道零售服务于企业整体发展，成为企业突破发展困境、实现良性发展的巨大助力。

（二）打造全域数字化营销体系

无论是线上渠道，还是线下渠道，零售企业始终要对选品、渠道、交易以及场景体验等诸多环节给予高度关注。能否为消费者带来完善的购物体验是决定零售企业能否生存的关键，而上述这些环节对用户的购物体验会产生直接影响。

延伸阅读8－3　药企的全域数字化营销

全渠道零售在本质上是全渠道零售营销，全渠道零售营销在本质上是零售主体的选择，以及各自承担零售活动内容和完成渠道功能的一种匹配。因此，零售企业可以借助第三方电商平台、社交媒体、视频网站等诸多渠道，深挖消费者潜在需求，高效配置自身资源等，以打造全域数字化的全渠道营销体系。

延伸阅读 8－4

全渠道零售体验价值共创行为

全渠道零售是零售商将线下商店和线上店铺整合以优化消费者购买体验的经营策略。随着技术发展的加速和数字化趋势的不断推进，全渠道购物者正在崛起。如今的消费者日益重视线上线下融合的全渠道购物体验价值的创造和获取。当前，共同创造价值的互动性质已经变得越来越明显和普遍，线上线下融合的共创价值行为已成为趋势。全渠道零售模式的出现对零售商实现服务主导逻辑的价值共创提供了新的机会。

价值共创行为是企业与顾客在线上和线下互动中创造价值的合作行为，共创价值只有在共创体验的情况下才能实现，并且只有在资源、产品、环境等有形载体和互动、体验等无形载体的集体作用下才能形成。共创服务产品、共创体验环境、共创服务互动是全渠道零售体验价值共创行为的重要内容。其中，共创服务互动尤为重要，它是指顾客借助全渠道零售商的服务平台在与线上线下服务人员、其他顾客以及基于人工智能的机器进行价值共创的服务互动过程中实施的具有高度交互性的行为。

全渠道零售商应从服务产品、体验环境、服务互动三个层面改善零售体验价值共创行为，提升线上线下渠道服务质量，提高与顾客之间的人际互动和人机互动水平，从而实现与消费者共创体验价值。

资料来源：全渠道零售体验价值共创行为：影响因素与驱动机制．中国流通经济，2019，33（7）：10–21.

（三）制定差异化全渠道策略

企业制定差异化的全渠道策略最重要的是解决量体裁衣的问题。以国内全渠道背景下成功的零售企业为例：永辉超市、王府井百货等采取的是线下为主的全渠道，盒马鲜生、苏宁云商等采取的是全方位的全渠道，小米采取的是线上为主的全渠道。从实践来看，全渠道零售模式是多种多样的，大多数情况下不仅涉及线上渠道和线下渠道的交叉和融合，还涉及零售企业的信息提供、商品展示、接受订单、收款、发货、售后服务、反馈处理这七个基本环节，甚至不同类型的商品和服务所采取的模式也是有所差别的①。因此，不同类型的零售企业应扬长补短地制定差异化全渠道策略。

（四）培养企业自身的全渠道能力

全渠道零售模式实现可持续发展和长久盈利的关键是零售企业回归原点，提高零售

① 全域营销：新零售时代的智能营销.（2020-04-15）. http://www.cbt.com.cn/zggszz/zggsll/zzppms/202004/t20200415_233181.html.

能力，逐步构造企业自身的全渠道能力，不断增强全渠道商品组合能力、全渠道运营能力、全渠道数字化营销能力、全渠道服务能力。具体来说，全渠道商品组合能力是以商品为全渠道运营的核心，重视线下实体建设，通过调整商品结构、优化供应链、创新商业模式来提高全渠道商品组合能力；全渠道运营能力是在新渠道布局的过程中，逐步通过以互动为重心的线上线下渠道联合运营、跨渠道融合运营和全渠道集约运营来提高全渠道运营能力；全渠道数字化营销能力是借助资本和数据流量资源，通过大数据、物联网等新一代信息技术的应用提高信息收集、分析并转化为精准营销战略的全渠道数字化营销能力；全渠道服务能力是随着渠道布局的展开，提高在各渠道间提供无缝隙、连贯性、线上线下一致服务的全渠道服务能力。

（五）实施全渠道营销协同策略

本书将全渠道零售商的营销协同定义为全渠道零售商为了避免线上线下渠道冲突，实现资源共享和互补的一种营销理念与营销实践。全渠道零售商的营销协同策略并不是一种彼此孤立的简单集合，而是彼此之间存在着相互支撑、密切联系的有序组合。零售商在制定线上线下营销协同策略时主要考虑两方面目标：一是尽可能实现两种渠道的区隔，避免两种渠道发生冲突；二是最大限度实现两种渠道的融合，发挥不同渠道的协同作用。本书聚焦于线上线下两种销售渠道，根据渠道区隔程度与渠道融合程度将线上线下营销协同的战略导向划分为渠道分离导向、渠道融合导向、渠道协同导向和渠道并行导向四种，如图 8－2 所示。

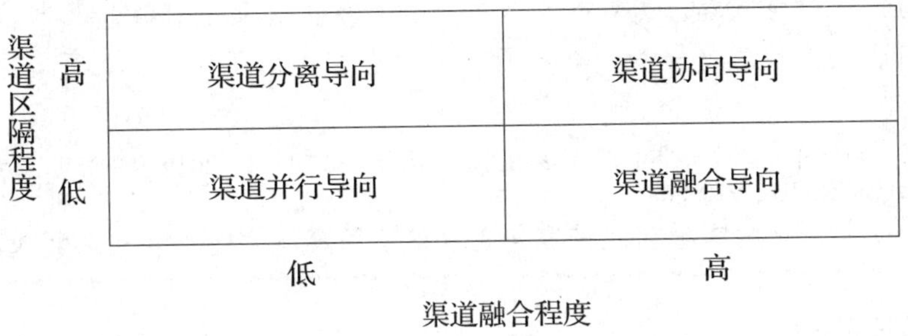

图 8－2　零售商线上线下营销协同的战略导向

当零售商高度重视渠道区隔，极力避免渠道之间产生冲突，比如采用完全不一样的产品类别、产品品牌时，该零售商的线上线下两种渠道完全处于一种分离的状态，与实施相关多元化的企业类似，称之为渠道分离导向；当零售商比较注重发挥渠道之间的协同效应，实施渠道间产品共享、价格一致等协同策略时，该零售商的线上线下两种渠道类似于大型零售商不同业态类型的门店，称之为渠道融合导向；当零售商既注重渠道区隔，又考虑发挥协同作用，在渠道区隔基础上采取渠道融合策略，称之为渠道协同导向；还有部分零售商实施多渠道或全渠道模式仅仅出于跟进的目的，只是为了竞争而竞争，并没有进行市场细分，也没有进行渠道融合，称之为渠道并行导向。其中，由于渠道并行导向的营销协同策略是大部分零售商被动实施的一种策略，因而本分析中不予考虑（汪旭晖和张其林，2013）。

就具体的营销协同策略而言，不同战略导向的营销协同策略的差异集中在价格协同策略、产品协同策略和促销协同策略等方面。需要说明的是，不同战略导向的营销协同策略，无论是单个营销协同策略还是营销协同策略组合，都有其各自的特征，需要零售企业结合自身实际情况进行选择与组合。

1. 价格协同策略

价格协同策略是零售企业针对同种商品而制定的线上线下价格营销策略。一般而言，基于渠道分离导向，线上价格低于线下价格，价格差距较大。这是因为，随着租赁成本、人工成本、仓储成本、广告成本的逐年上升，实体店的开店成本越来越高，而线上销售渠道中货架增加的边际成本几近为零，负担成本较低。基于渠道融合导向，零售企业为了避免线上线下价格体系的紊乱和降低消费者搜寻比价的时间成本，开始实施同品同价的价格策略，线上线下价格一致。基于渠道协同导向，线上价格低于线下价格，但零售企业会将价格差距控制在合理范围内，需要企业内部的供应链、采购、销售等统一起来为消费者提供一体化的零售服务。

零售视角 8－7

新零售时代，线上线下真的需要价格一致吗？

进入新零售时代，很多人都认为线上线下必须同价，可是非得这样吗？相关调查显示：①当人们在实体店感受到商品的即时性、可触摸性以及专享性时，他们能够接受该商品以更高的价格在店内销售；②年轻人更容易接受价格差异；③女性对中等价格（30美元）商品的价差更为宽容，男性对价差的接受程度总体更高；④价格较高的商品如果网上能够便宜，人们更容易接受；⑥和其他消费者相比，亚马逊会员更容易接受线上价格偏高。

资料来源：新零售时代，线上线下真的需要价格一致吗？.（2019-04-25）. https://mp.weixin.qq.com/s/Fls1rPzsGa7RodHg_920eA.

思考：您认为未来的零售商应采取何种价格协同策略才能符合大多数人的喜好？

2. 产品协同策略

产品协同策略包括产品品类、产品品牌、产品展示（数量和型号）、产品质量等方面的协同。例如，就产品品类而言，基于渠道分离导向，线上产品品类更加丰富，线上线下销售不同品类的产品；基于渠道融合导向，线上线下销售相同品类的产品；基于渠道协同导向，线上产品品类更加丰富，线上涵盖线下。然而，就产品展示的数量而言，无论基于何种战略导向，线上产品展示数量均远远大于线下商品数量。零售企业应综合考虑其内外部环境因素，制定符合需求的产品协同策略。

延伸阅读8-5　实体店铺会不会消失

3. 促销协同策略

促销协同策略包括促销产品、促销时间、促销力度、促销频率、促销方式等方面的协同。以促销力度为例，一般而言，基于渠道分离导向，线上促销力度远远大于线下；

基于渠道融合导向，线上线下促销力度一致；基于渠道协同导向，线上促销力度更大，但将差距控制在合理范围内。但就促销方式而言，无论采取何种战略导向，各自渠道内均具有其优势的促销方式，一般不因其战略导向而发生改变。例如，线下店铺主要采用优惠券 / 卡、现金折让、产品示范、赠品等传统促销方式。而线上电商则采取团购、抢购、特色商品推荐、特价热卖、返券 / 送积分等更具互联网特色的促销方式。

延伸阅读8-6　元宇宙环境下的全渠道协同

基本概念

单渠道零售（single channel retailing）　多渠道零售（multi-channel retailing）
跨渠道零售（cross channel retailing）　全渠道零售（omni channel retailing）

思考题

1. 什么是全渠道零售？其特征是什么？
2. 简述零售渠道的演化历程。
3. 阐述全渠道零售的产生动因及影响。
4. 简述全渠道零售的实施路径。
5. 全渠道零售的发展策略是什么？

案例分析

良品铺子的全渠道扩张

2007 年良品铺子还是武汉一家不知名的小店，而如今却弯道超车，在 2020 年 2 月 24 日成功上市，成为国内第二个登陆资本市场的休闲食品上市企业。

良品铺子快速发展的重要原因在于其采取了全渠道扩张的策略。可以说，如今良品铺子的成功向业界证明，一家企业的成功需要前瞻性的战略眼光和布局。具体地，良品铺子经过实践探索与研究，发现全渠道会员的价值远大于单渠道会员的价值。为适应电商渠道的崛起，2012 年良品铺子产品开始上线天猫旗舰店，而后线上渠道扩展到京东、一号店、大众点评、美团、百度外卖等平台，同时还包括微信、微博等社交媒体以及自己的官网和APP。这样，良品铺子率先在行业打造了线上线下全面覆盖的全渠道运营网络，线上销售业务快速起飞。不仅如此，良品铺子还与 IBM、SAP 等大牌服务商开始合作。2015 年 9 月良品铺子和 IBM 签订合同，良品铺子投入了 5 000 多万元用来做中后台系统，当年把收银系统、POS 系统、物流系统、财务系统全部更换，打造成一体化订单管理系统（OMS）。历时一年多的改造后，IBM 的 OMS 可帮助良品铺子打通前中后端，整合了 10 多个系统、30 多个线上线下平台，并融合全渠道的交易信息和顾客数据，建立了全渠道商品系统、门店订单系统、库存系统、用户系统以及大数据中心，各渠道从以前割裂的状态，变成了一个信息互通、统一规划的有机整体，并形成了“六大中心”——商品中心、价格中心、营销中心、会员中心、订单中心和库存中心。截至2019年上半年，良品铺子进一步整合了由37个线上渠道及2 100家线下实体零售门店组成的全渠道体系，打通了会员、商品、促销、订单、库存、物流六个方面，效果卓著。

正是得益于良品铺子的全渠道扩张战略，即使受到新冠疫情的冲击，良品铺子的收益依然呈增长趋势。良品铺子发布的《2020年半年度报告》显示2020年1—6月，良品铺子营业收入为36.10亿元，同比增长3.02%，归属母公司的净利润为1.61亿元。2021年公司实现营业收入93.24亿元，同比增长18.11%，归属母公司的净利润为2.82亿元。2022年1—6月，良品铺子实现营业收入48.95亿元，同比增长10.72%。良品铺子在新冠疫情的冲击下取得的可观收益证明了其战略规划的成功性。

资料来源：吴勇毅．从良品铺子成功IPO，看企业如何启航数字化打造核心竞争力．(2020-05-20)．https://www.sohu.com/a/396501627_120461338.

思考题

1. 良品铺子采取的全渠道扩张战略有何影响？
2. 如果你是良品铺子的首席执行官，你将进一步制定哪些全渠道战略来发展该企业？

参考文献

[1] 李飞．全渠道零售设计［M］．北京：经济科学出版社，2019.

[2] 汪旭晖，赵博，刘志．从多渠道到全渠道：互联网背景下传统零售企业转型升级路径：基于银泰百货和永辉超市的双案例研究［J］．北京工商大学学报（社会科学版），2018，33（4）：22–32.

[3] Levy M, Weitz B A. Retailing management [M].New York：The McGraw-Hill/Irwin, 2009：132.

[4] 江积海，阮文强．新零售企业商业模式场景化创新能创造价值倍增吗？［J］．科学学研究，2020，38（2）：346–356.

[5] 李忠美．新零售运营管理［M］．北京：人民邮电出版社，2020.

[6] 黄漫宇，李圆颖．零售企业全渠道发展水平对经营效率的影响路径及效应研究［J］．北京工商大学学报（社会科学版），2017，32（6）：35–44.

[7] 汪旭晖，张其林．多渠道零售商线上线下营销协同研究：以苏宁为例［J］．商业经济与管理，2013（9）：37–47.

[8] 齐永智，张梦霞．全渠道零售：演化、过程与实施［J］．中国流通经济，2014，28（12）：115–121.

[9] 周高云，齐建明，方水耀．共享新零售：消费升级时代的零售创新路径［M］．北京：中国商业出版社，2019.

[10] 王先庆，彭雷清，曹富生．全渠道零售：新零售时代的渠道跨界与融合［M］．北京：中国经济出版社，2018.

第9章

互联网零售平台的现代治理

》学习目标

1. 理解互联网零售平台的概念和特征。
2. 掌握互联网零售平台现代治理的科学内涵。
3. 了解互联网零售平台的温室治理模式。
4. 掌握互联网零售平台的声誉治理机制。

》素养提升

高质量发展；以民为本；国内大循环；理论创新；制度创新；底线思维；文化自信；自我认知；自我革命；数字中国。

引导案例

京东平台：刷单乱象的自治

在互联网零售领域有许多巨头企业，京东就是其中之一。京东由于物流迅速、服务质量好、产品保真率高等原因得到了消费者的广泛认可，积累了良好的平台声誉，取得了较好的发展。然而京东创始人刘强东曾一度对平台的运营感到恼火，原因是什么呢？原来京东有的卖家为了好评率，冲击销售量，居然私下雇人来刷单。平台卖家通过暗箱操作，雇用刷手刷单来对其他正当竞争的店铺进行打压，这种行为严重破坏了京东的运行规则，难怪刘强东会恼火。现在有很多平台卖家为了提高好评率和销售量都会选择刷单，而在利益的驱使下，很多人也开始依靠刷单挣钱，在互联网零售平台中逐渐形成了一条灰色的利益链条。刷单这种行为使得真正诚信经营卖好货的平台卖家店铺排名靠后，从而造成好货卖不出去的后果。而且，最重要的是刷单这种行为欺骗了消费者，消费者无法依靠产品的声誉评价信息买到真正的好货。刘强东对这些看得非常清楚，他知道如果任由这种行为泛滥，最终伤害的是京东自身。用户买不到好货，京东的口碑就会变差；优质卖家的产品卖不出去，会导致优质卖家退出平台，这样发展下去，就不会有人再信任京东的产品质量，京东就会失去大量的用户，失去了用户信任的互联网零售平台怎么能继续生存下去呢？

京东最终采取的措施是什么呢？京东针对平台中的刷单乱象专门研发了"反作弊识别系统"（鹰眼系统），建立了检测和打击虚假交易的模型。该系统主要是利用大数据等信息技术参考买家收货地点、电话、店铺交易转化率等信息识别交易环节的异常数据，对虚假交易精准定位。简而言之，京东就是利用该技术全面排查平台中的交易记录，然后将有虚假成分的刷单记录全部删除，最后对这些卖家的店铺进行不同程度的处罚。也就是说，这些刷单的数据将不再有效，相当于那些自以为聪明的平台卖家白白花了钱，却没有取得自己想要的效果，并且前期经营积攒的良好声誉也受到损害。京东的治理措施实施后，取得了非常好的效果。平台卖家出于对店铺声誉的维护，不敢贸然采取刷单行为。京东的这一治理措施给那些想动歪脑筋的平台卖家提了个醒：不要做投机取巧的事情，诚信经营才是生存之王道。该治理措施对于平台上的消费者来说，也是一个好消息，卖好货的卖家可以迅速被找到，不用担心上当受骗。总体而言，在遵守规则的条件下公平竞争，才是平台卖家生存的正确道路。

资料来源：京东用大数据打造风控"天网"让刷单无处遁形.（2016-03-18）. https://www.cqn.com.cn/cj/content/2016-03/18/content_2666108.htm.

思考：京东平台在发展过程中还存在哪些问题？京东平台怎样才能更好地解决这些问题？

第1节　互联网零售平台及其治理

一、互联网零售平台的概念、特征及分类

（一）互联网零售平台的概念

随着互联网信息技术的迅猛发展与应用，互联网零售平台逐渐发展壮大，不仅深刻影响着人们的日常生活，还对经济的高质量发展产生重要影响。目前学界关于互联网零售平台的内涵尚且没有形成统一的定义，"网络购物平台""线上购物平台""电商平台"等称谓不一而足。究其本源，互联网零售平台是双边市场的典型代表，其内涵也与双边市场有着密切的联系。双边市场（two-sided market）是指以平台为核心构成的三方市场交易活动，两组参与者必须通过平台才能进行交易，并且一组参与者加入平台获得的收益取决于加入该平台的另一组参与者的数量（Armstrong，2006）。根据双边市场的定义可以知道，双边市场中包含两种不同类型的用户，并且平台上一类用户通过与另一类用户相互作用而获得价值（Armstrong and Wright，2007）。平台企业作为双边市场的组建者，仅为双边用户提供服务而不直接参与商业经营活动，平台企业以促成双边用户的交易作为最终目标。双边市场具有交叉网络外部性、价格结构非中性和需求互补性等特征。

根据双边市场的内涵，本书将互联网零售平台定义为以互联网为媒介，为买方和卖

方用户群体提供网络交易场所和相应服务的盈利性中介组织。如图 9－1 所示，互联网零售平台在交叉网络外部性的作用下，聚集了大量的买方群体与卖方群体并促使其产生交易活动。一方面，互联网零售平台创新性地将生产商、批发商、零售商以及个人等产品供给方共同嵌入平台，并与其一起组成规模庞大的销售市场，为消费者提供了更多的购买选择；另一方面，互联网零售平台又将不同群体的消费者链接到平台网络中，并与其一起组成了买方市场，为平台卖家提供了更大的盈利空间。互联网零售平台依托自身的独特优势将两个市场创新性地融合在一起，打破传统零售在时间、空间等方面的限制，大幅度地提高了零售的运行效率，扩大了零售的交易范围，推动了零售产业的创新性发展。互联网零售平台作为联结买方群体与卖方群体的核心枢纽，是网络零售活动的重要支撑力量。

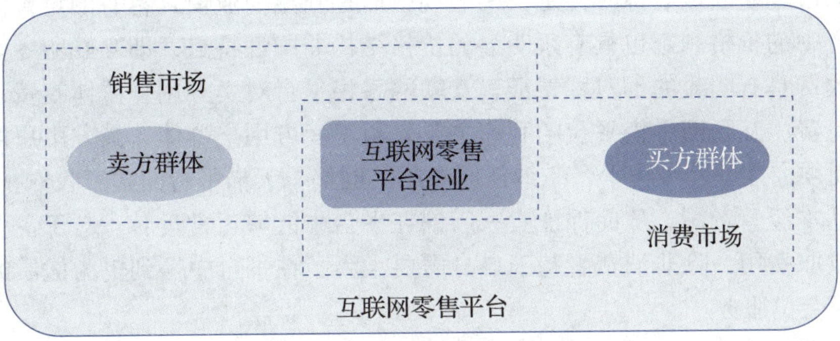

图 9－1　互联网零售平台概念图

（二）互联网零售平台的特征

小贴士9－1　双边市场的起源及内涵

1. 互联网零售平台的一般特征

（1）交叉网络外部性

交叉网络外部性的概念与网络外部性的概念密切相关。网络外部性是指连接到一个网络的价值取决于已经连接到该网络的其他人的数量（Rohlf，1974）。例如随着加入相同网络通信市场中人数的增加，用户在该网络通信市场中可以沟通及交流的范围也更加广阔，因而用户在该网络通信市场中所获得的效用也逐渐增加。在这种情况下，用户的溢出效用发生在同一市场的同一类型用户中。而在双边市场中，溢出效用并不局限于同一市场的同一类型用户群体，而是发生在同一市场的不同类型用户群体中，因而被称为交叉网络外部性。互联网零售平台具有很强的交叉网络外部性特征，一方面，互联网零售平台中的卖方群体规模越大，销售市场的规模也就越大，互联网零售平台就可以为消费者提供更多的购买选择，满足消费者不断增长的消费需求；另一方面，互联网零售平台中的买方群体规模越大，消费市场的规模也越大，互联网零售平台就可以为卖方用户提供更多盈利空间，满足卖方群体扩大销售、赚取更多利润的需求。因此，互联网零售平台中双边用户的规模越大，双边用户在互联网零售平台中得到的效用也越大，互联网零售平台的交叉网络外部性特征也更加明显。

（2）价格结构非中性

价格结构非中性是指平台通过对双边用户群体采取不同的费用结构来调节平台中的交易总量（Rochet et al，2004）。在单边市场中，产品的定价需要重点考虑的要素有产品的边际成本和消费者的需求弹性。与单边市场不同，双边市场的定价并不遵循边际成本加成定价原理，而是采取非对称的定价方式，即在双边市场中单边定价与单边边际成本并不成正比，平台企业基于服务的不同向双边用户收取的费用也不同，从而导致双边市场中的价格结构（price structure）具有不对称性（苏治等，2018）。在双边市场中，平台企业可以通过制定非对称的价格结构策略，促使更多的双边用户加入平台并最终达成交易。平台企业为了双边用户规模最大化很可能会向一方用户群体收取低于边际成本的价格，甚至免费提供产品和服务。需要注意的是双边市场中价格结构的不对称性并不是传统意义上的市场垄断或者掠夺性定价的表现，而是新型商业模式特有的定价策略。互联网零售平台中的价格制定也具有很明显的价格结构非中性特点，即互联网零售平台对双边用户的收费具有明显的不对称特征，互联网零售平台对卖方用户群体收费，而对买方用户群体免费。互联网零售平台的利润主要来源于卖方用户群体，买方用户群体若非自身需要则无须向互联网零售平台缴纳任何费用。例如，天猫平台向卖家收取技术服务费、广告费等基本经营费用，从而保证卖家店铺在平台中能够正常运转。对于消费者，天猫平台则不收取费用，除非消费者基于自身需要，为了在平台中得到更为优质的服务而自愿开通升级会员服务。

（3）需求互补性

需求互补性是指在双边市场中两类用户群体之间的需求以及用户与平台之间的需求都可以相互得到满足。在传统单边市场中的需求互补是基于消费者对自身所拥有的产品或服务等功能属性差别而形成的，且形成互补的产品和服务被同一消费者拥有，例如茶叶与茶壶、汽车与汽油等。而双边市场中的需求互补是平台中双边用户需求的互补以及双边用户与平台之间的需求互补。双边用户需求的互补是指一边用户加入该平台是因为平台中另一边用户可以满足其需求；用户与平台之间的需求互补是指双边市场中平台企业的价值来自双边用户对其产生的联合需求，即双边用户的交易需要平台企业提供相应的服务才能实现，平台企业也因双边用户的加入得以生存和发展。因此，在双边市场中双边用户之间、用户与平台企业之间的需求均存在互补性，缺乏任何一方，双边市场都无法成立。互联网零售平台中双边用户以及用户与平台企业之间的需求具有很强的互补性特征。买方用户在平台中的购买需要依赖卖方用户群体才能实现，卖方用户的销售及盈利需求需要依赖买方用户才能实现，互联网零售平台则以促成双边用户的交易为最终目标。在互联网零售市场中缺乏任何一方平台都无法正常运转。互联网零售平台双边用户需求的互补性使得双边用户对零售平台有着较强的依赖，买卖双方交易的达成在很大程度上依靠互联网零售平台企业提供的服务，由此基于相互的需求特征，双边用户及互联网零售平台形成了一个良性互动的商业生态系统。

2. 互联网零售平台的特殊属性

（1）同质化产品较多

由于互联网经济的空间无约束、展示零成本，以及双边市场所具备的交叉网络外部性等特征，互联网零售平台相比于其他双边市场存在大量的平台卖家与平台买家。此外，互联网经济的信息传递快、模块化生产、开放式经营等特征共同推动了产品差异性的消失。因此，在互联网零售平台中存在大量的同质化产品，例如在淘宝上，同一款产品可能会有多个卖家同时销售。而在实体商店，同质化的产品较少且如果存在同质化产品可能会面临侵权等问题。

（2）资源流动性较高

当平台中存在多个互联网零售平台竞争时，互联网零售平台中会出现用户多归属情况，即卖方用户会在多个互联网零售平台注册，增大商品销售的概率，买方用户会在多个互联网零售平台进行搜寻，以此满足自身的多元化购物需求。在转移成本较低的情况下，双边用户都有多归属的动机，而互联网零售平台交易双方的多归属行为策略会进一步加剧平台产业的竞争，任何进入退出门槛都有可能成为交易双方落户的阻碍因素，这对规模经济效应、范围经济效应、锁定效应、“赢者通吃”特性突出的平台构成重大威胁，因此，互联网零售平台的资源流动性较高。

（三）互联网零售平台的分类

1. 按平台结构划分

（1）垂直型互联网零售平台

垂直型互联网零售平台是指在某个行业或细分市场领域内深化运营的互联网零售平台。垂直型互联网零售平台集中全部力量打造专业性平台，主要以行业为特色，对某一行业做全面的研究。此类平台具备独特的专业性质，在实现专业的同时深入研究某一行业的特点，深入探究某一行业的服务模式、盈利模式以及未来发展动向。垂直型互联网零售平台提供某一类产品及其相关产品（互补产品）的一系列相关服务。

（2）水平型互联网零售平台

水平型互联网零售平台是指在若干个行业及多个市场领域内进行综合性运营的互联网零售平台。水平型互联网零售平台更注重打造一个商品涵盖范围大而广的综合性互联网零售平台，力求在市场上涵盖更多领域内的产品类型，从而满足各类消费者的多元化需求。水平型互联网零售平台聚集了很多类别的产品，综合性强，类似于网上购物中心，旨在为用户提供种类丰富的产品、可比性强的商业服务。

2. 按所有权归属划分

（1）卖方互联网零售平台

卖方互联网零售平台是指以卖家为主体而设计、建设、经营的互联网零售平台。卖方互联网零售平台一般是由具有一定知名度和实力的企业建立，用于销售企业自身生产的产品。例如华为、小米等企业均建立了服务于自身的卖方互联网零售平台。相较于其他类型的互联网零售平台，卖方互联网零售平台在商品经营种类上一般以本企业生产的产品为主，在平台的整体风格设计上会根据企业文化和经营产品的特点进行综合布局。由于是卖方自主搭建的互联网零售平台，因此卖方互联网零售平台的优势在于可以对产品的质量作出全面的保障，并且还会根据目标消费群体的特征给予相应的折扣及福利，从而增强用户黏性。此外，卖方互联网零售平台的用户也多是对特定品牌有偏好的消费群体。

（2）买方互联网零售平台

买方互联网零售平台是指以买方为主体而创建的互联网零售平台。买方互联网零售平台一般聚焦于特定消费群体，以买方的需求为基础搭建零售平台的整体框架，因而买方互联网零售平台具有明显的消费群体属性，例如“妈妈网”就是典型的买方互联网零售平台。妈妈网（广州盛成妈妈网络科技股份有限公司）成立于2004年，是专注于服务妈妈群体的综合母婴互联网零售平台，同时也是全国最大的母婴网络媒体矩阵，致力于满足妈妈们的各类需求。妈妈网旨在打造以妈妈群体为核心、一点多元的互联网母婴服务平台，并延伸和打通家庭市场，建立新一代的“妈妈生态圈”。妈妈网首页设置了“知识”“问答”“百科”“视频”“交流”“圈子”“母婴商城”等多个板块。妈妈网将母亲这一消费群体聚集形成一定的买方力量后，为其提供育儿经验分享、交流感情、记录宝宝成长信息等的沟通场所和信息交流渠道，进而开辟出母婴产品购物平台。买方互联网零售平台的优势在于平台通过信息交流与分享推动商品的交易，在购买之前买家之间可以通过充分的交流掌握商品的功效及使用信息。但是，基于信息交流而形成的买方互联网零售平台，其基本功能仍是以买方之间的信息交流和共享为主，缺少对交易活动运行的整体性规则界定，一旦发生纠纷，较难有效解决问题。

（3）第三方交易互联网零售平台

第三方交易互联网零售平台泛指独立于产品或服务的提供者和需求者，通过互联网平台，按照特定的交易与服务规范，为买卖双方提供服务的中介性组织，其服务内容包括但不限于供求信息发布与搜索、交易的确立、支付、物流。第三方交易互联网零售平台的主要目标在于促成买卖双方的交易活动，并为买卖双方的交易活动提供必要的保障，确保商品交易过程中的物流、资金流和信息流实现顺利流通。作为市场交易的中介组织，第三方交易互联网零售平台具有独立性、中介性和专业性等特点。第三方交易互联网零售平台在交易流程的运行以及交易纠纷的处理等方面有着更为全面的规则限定，有效保障了网络零售交易活动的顺利开展。目前第三方交易互联网零售平台的典型代表是淘宝，在淘宝互联网零售平台中，所有卖方都是第三方，淘宝自身并没有参与到商品的经营中来，淘宝互联网零售平台制定了一系列规章制度为买卖双方交易活动提供保障。

3. 按照商业模式划分

按照互联网零售平台的商业模式划分可以分为B2C互联网零售平台、C2C互联网零售平台和C2B互联网零售平台，这是目前主流的分类方法。

（1）B2C互联网零售平台

B2C（business to customer）互联网零售平台是我国最早的互联网零售平台，是指企业与消费者之间通过零售平台形成交易的网络零售商业模式（商对客），即企业利用互联网零售平台提供的网络环境直接面向消费者销售产品和服务。B2C互联网零售平台借助互联网等现代信息技术缩短了交易环节，简化了交易流程，构建了企业与消费者直接交流的互动渠道，使得生产商可以直接了解消费者的需求变化，从而及时对生产进行调整。B2C互联网零售平台主要依托服务费、会员费、销售费、推广费等获利。B2C互联网零售平台具体的运行模式如图9－2所示。

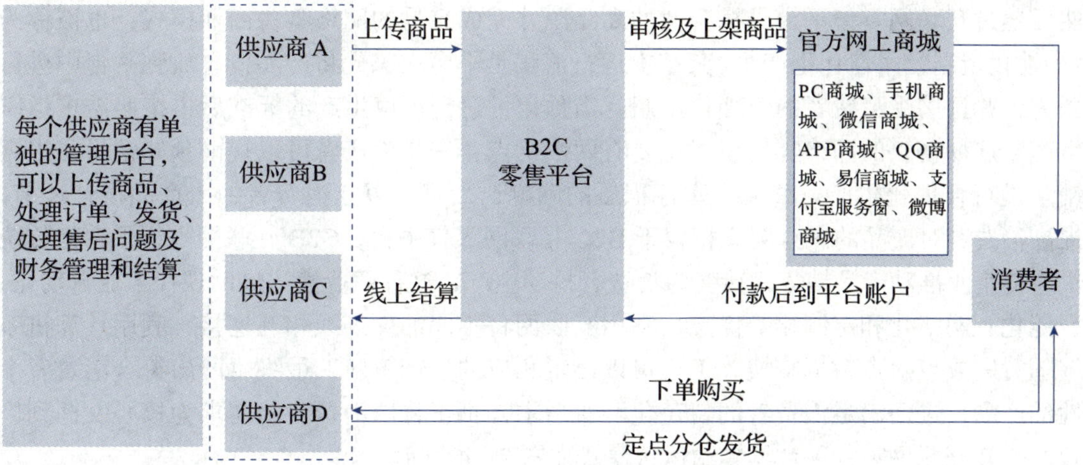

图 9－2　B2C 互联网零售平台运行模式

（2）C2C 互联网零售平台

C2C（customer to customer）互联网零售平台是指消费者与消费者之间通过零售平台形成的网络零售商业模式（客对客），即个人利用互联网零售平台提供的网络环境与消费者开展交易活动。我国 C2C 互联网零售平台几乎是与 B2C 互联网零售平台同时发展起来的网络零售模式。相比于 B2C 互联网零售平台，C2C 互联网零售平台在很大程度上降低了平台卖家开店创业的门槛，任何人都可以在平台中按照流程注册店铺。凭借第三方支付平台和平台声誉体系的建立、灵活自由的购物模式以及齐全的商品品类，C2C 互联网零售平台一经建立便在我国得到了快速的发展。C2C 互联网零售平台的主要获利模式是会员费、交易提成费、广告费用、排名竞价费用、支付费用等。C2C 互联网零售平台具体的运行模式如图 9－3 所示。

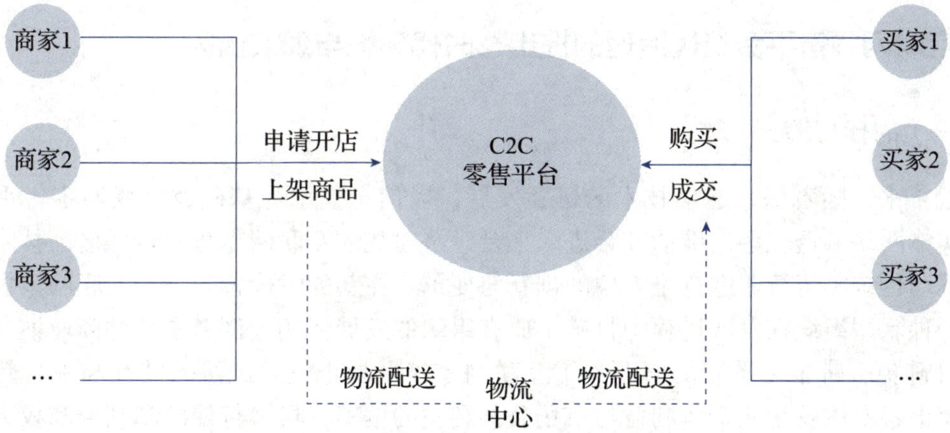

图 9－3　C2C 互联网零售平台运行模式

（3）C2B 互联网零售平台

C2B（customer to business）互联网零售平台是指消费者与企业之间通过零售平台形成的网络零售商业模式（客对商），即消费者根据自身消费需求自发联结形成消费群体，然后通过互联网零售平台寻找合适的商品源并完成交易的网络零售商业模式，也被称为“个性化定制，柔性化生产”。其基本运行流程是平台卖家先将产品概念放到平台中进行预售，并且接受消费者的个性化定制，当预售量达到可以生产的标准后再按照需求组织生产。这种新兴的网络零售模式主要有两个优点：一是生产者可以提前预知销量，根据销量进行合理化生产，解决了库存积压的问题；二是可以让消费者加入产品设计环节，提高消费者对产品的满意度。相较于B2C互联网零售平台，C2B互联网零售平台将传统供应链企业推动产品销售，转变为消费者拉动生产，这种商业模式借助现代工业自动化、智能化、网络化和定制化等优点，利用互联网将不同的生产线相互连接，利用计算机系统随时完成点对点数据交换，工厂可以设定相应的生产工序，最终生产出符合消费者个性的产品，进而满足消费者的特色化购买需求，真正将以消费者的需求为核心发挥到极致。C2B互联网零售平台具体的运行模式如图9-4所示。

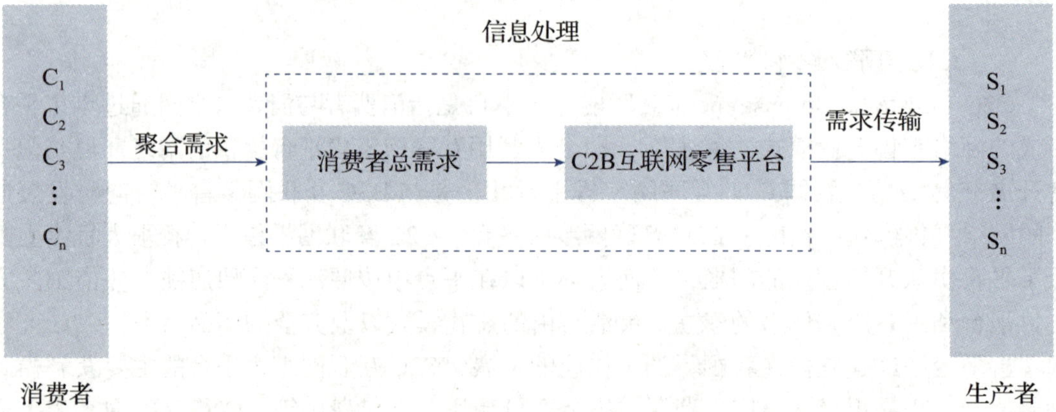

图9-4　C2B互联网零售平台运行模式

二、互联网零售平台现代治理的提出：时代环境与现实诱因

（一）时代环境

近年来，随着信息通信技术的迅猛发展，以信息技术为基础的互联网零售平台和社会实体网络渗透交融，推动社会进入平台经济时代。互联网零售平台凭借新技术、新模式推动传统零售行业进行全方位的创新与变革。在新的时代背景下，互联网零售平台作为一种新型组织在发展过程中打破了原有组织的发展惯例，创造了新的商业模式，因而不可避免会带来一系列的问题：①互联网零售平台企业的经济人特征与平台管理公共性要求容易诱发企业个体利益与市场公共利益的偏离，权力行使的私利性和权力象征的公共性存在一定的冲突（汪旭晖和张其林，2015）。②传统市场制度的失效与网络市场制度的空白导致了互联网零售市场的秩序混乱（Rochet and Tirole，2003），市场交易环境的不确定性导致交易成本的上升和管理效率的提升

小贴士9-2　互联网零售平台的现代化治理与中国式现代化

存在一定的冲突，例如交易纠纷导致了大量的讨价还价成本。③互联网零售市场的零边际运营成本与网络外部性吸引了大量参与者，市场交易行为的不确定性导致管理成本的上升和管理效率的提升存在一定的冲突。④单寡头竞争性垄断结构导致互联网零售市场存在激烈竞争（李广乾和陶涛，2018），建构互联网零售平台企业管理模式成为打造互联网零售市场竞争优势的重要内容，进一步导致管理模式的合规性建构与竞争优势的资源性建构存在一定的冲突。⑤互联网零售市场中竞争对手的同质化模仿加剧了平台产业的不公平竞争，难以建立差别化竞争优势的互联网零售平台不得不签署独家合作协议获取垄断利润。

（二）现实诱因

1. 互联网零售市场具有较高的市场不确定性

由于互联网零售市场缺乏实际交易场所和产品实体，消费者既无法对实物商品进行挑选，也无法与卖家进行面对面的互动交流，导致互联网零售市场存在较高的不确定性（Grewal et al.，2010）。总的来说，市场的不确定性主要是由不明晰的市场结构、难以预测的消费者需求以及缺乏获得广泛认可的竞争活动规范和实践理念导致。互联网零售市场的高度不确定性导致市场参与者对于市场环境以及其他参与者的行为产生怀疑甚至是错误判断，由此引发的不信任感以及对参与者行为的误导促使交易纷争不断发生。

2. 平台卖家投机主义行为频发

网络市场的虚拟性以及平台卖家之间的激烈竞争使得互联网零售平台卖家投机主义行为频发。平台交易中买家无法依靠直观感受了解商品的质量情况，且缺乏与互联网零售平台卖家的面对面交流，加剧了买卖双方的信息不对称，卖家作为信息优势方更容易采取投机主义行为。在传统市场交易中，投机主义行为是指不道德地追求私利的行为（汪旭晖和张其林，2016）。回避合约义务、扭曲事实、虚假承诺以及隐瞒真相等是投机主义行为的主要表现形式。而在互联网零售平台交易中，卖家的投机主义行为主要包括交易前的价格欺诈、虚假促销及失实陈述等；交易过程中的发货迟缓、发送假货以及货不对板等；交易后的拒绝退换货等。卖家的投机主义行为增强了买家对于互联网零售平台交易的不信任，也导致了买卖双方交易纷争的频发。

3. “银货分离”交易加剧信息不对称

互联网零售平台交易打破了物理时空约束、改变了交易场所、增长了交易时间，相比于传统市场“银货两讫”的交易方式，互联网环境下“银货分离”的交易方式提高了交易效率，节省了交易成本（肖红军和李平，2019）。但是这种时空分离的交易方式拉长了买家付款与收货、退货与退款的时间距离，加剧了买卖双方信息的不对称性，极大提高了售后服务包括退换货的沟通成本和时间成本。收货相比于付款的滞后、退款相比于退货的滞后、换货的滞后、售后的滞后以及物流的滞后都极易引发买家对于卖家的怀疑和不满，再加上网购环境下沟通的不及时，加剧了买卖双方的交易纷争。

以上这些困境降低了互联网零售平台的管理效率，不仅使得市场乱象难以得到改善，而且导致大量盲目从众的互联网零售平台败退。因此，立足于新的时代背景，探索互联网零售平台现代治理模式具有重要的现实意义。针对新时代环境下互联网零售平台出现的新问题，只有构筑与平台经济发展相适应的现代治理模式，才能顺利推动平台经济的创新发展，促进互联网零售平台与经济社会的创新融合与转型发展。在平台经济时代背景下，互联网零售平台的实践发展必然呼唤现代治理模式。互联网零售平台现代治理的提出不仅是时代环境的大势所趋，也是走出治理困境、推动治理现代化的现实需要。

三、互联网零售平台现代治理的科学内涵及特征

（一）互联网零售平台现代治理的科学内涵

在数字经济时代，互联网零售平台成为新的微观市场运行载体。互联网零售平台作为独特的新兴组织范式，由传统企业所面对的单边市场走向双边市场，形成以平台为链接的双边市场结构，吸引众多不同类型主体进入平台商业生态圈，并在平台商业生态圈中处于主导地位。由于双边市场的网络外部性特征，互联网零售市场集聚了大量具有相同价值诉求与偏好的个体，以平台市场为依托开展价值创造与价值传递活动（汪旭晖和张其林，2017a）。因此，与传统企业形成的价值创造个体不同，以平台为焦点形成的价值网络不仅包括互联网零售平台，而且辐射平台上参与价值创造活动的双边用户群体。互联网零售平台不仅仅是以个体形式直接嵌入于社会，更重要的是通过平台连接形成自我组织、自我生长、自我进化、自我迭代的平台商业生态圈（刘江鹏，2015）。因此，对于互联网零售平台而言，由于其糅杂了市场的双边用户群体，涵盖了中小微各类异质性的企业个体，因而互联网零售平台企业现代治理的逻辑起点不再是单一企业的个体性行为，而是具有个体与群体的混合性：一方面，互联网零售平台作为个体可以行使企业治理用户的权利，从而履行对于企业利益相关者的义务，同时也能够作用于平台范围内双边用户群体，发挥控制、监督等治理作用（汪旭晖和张其林，2017b）；另一方面，互联网零售平台作为资源配置的平台在一定程度上享有公共权利，要加强自我约束、自我管理，杜绝依托公共权利为谋取自身利益最大化而扰乱市场正常运行秩序的行为，如“平台二选一”等，互联网零售平台企业应整合平台内外的相关资源为社会治理提供动力与保障。

综上所述，互联网零售平台现代治理（modern governance）是指在新时代背景下，为适应社会经济发展需求，兼顾平台经济的运行效率和消费者权益的保障，以构建合理的动态监督机制和多元治理策略为目标，互联网零售平台拥有者对互联网零售平台组织结构以及内部运行机制等内容制定一系列市场规则与公共政策，管理平台中用户的行为，解决各种问题，在增强平台市场间接网络效应的同时解决间接网络效应导致的负面效应，促进平台商业生态系统的健康发展。随着我国经济、政治和社会转型进入新的发展阶段，互联网零售平台的现代治理不再是某一具体平台企业和制度的变革，而应该是通过创新驱动、质量建设进一步拓展互联网零售平台的功能定位，升华其职责使命，推动一整套科学化、规范化的互联网零售平台现代管理制度的确立和运行，以达到提高平台经济运行效率和维护消费者权益的目的。互联网零售平台现代治理的核心目标是使互联网零售平台的发展更加适合社会经济的发展，能更好地提升人民生活质量和满足人民日益增长的美好生活的需要，进而走出中国互联网零售平台的现代化发展之路。

（二）互联网零售平台现代治理的特征

互联网零售平台现代治理既要保持对平台整体的足够控制，又要适当放松控制以激励平台内参与者的创新。从一定角度来说，互联网零售平台的现代治理不是传统意义上以惩戒性措施为主的负面清单式治理，而是平台企业为平台用户提供各种服务和政策，这些服务和政策能够改善市场竞争状况，激励平台用户为平台市场不断供应新产品，增强平台市场的间接网络效应，促进平台经济的高质量发展。总体而言，互联网零售平台的现代治理具有以下特征。

1. 互联网零售平台现代治理的核心特征是互动合作

在互联网零售平台现代治理体系中，互联网零售平台企业只是为平台用户群体的互动合作提供载体、空间和规则，发挥催化剂的作用。互联网零售平台连接的利益相关群体构成了平台生态系统，其中平台中多元主体的互动合作形成了平台的价值网络。互联网零售平台的现代治理通过制定合理的组织结构及管理规则推动双边用户之间更好地进行互动合作，以此促进双边用户群体更好地满足彼此的需求，推进互联网零售平台生态系统的健康可持续发展。

2. 互联网零售平台现代治理的本质特征是自我管理

互联网零售平台企业作为一种新型组织形式，自身具有“企业 / 市场”二重性：一方面，互联网零售平台企业具有与传统企业类似的内部治理结构，并以企业的身份在相关市场中参与竞争；另一方面，互联网零售平台企业作为提供中介服务的市场，掌握了双边用户的市场接入权，其主要功能是促成双边用户达成交易，并对平台内双边用户的违规行为进行规范。由此可见，互联网零售平台在管理过程中不自觉地享有公共权利，从而具有了“代政府”职能。管理者拥有的权利与其承担的责任是对等的，互联网零售平台在经营过程中享有了权利，就必须承担作为公共管理者的责任，需要对网络零售市场中的违规行为进行规制。事实上，互联网零售平台兼具商业运作与社会资源配置双重功能，其履行治理责任的边界远远超出企业个体本身。因此，在新时代背景下，互联网零售平台现代治理的本质特征在于互联网零售平台应在享有公共权利的同时加强自我管理，禁止为谋求自身利益最大化而破坏市场经济运行秩序。互联网零售平台作为社会资源配置者有责任利用自身在信息获取等方面的优势对平台中的问题进行自我管理，从而推动平台经济的高质量发展，提高资源的配置效率，畅通国内外经济循环，推动构建“双循环”新发展格局，推进中国式现代化的自主性发展。

第 2 节　互联网零售平台的现代治理模式

一、互联网零售平台的现代治理模式：温室治理

（一）温室治理的起源

伴随着互联网零售市场的持续扩张，双边用户规模的不断增长，我国互联网零售平

台不断发展壮大。然而在其发展过程中，平台中的卖方群体为获取最大利益，在交易过程中出现了卖假货、刷单等行为，对互联网零售市场的运营产生不良影响。从现有理论来看，市场治理学派认为，只要市场体系足够完善、市场竞争足够充分，市场可以自动克服“柠檬问题”(Nelson，1974)。然而互联网零售平台作为新型市场组织，使得传统市场治理机制的形式和功能均发生了异化。尽管互联网零售平台的信息搜寻成本较低、市场竞争程度较高，符合市场治理学派预期的理想情境，但交易的虚拟性也进一步加剧了信息的不对称，市场治理机制因无法在新的市场中发挥应有效力而失灵。行政治理学派则认为，政府对于减少新市场失灵具有天然的优势，可以通过适当改革干预弥补市场治理的不足，从而有效地治理互联网零售平台中出现的问题。但现实情况往往是政府机构虽然具有治理的权威性但并不具备信息优势，也没有足够的激励去减少互联网零售市场中的信息不对称（汪旭晖和张其林，2017b），甚至会引发规制的逆向选择问题。更严重的是，在互联网零售平台治理（platform governance）中，传统规章制度在互联网零售市场存在严重的“水土不服”，政府在治理中无可避免的滞后性使得整体治理效果不佳。

从企业发展实践来看，互联网零售市场的兴衰直接关乎互联网零售平台的存亡，互联网零售平台作为直接的经营者与管理者，有动机也有能力去治理平台中的违规现象。特别是互联网零售平台作为新型零售市场的组织者与参与者，兼具市场管理者和市场经营者双重身份。互联网零售平台具有减少信息不对称的能力，也具有管理市场的权力(汪旭晖和张其林，2015)，成为具有信息优势的类政府机构。并且，相较于政府机构、交易双方以及不具有行政强制力的第三方，互联网零售平台兼具企业治理结构和强制管理权力，在治理互联网零售平台中违规行为的过程中更具优势。此外，互联网零售平台作为新型零售市场的组织者，将大量的双边用户汇聚在一起形成虚拟空间的网络零售市场，双边用户规模越大，互联网零售市场的规模越大，互联网零售平台的价值也随之提高。每一个互联网零售平台相当于在大的市场环境下依托自身影响力构建了小型交易市场，作为自建市场的直接管理者，互联网零售平台制定市场运行规则，保障零售市场的正常运转。互联网零售平台将自身组建的小市场治理得越好，其在大市场中的竞争力也越强。由此，为规范互联网零售市场的正常交易秩序，互联网零售平台作为市场的组建者，不断完善平台规则体系，在实践发展过程中逐渐形成了特有的治理模式，本书将这种治理模式命名为温室治理（greenhouse governance）模式。

（二）温室治理的内涵

互联网零售平台与平台卖家建立了介于科层制与市场制的中间型关系，导致互联网零售平台管理兼具治理与管理双重特征以及社会公允价值和平台战略导向双重目标，进一步引发了管理环境与管理措施的边界分离和共同调整（汪旭晖和张其林，2016）。互联网技术的进步推动了网络市场与经济组织创新进而形成了具有双边市场特征的互联网零售市场，市场组织的创新发展驱动了卖家管理模式的转变。互联网零售市场是互联网零售平台设定的虚拟空间，互联网零售平台对平台卖家进行管理，既可以通过市场创建功能自主设计的平台机制、平台规则、平台文化等，侧重对平台卖家主体的规范；也可以通过市场规制功能创新实施平台仲裁、平台奖惩、平台扶持等管理措施，侧重对平台卖家行为的规范。由此可以得出，在我国市场环境与平台管理的措施之间存在着所谓的中间层，这就使得传统的“外部管理环境—内部管理措施”这两个阶段的匹配关系在互联网零售市场延伸为三个阶段“社会市场环境—平台管理环境—平台管理措施”相应的匹配关系，这种三阶段管理关系与温室生产模式有很多相似要素，可以从管理过程、管理行为、管理目标这三个相似要素来分析，如表9-1所示。

表9-1　温室管理的内涵

	传统意义	管理学意义
管理过程	协调生态环境与生产工艺	调整管理措施与管理环境
管理行为	果实培育与植物生长	交易行为与经营策略
管理目标	食品安全与品牌特色	社会公允价值与平台战略

首先从管理过程来看，在传统的温室管理中主要是协调生态环境与生产工艺，类比在管理学中就是同步调整管理措施与管理环境。其次，从管理行为上来看，传统温室管理最突出的特征在于生产过程要兼顾果实培育与植物生长，类比在管理学中温室管理的特征在于兼顾交易行为与经营策略。最后从管理目标来看，传统生产过程中温室管理的目标是追求食品安全与品牌特色，类比在管理学中温室管理的目标是社会公允价值与平台战略导向。

从其他管理特征来看，两者也存在着高度相似的特征：①管理自组织。传统的温室生产改变了主要的生态环境构成要素比如水、土、气温等；在互联网零售平台管理模式中，互联网零售平台改变了市场环境等主要构成因素，其利用互联网改变了生产交易的地点与生产交易所需要的程序，设计并适时调整平台发展的“小环境”，为实现平台战略目标提供适宜的环境。②管理主动性。在传统温室管理模式中，需要通过调整植物光照和养分等环境要素改变植物自然的生长过程；对于互联网零售平台管理模式来说，需要通过调整流量配置、声誉建构等市场环境要素来改变卖家平台的经营策略，促使卖家采用主动的管理模式代替被动的行为监管。③管理多元化。传统的温室生产模式主要通过生态环境要素与加工技术的多变组合来培养具有不同特征的植物，这样可以得到口感与形态不相同的产品；互联网零售平台管理模式主要通过市场环境要素与平台管理措施的多变组合来吸引卖家，进而建构不同层次或不同类型的市场。④管理普适性。传统温室生产模式普遍适用于不同的地理区域而不受自然条件限制；互联网零售平台管理模式也普遍适用于不同类型的互联网零售平台而不受社会条件限制。因此，本书采用类比法将互联网零售平台治理平台卖家的模式定义为温室治理模式，即互联网零售平台在社会大市场下自主设计平台“小市场”，自主调整市场要素为平台卖家自发成长提供适宜的环境，创新实施管理要素，为规范平台卖家行为提供适宜的措施，最终实现互联网零售市场健康发展的战略目标。

二、互联网零售平台温室治理的治理逻辑

（一）互联网零售平台温室治理的构成

治理是在环境不确定性和行为不确定性双重约束条件下寻求最优解的过程。温室治

理模式既可以对约束条件进行理性设计，也可以对博弈行为进行适当规制，使之实现高水平稳定均衡和预期平台战略目标。据此，本书将温室治理模式分为三个层次：①制度层的规则设定。互联网零售平台可以制定平台型互联网零售市场的基本规则，限定参与卖家和参与行为，这是对约束条件的设计。②技术层的程序设定。互联网零售平台构建互联网零售市场的基本架构，规定市场交易的基本程序和平台卖家的功能设定，这是对约束条件的确认。③行为层的管理设定。互联网零售平台建设互联网零售市场的管理机构，执行平台规则，建构规制措施，对卖家行为进行引导、规范和奖惩，这是对博弈行为的规制。除了三种基本层次，两两层次之间的融合还构成了三种复合层次。

平台规则限定在法治框架下，得到平台卖家的高度认同，具有较高的合法性；平台程序可以将一些不合规行为或卖家完全排除在市场之外，具有较高的强制力；平台规制可以对规则外行为进行引导，具有较高的裁量权。其中，规则设定必须落实到程序设定和管理设定中才能得以实施，程序设定和管理设定必须合乎规则设定才能获得合法性，这三个层次的设定不是完全孤立的；管理设定可以上升为规则设定，进而有条件地转化为程序设定，这就说明三个层次不是完全固化的。“规则设定—程序设定”的互动关系极大降低了外部环境的不确定性，而“程序设定—管理设定”的互动关系极大降低了内部环境的不确定性，这些构成了互联网零售平台的温室管理环境；“规则设定—管理设定”的互动关系有效应对了卖家行为的不确定性，如大众评审结论具有判例法性质，对平台卖家的规则外行为形成有效的约束和引导，这构成了互联网零售平台的温室管理措施。本书以阿里巴巴互联网零售平台为例，对其在实践中形成的温室治理模式进行了系统分析，具体如表 9-2 所示。

表 9-2　阿里巴巴的温室治理模式

	构成	具体内容
基本层次	规则设定	《大淘宝宣言》、淘宝规则、天猫规则等基础规则
	程序设定	交易流程、交易信息、交易功能、延伸服务等基础程序
	管理设定	商盟制度、违规惩处、卖家扶持计划等基础政策
复合层次	规则设定与程序设定的融合	支付宝、店铺声誉生成、店铺信息展示等系统设计
	程序设定与管理设定的融合	店铺降权、店铺屏蔽等操作设计
	规则设定与管理设定的融合	平台仲裁机制、规则众议院、大众评审制度等实施细则

（二）互联网零售平台温室治理的治理机制

1. 管理环境与管理措施的特性互补

平台卖家的大规模集聚导致互联网零售平台管理陷入管理范围放大、管理难度提升的困境，极易诱发管理的低效率和高成本。透明化的平台规则可以降低平台管理任务的模糊性，刚性化的交易程序可以降低管理任务的复杂性，社会化的平台规制可以降低管理任务的繁重性，这些举措为平台自动化管理提供了环境基础。互联网零售平台可以通过构造刚性的管理环境来实现纯技术优势，进而可以降低平台卖家违规行为的发生率。

但是，由于规则具有有限理性和平台交易过程的不确定性，这些情况导致平台交易出现的问题无法被全部覆盖，且刚性管理的这些特征很容易扼杀平台卖家的创作力也不利于市场的长期发展。对于刚性管理的这些弊端，互联网零售平台可以出台相关的柔性管理措施：①启动平台仲裁机制。对于平台发生的交易纠纷可以用人工方式进行处理，这样可以灵活地对规则外交易行为进行引导，相应地调整平台规则，极大提高互联网零售平台管理的适用性。②建立平台自组织管理机制。鼓励平台卖家进行自行管理，根据平台规则对交易产生的纠纷进行协商；实施大众评审制度，积极动员平台卖家参与管理；采用规则众议院，激励平台卖家自主管理。由于平台卖家具有丰富的知识、直观的经验和中立的态度，平台自组织管理不仅可以保证平台交易纠纷得到妥善处理，而且可以提高平台卖家的自我管理意识，还可以鼓励平台卖家结合亲身体验或大众评审案例对调整平台规则积极建言献策。③加强平台文化建设。互联网零售平台可以通过组建相关论坛、编撰教程传达信息时代的商业文明，通过文化渗透和辐射作用引导平台卖家加强自我行为规范。例如，阿里巴巴组建淘宝论坛、创办淘宝大学、编撰开店教程，积极向平台卖家传达信息时代商业文明，通过文化的渗透和辐射作用引导卖家加强自我行为规范。由此可见，互联网零售平台可以通过采用具有显著柔性特征的管理措施，实现纯社会优势，引导平台卖家在灵活自由发展的过程中自觉遵守平台的相关规定。

2. 管理环境与管理措施的功能协同

互联网零售平台在制定管理措施时，充分依据预先设计的交易规则、交易程序、服务功能等约束条件来规范卖家行为。结合具体情况，从平台法制环境角度来说，互联网零售平台可以采取仲裁机制、大众评审等相关制度来确保平台的规则真正成为决定博弈支付的约束条件；从平台交易环境角度来说，互联网零售平台可以采用自动化运作、中立化干预等措施确保交易程序免受其他因素干扰；从平台社会环境角度来说，互联网零售平台可以采取制定商盟准则、规范论坛行为等措施确保社会资本的约束作用。因此，作为平台规则、平台程序与平台规制的统一实施者，互联网零售平台需要采用自助式设计，确保管理环境与管理措施的协调一致，实现管理环境的目标设定和管理措施的功能设定有效协同。

3. 管理环境与管理措施的渐次调整

互联网零售平台可以凭借互联网零售市场的“鸡蛋相生”效应，实现温室管理机制的渐进式调整。主要措施有：①改革平台卖家的管理措施。互联网零售平台可以鼓励卖家采用相应的管理措施，“鸡蛋相生”效应使得平台卖家具有适应新型变革的主观动机，同时互联网零售平台为卖家提供学习机会、适应时间等保护性措施，引导平台卖家顺利改变经营策略。②改变平台买家的交易习惯。互联网零售平台可以为买家提供相关学习指导、积分奖励等帮扶性措施，以便改变平台买家的交易习惯。③改革平台卖家的管理环境。随着相关举措的实施，可以将引导性管理措施逐渐转变为强制性管理措施，这对于互联网零售平台的战略发展目标的实现是一大助力。因此，互联网零售市场的管理环境与管理措施均可以采取人为理性设计，管理环境与管理措施可以实现直接的协同匹配，这决定了温室治理机制的生成路径，并且这种方式在很大程度上也确保了温室治理机制的适用性和有效性。

小贴士9-3

阿里巴巴电子商务平台知识产权治理之路

电商环境下的知识产权侵权行为对第三方平台构成严重隐患。一方面，线上假冒产品的销售削减了商家从创新产品中获取的经济回报，导致商家缺少创新动力，平台的创新产品减少。仿冒产品的商家能以较低价格占领市场，逼走售价相对高的优质原创商家。优质商家不断退出终将导致电商平台沦为“柠檬市场”。另一方面，当消费者无法分辨商品的优劣时，知识产权问题会损害平台商誉，破坏平台信赖感，引发用户的信任危机并造成用户流失。阿里巴巴作为中国电商翘楚，也未能免遭知识产权问题的困扰，但一直在采取措施寻求解决方案。让我们看看阿里巴巴是如何做的。

2002年，阿里巴巴B2B业务网站设立了投诉通道。2008年，阿里巴巴建立了名为“Aliprotect”的专门投诉平台。2011年，阿里巴巴开始线下打假行动。2013年，阿里巴巴重点打造了阿里知识产权保护平台（IPP）。2015年，阿里巴巴成立了平台治理部专门负责知识产权保护，同年成立了专门负责线下打假的打假特战队，开始了线上到线下的全链路打假。2017年，阿里巴巴的“知产快车道”项目正式上线，利用大数据和互联网技术有效提升了知识产权投诉的处置效率。2018年，阿里巴巴基于“知产快车道”继续优化知识产权投诉机制，建立平台与权利人双向反馈通道，推出多维数字化看板等。2019年，阿里巴巴首次披露“知产保护科技大脑”人工智能算法并且向全社会共享。2020年，阿里巴巴利用“知产保护科技大脑”的人工智能算法继续升级主动防控产品。同年，阿里巴巴平台治理部、社会公益部与高德地图联合开发了“打假无疆”系统向全社会发布。截至2020年底，“打假无疆”系统已覆盖全国30个省份的超2万家品牌授权店，近3万志愿者参与举报。阿里巴巴的“打假无疆”通过“技术创新+模式创造+公益驱动”的模式，让消费者、权利人、平台共同融入知识产权的共治格局。

阿里巴巴作为互联网零售平台企业，通过线上的机制创新，配合不断开发升级的大数据分析工具等互联网技术层面的创新，联合品牌商、政府机构等多元主体，采用线上与线下相结合的治理模式有效地应对了电商环境下的知识产权问题。虽然创新者遭受的抄袭之痛和假货之痛已经明显减少，但是阿里巴巴不会停下朝着“天下少假、天下无假”的目标前行的脚步。

资料来源：沈慧君，李溪涵，王旭明，等．用创新保护创新：阿里巴巴电子商务平台知识产权治理之路．（2022-10-13）．中国管理案例共享中心．

第3节　互联网零售平台的声誉治理机制

互联网零售平台依托互联网等现代信息技术创建了规模庞大的网络市场，孕育了强大的经济实力。面对如此庞大的经济能量，仅仅依靠政府的行政治理机制以及市场的自发调节机制已然不能满足互联网零售平台的现代化治理需要。在新的时代背景下，需要针对网络零售市场中存在的问题，制定现代化的治理机制，以此实现对互联网零售平台的有效治理。总体而言，信息不对称所导致的逆向选择和道德风险问题是阻碍互联网零售平台健康发展的关键要素。目前互联网零售平台中存在的货不对板、虚假评价、过度营销等问题均是信息不对称所导致的，而在线声誉治理机制作为信息披露与信息传递工具可以有效缓解互联网零售市场中因信息不对称所导致的各种问题。因此，在互联网零售平台的现代治理机制中，在线声誉治理机制（reputation governance mechanism）是最为主要也是最为有效的现代化治理机制。本节内容对互联网零售平台在线声誉治理机制的内涵及特征、治理机制以及实施策略等内容进行了详细的介绍。

一、互联网零售平台在线声誉的内涵及特征

（一）互联网零售平台在线声誉的内涵

单边市场中声誉的承载实体为单一企业，是企业通过一系列的经营推广活动使消费者对其知名度、可信度、美誉度等方面形成的综合性感知。企业声誉具有单一承载主体、线性相关、单向作用等特征。双边市场中的互联网零售平台并不是在线声誉的唯一承载实体，互联网零售平台经营的实质在于平台企业和平台卖家协同合作向平台买家提供购物场所和产品，因而互联网零售平台的在线声誉包含平台企业和平台卖家等多元承载主体，且承载主体之间有着复杂的非线性相关关系，在线声誉的形成机制、作用方式和功能特征相比于传统企业声誉均发生了异化，因此传统企业声誉的内涵和相关理论并不适用于互联网零售平台。

互联网零售平台在线声誉的内涵与互联网零售平台企业的运行机制密切相关。基于平台企业和平台卖家的价值共创视角，互联网零售平台企业的基本运营模式如下：平台企业个体提供平台架构、平台规则、平台中介，平台卖家群体提供平台商品、平台服务、平台信息，平台企业个体和平台卖家群体通过资源整合与经营互动，共同向平台买家提供完整的购物体验（Grewal et al.，2010）。从这个角度出发，由建构互联网零售平台声誉的基本内涵，可以得到如下结论：当平台买家评价平台企业时，平台买家将平台企业视为一个独立个体，所持有的认知 / 情感形成了平台企业驱动声誉，本书将其界定为平台企业个体声誉，具体包括平台买家对平台架构的合理性、平台规则的公平性、平台中介的公正性等方面的认知评价以及其对平台企业的喜爱程度；当平台买家评价平台卖家时，其将卖家群体视为一个市场整体，所持有的认知 / 情感形成了平台卖家驱动声誉，本书将其界定为平台卖家群体声誉，具体包括平台买家对平台商品的质量、平台服务的完善、平台信息的完整等方面的认知评价以及对卖家群体的喜爱程度。

本书将互联网零售平台声誉区分为平台企业个体声誉和平台卖家群体声誉的双元结构，原因在于：①内涵不同。平台企业个体声誉主要针对平台企业，具体包括平台架构的合理性、平台规则的公平性、平台中介的公正性、平台买家的认同感等；平台卖家群体声誉主要针对平台卖家，具体包括平台商品的质量、平台服务的完善、平台信息的完整、平台买家的喜爱等。②重点不同。平台企业个体声誉侧重知名度，平台卖家群体声誉侧重美誉度，即平台企业聚人气，平台卖家留客户。③作用不同。平台企业个体声誉促使平台企业采取监管策略维护平台买家的权益（Grewal et al.，2010），对平台企业而言是一种行为

约束，对平台买家而言是一种制度保障；平台卖家群体声誉表征平台买家通过平台市场遇到优质卖家的可能，对卖家群体而言是一种整体形象，对平台买家而言是一种概率保障。换句话说，平台企业个体声誉保障买家权益免受侵害，平台卖家群体声誉保障买家权益得以实现，即平台企业个体声誉较高，平台买家获得事后救济的可能性较高；平台卖家群体声誉较高，平台买家实现成功购物的可能性较高。④性质不同。平台企业独享平台企业个体声誉的剩余索取权，既会积极进行声誉投资，也会自发实施声誉监管，所以平台企业个体声誉是一种个体声誉；平台卖家共享平台卖家群体声誉的收益分配权，既不会主动进行声誉投资，也没有动力实施声誉监管，所以平台卖家群体声誉是一种集体声誉。

本书将互联网零售平台声誉认定为平台企业个体声誉和平台卖家群体声誉的互动耦合，表现如下：①互联网零售平台企业个体声誉和平台卖家群体声誉共同发挥作用。互联网零售平台企业创造的价值与卖家群体创造的价值是构成平台买家购物体验的必备要素，任何一个环节的失误都会引发平台买家对互联网零售平台的不满，进而影响到整体的互联网零售平台声誉。②互联网零售平台企业个体声誉和平台卖家群体声誉相互依赖。互联网零售平台企业的价值创造在很大程度上通过卖家群体的商品 / 服务 / 信息予以最终呈现，卖家群体的价值创造在很大程度上需要互联网零售平台企业的架构 / 规则 / 中介作为营销支撑，因此，互联网零售平台企业个体声誉依赖卖家群体的表现，平台卖家群体声誉依赖互联网零售平台企业的支持。③互联网零售平台企业个体声誉和平台卖家群体声誉相互影响。良好的互联网零售平台企业个体声誉可以吸引大量的平台买家体验平台市场的商品 / 服务，有助于平台卖家群体声誉的建立；良好的平台卖家群体声誉可以诱发更多的平台买家“点赞”互联网零售平台企业的基础服务，有助于互联网零售平台企业个体声誉的建立；互联网零售平台企业个体声誉受损，平台买家可能抵制平台市场，从而导致平台卖家群体声誉受损；平台卖家群体声誉受损，平台买家可能声讨互联网零售平台企业，从而导致互联网零售平台企业个体声誉受损。

综上所述，本书基于互联网零售平台企业和平台卖家的价值共创视角，将互联网零售平台在线声誉定义为平台买家对互联网零售平台企业和平台卖家共同创造的互联网零售平台购物体验的整体评价，其中，平台买家对互联网零售平台企业的个体评价形成了互联网零售平台企业个体声誉，具体包括平台买家对平台架构的合理性、平台规则的公平性、平台中介的公正性等方面的认知评价以及其对互联网零售平台企业的喜爱程度；平台买家对平台卖家群体的整体评价形成了平台卖家群体声誉，具体包括平台买家对平台商品的质量、平台服务的完善、平台信息的完整等方面的认知评价以及其对平台卖家群体的喜爱程度。互联网零售平台企业个体声誉和平台卖家群体声誉的互动耦合形成了互联网零售平台的在线声誉。

小贴士9-4　传统企业声誉的内涵

（二）互联网零售平台在线声誉的特征

1. 个体声誉和集体声誉的混合性

互联网零售平台企业个体声誉是一种个体声誉，平台卖家群体声誉是一种集体声誉，那么，作为互联网零售平台企业个体声誉和平台卖家群体声誉的耦合体，互联网零售平台在线声誉兼具了个体声誉和集体声誉的部分特征。互联网零售平台企业个体声誉既具有竞争性，又具有排他性，属于私人物品；平台卖家群体声誉既具有非竞争性，又具有非排他性，属于公共物品；互联网零售平台在线声誉则同时具备内部非竞争性和外部排他性，属于俱乐部物品。但是，不同于俱乐部物品的内部完全非竞争性，互联网零售平台在线声誉具有一定的内部竞争性，因为平台参与者分享互联网零售平台的在线声誉既包括对声誉本身的分享，也包括对声誉收益或附带资源（如客户资源）的分享，声誉本身不具有内部竞争性，声誉收益却具有内部竞争性，如天猫卖家均可以获得天猫商城的声誉担保，却不得不竞争天猫商城的买家资源。因此，互联网零售平台在线声誉属于一种特殊的“类俱乐部物品”。

2. “公地悲剧”和“公地繁荣”的并存性

互联网零售平台在线声誉的公共性质使得平台卖家容易采取机会主义行为谋求个体利益最大化，从而影响互联网零售平台在线声誉，即出现“公地悲剧”。互联网零售平台设定的准入门槛越低、监管力度越小，那么，劣质卖家数量越多，平台卖家采取机会主义行为的可能性越大，平台买家对平台交易过程质量的感知将大大降低，从而影响互联网零售平台在线声誉，即产生“公地悲剧”；互联网零售平台企业设定的准入门槛越高、监管力度越大，那么产品/服务数量越多，卖家群体满足平台买家需求的可能性越大，平台买家成功完成购物的信念将大大增强，从而推动了互联网零售平台在线声誉的提高，即产生“公地繁荣”。平台买家对平台卖家群体价值创造的评价侧重市场满足需求的潜力（取决于卖家数量），而对平台卖家群体声誉创造的评价侧重市场满足需求的能力（取决于卖家质量）。平台卖家群体的价值创造过程和声誉创造过程融合在一起，互联网零售平台在线声誉便形成了满足需求潜力和满足需求能力两维度结构。因此，不同于一般的集体声誉容易滋生“公地悲剧”，互联网零售平台在线声誉同时存在“公地悲剧”和“公地繁荣”。

3. 分享主体和监管主体的分离性

不同于横向渠道联盟声誉（如俱乐部声誉）的分享主体之间主要是业务竞争关系，也不同于纵向渠道联盟声誉（如供应链声誉）的分享主体之间主要是业务合作关系，互联网零售平台在线声誉的分享主体之间形成了更为复杂的关系网络，既包括业务竞争关系，也包括业务合作关系，还包括空间集聚关系和行为监管关系。其中，互联网零售平台可以凭借主导地位和产权优势天然地分享互联网零售平台在线声誉，平台卖家则必须加入平台市场才能够参与分享，后者既不同于区域农产品凭借地理优势获得内生集体声誉，也有别于认证企业凭借制度优势获得外生集体声誉。并且，不同于以往的分享者大都组建公共委员会作为声誉监管主体，互联网零售平台拥有互联网零售平台在线声誉分享准入权，既可以设定

小贴士9-5　传统企业声誉的特征

小贴士9-6　传统声誉与在线声誉的异同

准入门槛将不合格卖家阻挡在市场门口，也可以通过查封店铺将不合规卖家赶出市场，成为互联网零售平台在线声誉的监管主体。因此，不同于一般声誉的分享主体和监管主体具有一体性（集体分享与集体监管或个体分享与个体监管），互联网零售平台在线声誉的分享主体和监管主体具有分离性（集体分享与个体监管）。

二、在线声誉治理机制

（一）在线声誉治理机制的内涵

互联网零售平台在线声誉治理机制是互联网零售平台依托于其自身特有的市场组织架构，为减少网络零售市场中信息不对称所创建的新兴治理机制。互联网零售平台在线声誉治理机制通过设立双边用户交易信息反馈渠道，实现网络零售市场交易信息的实时披露，增强了交易双方对彼此的了解，建立了网络零售市场中的信任机制，从而极大程度减少了网络零售市场中因信息不对称而导致的货不对板、虚假宣传、恶意评价等治理问题。在线声誉治理机制充分发挥了平台中双边用户的主观能动性，形成以双边用户自我管理为核心的自我规制秩序。这种自我规制对平台中的用户而言，实现了一种新的赋权，将一部分管理权限让渡给平台用户，让用户切实参与到平台治理中来，从真正意义上实现了用户自治；对平台企业而言，在线声誉治理机制是一种重要的管理策略，能够以较低的管理成本、较高的运行效率、较温和的治理规范实现对平台市场运行秩序的柔性化管理。互联网零售平台仅充当在线声誉规则的制定者和违法行为的惩戒执行者，并不会基于主观利益抉择对平台卖家进行过度惩罚，由此可以避免互联网零售平台“主观量刑”和“一刀切”治理模式所带来的“均等化”治理困境。对时下平台企业的管理实践而言，在线声誉治理机制提供了一种新的管理范式。在线声誉治理机制通过连接平台市场中的多元参与主体，依托平台中双边用户对交易信息的自主反馈极大程度降低了网络零售市场中的信息不对称，为交易双方建立了有效的信息交流渠道，增进了交易双方的信任，促进了网络零售市场的持续健康发展，塑造了数字时代互联网零售平台自我规范的最佳管理实践。

（二）在线声誉治理机制的可行性

1. 在线声誉具有即时性信息反馈功能

在线声誉具有很强的信息传递及信息反馈功能，可以向交易双方传递相关信息，从而降低交易双方之间的信息差异，促进双方建立信任，并达成交易。具体而言，互联网零售平台在线声誉的在线反馈评价系统与信用积分评级系统可以很好地解决网络零售市场中的逆向选择及道德风险问题。一方面，产品的在线反馈评价信息涵盖历史交易者对产品质量、卖家服务水平、售后保障情况的真实反馈，这些信息可以向潜在消费者传递商品的真实质量、使用体验以及卖家的服务水平，增加了潜在消费者对卖家的了解，从而弥补了平台卖家缺乏可视化物理形态以及网络零售实际体验环节缺失所造成的事前信息不对称。另一方面，信用积分评级系统将平台卖家的历史经营行为转化为可量化的数字信用积分，向平台买家传递了平台卖家整体的信誉水平，平台买家可以根据信用积分等级预估卖家履行交易合约的可能性，由此弥补双方信用缺失所造成的事后信息不对称。

综上所述，在线声誉通过即时信息反馈功能，搭建信息流通渠道，可以增加买方对网络零售市场外部交易线索及内部交易信息的感知，从而为互联网零售平台的正常运行以及买卖双方交易的达成提供重要支撑和保障。现有互联网零售平台的在线声誉反馈机制主要分为单向声誉反馈机制和双向声誉反馈机制。单向声誉是指交易完成之后，买卖双方只能单向评价。双向声誉反馈机制是指交易双方可以互相评价。其中，双向声誉反馈机制又可以进一步划分为同步声誉反馈机制（交易双方都完成评价后才可以看到彼此的评价）和非同步声誉机制（一方评价完就可以看到对方的评价）。同步声誉反馈机制相比于非同步声誉反馈机制可信任性更强，减少了交易双方的报复性评价行为，从而可以更有效地反映交易双方的真实信誉情况，因而同步声誉反馈机制比非同步声誉反馈机制更具稳健性（于立，2020）。

2. 互联网零售平台在线声誉具有双元结构特性

在线声誉的治理功能主要是利用了在线声誉的双元结构特征，互联网零售平台企业的个体声誉和平台卖家的集体声誉既相互依赖又相互独立，二者具有辩证统一的关系。一方面，互联网零售平台企业个体声誉的形成与发展需要平台企业与平台卖家的良性互动，平台企业与平台卖家必须协同合作，满足平台买家的购物需求，这是互联网零售平台企业建立良好声誉的基础。在这种情况下，平台卖家与平台企业的经营目标具有一致性，在线声誉主要发挥经济收益功能。另一方面，根据互联网零售平台的形成机制，平台企业和平台卖家理应共同拥有在线声誉的管理权，但处于从属地位的平台卖家并不享有平台企业独占的互联网零售平台企业在线声誉，无法从中获得长期利益，从而缺乏维护互联网零售平台企业在线声誉的动机，甚至可能采取机会主义行为谋求自身利益最大化，从而对互联网零售平台企业的在线声誉造成破坏。在这种情况下，互联网零售平台企业与平台卖家的经营目标具有差异性，部分平台卖家采取违规经营等行为谋取自身利益最大化。互联网零售平台企业通过声誉治理措施对违规卖家进行治理，从而保证互联网零售市场的正常运转。此时，互联网零售平台在线声誉主要发挥治理功能。综上所述，互联网零售平台在线声誉的双元结构特征赋予了在线声誉在网络零售市场中的治理功能。互联网零售平台企业可以依托在线声誉治理机制对平台卖家违规行为进行治理，且不必担心治理策略会对其自身声誉产生负面影响。

（三）在线声誉治理机制的目标

1. 强化市场机制的自发调节功能

在传统的单边市场中，市场机制作为“看不见的手”通过价格的变化来调节市场中供需和竞争关系，进而实现对零售市场资源的帕累托最优分配。如果企业对商品的定价高于市场价格，则具有“理性经济人”特征的消费者不会购买该产品，因此这家企业最终会被淘汰。此外，如果企业以较低的价格售卖质量好、替代性强的产品，则理性消费者会倾向于选择质量较高价格较低的产品，于是质量差的产品也会被市场机制自发淘汰掉，据此市场机制可以实现对市场资源的最优配置。然而，网络零售市场的虚拟性、隐蔽性等特征使得零售市场中买方群体与卖方群体之间的信息具有较强的不对称性，在自身利益最大化的驱使下，平台卖家会利用市场中的信息不对称采取发次等产品、动态调整产品价格、刷单、好评返现等投机行为，对网络零售市场的正常交易秩序产生干扰，导致一些次等产品在网络虚拟性的遮掩下继续泛滥，市场治理机制无法发挥资源配置功能将劣质产品自动淘汰，从而使互联网零售平台逐渐走向衰败。在线声誉治理机制通过对双边用户的充分赋权实现了以用户自治为核心的参与式治理，买方用户群体可以通过即时性的在线评论反馈商品和卖家的真实信息，促使卖家基于对未来收益的考量放弃投机行为采取诚信经营行为。在线声誉治理机制有如“第二只看不见的手”，可以有效规范平台市场中的双边用户在交易中的投机行为，并使市场治理机制——“第一只看不见的手”在新的市场环境下恢复资源配置功能。在线声誉治理机制增加了信息显示渠道，有效减少了网络零售市场中的信息不对称现象，增加了买卖双方对交易信息的了解，建立了网络零售市场中的信任，增强了网络零售市场的透明度，为市场机制的正常运行提供助力，从而提高了网络零售市场的运行效率，促进网络零售市场的持续健康发展。

2. 构建良好的商业生态环境

在线声誉依托于数字信息技术，通过汇集、统计、发布有关买卖双方历史交易行为的数据，在虚拟网络市场中建立交易双方的数字身份，并传递经营能力、服务水平等交易信息，构筑了网络零售市场的信任机制，形成正式的商业声誉信息。在线声誉治理的本质在于鼓励交易双方诚信交易，防止交易过程中出现欺诈投机行为。在线声誉的高低是平台卖家销售水平的重要影响因素，具有高在线声誉的平台卖家更容易在平台市场中获得一定竞争优势。而在线声誉较低的平台卖家则因经营水平较低而逐渐在平台中处于劣势。因此，在线声誉能形成对卖家背信行为及投机行为的直接惩罚，卖家会担心声誉不佳可能导致失去未来的交易机会从而导致利益受损，因此在线声誉会激励平台卖家选择诚信经营行为。因此，在线声誉机制的建立可以逐渐增强网络零售市场中交易主体之间的信任程度，降低交易成本和交易风险，从而提升网络零售市场的交易效率。在线声誉作为一种柔性规制策略对网络零售市场的运行起到了良好的规制作用，使其充分发挥平台参与主体的能动作用，对网络零售市场中的交易行为进行监督和反馈，降低了平台企业的管理成本，自发调节零售市场的运行秩序，促进多元主体自发履行责任，从而构建了一个良好的商业系统，为网络零售市场的持续健康发展做出了重要贡献。

（四）在线声誉治理机制的主客体

1. 在线声誉治理机制的主体

作为一种新型市场组织模式，互联网零售平台企业连接了平台卖家和平台买家以及其他支持群体，向这些参与者提供交易环境、交易规则以及其他服务。在这一过程中，互联网零售平台企业主要提供交易环境，平台卖家主要提供产品，平台买家主要提供产品需求，这导致在互联网零售平台内部，平台企业只有一个，平台卖家和平台买家数量很多，并且，平台卖家与平台买家的交易活动离不开平台企业提供的交易环境。这种市场组织架构决定了平台企业拥有平台制度的供给权、执行权与解释权，成为互联网零售市场的主导者，具有管理双边用户的动机和能力。因此，在线声誉的治理主体为互联网零售平台企业。

2. 在线声誉治理机制的客体

在单边市场中，由于卖家与买家直接建立交易关系，不涉及第三方中介机构，因而只存在卖家与买家之间的博弈，且声誉的建立是通过买卖双方大量重复博弈建立起来的。而在双边市场中，在线声誉的建立是基于互联网零售平台企业、平台卖家与平台买家三方的互动行为，在线声誉的建立是大量非重复博弈行为的历史积累。因此网络零售市场中的博弈主体包括平台卖家与卖家之间的市场竞争、平台卖家与买家之间的利益争夺。从理论角度看，各主体共同采取合作行为才会对彼此有利，进而实现网络零售市场的正常运转。然而在实践中，各主体会基于自身利益最大化采取非合作行为，将利益损失转嫁给其他主体，因此多主体的随机匹配博弈行为会引发网络零售市场中的“囚徒困境”。本书将基于博弈论中的“囚徒困境”模型，对在线声誉治理机制的客体进行深入分析，以此为在线声誉治理机制的制定提供理论依据。

（1）存在市场竞争关系的平台卖家群体

互联网零售平台聚集了大量的平台卖家形成了规模庞大的网络零售市场，凭借零边际成本优势，该网络零售市场可以无限扩张。网络零售市场的经营模式为平台企业和平台买家带来了竞争优势和选择优势，但对于平台卖家而言却加剧了平台卖家之间的竞争。为了在市场中获得经营优势，平台卖家群体之间存在博弈行为，且这种博弈行为会导致互联网零售平台市场出现逆向选择问题。对于同期进入平台的卖家而言，平台卖家彼此之间选择诚信经营可以使网络零售市场运行效率最高，各卖家主体可以按照各自的产品质量和经营水平取得相应的利润收入。然而实际情况却是平台卖家为了在市场中获得竞争优势取得超额利润，往往会采取非合作经营行为。例如在互联网零售平台市场中，A卖家通过诚信经营策略获得了良好经营收入，B卖家看到A卖家的成功选择经营同类次等产品，并以更便宜的价格售出，经过B卖家的不断推广与运营，B卖家的销量不断攀升并超过A卖家。A卖家看到自己交易量的下降以及客户的流失，为了弥补损失，选择和B卖家同样的经营策略，选用次等产品和降低价格等方式来应对市场中的竞争。此时，A卖家和B卖家都选择了有利于自身利益的经营策略，但这种选择却对市场的健康发展造成了不良影响。在双方博弈的过程中，对于A卖家和B卖家而言，无论对方选择何种经营策略，只有自己选择不诚信经营才是保证自身利益最大化的最佳决策。由此，平台卖家群体间的重复博弈会逐渐降低网络零售市场的运行效率和经营水平，长此以往，网络零售市场会因优质卖家的退出而逐渐演变为“柠檬市场”，对互联网零售平台的运行造成严重影响。

（2）存在个人利益之争的平台卖家与平台买家

互联网零售平台集聚了数量庞大的双边用户群体，平台中的交易双方都面临丰富的市场选择，所以在网络零售市场中，买卖双方之间存在重复交易的概率较小。因此，相较于单边市场交易双方之间的重复博弈，网络零售市场中交易双方之间大多数是随机匹配博弈。网络零售市场中买卖双方的一次性随机匹配博弈是导致道德风险的根本原因。为便于分析，本书将网络零售市场中买卖双方之间的交易视为一次性博弈行为，且交易双方都具有“理性经济人”属性，则在双方的交易过程中会出现以下三种情况：一是交易双方都守信用，二是交易双方仅有一方守信用，三是交易双方都不守信用。与此相对应会出现三种结果：如果双方都守信用，那么双方的收益均为 A；如果交易中有一方存在失信行为，则守信一方收益为 -A，失信一方收益为 2A；如果双方都不守信则交易无法达成，双方收益均为零。根据以上分析可以看出，只有双方都守信才能达到市场资源的帕累托最优分配，市场总体收益最大。但由于交易双方都是“理性经济人”，在一次性博弈中，对于交易双方而言，不守信才是自身利益最大化的最优决策。交易双方为了保证自身利益最大化会不约而同地选择失信，而这时双方的收益均为零，博弈双方的道德风险会导致一个无效率的纳什均衡。因此，互联网零售平台企业应针对平台买卖双方之间的博弈行为特征制定相应的在线声誉治理策略，从而制止交易双方的失信行为，解决网络零售市场中的道德风险问题，维护网络零售市场交易的正常运行秩序。

综上所述，由于在互联网零售平台中存在卖家与卖家之间的市场竞争博弈以及卖家与买家的个人利益博弈，因此，在线声誉治理机制的客体为存在市场竞争博弈的平台卖家与存在个人利益博弈的平台卖家与平台买家。

三、在线声誉治理机制的实施策略

在线声誉治理机制的实现需要互联网零售平台在治理过程中根据市场内外环境的变化、平台卖家的经营差异、平台发展阶段的变化，采取灵活机动的治理措施，以此实现治理手段与治理情境的有效匹配，避免互联网零售平台“一刀切”的治理模式造成的“均等化”治理困境。如图 9 - 5 所示，互联网零售平台在线声誉治理机制的运行需要实现声誉规则体系与治理对象的相互匹配、声誉治理策略与经营行为的灵活调整、声誉治理效能与用户参与的协同演进、声誉治理强度与平台发展的动态均衡。

（一）声誉规则体系与治理对象的相互匹配

对于互联网零售平台而言，其集聚了市场的双边用户群体，平台市场内涵盖了中小微各类异质性的企业个体，因而互联网零售平台企业在线声誉治理机制的逻辑起点不再是企业群体的集体性违规行为，而是具有不同群体特征的差异性违规动机。一方面，平台卖家由于自身规模及经营实力的差别，在网络零售市场中具有不同的发展策略与发展目标，因此，由于在网络零售市场中的核心需求不同，平台卖家在具体经营活动中也会采取不同的违规经营策略。例如相关数据显示天猫平台卖家被投诉的主要原因是发票、包邮、信誉卡等问题，而淘宝平台卖家被投诉的主要问题是盗版、假货、虚假宣传等问题。另一方面，互联网零售平台市场是一个动态变化的市场，市场中存在长期入驻的老卖家，也存在近期入驻的新卖家，这两类卖家群体在平台企业中的经营需求也存在差异。因此，互联网零售平台应在充分考虑平台卖家经营能力和在平台中发展需求差异性的基础上，深入了解卖方群体违规行为的底层逻辑，进行入驻卖家群体的细分，构建具有用户属性差异的在线声誉激励与惩罚规则体系。将平台卖家的经营行为与在线声誉规则深度关联，通过精细化的在线声誉规则体系与不同经营群体的有效匹配，避免不同规模卖家之间恶意竞争所导致的“囚徒困境”。此外，互联网零售平台还应根据买家的违规行为建立相应的在线声誉规则体系，将买家声誉等级与在平台中享有的权限相关联，从而

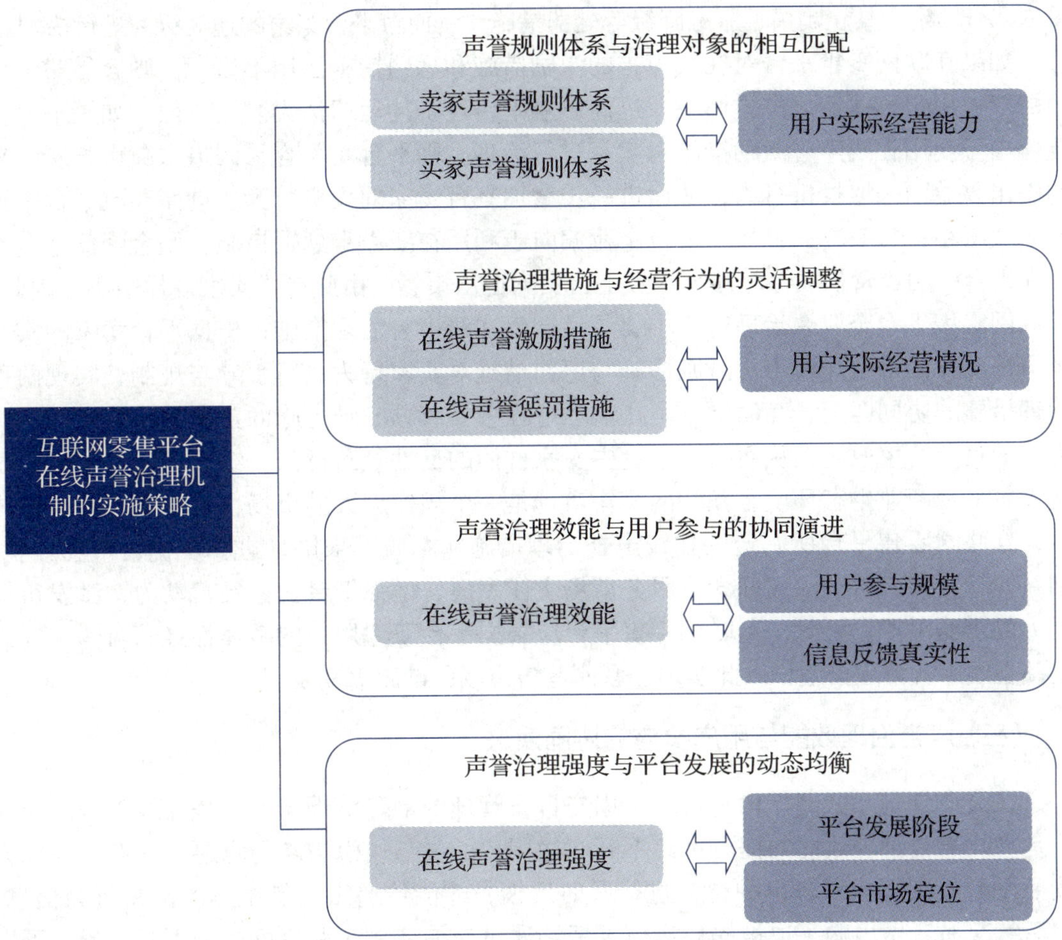

图9-5 互联网零售平台在线声誉治理机制的实施策略

引导平台买家遵守平台规定、履行交易约定，避免买家群体在交易过程中出现道德风险问题，从而构建良好的买方市场环境。总体而言，根据平台双边用户群体规模特征进行在线声誉规则体系的差异化设计，可以从根源上改变互联网零售平台“一刀切”的传统治理思维，这种新型治理思维充分考虑平台中双边用户采取违规行为的底层逻辑，进而采取针对性的治理措施，从而实现对双边用户违规行为的精准规制，避免了传统治理措施治标不治本以及裁决不公等问题。

(二) 声誉治理措施与经营行为的灵活调整

互联网零售平台在线声誉的治理措施主要包括在线声誉激励措施和在线声誉惩罚措施。在线声誉激励措施是指互联网零售平台对在线声誉较高的卖家给予首页展示、排名升级、荣誉授予等激励性引导奖励，鼓励平台卖家采取合作态度保持长期良好经营行为；互联网零售平台对在线声誉较高的平台买家给予优先退款、会员升级等奖励，从而鼓励平台买家在平台中自觉遵守平台规则，并积极参与交易信息反馈行为。在线声誉惩罚措施是指互联网零售平台对于违反市场经营秩序的投机卖家采取降权、扣分、封店铺等责任追索性措施，从而对平台卖家的投机违规经营行为进行规制；互联网零售平台企业对违规买家采取账号锁定、禁止购买、服务降级等处罚措施，从而对平台买家的违规行为进行治理。

如果互联网零售平台对在线声誉的激励措施和惩罚措施运用不恰当，则容易对平台中的双边用户群体造成严重影响，进而影响平台经济的运行活力。一方面，如果平台企业偏向于使用在线声誉激励措施对卖家进行治理，则平台卖家容易因追求高声誉所带来的溢出收益而采取投机行为，从而进一步增加平台卖家的投机行为，进而导致平台中买家规模减小；另一方面，如果平台企业偏向于利用在线声誉惩罚措施，则会降低平台卖家在平台中的经营积极性，甚至导致平台卖家退出市场，由此造成卖家规模减小。因此，互联网零售平台企业在治理过程中要灵活调整在线声誉治理措施，根据平台卖家的实际经营情况灵活采取在线声誉激励措施与惩罚措施对卖家行为进行引导与规制，实现两种治理措施的协同匹配、互动耦合。在治理过程中要兼顾激励措施的正向鼓励效应和惩罚措施的负向约束效应，从而引导平台中卖家群体的良性经营行为，继而构建良好的互联网零售平台商业生态环境。互联网零售市场是一个规模庞大的市场，有着巨大的经济体量，互联网零售平台所制定的在线声誉治理措施从本质上来讲是进一步优化市场环境，创新监管方式，转变治理理念，服务市场主体发展，增强平台卖家经营动力，激发市场活力的重要手段。因此，互联网零售平台应根据平台双边用户的整体性经营行为，动态调整在线声誉治理措施，以此实现互联网零售市场的健康蓬勃发展。

（三）声誉治理效能与用户参与的协同演进

在线声誉是互联网零售平台双边用户自我管理的最终结果，无论是在线声誉的建立还是在线声誉治理效能的提升都离不开双边用户的参与规模与参与意愿。只有交易双方按照平台规则架构对各自的行为进行及时反馈，才能传递出交易主体的交易行为信息，为后续交易者做出购买决策提供有效参考。通过交易者在线评论反馈的不断积累，可以勾勒出交易双方在网络零售市场中的数字人格信用特征，增强网络零售市场的透明度，进而为虚拟网络零售市场中交易双方信任的建立奠定坚实的基础。因此，在网络零售市场中双边用户的参与意愿越高、参与规模越大，在线声誉越能提升信息传递能力，进而其治理的效能也得到进一步的增强。因此，在线声誉的治理效能与用户参与规模、参与程度之间存在协同演进的关系。一方面，交易双方参与在线声誉评价的规模越大，则在线声誉所传递的信息量也越大，这将切实降低交易双方之间的信息不对称，加强交易信息的流通，增强彼此之间的信任，从而规避交易双方的道德风险问题。另一方面，双边用户反映的信息越真实，越可以让劣质产品和投机卖家暴露出来，并将其驱逐出市场，从而实现市场资源的有效配置。互联网零售平台应注重强化引导双边用户在网络零售市场中的主观能动作用，增强用户参与在线声誉评价体系的意愿，强化用户对购买产品评价信息的有效反馈，从而增强在线声誉的治理效能。

（四）声誉治理强度与平台发展的动态均衡

在线声誉治理机制作为互联网零售平台的一种自组织治理策略，应根据互联网零售平台的发展阶段与市场定位灵活调整治理强度，实现在线声誉治理强度与互联网零售平台发展的动态均衡。一方面，在线声誉是随着互联网零售平台的发展而衍生出的一种新型声誉模式，由此，在线声誉的治理功能与互联网零售平台的发展阶段有着密切的联系。根据互联网零售平台的发展阶段，可以将互联网零售平台在线声誉的形成划分为导入阶段、成长阶段和成熟阶段。在互联网零售平台的导入阶段（发展初期），平台交易双方和平台交易数量较少，此时互联网零售平台尚处于萌芽阶段，在线声誉也处于初级发展阶段。此时，互联网零售平台在线声誉尚未形成完备的规则体系，对平台买卖双方用户群体的约束效力较小；在互联网零售平台的成长阶段，互联网零售平台中存在大量的卖方和买方进行交易，互联网零售平台已经形成基本的在线声誉规则体系架构，在线声誉对平台买卖双方用户群体具有一定的约束效力。此时，互联网零售平台可以采取一定强度的在线声誉治理策略对平台中的双方用户进行规制，为互联网零售平台的进一步发展提供助力；在互联网零售平台发展的成熟阶段，互联网零售平台已经具有相当成熟的商业模式，在线声誉也形成了相对完善的治理体系，互联网零售平台可以采取强有力的在线声誉治理策略对平台中的双边用户进行引导与规范，为网络零售市场的健康可持续发展提供根本保障。另一方面，在网络零售市场中，不同互联网零售平台企业在整体网络零售市场中有着不同的市场定位及服务人群，买家群体会根据平台企业的市场发展定位做出差异化的交易期待（张其林和汪旭晖，2022），即同样的产品和服务会因为所属平台的不同，得到不同的声誉评价。基于消费者的差别化评判标准，不同零售平台企业应采取不同的在线声誉治理强度来对平台中的双方用户进行规制。一方面，如果平台市场定位高，而平台企业的在线声誉治理强度低则会导致平台中的卖方群体投机行为泛滥，买方群体不满意度提高，从而导致平台市场中双方用户规模的减小，进而对平台市场的经济活力造成影响；另一方面，如果平台市场定位低，而平台企业的在线声誉治理强度偏高，则会导致平台中卖方群体的经营积极性偏低，从而导致卖方群体退出市场，也造成了双边用户规模减小的问题。综上所述，在线声誉的治理强度与互联网零售平台的发展阶段密切相关。因此，不同的互联网零售平台企业要根据自身发展阶段及自身在市场中的定位差异灵活调整在线声誉治理措施的执行力度，从而更好地激发双边用户的参与活力，促进平台市场的蓬勃发展。

基本概念

平台治理（platform governance）　　双边市场（two-sided market）

现代治理（modern governance）　　温室治理（greenhouse governance）

声誉治理机制（reputation governance mechanism）

价格结构（price structure）

思考题

1. 简述互联网零售平台现代治理的概念与特征。
2. 互联网零售平台的现代治理理念与传统企业的治理理念有什么差别？
3. 互联网零售平台采取温室治理模式的优点是什么？
4. 互联网零售平台在线声誉治理机制运行的底层逻辑是什么？
5. 互联网零售平台还可以采取哪些现代化的治理机制对平台中出现的问题进行治理？

参考文献

［1］Armstrong M. Competition in two-sided markets［J］. The RAND Journal of Economics，2006，37（3）：668–691.

［2］Armstrong M，Wright J. Two-sided markets，competitive bottlenecks and exclusive contracts［J］. Economic Theory，2007（32）：353–380.

［3］苏治，荆文君，孙宝文．分层式垄断竞争：互联网行业市场结构特征研究：基于互联网平台类企业的分析［J］．管理世界，2018，34（4）：80–100，187，188.

［4］汪旭晖，张其林．平台型网络市场"平台-政府"双元管理范式研究：基于阿里巴巴集团的案例分析［J］．中国工业经济，2015（3）：135–147.

［5］Rochet J C，Tirole J. Platform competition in two-sided markets［J］. Journal of the European Economic Association，2003（4）：990–1029.

［6］李广乾，陶涛．电子商务平台生态化与平台治理政策［J］．管理世界，2018，34（6）：104–109.

［7］Grewal R，Chakravarty A，Saini A. Governance mechanisms in business-to-business electronic markets［J］. Journal of Marketing，2010，74（4）：45–62.

［8］汪旭晖，张其林．平台型电商企业的温室管理模式研究：基于阿里巴巴集团旗下平台型网络市场的案例［J］．中国工业经济，2016（11）：108–125.

［9］肖红军，李平．平台型企业社会责任的生态化治理［J］．管理世界，2019，35（4）：120–144，196.

［10］汪旭晖，张其林．平台型电商声誉的构建：平台企业和平台卖家价值共创视角［J］．中国工业经济，2017a（11）：174–192.

［11］刘江鹏．企业成长的双元模型：平台增长及其内在机理［J］．中国工业经济，2015（6）：148–160.

［12］Nelson P. Advertising as information［J］. Journal of Political Economy，1974，82（4）：729–754.

［13］汪旭晖，张其林．平台型网络市场中的"柠檬问题"形成机理与治理机制：基于阿里巴巴的案例研究［J］．中国软科学，2017b（10）：31–52.

［14］于立．互联网经济学与竞争政策［M］．北京：商务印书馆，2020.

［15］张其林，汪旭晖．平台型电商声誉向平台卖家声誉的转移机制研究：基于拓展学习迁移理论的分析［J］．管理世界，2022，38（12）：143–158，219，159.

［16］Rohlf J H. A theory of interdependent demand for a communications service［J］. The Bell Journal of Economics & Management Science. 1974，5（1）：16–37.

［17］Rochet J C，Tirole J. Two-sided markets：A progress report［J］. The Rand Journal of Economics，2006，37（3）：645–667.

第10章

零售政策

学习目标

1. 理解零售政策的定义、特征及分类，掌握零售政策的功能。

2. 掌握零售垄断势力的内涵及其形成，理解零售垄断势力的影响效应。

3. 了解传统零售垄断势力的法律规制，熟悉大型互联网零售平台垄断势力的法律规制。

4. 理解复合生态型平台双轮垄断的内涵与形成机理，了解复合生态型平台双轮垄断的现实危害与法律规制策略。

5. 了解零售新业态新模式的法律规制。

素养提升

法治社会；契约精神；反垄断；公平竞争；顾客主义，用户至上；法治精神；规则意识，规范意识，标准意识；诚信，法治；增进人民福祉；包容审慎；良法善治。

引导案例

知网是否涉嫌垄断

2022年12月26日，市场监管总局对知网的违法行为做出了行政处罚的决定，罚款为其2021年在中国境内销售额17.52亿元的5%，也就是8 760万元。对此处罚，知网也在当日于微信公众号回应：对此处罚诚恳接受，坚决服从，会执行多项整改措施。如今处罚落地，事件基本尘埃落定，让我们回过头去看看这件事情的起点。

中南财经政法大学89岁的退休教授赵德鑫发现知网在没有得到本人授权的情况下收录了自己的上百篇论文，甚至连他自己想要下载自己的论文都要向知网付费。这位89岁的老人将知网告上法庭，先后起诉知网147次后，在2021年12月，终于打赢了这场

"战斗"，法院判决知网需赔偿赵德鑫教授70余万元。此次判决引起网友广泛关注，微博热搜更是一个接一个。知网涉嫌垄断这件事，彻底被拉上了"台面"。虽然知网在2021年12月10日迅速道歉，并下调了硕博论文的下载费用，但事件已经发酵，2022年3月9日两会期间，国家市场监管总局反垄断局在网络平台回复记者：关于知网是否涉嫌行业垄断一事，市场监管总局正在核实研究。此后，各方都对知网是否涉嫌行业垄断一事投入关注。2022年4月，由于知网的高额续订费用和苛刻复杂的续订条件，知网与中国科学院无法达成一致继续合作，知网已经暂停中国科学院对知网数据库的使用权。同月18日，联合国教科文组织也对此事件呼吁开放科学。在赵德鑫教授维权成功后，同赵德鑫教授有相似情况的作者也开始维权上诉。

2022年5月13日，市场监管总局根据前期核查，对知网涉嫌垄断行为立案调查。知网回应：我们坚决支持，全力配合。这之后，便是市场监管总局成立专案组，进行了长达7个月的取证调查。最终，在2022年12月26日，市场监管总局认定知网有《反垄断法》中规定的两项"滥用市场支配地位行为"，依法做出行政处罚。在得知知网被处罚的具体情况后，赵德鑫教授表示：罚款并不重要，关键在于后续整改。要知道，知网作为我国最具市场影响力的学术文献数字化服务平台，没有想着如何更好地保护知识产权和知识创新，而是利用垄断行业的地位不断升级"揽钱"方案，不停地在法律边缘试探，甚至屡次触碰法律的底线。这样的行为是不可取的，是一定会招来惩罚的，长此以往，不仅会失去人们的信任，还会失去市场。

资料来源：知网涉嫌垄断被罚8 760万元，仅一年境内销售额高达17.52亿元？.（2022-12-29）. https://baijiahao.baidu.com/s?id=1753517715479404776&wfr=spider&for=pc.

思考：知网平台的经营行为是否涉嫌垄断？其经营行为有哪些影响？知网如何经营才能更好地为消费者服务？

第1节　零售政策概述

一、零售政策的定义、特征及分类

（一）零售政策的定义与特征

政策（policy）可以分为企业政策与公共政策两种，本书中的政策是指公共政策，它是国家机关、党政组织和其他政治团体为了实现一定历史时期的政治目标、经济目标、文化目标或社会目标而制定的行动根据和准则，是一系列法律、法规、措施、办法、规定、条例等的总称（夏春玉等，2019）。根据公共政策的服务对象，可以将公共政策分为政治政策、经济政策、文化政策和社会政策四大类。

所谓零售政策（retail policy）是指国家或政府等社会公共机构为了纠正市场失灵、促进零售行业发展、协调零售活动、保障企业间竞争的公平与公正、保护消费者权益及其他社会公共利益而对零售领域的公开介入，其具体形式主要包含适用于零售活动的法律、法规及行政规章、条例、办法等。

根据零售政策的定义可以发现，零售政策具有如下特征。

（1）零售政策是社会公共机构对社会商品零售活动的一种公开介入和干预，因此，是一种公共政策而非私人政策，具有公共物品的性质。

延伸阅读10-1　企业政策的内涵及分类

（2）零售政策体现的是社会公共机构的价值判断或意志。这说明零售政策也是主观的，零售政策是“左”还是“右”，是“多”还是“少”，完全取决于社会公共机构的价值判断。

（3）零售政策包含着自动变迁的机制或者说具有动态可变性。既然零售政策体现的是社会公共机构的意志，而不是个别零售部门或机构的意志，那么现实的零售政策有可能与某个具体的零售部门或机构的意志及其行为发生冲突，而这种冲突是零售政策变迁的重要原因。

（4）零售政策所指的对象是整个零售过程，因此，既有针对专业化零售部门的政策，也有针对非专业化零售部门的政策；既有法律、法规等强制性政策，也有行政指导或劝告等非强制性政策，可见零售政策也是一个自成体系的系统，具有系统性。

（二）零售政策的分类

根据制定政策主体、政策适用对象以及政策职能的不同，可以将零售政策划分为不同的类别。

（1）按零售政策主体不同，可将零售政策划分为立法机构制定的政策和行政机构制定的政策。

由立法机构制定的零售政策，称为零售法律。零售法律包括两个层次：一是针对整个经济领域，进而也直接或间接适用于零售领域的法律，如反垄断法、反不正当竞争法、商标法、公司法等；二是专门针对零售领域的法律，如拍卖法、价格法、消费者权益保护法、电子商务法等（夏春玉等，2019）。显然，法律层面的政策都具有强制性和稳定性，并可通过司法机构的司法实践对零售进行强制性调节。而且，由于其是通过一系列严格而有规则的立法程序，并在广泛吸收各方意见的基础上制定的，因此，更具有公正性、普遍性和权威性。

由零售行政管理机构制定的零售政策称为零售行政政策。零售行政政策包括有关零售的各种条例、指示、指导、办法、方法等。根据行政政策制定和颁布机构的行政级别，可将其分为中央或国家级政策与地方级政策。中央或国家级政策是中央政府及其直属机关制定的政策，地方级政策是地方政府及其直属机关制定的政策。与零售法律相比，零售行政政策无论是产生过程的公正性、普遍性和权威性，还是执行与操作过程的强制性与稳定性，都不如前者。

（2）按零售政策适用的对象不同，可将零售政策划分为生产者零售政策、商业者零售政策和消费者零售政策。

生产者零售政策是针对生产者零售行为的零售政策，如厂商的零售系列化政策、农业合作社或供销合作社政策、厂商直销政策、产品安全政策（法律）、质量表示政策（法律）等。商业者零售政策是指针对专业化的零售机构及其行为的政策，如大规模零售商业企业政策、中小商业企业政策、商店街政策、购物中心政策、商业业态政策、连锁商业政策等。消费者零售政策是指针对消费者零售行为的零售政策，如消费者权益保护政策、消费合作社政策。当然，这种分类是按政策的侧重点进行划分的，有些政策并不是泾渭分明的，而是相互关联的，比如质量表示政策虽然主要是针对生产者的，但是对零售企业也是适用的。除上述三类政策之外，事实上还有许多适用于所有零售机构的政策是不能按这一标准进行分类的。

（3）按零售政策的职能不同，可将零售政策划分为矫正市场失灵政策和促进零售发展政策。

矫正市场失灵的零售政策主要包括零售安全政策、零售竞争政策、零售布局政策等。零售安全政策是指为保证零售活动的稳定运行、零售渠道的安全而制定的政策。其中，稳定运行主要指商品供应的稳定和商品价格的稳定，商品供应稳定又是价格稳定的前提，因此，要实现商品价格的稳定就必须实现商品供应的稳定，即使在商品价格稳定（例如价格管制）的条件下，保证商品供应的稳定也仍然是必要的。显然，建立公共的商品储备制度是保证商品稳定供应的有效途径。零售渠道的安全是指商品零售所依赖的路径是流畅和可靠的，对外在的冲击具有较强的抵抗能力，能对商品零售提供较强的保护力，使其能安全地从商业者手中流到消费者手中。零售竞争政策是指为保证零售主体的自由、公平竞争而制定的政策，如反垄断政策、反不正当竞争政策、消费者保护政策、扶持中小商业企业政策等，都是典型的零售竞争政策。零售布局政策是竞争政策的有效补充，它是指政府根据零售组织演变、分布的规律，对零售载体进行的各种合理规划与干预，有关商业街建设、城市商业网点规划、物流园区规划等均属此类政策。

促进零售发展的政策主要包括：商业企业的组织化政策，如连锁商业政策、零售企业集团政策、综合商社政策等；零售基础设施投资建设政策，如有形商品市场的建设政策、仓储设施的建设政策等；零售信息系统的开发、推广政策，如 POS（point of sales）零售销售点系统、EOS（electronic ordering system）电子订货系统的开发与推广等；零售人才的培养与训练政策及零售业对外开放政策等。

二、零售政策的功能

零售政策的功能是零售政策所能发挥的基本作用的体现，也是零售政策体系整体功效的体现。具体地说，零售政策的功能包括三个方面：导向功能、控制功能与协调功能。

1. 导向功能

零售政策的导向功能，是指零售政策引导零售领域中的组织、个人的行为以及零售产业朝着政策制定者所期望的方向发展。零售政策的导向功能所包含的一项重要内容是规定目标、确定方向。在零售领域中，组织、个人的行为都有不同的目标，这些目标既有相互一致的方面，也有相互冲突的地方。规定目标就是为了将个体多样化的目标纳入明晰的、统一的轨道，使零售活动能够有序进行，资源得到最有效的利用，零售产业健康地发展，消费者的合理要求能够得到满足与保障。显然导向功能是零售政策制定者对零售领域内事物发展方向的指导力量与操控意志的直接体现。

2. 控制功能

零售政策的控制功能，是指零售政策对零售领域中的组织、个人的行为以及零售产业的发展起到的制约或促进作用。任何政策的出台都是为了解决某些已经存在的问题或是为了预防某些可能出现的问题。无论是解决问题，还是预防问题，都体现了政策制定者对其管理领域的控制力。对符合其期望的行为与结果予以鼓励，对不希望发生的行为与结果予以惩罚。具体到零售政策对零售领域的管理，同样具有一般政策的控制功能。控制功能有直接控制与间接控制两种形式。直接控制通常在政策中明确规定哪些是应该、可以或鼓励的行为，哪些是禁止或有条件限制的行为，并指出行为的后果。间接控制是通过调整或改变行为可能发生作用的条件，从而影响行为的结果。

3. 协调功能

零售政策的协调功能，是指零售政策对零售领域中的组织、个人的利益关系进行协调，以保证零售业的健康发展，以及零售活动的顺利进行。零售领域是一个复杂的系统，其中的组织、个人有许多利益关系需要协调。这些利益关系涉及不同行业（如零售业与批发业）、不同组织（如规模、业态各异的零售商）、组织与个人（如商业组织与消费者）等，它们性质各异、错综复杂，仅凭简单的目标导向进行统一管理，或者直接与间接的控制进行干预都难以达到理想的效果，此时，政策的协调功能就显得尤为重要。

上述三项功能是零售政策的基本功能，但具体到某项或某类政策，其功能的表现则有所侧重。例如，《商务部关于“十二五”时期促进零售业发展的指导意见》《国务院办公厅关于推动实体零售创新转型的意见》等主要体现政策的导向功能；《中华人民共和国反垄断法》《中华人民共和国反不正当竞争法》等主要体现政策的控制功能；《零售业同业损害评估办法》《零售商供应商公平交易管理办法》等则更多地体现了政策的协调功能。

第 2 节　零售垄断势力的法律规制

一、零售垄断势力的内涵、形成及其影响效应

（一）零售垄断势力的内涵

垄断势力（monopoly power）指市场中的企业能够将产品价格定于竞争价格（边际成本）之上的能力（孙宝文等，2017；Viscusi et al.，2018）。根据该定义，学者将零售垄断势力定义为零售商能够有力地将交易价格压至低于完全竞争市场价格的能力（Noll，2005；于立，2020）。具体表现为零售商在特定区域市场中占据绝对的主导优势时，通过限制产品供应商进入自身渠道，或以威胁减少产品购买量等方式来压低进货商品交易价格及获取相关利益，包括零售商向供应商收取通道费用、占用供应商资金、进行采购

价格限制以及签订排他性协议等形式（辛欣等，2017）。其中，收取通道费用是指供应商为了让自己的产品能够在零售商的商场里或货架上陈列出来，向零售商支付的各种费用，包括新品进场时一次性交纳的费用，为了维持商品销售业绩而不定期支付的费用，以及按商品价格一定比例支付的返利折扣等。占用供应商资金是指零售商延期支付供应商的货款，使自己账面上长期留存大量浮存现金。零售商可以根据需要使用这些现金，相当于周期性的无成本短期融资。这不仅为零售商的扩张提供了充足的资金保障，还将经营风险一定程度上转嫁到了供应商的身上。价格限制是指零售商要求供应商给予自己一种所谓的最惠待遇，即要求供应商承诺给自己的产品进货价格不能高于给其他零售机构的进货价格，从而保证自己获得的进货价格是最低的。排他性协议是指交易双方以协议方式约定，供应商在特定时间和区域内，只向一家零售商供应商品，由这一家零售商进行销售，即该零售商获得了该区域一段时间内的独家销售权。

延伸阅读 10－2

对垄断认识的演变过程

经济学对垄断的认识决定了反垄断的理论基础，但这一过程是曲折的。在资本主义自由经济时期，对完全竞争的推崇一定程度上为反垄断植入了原始动机。这个问题可以追溯到18世纪末，亚当·斯密等古典经济学家认为完全竞争可以自主引导经济活动实现资源的最优配置，国家应该建立保护竞争的制度。随着自由竞争的资本主义向垄断资本主义过渡，马歇尔发现大规模生产可以为企业带来规模经济，具有成本下降、生产效率提高等好处，但也会造成大型企业的市场占有率不断提高，影响竞争效率。这种规模经济与竞争活力的冲突被称为马歇尔冲突，是现代产业组织理论需要解决的核心问题。但从马歇尔冲突的提出可以发现，这时垄断的有利面已经开始被认识到。此后，张伯伦、琼·罗宾逊均在1933年提出垄断竞争理论，认为垄断竞争是经济社会中的普遍现象，现实中垄断和竞争以不同程度交织。马歇尔、张伯伦、琼·罗宾逊虽然使人们认识到了完全竞争是乌托邦式的理想情景，但依旧没有脱离对完全竞争的崇拜，完全竞争仍是很多国家制定政策时追求的理想市场结构模式。1940年，克拉克提出有效竞争理论，认为多样化的竞争手段可以解决马歇尔冲突，但没有给出具体的评价标准和实践方法。之后，随着资本主义经济的进一步发展，关于竞争与垄断的优劣问题演变成了两大学派——哈佛学派和芝加哥学派的争论。哈佛学派认为产业集中度最低的完全竞争市场最有利于提高资源配置效率和社会福利。与倡导通过政府管制实现完全竞争的哈佛学派不同，芝加哥学派指出垄断具有一定的合理性。例如德姆塞斯认为，市场集中度与利润率的正相关很可能并不反映高集中产业内主要企业相互勾结提高价格的行为，倒是更能反映大企业的高效率和低成本。鲍莫尔在芝加哥学派的基础上提出可竞争理论，认为只要保证自由进入市场和范围经济，垄断也是可以充满效率的。与鲍莫尔同期产生了以拉丰、梯若儿等为代表的图卢兹学派，他们的主要贡献是将博弈论、信息经济学与产业组织理论融合，强调的是企业策略性行为与市场结构之间的互动关系，在研究方法上具有重大创新意义。

资料来源：孙宝文，荆文君，何毅．互联网行业反垄断管制必要性的再判断．经济学动态，2017（7）：58–73.

（二）零售垄断势力的形成

自 20 世纪 70 年代以来，全球零售业发生了巨大变革，大规模的连锁店在西方发达国家普遍兴起。90 年代开始，我国也出现了一批大型零售超市，如家乐福、沃尔玛，以及家电连锁超市，如苏宁、国美等，从而导致了零售商规模的扩大和零售业市场集中度的显著提高。过去，生产商相对于零售商拥有完全的垄断和谈判能力，零售商仅仅是生产商向消费者传递商品的中介。而如今，零售商通过连锁经营、并购扩张等策略使其垄断势力日益强大，导致零售商与生产商在产业链纵向关系中的地位发生置换，进而形成了零售垄断势力。

（三）零售垄断势力的影响效应

零售垄断势力的最大特征就是它导致商品的交易价格和数量低于完全竞争市场的水平，从而造成经济效率的无谓损失。零售垄断势力的这种效应可以通过图 10－1 来说明。这张图所显示的是一家垄断零售商面临有许多供应商的一个产品市场，所有的供应商都是价格接受者，由此给这个独家零售商赋予了零售垄断势力。这些供应商的总供给函数在图中由那条向右上倾斜的供给曲线描述，该曲线的每一点代表了提供一单位该产品的社会边际成本。零售商对该产品的需求函数在图中由向右下倾斜的需求曲线表示，该曲线的每一点代表了该产品对零售商的边际价值。这两条线的交点 A 是使得供需相等的社会最优点。A 点的横坐标对应的是产品的社会最优供给量，其对应的价格是社会最优供给价格。图中另一条向上倾斜的曲线表示零售商的边际支出。由于交易价格随着购买数量的增加而升高，对于垄断零售商而言，多购买一单位产品的边际支出要高于该产品的平均购买价格。因此，图中的边际支出曲线高于供给曲线。对这家零售商而言，使其利润极大化的购买数量是由 B 点（即边际支出曲线与需求曲线的交点）决定的，B 点的横坐标 z^m 代表了它购买的数量，其对应的供给价格 w^m 是它支付给供应商的价格。从图中可以看到，垄断零售商最终购买的产品数量低于社会最优数量（$z^m < z^*$），交易价格低于社会最优价格（$w^m < w^*$），三角形 ABC 代表了买方垄断造成的无谓损失。

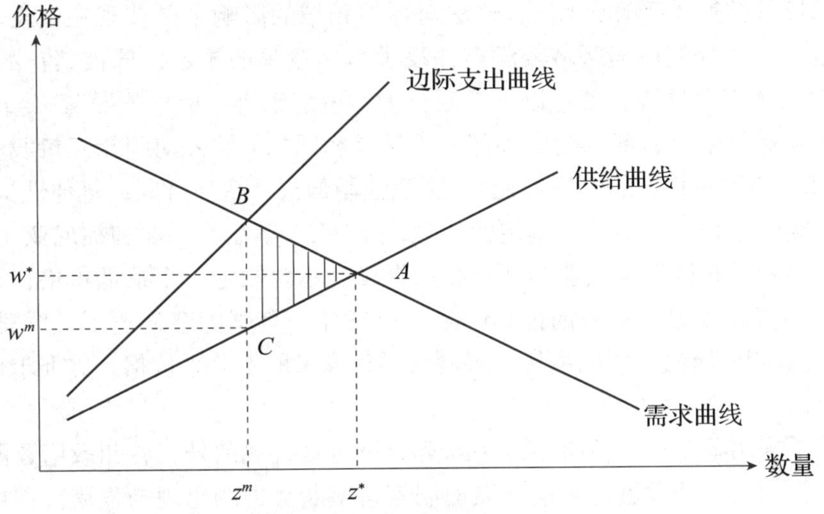

图 10－1 零售垄断势力效应机制

图 10－1 中的三角形 *ABC* 只是零售垄断势力造成的效率损失的一种表现形式。在零售市场里，零售垄断势力的效率损失也有可能以别的形式出现。作为买方寡头的大零售商可以通过对供应商收取通道费用（货架费用）来达到提高零售市场价格的目的，从而损害消费者的福利。大零售商利用买方势力来压低供应商的批发价格会给自身带来一个副作用，那就是批发价格的下降也意味着零售商边际成本的降低，边际成本降低加剧了零售商之间的竞争激烈程度，有损它们的利润。另外，货架费用是一种固定费用，零售商如果通过向供应商索取货架费用来显示自身的买方势力，就不需要压低供应商产品的批发价格，从而避免了下游零售市场的竞争加剧。在这种情况下，买方势力造成的效率损失不是通过批发价格的降低，而是通过货架费用和更高的零售价格体现出来。

二、传统零售垄断势力的法律规制

法律规制是指政府最大化允许垄断存在的前提下对垄断企业活动进行的某种直接的、行政性的规定和限制或者法律约束。所谓传统零售垄断势力的法律规制，是指政府针对实体零售企业垄断行为的规制。因市场机制的不同以及政策目标的差异性，不同国家对传统零售垄断势力的法律规制各有特色。

（一）美国对传统零售垄断势力的法律规制

美国的经济体系是以市场机制为基础的混合经济体系，它的经济政策是以崇尚与保护自由竞争为核心。美国经济制度的基础是私有制，私有权和契约受到法律的严格保护，实行的是自由企业制度。自由经营、自由竞争是美国自由企业制度的基本原则。在美国，政府主要是扮演裁判员和服务员的角色，为企业创造一个良好的外部环境。美国是联邦制国家，各州都有立法权，地方政府的管理权很大。为保证政策目标的实现，一般通过财政援助、技术援助、审查和调查、咨询以及对各项工作的监督与审批来控制下层政府。

美国反垄断政策中较有影响力的有《谢尔曼法》（1890 年）、《克莱顿法》（1914 年）、《公平贸易法》（1931 年）和《罗宾逊-帕特曼法》（1936 年）。《谢尔曼法》是美国颁布实施的第一部反托拉斯（反垄断）法，该法对零售领域的影响主要体现在：规定竞争者之间达成价格协议及分配市场区域或顾客违反了自然竞争的规定，属被禁止的违法行为。1914 年出台的《克莱顿法》禁止以下垄断行为：搭配销售；成立连锁董事会（即两个或两个以上相互竞争企业的董事会中大部分成员是相同的）的公司间相互持股；价格歧视（包括供应商对不同零售商的价格歧视）；全面强制购买；缚性合同；排他性销售等。《公平贸易法》实际上是一项由各州制定的法规，于 1931 年在美国加利福尼亚州首先通过。该法的核心内容是允许生产企业为其产品的批发和零售制定一个最低价格，即授权生产商要求所有零售商按固定价格销售其产品。1936 年，美国国会通过了《罗宾逊-帕特曼法》，又称反连锁商店法，它的主旨是限制大零售商采取不公平价格，并要求供应商给予特别价格折扣。

美国除了采用垄断法对传统零售垄断势力进行直接规制外，各州政府还利用地区制度对大型零售商店的开设进行规制，以遏制零售垄断势力的出现与发展。一般来说，美国各州政府往往将所辖的所有土地划分成若干区域，各个区域有不同的开发计划，显然，大型零售商店的开设必须服从区域的开发计划，从而使大型零售商店的自由开设受到了限制。此外，美国及其地方政府还制定了许多限制连锁店过度发展的政策，如通过征收连锁店税、禁止连锁店的不公正交易等政策对其进行规制管理。

（二）日本对传统零售垄断势力的法律规制

日本是政府计划主导型的市场经济体系，有学者把它概括为计划主导型市场经济模式，也有学者把它称为政府主导型市场经济模式。日本政府在资源配置中发挥了主导作用，其手段主要有计划引导和产业政策激励。政府经济计划不具有指令性，而是通过经济计划传递长期经济发展趋势的信息，以信息来引导企业，以基本政策来向企业界表明政府的意图，从而指导企业行为，使信息引导与政府刺激结合在一起，对企业发挥作用。也正因为如此，日本的反垄断法和对大型零售商店的规制都比美国要严得多。

日本出台的反垄断法是《禁止垄断法》，该法对各种卡特尔（垄断利益集团）、国际垄断组织、企业联合体的垄断经营及同步提价等，以及持股公司、股票持有量、企业合并等等也都有严格的限制。对违者课以重罚，甚至要追究刑事责任。不公正交易是指有可能妨碍公平竞争，使行业竞争秩序遭到破坏的行为。因此，它也是各国反垄断政策中禁止的对象，对于被禁止的行为依各国国情及交易习惯而不同。日本的《反不正当竞争法》视以下行为为不公正交易并予以禁止：直接打击竞争者的不正当交易；以价格手段打击竞争者；以提供其他好处为诱饵争夺竞争者的顾客；滥用优势，强迫对方接受不平等交易。日本还制定了《不当赠品及不当表示防止法》，具体规定了交易过程中的赠品范围和赠品金额。

日本对大型零售商店的规制始于1937年10月颁布实施的《百货店法》，该法对百货店的营业、分店的设立、面积的扩大、对外销售等事项均采取许可证制，用法律形式规定百货店的营业时间和休业日。随着20世纪60—70年代新型零售业态的出现，如大型综合超市等在日本的迅速发展，中小零售商受到了巨大冲击，大型购物中心与当地中小零售商之间的纷争时有发生，显然仅仅限制百货店已经不足以保护中小零售商，因此日本政府于1973年颁布了《关于调整大型零售商店零售业务活动的法律》（简称《大店法》），1974年正式施行。

《大店法》是为了保障大型零售商店周围中小零售商的事业活动机会，形成健全的零售产业而制定的法律，该法要求大型零售业店铺在开设前需经当地零售业者同意，并且对大型零售商的店铺总面积、休息天数和营业时间等都做了详细规定，该法充分考虑保护消费者的利益，尽力降低大规模零售商店可能会损害消费者权益的概率，旨在通过限制大型零售商的扩张给中小型零售商提供商机。《大店法》把《百货店法》所采用的许可证制改为事前审查申报制，即要建立或新增1 500平方米和3 000平方米以上大型零售商店的业主必须提出申请，由通产大臣来负责审查工作，并在听取大规模零售商店审议会（简称大店审）意见的基础上作出必要的调整、劝告。大店审在决定意见时，依惯例还要对当地中小零售业进行事前说明，必须接受预定设立商店地区的商工会所或相应商业活动调整协会的审议。

《百货店法》和《大店法》限制了大型零售商店的发展，使大型零售商店在20世纪90年代中期进入困难时期。同时，《大店法》的实施导致外资进入日本零售业市场变得极为困难，因此日本政府一直面临国际上的压力。1999年，日本政府决定废除《大店法》，而代之以《大规模零售店立地法》(简称《立地法》)。

《立地法》旨在弥补《大店法》的缺陷。首先，它解除了对大型零售商经营活动的直接规制。按照《立地法》，大型零售商店申请开店的基准面积已放宽、对营业休业时间再无强行规定，因此就经济规制而言，大型零售商店的开店和经营将进一步自由化，但是《立地法》对于大型零售商店开店的限制并没有放松，而是强化了社会性规制。《立地法》规定开设面积超过1 000平方米的大型商店时，必须优先考虑交通阻塞、交通安全、停车、噪声、废弃物、废气排放等环境保护问题。另外，它进一步明确了大型零售商的申请步骤和时间，确保申请过程的公正和公开，地方政府拥有设立的主导权。

《立地法》已不再停留在保护中小型零售商利益的层面，它同时也考虑了消费者及周边居民的利益。但是《立地法》大幅提升地方政府的自主权可能会产生对大型零售商规制过严的现象，从而阻碍包括外资零售商在内的大型零售商的发展。

在限制大型零售商店发展的同时，日本政府于1973年通过了《中小零售商振兴法》，该法旨在通过顺利施行商店街的完善、店铺的共同化等事业，以及通过促进中小零售商的经营现代化，来振兴中小零售业。

（三）欧盟主要成员国对传统零售垄断势力的法律规制

在欧盟，成员国有共同的法律和政策，包括自由贸易法、竞争法和产业政策法。但零售业的规制环境因国别不同而有差异，因此成员国也保留着自己的法律政策以及相应的执行机构，两者有各自的适用范围。欧盟共同的产业政策和竞争规则适用于成员国之间的商业行为，而各成员国国内的法律和政策适用于成员国境内的商业行为。考虑到欧盟成员国跨国大型零售集团在世界范围的影响力，这里主要介绍法国和德国对传统零售垄断势力的法律规制实践。

1. 法国对传统零售垄断势力的法律规制

法国的零售市场主要分为两大类：一类是坐落在市郊专门零售食品或非食品的大型商店；另一类是规模较小的传统城内店铺。1996年以后，法国政府先后出台了几个对该国零售业产生重大影响的法律，这些法律包括限制零售面积扩展的《拉法兰法》和保护小型独立零售从业者的《加朗法》，以及规制大型零售从业者和生产商共谋的《新经济调整法》。这几部法律代表了法国政府干预零售市场的意图，其中《拉法兰法》旨在规制大型零售商店的扩张，而《加朗法》和《新经济调整法》实质上是规制低于成本的零售定价的营销活动。

《拉法兰法》规定，凡销售面积超过300平方米的商场的设立、改扩建、停业两年后重新开业，以及销售面积2 000平方米以上的商场的任何扩张都需要先向省级的商业设施委员会提交书面申请，然后经过听证，获得商业经营许可权证后，再向建设部门申请建设许可权证。在这部法律的影响下，1996年法国政府甚至规定了一个为期六个月的扩建暂停期，1997年25%的新开店申请被拒绝。而《加朗法》通过限制连锁零售商在采购上的权力，如规定可以给予零售折扣的类型、商品种类以及相应的限额等，减少零售商与生产商之间的不平衡，保护小型零售商的利益。《新经济调整法》定义了什么是零售商和生产商的共谋，并进行了规制。

在这些法律的限制下，再加上法国的零售网络已接近饱和，法国零售从业者，诸如家乐福之类的大型连锁超市纷纷开始在国外发展。从法国的经验来看，严格的国内规制不仅促使法国零售商在外国扩展，也在一定程度上限制了外国零售商进入法国市场。

2. 德国对传统零售垄断势力的法律规制

相比于法国限制大型零售商的政策，德国竞争政策的基本准则是促进市场开放，保障生产要素自由流动，推进私有化进程，反对垄断和保护中小企业利益等。为此，德国政府于1909年颁布了《反不正当竞争法》，1957年颁布了《反对限制竞争法》。《反不正当竞争法》旨在反对竞争中的各种不正当行为，保护消费者的利益；《反对限制竞争法》则主要是控制企业兼并，监督垄断企业滥用市场势力的行为。

此外，为保证零售业者之间的公平竞争，政府还颁布了一系列法律对变相压价的行为进行限制。这些法律包括规定开店时间的《商店停止营业时间法》和规定折扣的《折扣法》以及规定以奖促销的赠奖规则。

总体来看，德国虽然没有直接以零售业准入为对象的法规，但是政府往往通过地区发展规划，对大型零售商店进行调整和限制。根据建筑使用法规，当地的建筑局对拟投资于批发业或零售业的建立大型批发商场或零售商场的建筑方案进行审批，审批要素包括建筑计划、开发费用、对环境的影响等。另外，新成立的商场不得损害市内已有零售企业的利益，形成排挤性竞争。

（四）我国对传统零售垄断势力的法律规制

我国与零售业有关的法律规定主要有《反不正当竞争法》《反倾销和反补贴条例》《关于制止低价倾销行为的规定》《商品市场登记管理办法》《零售业态分类规范意见》《连锁店经营管理规范意见》《零售商供应商公平交易管理办法》等。为维护良好的市场秩序，建立和完善零售业竞争政策法规体系是相当重要的。零售业竞争政策法规体系是约束制度和鼓励制度的结合体，一方面要对有损市场竞争的行为进行约束，另一方面要对企业参与竞争进行鼓励，其目的是更好地促进零售企业的竞争，维护公平的市场环境。我国零售业竞争政策法规体系是零售市场健康运行的核心和保障，主要包括以下两个方面。

1. 规范零售企业行为的竞争政策

规范零售企业行为的竞争政策是否健全，直接关系到能否构建公平竞争的零售环境，维护正常的零售市场秩序，保护经营者和消费者的合法权益。它是零售业竞争政策法规体系的主要内容，具体包括规范合同行为的法律制度、反垄断法律制度、禁止不正当竞争行为的法律制度等。就我国目前来说，规范合同行为的法律制度已基本完善，但是后两项法律制度则相对落后。

2. 关于零售市场结构的竞争政策

由于市场结构能够直接影响经济运行的效率和社会福利，因此需要对市场结构进行一定的规制。零售市场结构的竞争政策主要涉及两方面：一是市场准入制度；二是保护中小零售企业的法律制度。进入壁垒是影响市场结构的重要因素，而市场准入是政府对市场进入壁垒的直接干预。一般来说，准入制度包括零售主体的资质要求、市场准入条件、开业程序等方面的法律规范。目前，我国的《公司法》《企业国有资产法》《外商投资企业法》等已经对包括零售企业在内的市场主体的准入作出了一般性的规定。

三、大型互联网零售平台垄断势力的法律规制

互联网平台通过互联网技术为不同用户群体之间的互动提供便利。以美团为例，其之所以能在网络平台上占据主导地位，主要归功于商业战略的两大要素：一是愿意承受亏损，即以牺牲短期利润为代价大举投资；二是多个业务领域的整合。事实上，美团目前能够扩展到如此多领域（涵盖吃、住、行、娱等方面），就是通过放弃短期利润回报。这种以短期利润回报为代价追求市场份额的策略，违背了芝加哥学派关于理性逐利的市场参与者的假设。更重要的是，美团选择在巨额亏损的同时整合多个行业，这表明该公司正在积聚一种结构性力量，并将其视为一个整合的实体。大型互联网零售平台的重要商业策略在于通过在某一个领域的竞争优势，掌握基础数据，在放弃短期利润回报的情形下，短时间占领市场份额，整合多个行业（或领域），利用在某个行业的市场势力提升整体竞争优势，从而寻求长期利润回报。可见，互联网经济属于新兴经济，互联网行业具有自身特征，这使其在产业组织方面有异于传统产业，因此对其的反垄断管制思路、重点、手段等也要进行相应的更新（于立，2020）。

（一）大型互联网零售平台垄断势力法律规制面临的困境

在网络环境下，大型互联网零售平台垄断势力的法律规制遇到一些新的难题，最明显的难题就是相关市场界定和垄断势力测度无法使用传统理论方法来解决（孙宝文等，2017）。此外，数字经济的动态性加大了执法机构对平台经营者集中审查的难度（孙晋，2021）。

1. 相关市场界定困境

界定相关市场是指定义一个市场，使得该市场中的产品或劳务具有强竞争性。界定相关市场是判断互联网垄断性质的逻辑起点。如果相关市场界定过窄，限制竞争的效果就造成反垄断执法过严，过分限制竞争；反之则造成反垄断执法过宽，放纵垄断行为。相关市场界定的重要性使其在法律规定、界定方法上均有详尽的描述与成熟的运用。例如我国《反垄断法》第十二条规定“所称相关市场，是指经营者在一定时期内就特定商品或者服务（以下统称产品）进行竞争的商品范围和地域范围”。根据《国务院反垄断委员会关于相关市场界定的指南》规定，在反垄断实践中，相关市场范围的大小主要是根据产品及可替代程度进行相应的替代性分析。在具体的反垄断执法实践中，假定垄断者（small but significant and nontransitory increase in price，SSNIP）测试法是进行相关市场界定的主要方法。但我国《反垄断法》及一些反垄断的实践方法是在没有考虑互联网特殊性的条件下制定的，而互联网带来了超出立法前提假设的一些改变，这种情况造就了司

法实践中的突出矛盾（孙宝文等，2017）。目前对相关市场判定主要以需求上的可替代产品或服务为依据。然而，互联网大型企业多为平台类企业，具有双边市场特征，导致消费者是否选择替代商品的消费行为不仅取决于单边市场下的供需弹性，还取决于双边市场间的交叉价格弹性，当前还没有合适的手段来测量后者（贾开，2015）。同时，互联网行业具有网络效应、锁定效应等特征，使用户流量在企业盈利中扮演了重要角色，互联网企业为吸引用户而采取的普遍免费策略对以价格为基础的 SSNIP 方法形成了挑战（尹振涛等，2022）。进一步，互联网行业相关市场界定困难影响了滥用市场支配地位的判定（陈庭强等，2022）。由于尚未给出一套适用于互联网行业的相关市场界定办法，针对行业内不正当竞争的案例，目前的做法是就事论事，按照传统的替代性分析进行界定。

2. 垄断势力测度困境

通常垄断势力和垄断行为的评价是判断垄断性质的核心内容，长期以来一直以市场份额进行衡量，如我国《反垄断法》规定，一个厂商在相关市场中份额超过 50% 就被认定为具有垄断势力（孙宝文等，2017）。此外，垄断势力也可以通过价格与边际成本的差值衡量，如用勒纳指数度量价格对边际成本的偏离程度来测度市场垄断程度（孙宝文等，2017）。但以上两种垄断势力的度量均只适用于传统市场，对于互联网市场并不适用，原因在于：①互联网行业中消费者可以选择使用多个企业的产品或服务，即使在位企业拥有巨大的消费者基础，但消费者的多归属性也会削弱该企业的垄断势力，因此，市场份额的高低不能准确反映垄断势力的强弱（孙宝文等，2017）。②网络平台具有双边市场特点，平台对市场一边的定价并不仅仅反映出这一边的需求或成本参数，因此单边市场的定价行为没有明确的经济学含义，只有当平台的总体价格水平超过了平台提供服务的边际成本时，才可以认为存在一定程度的市场势力（Evans and Schmalensee，2007）。遗憾的是，目前理论界并未给出针对网络平台垄断势力程度的明确估计或测量，这给政府管理平台垄断问题带来了极大的障碍。

3. 平台经营者集中审查困境

与市场支配力滥用的事后规制不同，事前的经营者集中审查要求执法机构具备较强的经济预测能力。因为在事前审查时经营者集中对市场竞争的影响尚未体现，而根据量化后的竞争格局得出的对未来市场状态和企业行为的预测若不够准确，将直接导致假阳性错误或假阴性错误。具体来说，平台经营者集中审查主要面对三种困境（孙晋，2021）。第一，当前的经营者集中以企业的营业额作为申报门槛。近年来，拥有庞大用户数量的平台企业间的经营者集中愈发频繁，这类集中将对市场竞争格局和消费者福利产生重大影响。然而由于营业额不大，这类集中往往未经过审查。第二，竞争效果评估需要进行调适。与市场支配地位的认定相似，传统的竞争效果评估主要依赖于市场份额、市场集中度以及进入壁垒。运用这几个传统因素评估数字经济领域具有动态性的竞争显然已不合适。第三，数字经济领域比较常见的大型在位企业收购小型初创企业即扼杀式并购集中受到的监管过分宽松。当受益于强大的网络效应和数据进入壁垒即访问权的优势企业或生态系统去收购一个当前营业额较低、但用户群庞大并快速增长且未来市场潜力巨大的初创企业时，问题比较严重。如果没有该项并购，初创企业最终与收购方在其核心业务领域竞争的潜力很难估算。英国《解锁数字竞争》调查报告也强调了现有的经营者集中执法难以应对快速发展的数字市场结构的变化，但数字平台巨头承担着公平地通过保护和扩张等以强化它们现有地位的责任，不能放任对于这些经营主体的反垄断监管，因此需要更为动态化的集中审查方式，例如引入临时禁令（Furman et al.，2019）。

（二）大型互联网零售平台垄断势力法律规制面临的挑战

1. 大型互联网零售平台垄断协议规制挑战

垄断协议通过经营者之间的共谋而限制或消除竞争。在网络经济下，平台可以通过海量的大数据供给、不断提升的算力和优化的算法，对产品的需求变化和价格条件进行计算，循环实现对市场变化趋势的预判。平台经营者对算法的深度使用，使算法共谋成为可能。垄断协议的违法性判定需要判断其限制竞争的效果大于促进效率，判定平台的算法行为是企业为实现利润最大化而作出的单方明智的市场应对行为，也是竞争者间非法合谋的结果。另外，对其竞争效果的分析应注重风险和促进竞争的平衡（林子樱和韩立新，2021）。

具体而言，对于算法辅助型共谋，即经营者之间已经达成明示的垄断协议或者默示共谋等，算法只是代替人类来执行该协议，可直接适用反垄断法。然而，不断提升的算法与算力可以快速并更充分地收集市场信息，使市场透明度更高，经营者之间的价格协调与调整更迅速，更易产生共谋的风险；算法定价通过简化对垄断协议偏差行为的监督和惩罚等设计，可能在一定意义上促成预测代理型共谋（陈兵，2020）。此时算法成为垄断协议的代理者，或者企业共同选择一种定价算法为中间方，在协议成员之间未有关于价格进一步协商的情形下，由算法根据市场数据对价格进行调整，这种情况下证明协议成员间存在共谋的难度大大增加。竞争者使用同一种算法或者数据库来确定价格或者算法使竞争者的定价活动变得更具有可预测性等都可能促进共谋。例如，在 2016 年欧盟“E-Turas 案”中，法院认为算法为下游经销商之间达成有意识的平行行为提供了帮助，使用 E-Turas 系统的旅行社存在共谋，违反《欧盟运行条约》第一百零一条的禁止性规定，实施了意图妨碍、限制或扭曲欧盟内部市场竞争的横向商议性实践。

小贴士10-1　大数据算法价格合谋

2. 大型互联网零售平台竞争政策评估挑战

实践中，针对大型互联网零售平台的竞争状况评估需要更多地关注竞争过程的中立性和市场的开放性。其中，影响大型互联网零售平台竞争政策评估的主要因素包括：进退障碍、利益冲突、行政垄断、数据的使用和控制、动态的谈判能力。这些因素的测算又与市场结构的评估息息相关。一家公司是否获得了足够的力量来扭曲竞争将成为平台企业是否垄断的重要标准。与此相关的关键问题是：平台涉及哪些业务，以及这些业务如何相互作用？市场结构是否具有依赖性？一个占主导地位的在位者的出现，是否存在潜在的扭曲市场竞争的风险？对结构性问题和竞争过程的关注在大型互联网零售平台的反垄断执法中尤其重要。大型互联网零售平台的一个典型特征是通过业务扩张实现市场势力交叉传递。这种市场势力的交叉传递不仅表现为上下游企业之间，受《反垄断法》

第十四条纵向垄断协议的规制，同时表现为市场间势力的传递。比如，外卖餐饮网络平台利用已有的消费者外卖点餐数据，可以将业务拓展到交通运输、物流配送、餐饮评价等多个相关市场，进行信息关联，传递市场势力。大型互联网零售平台通过市场势力间合纵连横和企业形态上的明分暗合形成对市场的操控。基于价格的竞争状况评估不足以捕捉大型互联网零售平台的市场动态。

在分析大型互联网零售平台企业的市场行为时需要动态分析市场结构，而非局限于静态的结果，需要审视竞争过程本身。以并购为例，从形式上看，并购分为混合收购和对角收购。作为收购方的大型互联网零售平台通过兼并实现市场圈定。因此，在竞争执法的各个环节，执法机构都不可以采用“非此即彼”“非黑即白”的二元思维判断大型互联网零售平台的市场行为。在竞争状况的动态评估过程中，如果不了解企业的结构及其在市场中的作用就无法充分理解企业行为及其潜在的反竞争性。由于互联网平台在各类商业活动中所占的市场份额越来越大，因此确保反垄断执法框架能够适应这些互联网平台市场竞争的实际情况至关重要。

（三）大型互联网零售平台垄断势力的法律规制手段

1. 端口接入规制

该规制手段通过制定端口接入政策，强制要求该平台向其他流通业中的弱势企业公平地提供接入服务。一旦平台在上游业务环节产生垄断性竞争优势，它就有可能依托自己在上游环节中的垄断地位，通过拒绝其他企业接入，或者通过索取高额端口接入费的方式，在下游竞争性市场领域也形成独占优势，并损害最终消费者的利益。这就要求政府规制者采取有效规制措施，以防止互联网平台采取各种措施拒绝或限制为竞争企业提供接入服务的反竞争行为，因此该类政策的核心应当是规定与实际成本相符的端口接入费用（甚至可以要求免费接入或者接入费用完全由政府买单）、允许接入企业的数量（某些领域可以要求不设企业数量上限）以及尽可能详细的端口接入服务的质量标准。

2. 业务范围规制

该规制手段通过限制互联网零售平台开展垄断性业务与竞争性业务垂直一体化经营，迫使互联网零售平台必须向与自己处在同一纵向产业领域的其他竞争性企业提供接入服务。当某个平台很容易通过隐藏信息的方式绕过政府对端口接入的规制为企业内其他业务部门争取竞争优势，而政府又很难发现并对其实施惩罚时，就应当实施业务范围规制，将该企业的业务仅仅局限于垄断业务内。此外，考虑到企业内部交叉补贴行为具有很强的隐蔽性和多样性，相关政府部门难以制定细致的规范并实施监督，因此限制此类企业的业务范围是较为合适的做法。业务范围规制政策的实施较为简单，只需对互联网零售平台的业务范围实施纵向切割，并严格禁止其在竞争性领域开展混业经营。这有利于消除第一种政策实行时垂直一体化经营企业在竞争性业务领域可能采取的歧视行为，即对本企业经营单位和其他竞争企业采取差异化行为，以排斥竞争企业，但不利的一面是可能会牺牲范围经济所带来的好处。与此同时，为防止该企业利用垄断优势向其他公司收取高额接入费或向消费者收取高价，还应当在产业链连接环节使用相应的端口接入规制与之相配合。

3. 网络互通规制

该规制手段鼓励不同的互联网零售平台之间开展互联互通，充分利用平台客户间正的网络外部效应刺激不同互联网零售平台之间以互利互惠为动机主动实行联网，即每家企业的局部垄断性业务不仅向本企业内的竞争性业务单位开放，也向其他互联网零售平台的竞争性业务单位开放。实施网络互通规制政策的难点在于，政府最初如何介入才能确保互联网零售平台之间高效率地建立信赖关系。此外，这类规制还具有行业局限性，只适用于网络正外部性相当显著的领域，互联网零售平台之间规模越接近，政策效果越好，否则网络规模较大的企业必然会以种种借口拒绝与网络规模较小的企业实现网络互通，在这种情况下可采取第一种端口接入规制政策。

4. 共同投资规制

该规制手段鼓励从事竞争性业务的企业共同入股投资某一互联网零售平台，这不仅增强了产业链中局部垄断业务对最终消费者需求变化做出快速反应的能力，也在产业链中规模经济、范围经济效应最明显的业务环节形成了竞争者的利益共同体。之前阐述的三类规制政策均强调利用政府外部监管促使互联网零售平台规范自己的行为，而实施共同投资规制的目的在于从互联网零售平台公司治理的内部抑制其滥用市场垄断势力的冲动。实施共同投资规制有利于使产业中的垄断性业务与竞争性业务保持协调一致，消除互联网零售平台与其他企业间的矛盾。但政府推动共同实施规制的难度较大，其原因在于：一是原有竞争性企业往往会联合排斥新企业占有互联网零售平台的股份，这就要求政府做出行政协调；二是这些具有共同利益的竞争性企业可能会达成某种私下的合谋，然后利用互联网零售平台对局外企业采取歧视政策；三是假如联合投资平台的企业数量很多，就有可能导致建立在共同投资基础之上的互联网零售平台的公司治理结构过于松散，从而产生公司治理层面的问题。

四、复合生态型平台双轮垄断势力的法律规制

（一）复合生态型平台双轮垄断的内涵界定

在互联网经济发展初期，流量一直被视作互联网零售平台企业，特别是具有优势的平台企业，获取和维持其竞争能力和地位的关键要素。伴随互联网经济在广度和深度上的高速发展，各行业的头部平台企业逐渐凸显，其在资本和技术的加持下对流量获取和维持的能力不断增强。当流量达到一定量级，平台通过流量变现进一步融资，在资本支持下扩大自身规模，以平台现有的核心业务为基础，在横向和纵向市场上不断扩张，努力打造开放式、多场景、全场域、多功能的复合生态型平台（见图 10－2），满足不同用户群体的多种需求，实现对消费者用户流量以及注意力的长期锁定，尤其是通过将广告商等第三方商家转化为合作伙伴，使原本外部于平台的商品或服务内化为复合生态型平台中的一部分，从而将市场垄断力量从一个市场传导至多个市场，形成双轮垄断（陈兵和林思宇，2021）。

所谓双轮垄断（two-wheeled monopoly）是指复合生态型平台利用基础服务能力形成

的流量优势、数据集中优势等，通过运用杠杆，推动其垄断地位延伸到其他领域，从而在多个新领域形成第二轮垄断（李勇坚和夏杰长，2020）。就行为内部架构而言，双轮垄断系由轴心型市场的初始垄断与辐射型市场的第二轮垄断组合而成，前者是后者的基础与前提，而后者是前者的辐射与延伸。在初始垄断层面，复合生态型平台通过控制平台、渠道、数据的方式，在作为轴心的数字经济基础服务领域塑造自身支配地位，并借助规模效应、用户锁定效应等数字经济效应固化与强化该项支配地位。在第二轮垄断层面，复合生态型平台利用在数字经济基础服务领域形成的流量优势、渠道优势、数据优势与资金优势，通过杠杆效应、网络效应、规模效应与范围经济效应将其在数字经济基础服务领域的支配地位辐射与延伸到其他领域，从而在多个新的相关市场构筑自身垄断地位（翟巍，2021）。

三种复合生态型平台企业核心业务与关联业务的关系如表 10－1 所示。

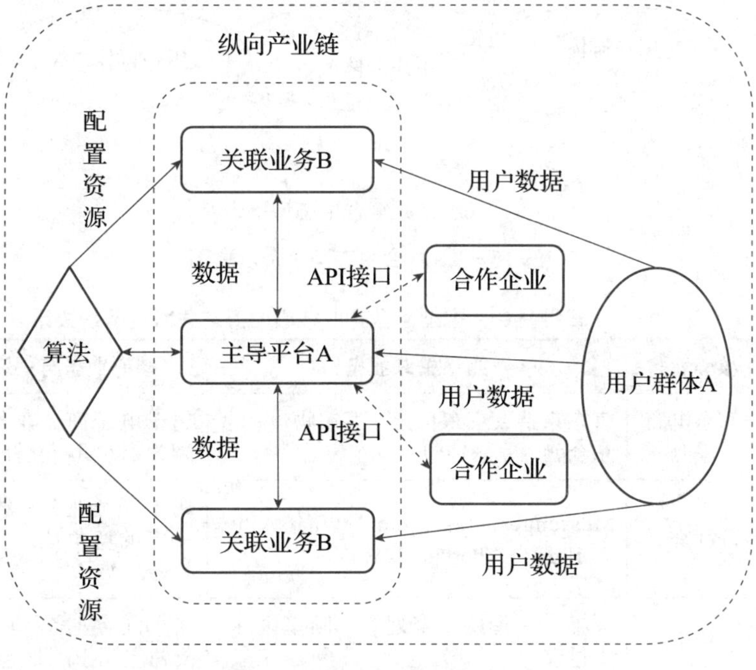

（a）纵向复合生态型平台

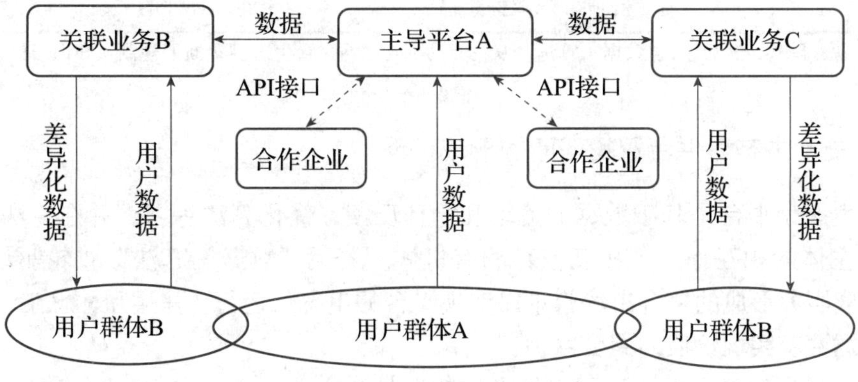

（b）横向复合生态型平台

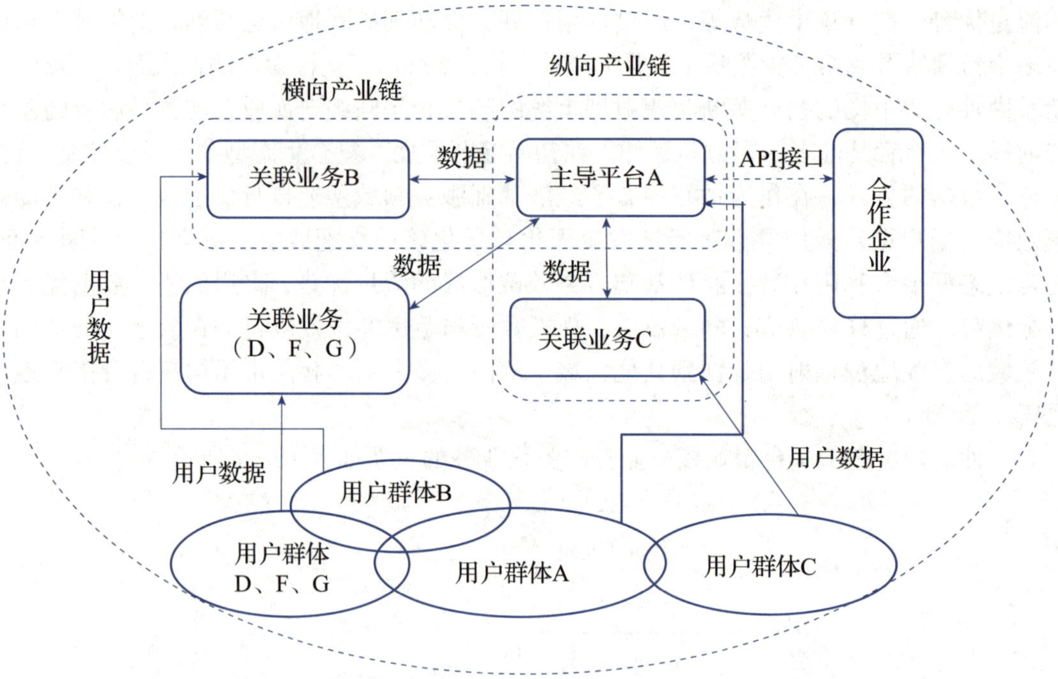

（c）多元复合生态型平台

图 10－2　复合生态型平台示意图

表 10－1　三种复合生态型平台企业核心业务与关联业务的关系

头部平台	核心业务	旗下关联业务	核心业务与关联业务的关系
京东（纵向）	京东电商平台	京东京造、京东自营、京东物流、京东金融、京东钱包、京东售后	属于电子商务业务产业链的上下游关系，具有互补性
Facebook（横向）	社交	Messenger、Instagram、WhatsAPP、Workplace、Portal、Novi	属于同类业务，相互之间既具有一定的竞争性，也具有一定的互补性
阿里巴巴（多元）	淘宝	天猫、一淘网、聚划算、阿里国际、支付宝	属于同类业务且具有一定互补性，支付宝属于产业链下游
	支付宝	余额宝、相互宝、芝麻信用、余利宝、花呗、蚂蚁保、借呗	不属于同类业务，属于非竞争性、弱互补性的关系

资料来源：陈兵，林思宇．“数据＋算法”双轮驱动下互联网平台生态型垄断的规制．知识产权，2021（8）：43–64.

（二）复合生态型平台双轮垄断的形成机理

复合生态型平台是基于数据的流动和循环反馈，优化算法练习，并在算法的协调下实现多元主体的相互作用、相互依存的有机体。若无“数据＋算法”双轮驱动的赋能，多种商品或服务形成的聚合市场将难以实现平台的生态化运行（陈兵和林思宇，2021）。

1. 数据共享实现价值的聚合共创

在复合生态型平台中，不同组件上的数据是共享的，且拥有实时、精准、高效的数据传输系统。这使得数据能够在复合生态型平台的各组件间畅通无阻地流通，使复合生态型平台能够实现更有效的协作，避免出现数据错误或数据延迟等情况而影响商品或服务的生产效率和质量。复合生态型平台各组件间的数据流通与共享，是复合生态型平台实现价值聚合共创的重要保障和实施进路，且不同类型的数据对复合生态型平台运行产生的作用有所不同。

首先，消费行为数据。与单一化商品或服务供应相比，平台通过收集并整合来自不同组件的消费者用户行为数据，可以使用户消费行为数据在数量、种类、质量等方面得到提升。这使得平台可以从中提取更多能进一步创造价值的信息。当前，平台企业与用户关系的理念经历了从流量思维到产消者思维，再到超级用户思维的转变，超级用户思维成为实现组织与用户间高价值连接和生态化构建的基本逻辑，企业处理用户关系的侧重点也从外部获取新用户和留存已有用户，转向对已有用户关系的深度经营与人均用户价值创造。因此复合生态型平台获取更多的用户消费行为数据将有助于通过为用户量身定制个性化服务网络与用户建立深度联系。

其次，系统运行数据。在复合生态型平台运行过程中，有助于实现价值聚合共创的数据并不仅限于消费者用户行为数据，各个组件在运行中产生的系统数据也发挥着重要作用。所谓系统数据，是指平台或者其他经营者在经营中产生的数据，包括由系统运行而生成的日志、任务清单等记录。系统数据通过复合生态型平台可以进行高效传输和共享，实现多组件协同运行。这种效果在纵向复合生态型平台中尤为明显，以电商平台为例，通过系统数据共享，销售部门可以第一时间获取订单数据并反馈给仓库，商品在出库中信息传输至物流，使得物流得以第一时间进行配送。这些数据清晰明了地通过电商平台反馈给用户，能极大改善用户线上购物体验。这是同类未实现纵向一体化的平台难以实现的。这是因为当其中任何一个环节处于复合生态型平台外部时，其数据传输往往会因为外部网络系统的传输效率低而存在滞后，易导致处理效率低下，甚至影响用户体验。

2. 算法加工实现资源优化

复合生态型平台运行和发展仅靠数据的持有和控制是无法实现的，获取的海量数据所蕴含的价值需要通过算法挖掘出来，且整个复合生态型平台资源的配置也需要借助算法实现最优化。

首先，算法可以为复合生态型平台筛选有价值的数据。平台是互联网的网络数据信息中台，汇聚和处理大量的数据信息，其通过大数据技术和云技术来支撑平台商务的顺畅高效运营。复合生态型平台所收集的海量数据中，包含许多重复以及价值含量低的数据，若不对数据进行清理、筛选和提炼，不仅无法获取海量信息中所蕴含的价值，还可能影响数据传输和使用的效率，因此，复合生态型平台需要借助算法提炼有价值的数据。

其次，算法能为复合生态型平台生产有价值的数据。基于算法技术的应用，平台可实现对消费者用户偏好和需求的分析，通过对用户进行分类管理以及了解用户的消费偏好与用户行为轨迹，精准地实现定制化、个性化的价值主张，并有效定位平台企业所链接的有效用户群体与潜在用户群体。不仅如此，自学习算法还可分析消费者需求的动态变化规律，对用户潜在需求进行预测，并将这些信息转化为数据提供给复合生态型平台的决策层，使得复合生态型平台在扩张过程中能够根据预测的信息抢占市场先机。

最后，平台算法能够优化复合生态型平台中各个组件之间的协同度，提高复合生态型平台的总体运作效率。在复合生态型平台中，算法不仅能够对数据进行分类和筛选，还提升了数据生产要素参与价值创造和分配的能力，使系统可根据不同组件的具体功能以及需要提供数据资源，避免数据冗杂而产生负面影响。同时，算法可以通过对复合生态型平台实时动态数据的分析，根据实际情况对多部门进行协调，并制定进一步优化和改良复合生态型平台运作效能的配置方案和方法，进而实现对复合生态型平台数据创新资源和要素的整合，促进协同创新和持续创新。

（三）复合生态型平台双轮垄断的现实危害

1. 破坏市场有序竞争

（1）平台双轮垄断会扭曲甚至破坏市场正常的竞争秩序。一方面，双轮垄断使数据、资本等市场要素持续向头部优势平台集中，使市场结构不断趋于高度中心化。双轮驱动机制的正、负反馈效应导致竞争者之间市场力量差异逐步扩大，使小规模竞争者难以对垄断企业形成有效的竞争约束。另一方面，缺乏有效的竞争约束将导致市场丧失应有的竞争活力，头部优势平台对于提升商品质量或降低价格的动力不足，进而导致市场失去应有的竞争红利。

（2）平台在实现或维持双轮垄断过程中可能采取反竞争行为。由于数据与算法是平台发展和创新的关键驱动因素，平台往往限制其他平台获取数据，以阻碍竞争对手的发展。例如平台以封锁、屏蔽等行为阻止竞争对手访问数据或防止竞争对手获得类似数据，或通过流量限制、技术障碍等手段，强迫用户进行“二选一”，限制竞争对手获取数据和流量等要素。

（3）双轮垄断形成较高的市场壁垒，阻碍新创企业进入市场。虽然在平台经济场域中，新企业的研发、生产等软硬件成本不高，但由于头部优势平台拥有大量数据、算法及资本，新企业的生存难度极大，难以真正有效进入市场，尤其是在初始缺少用户的情况下，新企业无法获得足够的数据和资本支持，易被市场淘汰。

2. 抑制企业创新

双轮垄断会对创新产生抑制效果。抑制效果会同时作用于市场内其他竞争者和双轮垄断企业自身。对于其他竞争者而言，抑制效果具有被动和主动两种情形。

（1）被动抑制效果，是指在双轮垄断情况下，其他竞争者因市场结构等客观原因难以开展有效创新。主要表现为在双轮垄断的循环反馈回路中，数据、资本等要素向头部优势平台聚集，限制了其他经营者获得进行创新的必要资源。虽然，理论上数据要素具有无限性、非竞争性、用户多归属性等特征，相同数据可以在多个平台之间共享，但在实践中强大的用户黏性和锁定效应会限制其他经营者获取有效数据，限制其他平台的可持续运行，难以支撑产品的创新研发。

（2）主动抑制效果，是指平台为实现或巩固双轮垄断而主动对其他竞争对手采取限制竞争的行为，遏制潜在的有效创新。“杀手式收购”行为是平台为获取更加先进的算法和不同种类的数据而对新创企业进行的收购，常常将潜在的颠覆式创新扼杀在摇篮中。

此外，平台妨碍其他竞争者获得数据和优化算法的行为，会阻碍其他竞争者运营平台的反馈回路有效运转，从而对创新产生抑制效果。

3. 损害消费者福利和商家利益

（1）对消费者福利的损害

在平台发展期，数据和流量是驱动平台实现双轮垄断的关键，平台可能会为采集数据而不择手段，容易对消费者隐私安全构成实质威胁，例如平台滥用数据霸权侵害消费者利益的问题。在早期发展阶段，为吸引用户并获取数据，平台会给予用户对应的利益反馈。然而，当拥有大量数据并对用户产生锁定效应后，平台可能对隐私保护或产品服务质量降级。此时，用户提供等量数据却无法获得与之前相同的利益反馈，导致用户利益分配机制失衡。

在双轮垄断形成后，平台会进一步对消费者进行"数据剥削"。在实践中，平台通常采用各类推荐算法，如内容推荐算法、定价推荐算法等，帮助平台和（或）平台内经营者对普通消费者用户进行有差别的内容推荐和商品定价，在持续强化对用户锁定效应的同时，最大限度剥削消费者剩余，并妨碍消费者知情权和公平交易权的合理实现。而且，基于数据与算法双轮反馈回路作用的不断增强，消费者即使对平台的"剥削"不满，也往往会因锁定效应或市场内已经没有同等质量的转向选择，而被迫继续使用原平台而遭受"剥削"。

（2）对商家利益的损害

当两者之间不存在竞争关系时，商家可能遭受平台的"剥削"，这种"剥削"与消费者遭受的"剥削"类似，双轮垄断的锁定效应同样作用于商家，当平台基于双轮垄断获得绝大多数的用户及其数据时，商家缺少选择只能继续使用该平台的服务，当平台提出不公平条件时，商家只能被迫接受。

当两者之间存在直接或间接竞争关系时，商家可能遭受不同类型的侵害。其一，当平台既是管理者又是经营者时，平台与平台内商家会形成直接竞争关系。具有双重身份的平台可能滥用其管理者权力，对竞争商家进行不正当干预，如自我优待行为。其二，当平台内商家用户的产品对复合生态型平台内的相关产品构成潜在威胁时，双方会形成间接竞争关系。此时平台可能会凭借其守门人身份对商家使用不正当的干预手段，如封锁、屏蔽等。

（四）复合生态型平台双轮垄断势力的法律规制策略

复合生态型平台双轮垄断势力一旦形成，其对于市场竞争以及市场内多主体带来的危害是多方面的。因此，需对现行竞争治理体系予以更新，对数据与算法要素及其双轮驱动模式进行多维治理，避免复合生态型平台趋于垄断无序扩张。

1. 完善复合生态型平台双轮垄断的法律识别与认定方法

复合生态型平台基于"数据＋算法"双轮驱动，实现多种非竞争性商品或服务的联动式运行和发展，颠覆了传统竞争法相关市场的识别与认定方法。根据现行《反垄断法》，相关市场的界定是由具有替代性的商品或服务组成的。在分析复合生态型平台是否具有支配地位时，仅界定主导平台或关联业务所在领域的市场力量容易低估复合生态型平台整体具有的力量。因此，需基于复合生态型平台的特性以及发展趋势，对现有的竞争法识别方法进行优化。

目前，我国正积极完善响应平台经济新发展的科学合理监管体系。2021 年 2 月 7 日，国务院反垄断委员会发布《关于平台经济领域的反垄断指南》（以下简称《指南》）。《指南》从平台经济特点及运行规律出发，对 2019 年 6 月 26 日国家市场监督管理总局发布的《禁止滥用市场支配地位行为暂行规定》第十一条有关“认定互联网等新经济业态经营者具有市场支配地位”的规定进一步细化和调整，更加聚焦数据行为动态过程对平台市场力量评估的影响。例如，《指南》第十一条“市场支配地位的认定”的第一项和第二项规定，判定平台是否具有市场支配地位，可以考虑“活跃用户数”“点击量”“使用时长”“控制市场的能力”等。然而，现有法律规定仍存在可操作性较弱、明确性不足等问题。这不仅使监管执法部门无法对复合生态型平台双轮垄断进行精准规制，还可能“误伤”复合生态型平台的正常运行，挫伤其发展的动力。

对此，可将当前平台多种非竞争性商品或服务聚合形成的生态系统视为集群市场，并采用更直接评估市场力量的工具进行评估。复合生态型平台形成的市场并不是因为各种商品或服务之间的需求交叉弹性很高，而是因为聚合或联合提供经济模式中存在显著的客户便利和偏好，并且聚合难以复制。在这种情况下，单纯通过界定相关市场、评估市场份额并不能量化生态系统具有的市场力量。若将具有差异化的商品纳入考量范围，则会扩大相关市场的范围，低估复合生态型平台的市场力量。反之，若不将这些商品纳入考量范围，则有可能会高估平台的市场力量。因此，可采用更加直接评估市场力量的工具进行评估。

若要实现对市场力量的直接评估，可采用更为直观的评估标准。具体评估标准可结合和参考《欧盟数字市场法（草案）》中对守门人的识别方式，即在分析评估市场力量时，对主导平台所涉及和支配领域的多方面因素进行整体评估，尤其是对主导平台控制市场能力的评估，可将复合生态型平台的组件以及组件的关系考量在内。其中，用户黏性还可以通过分析生态系统多归属用户的数量以及使用时长进行评估。例如，在国家市场监督管理总局对阿里巴巴“二选一”的行政处罚决定书中，充分考量了淘宝对上下游市场的控制力与其所拥有的海量用户和数据，以及先进的算法等情况，符合阿里巴巴生态系统纵向一体化的形态和“数据 + 算法”双轮驱动的运行规律。

2. 强化数据动态安全和防范数据滥用风险

针对复合生态型平台的数据治理，应从两方面着手。一方面，应加强对数据安全风险的防范。通过对数据安全的保障，能够在一定程度上推动复合生态型平台内数据的合法且合理使用，避免出现平台滥用优势地位强迫用户分享数据的情况。另一方面，应加强对滥用数据行为的监管，避免平台基于生态型垄断地位而实施拒绝交易和限定交易等限制、排除竞争行为的发生。

（1）数据安全风险防范

目前，我国对数据安全问题的重视程度不断提升，已于 2021 年 6 月 10 日通过了《数据安全法》。该法自 2021 年 9 月 1 日正式施行。其中多条规定均有助于加强对复合生态型平台数据安全风险的防范。例如，《数据安全法》第三条对“数据处理”和“数据安全”进行了定义，强调数据处理的动态性、数据的合法使用以及保持数据安全持续状态。这将有助于改变传统静态的监管模式。传统监管模式仅关注数据在某一时段、某一环节的静态安全，而生态系统中的数据是动态的，对应的数据安全应当是动态、持续、多环节的，且须同时注重数据合法使用的情况。此外，《数据安全法》也强调对数据的分类分级保护。在生态系统内部运行的数据包括消费者用户数据、商家用户数据、系统本身的运行数据等多种类型。不同类型数据所需保护的程度也存在区别。分级分类的数据保护机制在加强对特定类型数据保护的同时，也能实现数据要素的有效流通和配置。

《数据安全法》也存在可操作性方面的问题。其一，《数据安全法》尚未明确数据分类分级的明细或分类标准，尤其是未明确“重要数据”的内涵。这在一定程度上会阻碍《数据安全法》的落实。其二，该法第三条虽然提及了数据的合法利用，但并未划分合法利用与非法利用之间的法律界限。这在一定程度上也会影响其可执行度。尤其是在目前生态系统对消费者用户数据大量使用的情形中，平台通过格式条款强迫消费者用户同意其数据在生态系统内共享，虽然在形式上符合用户授权原则，但实质上可能已经侵犯了消费者的知情权和选择权。因此，有关法律还需进一步制定数据分类分级的方案，加强对数据动态保护程度的监管，同时需要明确数据合法使用的规范标准。此外，还需明确数据安全负责人和管理机构，落实责任，尤其是要锁定生态系统主导平台的责任。这是因为主导平台在生态数据生产链中既是直接受益者，也是生态系统数据的控制者。

（2）规制数据滥用

虽然复合生态型平台确实掌握了大量数据，同时也掌管着生态系统数据流通的关键渠道，但生态系统本身可能并不满足必要设施原则的适用条件。若强行适用可能会影响复合生态型平台的运行，甚至威胁数据安全，得不偿失。对此，可区分以下两种情况。

第一，数据的获取。这适用《数据安全法》第十九条，实现数据价值市场化分配。当然，由于还存在为排除竞争而封锁数据的情况，因此这种方式不能彻底解决问题。因此可对具有相对优势地位的主导平台施加义务，例如要求其拒绝其他平台的数据接入需基于正当理由，否则不能拒绝交易。

第二，数据的传输。这可以通过设立数据的可移植性实现。通过赋予消费者用户数据可移植权，不仅能够强化消费者用户的选择权，同时也可以在一定程度上减弱复合生态型平台数据成本对消费者用户形成的锁定效果。

3. 建立算法解释权和算法场景化监管

实践中不乏利用算法技术实现不正当目的的行为。正如《数据安全法》第二十八条所指出的，开展数据处理活动以及研究开发数据新技术，应当有利于促进经济社会发展，增进人民福祉，符合社会公德和伦理。复合生态型平台算法技术的开发与应用，也应当基于对生态系统优化配置，以及对消费者福祉的增进，而非通过算法排斥竞争者，或是通过算法剥削消费者剩余。对此，需要借助一定的监管手段确保算法技术在生态系统中的运用能够走在正确的道路上，真正促进经济社会发展，增进人民福祉。目前，监管算法的最大阻碍在于算法本身的秘密性，即“算法黑箱”，同时算法的功能可能会因具体场景发生变化，从而增加算法监管的难度。对此，可从以下两方面着手。

（1）确立算法可解释权

“算法黑箱”的隐喻表达了由于算法不透明而引发人们失去对决策过程控制这一风险的担忧。人们将影响自身权利义务的决策赋予了自己无从理解的黑盒子，这似乎意味着算法透明难以实现乃至不可能实现。不过，算法透明并非要求平台企业公开算法代码以实现透明。算法本身具有高度的技术性和专业性，并且算法本身涉及企业的核心竞争力，若要求完全公开算法的底层运算代码或者运算机制，不仅消费者、监管者难以理解，还可能被竞争对手解析而丧失竞争力。对算法透明度的落实，应该通过算法解释权实现。由于算法存在难以理解（inscrutability）和非直觉性（non-intuitive）两大特点，平台需要对算法作出决策所依据的基本规则和标准进行阐述。例如，当用户要求外卖平台提供商品价格差异化的解释时，平台可公布导致算法定价差异化的因素，即外卖商品价格由配送距离和配送时段决定，而无须提供算法的实际运算过程。

在解释算法的基础上，监管部门还应核实算法解释与实际结果的一致性。因为不能排除存在平台提供虚假解释的情况，此时可通过算法沙盒技术，通过控制变量进行实际演算，对比理论结果和实际结果之间是否存在偏差。同时，也可以通过权利配置的方式，提高消费者个人以及经营者对抗生态系统算法滥用的能力，增加算法解释请求权，增加数据被遗忘权，同时赋予数据主体反对自动化决策的选择权，并建立和健全算法的归责和惩罚机制。

（2）建立算法的场景化监管

由于复合生态型平台在应用算法技术时存在多种场景，即便是相同的算法，因不同场景所输入变量以及数据内容等均存在差异，算法所产生的结果也可能截然不同。因此，建立算法的场景化监管意义重大，需要对算法技术以及算法技术应用的具体场景进行分类和分级监管。例如，当算法用于复合生态型平台内部的优化资源配置时，若仅牵涉到复合生态型平台内部的资源配置，且不涉及非平台旗下的其他经营者，此时存在的算法滥用风险较小；但当算法在进行资源配置的同时涉及主导平台旗下和其他平台内经营者时，则属于高风险场景，需要重点监管。

在具体监管方案方面，对平台算法的监管不能是单一化的监管，而是需要区分具体的场景，尤其是算法在关键环节中的情形（例如购物场景，以及社交平台的信息过滤场景），避免以过滤不良信息之说辞，行排除竞争之实，应采用场景治理和精准治理的思路，以影响主体、影响范围、影响程度为基础，建立基于影响维度的评估指标体系。在影响维度指标的设定过程中，立法者还嵌入了算法治理实践所要维护的社会核心价值。围绕透明度、合法性、公平和公正等核心价值，应建立基于算法问责制维度的评估指标体系。

第3节　零售新业态新模式的法律规制

一、零售新业态新模式的特征

新业态新模式是近年来的社会热点之一。所谓新业态（new business forms），是指依托互联网、大数据、云计算、人工智能、5G 等网络信息技术而出现的行业内部产业升级、行业外部跨界融合，或由此创造出的一系列新型组织、新型商业与新型产业的总称。所谓新模式（new pattern)，是指为实现用户价值和企业持续盈利目标，对企业经营的各种内外要素进行整合和重组，形成高效并具有独特竞争力的商业运行模式。近几年来，以网约车、在线教育、互联网医疗、线上办公、互联网金融、互联网游戏、网络支付、网络外卖订餐服务等为代表的全新产业形态的发展，不仅极大地方便了人们的生活，而且也为我国的经济社会发展提供了新动力、新引擎，特别是在抗击新冠疫情中发挥了不可替代的积极作用（张丽芬，2021）。

与传统零售相比，新业态新模式下的零售具有显著的差异性特征。首先，就消费需求产生和购买模式来看，传统零售模式下一般是用户先产生需求，然后再进行购买，这个过程中用户往往需要花费较长的时间对商品货源信息进行对比甄别；而在新业态新模式下，用户最初往往并无硬性消费需求，经营者借助社交网络、实时媒体和人际传播刺激用户产生购买兴趣，进而升级为消费行为。其次，就面向的用户群体和消费黏性来看，传统零售面向的消费群体更广，用户面对单向且陌生的信息很难产生信任，消费黏性较低；新业态新模式下的零售则更多通过熟人社群之间的口碑进行传播，用户对于来自熟人社群的意见传达更容易产生信任，消费黏性较高。最后，从商家经营成本角度看，传统零售入驻门槛较高，平台内的竞价排名及主页展示位等营销推广方式需要商家缴纳高额费用；而新业态新模式下零售的入驻门槛较低，商家依赖社群口碑传播，在收获较好营销效果的同时无须缴纳过高的广告宣传费用。总的来看，零售新业态新模式相较于传统零售模式在拓宽用户社交关系、提高消费转化效率、创新营销传播推广方式、提高社会整体效益等方面均实现了价值创新。

二、零售新业态新模式的法律问题及规制手段

正如一个硬币有正反两面，新业态新模式领域同样存在一些不容忽视的风险（张丽芬，2021)。零售新业态新模式背后也出现了一系列法律问题，其中虚假广告泛滥问题、售后服务机制不健全问题、用户个人信息保护不到位问题、网络流量造假严重等问题最为突出。面对新业态新模式发展过程中遇到的法律问题，党中央以“包容审慎监管，用良法促进发展、保障善治”的总基调，对零售新业态新模式的不同法律问题采取了不同的法律规制手段。

1. 零售新业态新模式市场主体登记方面

无论是对经营主体抑或是整个市场来说，市场主体登记制度均具有重要意义。依法办理市场主体登记有助于确认经营者主体资格、捍卫其市场声誉和切实保障其享受国家相关政策优惠。同时，通过市场主体登记管理，能够为国民经济发展提供必要信息，保证相关法律法规和政策的落实，间接保证资源的合理配置，从而优化零售新业态新模式的市场结构，维护零售新业态新模式的市场秩序。目前，《网络交易监督管理办法》、《中华人民共和国电子商务法》和《关于做好电子商务经营者登记工作的意见》(以下简称《意见》）等法律和规范性文件中都有针对零售新业态新模式市场主体登记的相关规定。

《网络交易监督管理办法》第七条规定经营者在开展线上商品交易及服务时应办理工商登记。《电子商务法》第十条列举了三种无须办理登记的具体情形。《意见》对前述规定进一步细化，允许申请注册为个体工商户的电商经营者将网络经营场所登记为其经营场所。

2. 虚假广告监管方面

《中华人民共和国广告法》《中华人民共和国消费者权益保护法》《中华人民共和国反不正当竞争法》等法律对虚假广告的内涵、责任主体和广告发布者的责任作出了明确规定，如《中华人民共和国广告法》第二条规定明确了虚假广告的主体，包括广告主、广告经营者和广告发布者；第三十八条规定指明了虚假广告责任主体的相应处罚："……发布虚假广告，欺骗和误导消费者，使购买商品或接受服务的消费者的合法权益受到损害的，由广告主依法承担民事责任……""广告经营者、广告发布者、广告代言人，明知或者应知广告虚假仍设计、制作、发布或者推荐证明的，应当与广告主承担连带责任。"此外，《中华人民共和国刑法》第二百二十二条更是规定了虚假广告罪。

3. 售后服务治理方面

为了促进网络购物的良性健康有序发展，商务部组织有关专家起草发布了《网络购物服务要求规范》，从各个方面规范了网络购物关联方的服务行为。1993 年 10 月 31 日，为了保护消费者的切身利益，全国人民代表大会常务委员会发布了《中华人民共和国消费者权益保护法》(以下简称《消费者权益保护法》)，而为了保障《消费者权益保护法》中七日无理由退货规定的实施，工商总局于 2017 年发布了《网络购买商品七日无理由退货暂行办法》，进一步细化了经营者提供售后服务的规范，保护了消费者权益，促进了电子商务行业的良性发展。2018 年公布的《快递暂行条例》中着重强调了快递服务，规范了快递行业，为电子商务经营者售后服务的法律规制填上了一处空缺。2019 年 1 月 1 日起，《中华人民共和国电子商务法》(以下简称《电子商务法》) 开始施行，其内容包含了经营者提供服务的规定、交易合同的履行以及发生争议的解决方法等内容，更大程度规范了电子商务平台内经营者售后服务的秩序。

4. 信息保护方面

近年来国家层面关于个人信息保护的规范日益完善，《电子商务法》第二十三条至第二十五条就电商平台的个人信息保护义务做出了规定。2021 年 8 月 20 日第十三届全国人民代表大会常务委员会第三十次会议通过了《中华人民共和国个人信息保护法》。针对社交电商领域，商务部 2018 年 7 月发布《社交电商经营规范 (征求意见稿)》，从社交电商活动的参与主体、基本原则和要求、电子支付、快递物流以及消费者权益保障几个方面对社交电商领域的市场经营活动作出了具体规定。此外，新业态新模式下的零售业属于网络服务提供者，也受《互联网信息服务管理办法》特别规制。

5. 流量造假规制方面

我国法律法规中首次专门对流量造假行为进行明确规制的是《网络信息内容生态治理规定》。该规定的主要治理对象是网络信息内容，目的是建立健全网络综合治理体系、建设良好网络生态，处罚互联网平台中发布的违法信息。但该规定及相关立法没有对流量造假行为作出明确界定。针对禁止流量造假行为的规定，散见于《反不正当竞争法》《消费者权益保护法》《广告法》《互联网广告管理暂行办法》《网络信息内容生态治理规定》《互联网信息服务管理办法》和《刑法》，其中《消费者权益保护法》规定了关于流量造假行为的民事责任问题，《反不正当竞争法》《广告法》《互联网广告管理暂行办法》规定了关于流量造假行为的行政责任问题，《刑法》规定了关于流量造假行为的刑事责任问题（蔡慧永，2019）。

三、零售新业态新模式现行法规存在的问题及其优化与完善

零售新业态新模式现行法规多属于被动回应型法律规制手段，其是一种对已发生问题采取的事后补救办法。在此种办法指导下，政府的规制具有严重的滞后性，具体表现为：有针对性地解决具体问题、在产生严重影响或事物发展到不可调和状态时才进行规制、偏向于不定时短期内的解决效果、欠缺前瞻性规划及长效机制等。除了法规的滞后性外，立法机关过多考虑监管效率而忽略法律的弹性和包容度的积极立法观，加大了现行法规的不适配性。以上原因导致零售新业态新模式在快速发展的同时遇到了政策法规的问题，例如，强调规范多，鼓励发展少；未能契合零售新业态新模式发展规律与内在要求，甚至与其逆向而行或偏离国家包容创新理念及政策导向；法律法规不适应新业态与传统的属地管理间存在矛盾，理论研究滞后，实践矛盾更加突出；等等。出现这些问题的原因在于“不懂、不敢、不愿”，“不懂”指未能准确认识零售新业态新模式，习惯于用传统规制理念及方式应对创新的技术、业态或模式，“不敢”指政府规制与创新发展可能未突破既有法律框架，存在不积极的心理而未能尝试新规制方法及理念以回应创新需求，“不愿”指零售新业态新模式可能会形成新财富创造及利益分配机制，从而打破传统利益格局。

零售新业态新模式的主基调是创新，技术创新、产品创新、业态创新、模式创新已经成为零售新业态新模式发展的重要驱动力。创新对于经济高质量发展起到了积极作用，而创新也使得零售新业态新模式的发展变幻莫测，遇到的法律问题更加多样化。为助力零售新业态新模式的发展，政府对零售新业态新模式遇到的法律问题进行规制时，需从以下几个方面优化与完善。

①用法律对零售新业态新模式予以规范和监管，应考虑法律的时效性。零售新业态新模式发展迅速，有些法律规范可能已经滞后于经济社会发展现实，这就要求我们对相关法律规范加以完善，留出合理制度空间。依据现有法律规范进行监管时，执法机关应考虑对零售新业态新模式未来发展的影响。

②信息时代的法律注重监管效率的同时也要注重发展效率，在做好底线监管的同时也要积极引导，为零售新业态新模式发展留出制度空间。换句话说，法律必须为零售新业态新模式设立底线，确立监管规则。同时，法律也要为零售新业态新模式发展创造机会，提供制度驱动力。我国需要继续培育大数据平台、扩大数据体量，法律应为此保驾护航。比如，对于人们普遍关心的个人信息保护，应设置更为合理的规则。对个人信息进行保护并不是从源头上禁止收集、使用个人信息，而是强调经同意后收集、脱敏化使用，在不侵犯个人隐私的情况下将个人信息汇集成大数据，挖掘其价值，并进一步扩展保护个人信息的手段。还应在确立知情同意原则的前提下，设立公共利益或合理经营的

豁免权，打消一些企业创新的风险顾虑。数据本身并不能产生价值，只有在流动和使用中才能为经济发展赋能。我国各地政府部门可以在确保公共安全的前提下，依法实现数据流动与使用，更好地促进经济社会发展。

③司法是保障零售新业态新模式发展的关键环节，司法裁判应区分不同行为的性质作出判决。对于电信诈骗等严重违法行为，必须严厉打击。对于因企业经营不善而产生法律责任的行为，可以慎重对待，考虑为企业留下纠错和挽回损失的机会。

总之，法律是零售新业态新模式发展的制度轨道。随着技术发展、商业模式创新，还会不断出现新情况新问题。我们应根据新情况新问题探索建立合理的规范和引导制度体系，激发和保护创新，为零售新业态新模式持续健康发展营造更好的法治环境，提供更有力的法治保障。

基本概念

政策（policy）

零售政策（retail policy）

垄断势力（monopoly power）

双轮垄断（two-wheeled monopoly）

新业态（new business forms）

新模式（new pattern）

思考题

1. 什么是零售政策？为什么国家要出台零售政策？
2. 零售垄断势力有何影响？
3. 大型互联网零售平台垄断势力法律规制面临着怎样的困境？
4. 复合生态型平台双轮垄断是如何形成的？政府可以采取怎样的法律规制策略？
5. 当前零售新业态新模式面临着怎样的法律问题？应该怎样进行法律规制？

参考文献

［1］夏春玉，等．流通概论．5版［M］．大连：东北财经大学出版社，2019.

［2］于立．反垄断研究（第1卷）［M］．北京：北京大学出版社，2019.

［3］Viscusi W K，Harrington J，Sappington D E M，et al. Economics of regulation and antitrust［M］. Cambridge：MIT Press，2018.

［4］Noll R G. Buyer power and economic policy［J］. Antitrust Law Journal，2005，72：589–624.

［5］辛欣，孙汝攀，刘文超，等．强势零售商是否直接获得较高的采购绩效？：基于中国大型零售商数据的实证研究［J］．商业经济与管理，2017（8）：5–18.

［6］贾开．“实验主义治理理论”视角下互联网平台公司的反垄断规制：困境与破局［J］．财经法学，2015（5）：117–125.

［7］尹振涛，陈媛先，徐建军．平台经济的典型特征、垄断分析与反垄断监管［J］．南开管理评论，2022，25（3）：213–226.

［8］孙宝文，荆文君，何毅．互联网行业反垄断管制必要性的再判断［J］．经济学

动态，2017（7）：58–73.

［9］Evans D，Schmalensee R. Industrial organization of markets with two-sided platforms［J］. Competition Policy International，2007，3（1）：151–179.

［10］林子樱，韩立新．数字经济下平台竞争对反垄断规制的挑战［J］．中国流通经济，2021，35（2）：26–36.

［11］陈兵．法治经济下规制算法运行面临的挑战与响应［J］．学术论坛，2020，43（1）：11–21.

［12］于立．互联网经济学与竞争政策［M］．北京：商务印书馆，2020.

［13］陈庭强，沈嘉贤，杨青浩，等．平台经济反垄断的双边市场治理路径：基于阿里垄断事件的案例研究［J］．管理评论，2022，34（3）：338–352.

［14］孙晋．数字平台的反垄断监管［J］．中国社会科学，2021（5）：101–127.

［15］张丽芬．论新业态领域中的社会风险及其治理［J］．北京社会科学，2021（6）：107–118.

［16］Furman J，Coyle D，Fletcher A，et al. Unlocking digital competition：Report of the digital competition expert panel［M］. HM Treasury，2019.

［17］蔡慧永．虚假网络流量法律问题刍议：兼论不正当竞争行为的评判标准［J］．法学杂志，2019，40（10）：100–107.

［18］陈兵，林思宇．“数据＋算法”双轮驱动下互联网平台生态型垄断的规制［J］．知识产权，2021（8）：43–64.

［19］翟巍．超大型数字平台企业双轮垄断的规制范式［J］．财经法学，2021（1）：18–31.

［20］李勇坚，夏杰长．数字经济背景下超级平台双轮垄断的潜在风险与防范策略［J］．改革，2020（8）：58–67.

图书在版编目（CIP）数据

零售管理 / 汪旭晖编著. -- 北京 : 中国人民大学出版社，2022.12

高等学校经济管理类主干课程教材 . 市场营销系列

ISBN 978-7-300-31382-5

Ⅰ. ①零… Ⅱ. ①汪… Ⅲ. ①零售商店－商业管理－高等学校－教材 Ⅳ. ① F713.32

中国国家版本馆 CIP 数据核字（2023）第 016670 号

高等学校经济管理类主干课程教材・市场营销系列

零售管理

汪旭晖　编著

Lingshou Guanli

出版发行	中国人民大学出版社		
社　　址	北京中关村大街 31 号	邮政编码	100080
电　　话	010－62511242（总编室）		010－62511770（质管部）
	010－82501766（邮购部）		010－62514148（门市部）
	010－62515195（发行公司）		010－62515275（盗版举报）
网　　址	http://www.crup.com.cn		
经　　销	新华书店		
印　　刷	北京宏伟双华印刷有限公司		
规　　格	185 mm × 260 mm　16 开本	版　　次	2022 年 12 月第 1 版
印　　张	19.5 插页 1	印　　次	2022 年 12 月第 1 次印刷
字　　数	445 000	定　　价	59.00 元

中国人民大学出版社　管理分社

教师教学服务说明

中国人民大学出版社管理分社以出版经典、高品质的工商管理、统计、市场营销、人力资源管理、运营管理、物流管理、旅游管理等领域的各层次教材为宗旨。

为了更好地为一线教师服务，近年来管理分社着力建设了一批数字化、立体化的网络教学资源。教师可以通过以下方式获得免费下载教学资源的权限：

★ 在中国人民大学出版社网站 www.crup.com.cn 进行注册，注册后进入“会员中心”，在左侧点击“我的教师认证”，填写相关信息，提交后等待审核。我们将在一个工作日内为您开通相关资源的下载权限。

★ 如您急需教学资源或需要其他帮助，请加入教师 QQ 群或在工作时间与我们联络。

中国人民大学出版社　管理分社

教师 QQ 群： 648333426（仅限教师加入）

联系电话： 010-82501048，62515782，62515735

电子邮箱： glcbfs@crup.com.cn

通讯地址： 北京市海淀区中关村大街甲 59 号文化大厦 1501 室（100872）